YAMAKAWA RYUICHI
山川隆一 編

プラクティス
労働法

信山社
SHINZANSHA

は　し　が　き

　本書は，「労働法の基礎をきちんと身につける」というコンセプトのもとに生まれたテキストである。
　この「労働法の基礎をきちんと身につける」というコンセプトは，「労働法の」・「基礎を」・「きちんと」・「身につける」という要素に分解できる。これらのうち，「労働法の」という要素は本書全体で示されることになるので，その他の3つの要素について説明すると，次のようなものになる。

1　「基礎を」

　本書が取り上げるのは，労働法の基礎である。すなわち，本書では，労働法における基本的な制度やルールについて，それらの趣旨・目的，内容の概略，条文の定める要件と効果などを簡潔に説明するとともに，そこでいかなる問題が生じているか，判例はそれらにいかなる対応をしているかなどについての解説を加えている。

2　「きちんと」

　こうした基礎的なことがらであっても，労働法に初めて接する学生は，本格的に働いた経験がないことが多く，その内容をきちんと，つまり具体的かつ的確に把握することが困難な場合がある（この点は，学部生でも法科大学院生でも変わらないことが多い）。そこで，本書では，書かれた内容を具体的なイメージをもって理解できるようにするため，説明のための簡単な事例（illustration）を数多く設定するとともに，図や表も活用している。

3　「身につける」

　さらに，法曹として，あるいは人事管理や労使関係の運営において労働法を使いこなすためには，事例を通じて問題解決の考え方を身につけることが有益である。こうした観点から，本書は，各章の末尾に演習用のケース（事例）を設定して，応用力の養成を図ることとした。また，最後の「総合演習」の章では，やや高度な，あるいは分野横断的な事例によるトレーニングの機会を設けた。その意味で本書は，演習書としての性格も兼ね備えている。

こうしたコンセプトをもった本書は，労働法の基礎を学ぶ学部生のほかに，学部で労働法を学んだことのない法科大学院生や社会人をも読者として想定したものである。また，演習用の事例については簡単な解説を加えて，自習用の教材としても活用されることを意図している。illustration は短文の説明形式をとっているため，「判例によれば」，「合理性があれば」など，条件付きの説明にせざるをえなかったものがあるが，判例以外の見解によればどうなるか，合理性の有無をどう判断するかなどについても考えていただければ幸いである。

＊　＊　＊　＊　＊

　雇用・労働の世界においては，日々新しい問題が生じ，対応が求められている。そして，個々の紛争の解決には，それぞれの内容や背景に応じて，「事件の裏を読み」，「落としどころ」を探るなど，いわば玄人的・応用的な対応が求められることがある。しかし，初学者が，法的三段論法や要件・効果といった法的考え方の作法，あるいは労働法の基礎がきちんと身についていないままでそうした応用的な対応に走ることは，かえって有害だと思われる。マーク・トウェインの「歳をとってからルールを破る力をもつために，若いときにはルールに従っておいた方がよい」というアドバイスは，法的な考え方のルール（作法）にも当てはまるであろう。

　本書では，労働法の基礎についての解説の大部分を，新進気鋭の若手研究者にお願いし，日頃の授業などでの様々な工夫を反映していただいた。本書のコンセプトにかんがみ，私見を示すことには抑制的であるようにお願いしたことは，申し訳なく思っている（それでも，各執筆者の個性は必然的に現れているが）。また，総合演習については，法科大学院で学んだ労働法を実務に活かしている石井・野口両弁護士に解説部分の執筆をお願いした。表記や判例のチェック等については，両弁護士の他，慶應義塾大学法科大学院修了生（新63期司法修習予定）の渡部峻輔君と岩田裕介君および原美緒さんの助力を得た。信山社出版の今井守さん，木村太紀さん，そして渡辺左近さんには，本書の企画当初から惜しみない支援と配慮を頂いている。記して感謝を申し上げたい。

　2009年9月15日

山　川　隆　一

【目　次】

はしがき
参考文献

◆ **第1章　労働法総論** ───────────── 1

 1　労働法とは何か……………………………………………… 1
 2　労働法の役割………………………………………………… 2
 3　労働法の歴史と動向………………………………………… 3
 4　労働法の実現手法…………………………………………… 3
 5　労働条件の決定システム…………………………………… 5
 6　労働法の学び方……………………………………………… 6

◆ **第2章　労働契約・雇用関係の当事者** ─────── 9

 1　労働契約の意義……………………………………………… 9
  1－1　労務供給に関する契約 (9)
  1－2　労働契約と雇用契約 (10)
 2　労働者の概念………………………………………………… 11
  2－1　雇用関係法の適用と「労働者」(11)
  2－2　労基法上の労働者 (11)
  2－3　事業の概念 (13)
  2－4　他の法令等における労働者 (14)
  2－5　外国人労働者 (15)
 3　使用者の概念………………………………………………… 16
  3－1　「使用者」概念の意義 (16)
  3－2　労働契約上の使用者 (16)
  3－3　労基法上の使用者 (17)
 4　使用者概念の拡張…………………………………………… 18
  4－1　使用者概念の拡張 (18)
  4－2　法人格の否認 (18)
  4－3　黙示の労働契約の成立 (20)
  CASES ─── 20〔【事例1】(20)／【事例2】(21)〕

v

◆ 第3章　就業規則 ──────── 23

1　就業規則の意義・機能 ……………………………………… 23
2　就業規則に関する労基法の規制 …………………………… 24
3　就業規則の効力 ……………………………………………… 27
 3−1　労働契約成立時における就業規則の労働契約規律効 *(27)*
 3−2　就業規則の最低基準効 *(31)*
 3−3　法令・協約との関係 *(32)*
 3−4　就業規則と労働条件の変更 *(32)*
CASES ── *36*〔【事例1】*(36)*／【事例2】*(36)*／【事例3】*(37)*〕

◆ 第4章　労働憲章・雇用平等 ──────── 39

1　労働憲章 ……………………………………………………… 39
 1−1　概　観 *(39)*
 1−2　不当な労働者拘束の防止 *(39)*
 1−3　中間搾取の禁止 *(40)*
 1−4　公民権行使の保障 *(41)*
2　雇用平等 ……………………………………………………… 41
 2−1　総　論 *(41)*
 2−2　均等待遇 *(42)*
3　男女平等 ……………………………………………………… 44
 3−1　男女同一賃金の原則 *(44)*
 3−2　男女雇用機会均等法 *(46)*
 3−3　男女差別と公序違反 *(49)*
 3−4　セクシュアル・ハラスメント *(50)*
CASES ── *54*〔【事例1】*(54)*／【事例2】*(55)*〕

◆ 第5章　雇用関係の成立 ──────── 56

1　労働契約の成立 ……………………………………………… 56
 1−1　労働契約の締結 *(56)*
 1−2　募集・職業紹介 *(57)*
2　採用の自由とその制約 ……………………………………… 58
 2−1　採用の自由 *(58)*
 2−2　採用自由に対する制約 *(59)*
3　労働条件の明示 ……………………………………………… 59
 3−1　法令による規制 *(59)*

3-2　労働条件明示義務の法的効果 (60)

　4　採用内定 ………………………………………………………… 61
　　4-1　採用内定の法的性格 (61)
　　4-2　採用内々定 (63)
　　4-3　内定取消の適法性 (63)
　　4-4　内定期間中の法律関係 (64)
　　4-5　採用内定の辞退 (65)

　5　試用期間 ………………………………………………………… 65
　　5-1　試用期間の法的性格 (65)
　　5-2　本採用拒否の適法性 (67)
　　5-3　試用期間の長さ・延長 (67)

　CASES ——— 68〔【事例1】(68)／【事例2】(69)〕

◆ 第6章　労働契約上の権利義務 ——————————————— 70

　1　労働契約の基本原則 …………………………………………… 70
　　1-1　権利義務の意義・決定 (70)
　　1-2　労働契約の基本原則 (71)

　2　基本的義務 ……………………………………………………… 74
　　2-1　労働義務 (74)
　　2-2　賃金支払義務 (76)
　　2-3　就労請求権（労働受領義務）(76)
　　2-4　労働者の損害賠償責任の制限 (77)

　3　付随義務 ………………………………………………………… 78
　　3-1　労働者の職場規律維持義務（企業秩序遵守義務）(78)
　　3-2　労働者の誠実義務 (79)
　　3-3　使用者の配慮義務 (81)
　　3-4　プライバシー・人格的利益の尊重 (81)

　CASES ——— 82〔【事例1】(82)／【事例2】(83)〕

◆ 第7章　人　事(1) —— 人事考課・昇進・昇格・降格 ——————— 84

　1　人事概説 ………………………………………………………… 84
　　1-1　職能資格制度 (84)
　　1-2　職務等級制度 (85)

　2　人事考課 ………………………………………………………… 86

　3　昇進・昇格 ……………………………………………………… 87

- 4 降　格···88
  - 4 - 1　降格の意義・種類 (88)
  - 4 - 2　職位の引下げ (88)
  - 4 - 3　職能資格の引下げ (89)
  - 4 - 4　職務等級の引下げ (89)
- **CASES**――― 90 〔【事例1】(90)／【事例2】(90)〕

◆第 8 章　人　事(2) ―― 配転・出向・転籍・休職 ――――― 92

- 1 配　転···92
  - 1 - 1　配転の意義 (92)
  - 1 - 2　配転命令の効力 (92)
- 2 出　向···94
  - 2 - 1　出向の意義 (94)
  - 2 - 2　労働者の同意 (95)
  - 2 - 3　権利濫用による制約 (95)
  - 2 - 4　出向期間中の法律関係 (95)
  - 2 - 5　復　帰 (96)
- 3 転　籍···97
  - 3 - 1　転籍の意義 (97)
  - 3 - 2　労働者の同意 (97)
  - 3 - 3　転籍後の法律関係 (98)
- 4 休　職···98
  - 4 - 1　休職の意義・種類 (98)
  - 4 - 2　休職の要件 (99)
  - 4 - 3　休職の終了 (99)
- **CASES**――― 100 〔【事例1】(100)／【事例2】(100)／【事例3】(101)〕

◆第 9 章　賃　金 ――――――――――――――――――――― 102

- 1 賃金の種類と体系···102
  - 1 - 1　賃金の分類 (102)
  - 1 - 2　年俸制 (103)
- 2 労基法上の賃金・平均賃金··104
  - 2 - 1　労基法上の賃金 (104)
  - 2 - 2　平均賃金 (105)
- 3 賃金請求権···105
  - 3 - 1　賃金請求権の発生 (105)

  3-2 賃金請求権の変動 (*107*)
  3-3 賃金請求権の消滅 (*108*)
 4 賃金の支払方法 …………………………………………………… *108*
  4-1 通貨払の原則 (*108*)
  4-2 直接払の原則 (*108*)
  4-3 全額払の原則 (*109*)
  4-4 毎月一回以上一定期日払の原則 (*111*)
  4-5 非常時払 (*111*)
  4-6 出来高払の保障給 (*111*)
 5 休業手当 ……………………………………………………………… *112*
  5-1 意　義 (*112*)
  5-2 民法上の危険負担との関係 (*112*)
  5-3 解雇期間中の賃金と中間収入 (*113*)
 6 最低賃金法 …………………………………………………………… *113*
 7 賃金支払の確保 ……………………………………………………… *114*
  CASES ―― *114* 〔【事例 1】(*114*)／【事例 2】(*115*)／【事例 3】(*116*)〕

◆ **第10章　労働時間(1)** ── 労働時間規制の原則・休憩・休日 ── *117*

 1 総　論 ………………………………………………………………… *117*
 2 労働時間規制の原則 ………………………………………………… *118*
  2-1 1週・1日の労働時間 (*118*)
  2-2 労働時間の概念 (*119*)
  2-3 労基法上の労働時間と賃金の関係 (*121*)
 3 労働時間の計算 ……………………………………………………… *122*
 4 休憩・休日 …………………………………………………………… *122*
  4-1 休　憩 (*122*)
  4-2 休　日 (*123*)
  CASES ―― *124* 〔【事例 1】(*124*)／【事例 2】(*125*)〕

◆ **第11章　労働時間(2)** ── 労働時間規制の例外・適用除外 ── *126*

 1 時間外・休日労働 …………………………………………………… *126*
  1-1 総　論 (*126*)
  1-2 非常事由による時間外・休日労働 (*127*)
  1-3 労使協定(36協定)による時間外・休日労働 (*127*)
 2 割増賃金 ……………………………………………………………… *131*

         2-1 基本的な考え方 (131)
         2-2 労基法改正による割増率の引上げ (132)
         2-3 割増賃金の計算 (133)
      3 除外と例外 …………………………………………………………… 134
         3-1 適用除外 (134)
         3-2 恒常的例外 (135)
         CASES ── 136〔【事例1】(136)／【事例2】(136)〕

◆ 第12章 労働時間(3) ── 柔軟な労働時間制度 ──────── 138

      1 柔軟な労働時間制度の概観 ………………………………………… 138
      2 変形労働時間制 …………………………………………………… 138
         2-1 総 論 (138)
         2-2 1か月単位の変形労働時間制 (139)
         2-3 1年単位の変形労働時間制 (141)
         2-4 1週単位の変形労働時間制 (142)
      3 フレックスタイム制 ……………………………………………… 142
      4 みなし労働時間制 ………………………………………………… 143
         4-1 基本的な考え方 (143)
         4-2 事業場外労働のみなし労働時間制 (143)
         4-3 裁量労働のみなし労働時間制 (144)
         CASES ── 145〔【事例1】(145)／【事例2】(146)〕

◆ 第13章 年次有給休暇・ワークライフバランス・
         女性と年少者の保護 ───────────────── 147

      1 年次有給休暇 ……………………………………………………… 147
         1-1 年次有給休暇とは (147)
         1-2 年次有給休暇の利用とその制限 (149)
      2 女性・年少者の保護 ……………………………………………… 152
         2-1 年少者の保護 (152)
         2-2 女性の保護 (154)
      3 ワークライフバランス …………………………………………… 157
         3-1 育児・介護休業法 (157)
         3-2 育児休業 (157)
         3-3 介護休業 (160)
         CASES ── 161〔【事例1】(161)／【事例2】(162)〕

◆ 第14章　安全衛生・労災補償 ——————————— 163

1　安全衛生 …………………………………………………… 163
2　労災補償 …………………………………………………… 164
　2－1　意　義 (164)
　2－2　労働基準法上の災害補償 (164)
　2－3　労災保険法 (165)
　2－4　労災民訴 (174)
　2－5　労災補償と損害賠償の調整 (175)
　CASES ——— 176 〔【事例1】(176)／【事例2】(177)〕

◆ 第15章　懲　戒 ——————————————————— 178

1　服務規律と企業秩序 ……………………………………… 178
2　懲戒処分の意義・種類 …………………………………… 179
3　懲戒処分の有効要件 ……………………………………… 180
　3－1　懲戒権の法的根拠・性質 (180)
　3－2　懲戒事由 (181)
　3－3　懲戒権の濫用 (186)
　3－4　法律違反の懲戒処分 (188)
4　懲戒処分と法的救済 ……………………………………… 189
　CASES ——— 189 〔【事例1】(189)／【事例2】(190)〕

◆ 第16章　雇用関係の終了(1) —— 合意解約・辞職・企業組織変動と労働契約の終了 ——————————— 192

1　労働契約の終了事由概説 ………………………………… 192
2　合意解約 …………………………………………………… 192
3　辞　職 ……………………………………………………… 193
4　その他 ……………………………………………………… 194
　4－1　期間の定めのある労働契約の期間満了 (194)
　4－2　定年制 (195)
　4－3　当事者の消滅 (196)
5　企業組織変動と労働契約の終了 ………………………… 197
　5－1　合　併 (197)
　5－2　事業譲渡 (197)
　5－3　会社分割 (198)

CASES ─── 200 〔【事例1】(200)／【事例2】(201)〕

◆ 第17章　雇用関係の終了(2) ── 解雇 ─── 202

1　解雇権とその制約 ─── 202
- 1-1　解雇権 (202)
- 1-2　解雇の手続的・時期的制限 (203)
- 1-3　解雇理由の制限 (205)
- 1-4　判例法理による規制 (206)

2　変更解約告知 ─── 210
- 2-1　概　説 (210)
- 2-2　留保付き承諾 (211)
- 2-3　変更解約告知の効力 (211)

3　違法解雇の効果 ─── 212

4　雇用関係終了後の法規制 ─── 213
- 4-1　退職時等の証明 (213)
- 4-2　金品の返還 (215)
- 4-3　帰郷旅費 (215)

CASES ─── 215 〔【事例1】(215)／【事例2】(216)〕

◆ 第18章　非典型雇用 ── 有期労働・パートタイム労働・派遣労働 ─── 218

1　非典型雇用総説 ─── 218

2　有期労働（期間雇用） ─── 218
- 2-1　意　義 (218)
- 2-2　期間雇用の規制 (219)
- 2-3　期間雇用の終了（雇止め）(220)

3　パートタイム労働 ─── 223
- 3-1　概　説 (223)
- 3-2　労働関係法規の適用 (223)
- 3-3　パートタイム労働法による規制 (224)

4　派遣労働 ─── 229
- 4-1　外部労働力の利用 (229)
- 4-2　労働者派遣事業の規制 (231)
- 4-3　労働者派遣契約と事業主の講ずべき措置 (233)
- 4-4　労働保護法規の適用 (236)

CASES ——— *237*〔【事例 1】(*237*)／【事例 2】(*237*)〕

◆ 第19章　労使関係法総論 —— 労働基本権・労働組合 ——— *239*

1　総　論 ……………………………………………………………… *239*
　1－1　労使関係法の意義 (*239*)
　1－2　労働組合の役割 (*239*)
　1－3　労使関係に関する法政策 (*240*)
2　労働基本権(憲法 28 条) ………………………………………… *242*
　2－1　概　要 (*242*)
　2－2　労働基本権の法的効果 (*243*)
3　労使関係の当事者 ………………………………………………… *245*
　3－1　労働者 (*245*)
　3－2　使用者 (*246*)
　3－3　労働組合 (*246*)
CASES ——— *250*〔【事例 1】(*250*)／【事例 2】(*251*)〕

◆ 第20章　労働組合の運営 ——————————————— *252*

1　運営のルール ……………………………………………………… *252*
　1－1　法的規律の原則 (*252*)
　1－2　組合規約 (*252*)
2　組合員資格 ………………………………………………………… *253*
　2－1　加入と脱退 (*253*)
　2－2　ユニオン・ショップ協定 (*254*)
3　便宜供与 …………………………………………………………… *255*
　3－1　総　説 (*255*)
　3－2　組合事務所・掲示板 (*255*)
　3－3　在籍専従・組合休暇 (*255*)
　3－4　チェック・オフ (*256*)
4　労働組合の財政 …………………………………………………… *257*
　4－1　組合財産の所有形態 (*257*)
　4－2　組合費の納入義務 (*258*)
5　労働組合の統制 …………………………………………………… *258*
　5－1　統制権の意義と根拠 (*258*)
　5－2　統制手段・手続 (*259*)
　5－3　統制事由と統制権の限界 (*259*)

目　次　　xiii

        6　労働組合の組織変動 ………………………………………………… *260*
            6－1　変動の態様 *(260)*
            6－2　「分裂」*(262)*
        CASES ──── *263*〔【事例1】*(263)*／【事例2】*(263)*／【事例3】*(264)*〕

◆ 第21章　団体交渉・労働協約 ─────────────── *265*
        1　団体交渉 …………………………………………………………… *265*
            1－1　団体交渉権 *(265)*
        2　団体交渉の当事者・担当者 ………………………………………… *266*
            2－1　当事者 *(266)*
            2－2　担当者 *(268)*
        3　団体交渉事項 ……………………………………………………… *269*
            3－1　義務的団交事項 *(269)*
            3－2　いわゆる経営生産事項 *(270)*
        4　団体交渉の態様・義務違反の救済 ………………………………… *270*
            4－1　日時・場所・出席者等 *(270)*
            4－2　団体交渉の遂行 *(271)*
            4－3　団交義務違反の救済 *(272)*
        5　労働協約 …………………………………………………………… *272*
            5－1　意義と性格 *(272)*
            5－2　労働協約の成立 *(273)*
            5－3　労働協約の効力 *(273)*
            5－4　労働協約の拡張適用 *(276)*
            5－5　労働協約の終了とその後の労働条件 *(277)*
        CASES ──── *278*〔【事例1】*(278)*／【事例2】*(278)*／【事例3】*(279)*〕

◆ 第22章　団体行動 ───────────────────── *281*
        1　団体行動の意義と法的保護 ………………………………………… *281*
            1－1　争議行為の意義と法的保護 *(281)*
            1－2　組合活動の意義と法的保護 *(282)*
        2　争議行為の正当性 ………………………………………………… *283*
            2－1　主体面での正当性 *(283)*
            2－2　目的面での正当性 *(284)*
            2－3　手続面での正当性 *(285)*
            2－4　態様面での正当性 *(286)*

- 3 組合活動の正当性 ………………………………………………… *288*
  - 3−1 主体面における正当性 (*288*)
  - 3−2 目的面における正当性 (*289*)
  - 3−3 態様面における正当性 (*290*)
- 4 正当性のない争議行為と民事責任 ……………………………… *293*
  - 4−1 組合員個人の損害賠償責任 (*293*)
  - 4−2 団体の損害賠償責任 (*293*)
  - 4−3 懲戒処分と幹部責任 (*293*)
- 5 争議行為と賃金 …………………………………………………… *294*
- 6 使用者の争議対抗行為 …………………………………………… *297*
  - 6−1 操業の自由 (*297*)
  - 6−2 ロックアウト (*297*)
- CASES ─── *298* 〔【事例1】(*298*)／【事例2】(*299*)〕

◆第23章 不当労働行為(1) ── 総論・不利益取扱い ── *300*

- 1 総 論 ……………………………………………………………… *300*
  - 1−1 不当労働行為制度の意義・制度目的 (*300*)
  - 1−2 不当労働行為の救済システム概観 (*302*)
  - 1−3 不当労働行為における使用者 (*303*)
- 2 不利益取扱い ……………………………………………………… *306*
  - 2−1 総 説 (*306*)
  - 2−2 労組法7条1号違反の成立要件 (*307*)
- CASES ─── *312* 〔【事例1】(*312*)／【事例2】(*313*)／【事例3】(*313*)〕

◆第24章 不当労働行為(2) ── 団交拒否・支配介入・併存組合と不当労働行為 ── *315*

- 1 団交拒否 …………………………………………………………… *315*
- 2 支配介入 …………………………………………………………… *315*
  - 2−1 総 説 (*315*)
  - 2−2 使用者への帰責 (*317*)
  - 2−3 言論の自由との関係 (*318*)
  - 2−4 施設管理権との関係 (*319*)
  - 2−5 会社解散と不当労働行為 (*320*)
  - 2−6 経費援助 (*321*)
- 3 併存組合と不当労働行為 ………………………………………… *321*

　　　　　3－1　中立保持義務 (*321*)
　　　　　3－2　査定差別 (*322*)
　　　　　3－3　団交を操作した不当労働行為 (*324*)
　　　　CASES ───── *326*〔【事例1】(*326*)／【事例2】(*327*)／【事例3】(*327*)〕

◆ 第25章　労働関係紛争の解決 ──────────────── *329*

　　　1　労働関係紛争解決システムの全体像……………………………… *329*
　　　2　行政による紛争解決手続 …………………………………………… *330*
　　　　　2－1　個別紛争 (*330*)
　　　　　2－2　集団紛争──争議調整 (*332*)
　　　　　2－3　集団紛争──不当労働行為の救済手続 (*333*)
　　　3　司法による紛争解決手続 …………………………………………… *341*
　　　　CASES ───── *344*〔【事例1】(*344*)／【事例2】(*345*)／【事例3】(*346*)〕

◆ 第26章　労働市場法 ─────────────────────── *347*

　　　1　労働市場法の意義 …………………………………………………… *347*
　　　2　労働力需給調整システムの規律──職業安定法 ………………… *348*
　　　3　失業の救済と予防──雇用保険法 ………………………………… *352*
　　　4　特定の対象者に対する雇用の促進 ………………………………… *355*
　　　　　4－1　高年齢者雇用安定法 (*355*)
　　　　　4－2　障害者雇用促進法 (*356*)
　　　　CASES ───── *357*〔【事例1】(*357*)〕

● 総合演習 ───────────────────────────── *360*

　　　第1問 (*360*)／第2問 (*363*)／第3問 (*366*)
　　　第4問 (*370*)／第5問 (*374*)／第6問 (*378*)

〔**資料1**〕就業規則例 (*383*)／〔**資料2**〕36協定例 (*394*)

　　　事項索引（巻末）
　　　判例索引（巻末）

参 考 文 献
（最近5年以内〔2004年以降〕の刊行のもの）

◆ 労働法全般
浅倉むつ子＝島田陽一＝盛誠吾『労働法（第3版）』（有斐閣，2008年）
荒木尚志『労働法』（有斐閣，2009年）
大内伸哉『労働法実務講義（第2版）』（日本法令，2005年）
奥山明良『基礎コース労働法』（新世社，2006年）
小畑史子『よくわかる労働法（第2版）』（ミネルヴァ書房，2008年）
片岡　昇（村中孝史補訂）『労働法(1)（第4版）・(2)（第5版）』（有斐閣，2007年，2009年）
小西國友『労働法』（三省堂，2008年）
小西國友＝渡辺章＝中嶋士元也『労働関係法（第5版）』（有斐閣，2007年）
菅野和夫『労働法（第8版）』（弘文堂，2008年）
菅野和夫『新・雇用社会の法［補訂版］』（有斐閣，2004年）
角田邦重＝毛塚勝利＝脇田滋編『新現代労働法入門（第4版）』（法律文化社，2009年）
土田道夫『労働法概説』（弘文堂，2008年）
中窪裕也＝野田進＝和田肇『労働法の世界（第8版）』（有斐閣，2009年）
西谷　敏『労働法』（日本評論社，2008年）
西谷敏＝萬井隆令編『労働法1（第3版）・2（第5版）』（法律文化社，2006年，2005年）
野川　忍『労働法』（商事法務，2007年）
浜村彰ほか『ベーシック労働法（第3版）』（有斐閣，2008年）
水町勇一郎『労働法（第2版）』（有斐閣，2008年）
森戸英幸『プレップ労働法（第2版）』（弘文堂，2008年）
両角道代ほか『LEGAL QUEST 労働法』（有斐閣，2009年）
安枝英訷＝西村健一郎『労働法（第10版）』（有斐閣，2009年）
渡辺　章『労働法講義(上)』（信山社，2009年）

◆ 雇用関係法・労使関係法
下井隆史『労働基準法（第4版）』（有斐閣，2007年）
荒木尚志＝菅野和夫＝山川隆一『詳説　労働契約法』（弘文堂，2008年）
土田道夫『労働契約法』（有斐閣，2008年）
山川隆一『雇用関係法（第4版）』（新世社，2008年）
西谷　敏『労働組合法（第2版）』（有斐閣，2006年）

◆ **注釈書**(コンメンタール)
金子征史＝西谷敏編『別冊法学セミナー 基本法コンメンタール労働基準法（第5版）』（日本評論社，2006年）
厚生労働省労働基準局編『改訂新版労働基準法（上・下）』（労務行政，2005年, 2006年）
厚生労働省労政担当参事官室編『5訂新版労働組合法・労働関係調整法』（労務行政，2006年）

◆ **判例解説・演習書等**
荒木尚志＝村中孝史編『労働判例百選（第8版）』（有斐閣，2009年）
菅野和夫ほか編著『ケースブック労働法（第5版）』（弘文堂，2009年）
荒木尚志ほか著『ケースブック労働法（第2版）』（有斐閣，2009年）
大内伸哉『最新重要判例200 労働法』（弘文堂，2009年）
唐津博＝和田肇『労働法重要判例を読む』（有斐閣，2008年）
野川 忍『労働判例インデックス』（商事法務，2009年）
野田 進『判例労働法入門』（有斐閣，2009年）
石田眞ほか編『ロースクール演習 労働法』（法学書院，2007年）
土田道夫＝豊川義明＝和田肇『ウォッチング労働法（第3版）』（有斐閣，2009年）
水町勇一郎編著『事例演習労働法』（有斐閣，2009年）
山口幸雄＝三代川三千代＝難波孝一編『労働事件審理ノート（改訂版）』（判例タイムズ社，2007年）

凡　例

◆ **法令名略語**

育児・介護休業法	育児休業，介護休業等育児又は家族介護を行う労働者の福祉に関する法律（平成3年法律76号）
一般法人法	一般社団法人及び一般財団法人に関する法律（平成18年法48号）
均等法	雇用の分野における男女の均等な機会及び待遇の確保等に関する法律（昭和47年法113号）
均等則	雇用の分野における男女の均等な機会及び待遇の確保等に関する法律施行規則（昭和60年労働省令2号）
健保法	健康保健法（大正11年法70号）
高年法	高年齢者等の雇用の安定等に関する法律（昭和46年法68号）
個別労働紛争解決促進法	個別労働関係紛争の解決の促進に関する法律（平成13年法112号）
最賃法	最低賃金法（昭和34年法137号）
障害者雇用促進法	障害者の雇用の促進等に関する法律（昭和35年法123号）
職安法	職業安定法（昭和22年法141号）
職安則	職業安定法施行規則（昭和22年労働省令12号）
賃確法	賃金の支払の確保等に関する法律（昭和51年法34号）
派遣法	労働者派遣事業の適正な実施の確保及び派遣労働者の就業条件の整備等に関する法律（昭和60年法88号）
パートタイム労働法	短時間労働者の雇用改善等に関する法律（平成5年法76号）
労安法	労働安全衛生法（昭和47年法57号）
労基法	労働基準法（昭和22年法49号）
労基則	労働基準法施行規則（昭和22年厚生省令23号）
労契法	労働契約法（平成19年法128号）
労災保険法	労働者災害補償保険法（昭和22年法50号）
労災則	労働者災害補償保険法施行規則（昭和30年労働省令22号）
労審法	労働審判法（平成16年法45号）
労組法	労働組合法（昭和24年法174号）
労働契約承継法	会社の分割に伴う労働契約の承継に関する法律（平成12年法103号）
割増賃金令	労働基準法37条第1項の時間外及び休日の割増賃金

に係る率の最低限度を定める政令（平成6年政令5号）

◆ 行政解釈等略語

発　基	次官通達と呼ばれる(厚生)労働省労働基準局関係の通達
基　発	(厚生)労働省労働基準局長名で発する通達
基　収	(厚生)労働省労働基準局長が疑義に答えて発する通達
女(婦)発	(厚生)労働省女性(婦人)局長名で発する通達
職　発	(厚生)労働省職業安定局長名で発する通達
(厚)労告	(厚生)労働大臣告示

◆ 判例集・雑誌略語

民　集	最高裁判所民事判例集
刑　集	最高裁判所刑事判例集
労民集	労働関係民事裁判例集
労　判	労働判例
労経速	労働経済判例速報
判　時	判例時報
判　タ	判例タイムズ

● 1 ● 労働法とは何か

　人が働く過程ではさまざまな問題が起こり，法の規律の対象となる。
　卒業前の学生でも，就職先の会社から採用内定を受けていたのに，それが取り消された場合は，労働法に関わる問題となる（→第5章4）。働き始めてからは，男女平等，転勤，残業などをめぐって問題が生ずることも少なくなく，過労死などの労働災害や，リストラの際の解雇などの問題が起こることもある。労働法は，このような問題に対応するものである。
　「労働法」とは，対象領域に着目すれば，「雇用関係（個別的労働関係）・労使関係（集団的労働関係）・労働市場に関する法の総体」と定義することができる（下図参照。以上は理論上の名称であり，具体的には多くの法律がある）。これら3

【労働法の体系】

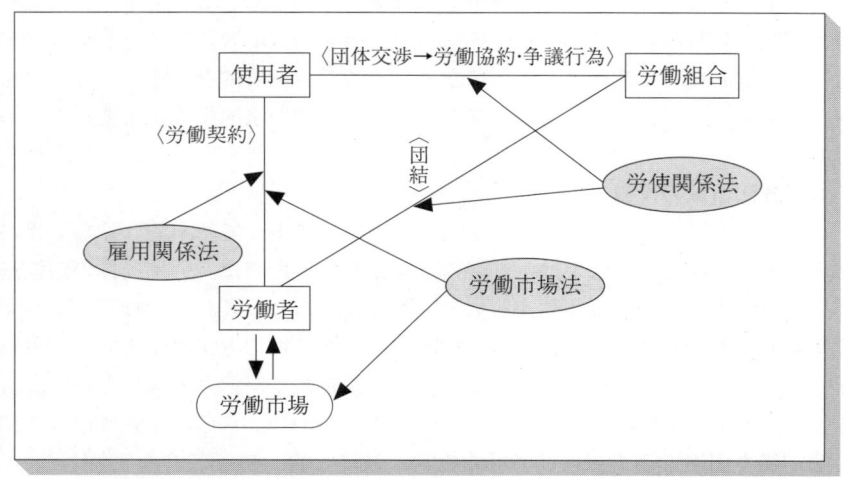

領域のうち，雇用関係とは，広い意味での「働く」関係の中で，使用者の指揮命令に従って働き，報酬として賃金を得る関係をいい，使用者と個々の労働者の労働契約（雇用契約）（→第2章1）により基礎づけられる。労使関係とは，労働組合と使用者および労働組合と労働者の関係をいい，労働組合相互間の関係も含まれる。他方，労働市場の定義は多様であるが，失業者（求職者）と企業（求人者）との間における労働力の取引の場（システム）を指すことが多い。

2　労働法の役割

(1) 労働法の存在理由

労働者は使用者と労働契約を結んで働くが，労働契約においては，一般私法上の契約自由の原則や市場原理をそのまま及ぼすことには問題がある。すなわち，労働者が取引できる労働の機会というものは，現実に働かないかぎり時間とともに消滅していくものであるから，自分の希望する価格で取引ができるまで貯蔵しておくことができない。

そこで，他に生活の糧がない労働者としては，自分の望まない価格でも取引に応じざるをえず，また，どのように働くかなどについても，使用者が一方的に決定できる契約を結ばざるをえないこととなる（逆に使用者にとっては，組織として事業を行うためには，そのような一方的決定権をもつ契約を結んでおけば，個々の業務内容や遂行方法を決定するための交渉のコストを小さくできる）。

このような意味で，労働者は一般に使用者に比べ交渉力が弱いため（その他，両者の間には情報量などの面でも格差がある），契約の自由の基礎にあるべき当事者間の実質的な対等性を欠くことになる。そこで，実質的な意味での契約の自由や市場機能を回復させるため，労働法という特別な法的規律が必要になるのである。

(2) 各法領域の役割

このような労働法の規律は，上記の3つの領域によって基本的しくみを異にする。まず，雇用関係法では，交渉の下支えをするために，労働条件の最低基準や基本的人権に関する規律を行い（労働基準法など），また，労働契約に関する基本的ルールを定める（労働契約法など）。これに対し労使関係法では，労働組合という団体が使用者と交渉するしくみを設定して交渉力の強化を行い，労働条件の向上や集団的な設定を促す（労働組合法など）。さらに，労働市場法は，労働市場を円滑・適正に機能させるため，政府が自ら職業紹介を実施したり，

民間の職業紹介事業への規律を行ったりする（職業安定法など）。

●3● 労働法の歴史と動向

　近代における労働法の起源は，19世紀初頭のイギリスにおいて，炭鉱等における年少者の過酷な労働条件が社会問題となったことを背景に登場した，年少者の労働時間等を規制する工場立法である。その後，女性，さらには成年男性も保護の対象に含まれるに至り，規律の対象も広がった。その他の国でも，産業化の進展に応じて同様の問題が生じ（下の写真参照），労働法が整備されていった。

20世紀初頭のアメリカ合衆国における児童労働
(Lewis Hine (1874-1940) "The breaker boys at work" より)

　わが国では，第2次世界大戦前においても工場法などが存在したが，戦後になって多くの法律が整備されるに至った。当初は，前近代的な労働関係への対応を含めた基本的法律の整備が中心であったが，経済成長期から安定成長期にかけては，多くの雇用政策立法が生まれた。その後，サービス経済化や女性の労働市場への進出などに伴い，男女雇用機会均等法など新たなタイプの立法が登場した。最近では，個別労働紛争解決システムの整備が図られ，また労働契約法が制定されるなど，労働法制は変化を続けている。

●4● 労働法の実現手法

　労働法は，上記のように（→本章2-(1)），労働契約につき契約の自由をその

まま適用することによって生ずる問題点への対応という性格をもっているので，法の実現手法についても様々なものがある（下記以外に，法的強制力をもたない努力義務規定を設け，行政指導や助成金などにより政策目的の実現を図るソフトな手法も少なくない）。

(1) 刑罰・行政監督・強行規定

まず，労働条件の最低基準などを実現する役割をもつ労働基準法においては，①違反に対する刑罰（労基法117条以下），および②行政による監督・取締りという強力な実現手法がとられる。また，③民事上の権利義務についても，法律の定める最低基準を下回る合意を無効とし（強行的効力），無効となった部分を法の基準で補充する（補充的・直律的効力）ものとしており（労基法13条。契約上定めがない場合も同様である），労働者はこれに従って訴訟等を提起できる。

> **illustration 1** A社に雇用されているBは，A社との労働契約において，1日10時間労働するという合意をした。この合意が自由意思に基づくものであっても，労基法32条2項の定める1日8時間という最低基準を超えるので，同法36条等による例外が認められる場合を除いて，同法13条により無効となり，契約上の労働時間は1日8時間となる（賃金に関する合意は直接影響を受けないが，時間給の場合は支払額は減少する）。

なお，使用者が，事業場の過半数の労働者を組織する労働組合がある場合はその組合，なければ過半数を代表する者（過半数代表者）を選出して労使協定を結ぶなどした場合には，一定の規制が解除されることがある（時間外労働に関する労基法36条など）。ここで事業場とは，一定の場所で相関連する組織のもとに業として継続的に行われる作業の一体をいい（昭22・9・13発基17号），通常は支店や工場などが1個の事業場となる（→第2章2-3(1)）。

> **illustration 2** A社のB工場では，時間外労働のために労基法36条に基づく協定（36協定）を結ぶ必要が生じた。A社には，企業全体では従業員の過半数が加入しているC労働組合があるが，同組合はB工場では過半数を組織していない。36協定は事業場単位で結ぶ必要があり，A社は，B工場という事業場で36協定を結ぶには，過半数代表者を選出しなければならない。

上記②の行政監督・取締機関として，各都道府県の労働局には労働基準監督署が置かれ，労働基準監督官が配置されている（労基法97条。最賃法等も所管事項である）。労働基準監督官は，事業場等の臨検，書類提出要求，尋問を行

うことができ（101条），また，労基法違反に関して，刑事訴訟法上の司法警察官の職務権限（逮捕・差押・捜索・検証）を行使できる（102条）。労働者は，労基法違反の事実がある場合には，こうした監督機関に申告することができる（104条）。

(2) **労働紛争の解決システム**

これに対し，労働契約における民事上の権利義務に関するルールを定める労働契約法には，罰則はなく，紛争の解決（あるいは予防）という形で，法の定める権利義務関係を当事者間において実現するしくみがとられている。従来は，こうした権利義務関係を実現する方法は，裁判所における民事訴訟などが主たるものであったが，近年では使用者と個々の労働者の間での個別労働紛争が大幅に増加し，こうした労働紛争に適した紛争解決のしくみが必要となった。

そこで，平成13年には個別労働関係紛争解決促進法が制定され，①都道府県労働局などの総合労働相談コーナーにおける相談・情報提供，②都道府県労働局長による助言・指導，③紛争調整委員会によるあっせん等という，行政による簡易・迅速な紛争解決制度が設けられた。また，平成16年には，司法による新たな個別紛争解決制度として，裁判官（労働審判官）と労使の経験者（労働審判員）からなる労働審判委員会が，3回以内の期日で，調停が成立しない場合には，権利義務と手続の経過を踏まえて定める労働審判を下すという労働審判制度が創設されている（→第25章3(2)）。

その他，集団紛争に関しては，労組法および労働関係調整法において，労働委員会による不当労働行為救済手続（→第25章2-3）と労働争議の調整手続（→第25章2-2）が設けられている。

● 5 ● 労働条件の決定システム

労働法において，民事上の権利義務関係の実現を考える場合，労働者と使用者の間の労働条件がどのように定められているかを理解しておくことが重要である。基本的には，労働者と使用者との関係は労働契約に基づくものであるから，法令に違反しない範囲では，労働条件は当事者の合意で定めうる（労働契約法6条。労働義務の内容などを使用者が指揮命令権により一方的に決定する場合もある）。

もっとも，労働関係は集団的・組織的な関係であるから，実際には，個々の労働契約において労働条件を詳細に決めることは少ない。むしろ，労働条件は，

就業規則（名称は賃金規程など様々である）などによって統一的に定められることが多く（→第3章1），就業規則上の規定は，労働条件の最低基準となり，また，労働契約の内容を規律するものとなりうる（労契法7条，10条，12条）。

また，労働組合が存在する場合には，使用者と労働組合が団体交渉により決定した労働条件等を文書とした労働協約（労組法14条）は，いわゆる規範的効力をもち（→第21章5-3(1)），組合員等の労働契約を規律する（同法16条）。その他，法律が直接に労働条件を定めたり，いわゆる労働慣行（→第6章1-1(3)）が労働契約の内容になったりする場合もある。

以上のような労働条件の各設定手段（下図参照）は，しばしば交錯することがあり，特に労働条件の変更などの場面では，それらの優劣や相互関係が重要な問題となる。

【労働条件の設定】

6　労働法の学び方

(1) 法律学一般との共通点

労働法も法律の一分野であり，一般的な法律の学び方が基本的に妥当する。

まず，法律の適用においては，法的三段論法を理解することが基本となる。法的三段論法は，裁判などにおいて法律を適用する場合，①一般的な法的ルール（大前提）に，②証拠等により認定された当該事件の事実関係（小前提）を

あてはめ，③結論を下すという論理の進め方である。いかなる法的ルールを用いるかについては，民事訴訟の場合，いかなる請求をするか，いいかえれば，何が訴訟物となるかが出発点となり，その請求を基礎づけるための法的ルールや，その請求を拒むための法的ルールを探求することとなる。

ここで，①の大前提をなす法的ルールは，要件→効果という構造をとることが多い。すなわち，一定の法律要件がみたされた場合には一定の法律効果が生ずるという構造である（下図参照）。そこで，法的ルールの理解に当たっては，問題となっているルールがいかなる要件を設定しているか，また，そのルールからいかなる効果が導かれるかを把握することが重要となる（要件や効果が明確でない場合，解釈によってルールを確定する必要があるが，そこでは種々の見解が対立することもある）。

【法的三段論法と要件・効果】

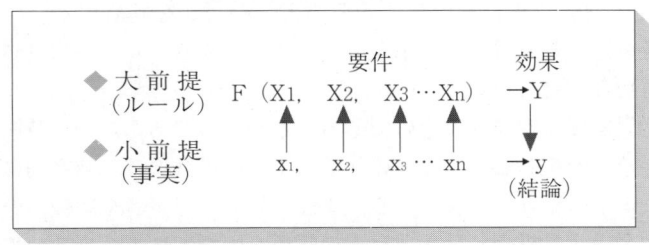

たとえば，労働契約法7条本文は，「労働者及び使用者が労働契約を締結する場合において，使用者が合理的な労働条件が定められている就業規則を労働者に周知させていた場合には，労働契約の内容は，その就業規則で定める労働条件によるものとする。」と定めているが，同条の規定から要件を抽出すると，①「使用者」が，②「労働者」と，③「労働契約を締結する場合」において，③「就業規則」を，④「周知」させており，⑤その就業規則の「労働条件」が，⑥「合理的」であることである。これらの要件がみたされた場合に，「労働契約の内容は，その就業規則で定める労働条件による」という法的効果が発生する（条文上要件や効果が明らかでない部分は解釈により補充する）。このような要件・効果の抽出は，法律の条文のみならず，判例の示したルール（一般論）についても行われる。

(2) 労働法の特色

一方，労働法は，上記のような労働関係の特質（→本章2-(1)）にもとづき特別な法分野をなしているのであるから，まず，労働関係の特質を理解してお

くことが重要である。また，労働法の内容やそこでの問題は，その時々の社会経済状況や労働市場，あるいは人事管理の動向を反映することがあるので，それらの動向，あるいは人事諸制度や就業規則などの実態について理解を深めることも有益である（たとえば，解雇権濫用法理（→第17章1-4）が判例により形成されたことは，わが国における長期雇用システムを背景としたものとみられる）。さらに，労働法分野では新たな立法や法改正が比較的多く，最高裁判例や下級審裁判例の役割も重要であるため，立法や判例等の動向にも注意を払う必要がある。

法の解釈適用に当たっても，労働法には一定の特色がある。まず，とりわけ判例法理によくみられるが，労働法のルールには，「権利濫用」，「合理性」，「正当性」などの一般条項（規範的要件ともいう）がしばしば含まれる。その適用に当たっては，価値判断や諸要素の比較衡量が求められるが，判例は，「a_1，a_2，a_3などの要素を総合考慮してAといえるか否かを判断する」などといった形で，その際の判断要素を例示していることがあり，ルールの具体的適用に当たって有用な指針となる。

なお，労働関係は継続的なものであることが通常であるため，時間的経過の中で種々の争点が生じることが多い。そのような場合には，時系列に着目した事実関係や争点の整理が必要となる。また，複数の当事者や組織，あるいは制度・規範が登場する場合には，それらの関係を図などにより把握しておくことも有益である。

第2章　労働契約・雇用関係の当事者

● 1 ●　労働契約の意義

1-1　労務供給に関する契約

　人が働き，報酬を得るには，さまざまな形態がある。たとえば，大学生がアルバイトをして報酬を得ようとするとき，教育にかかわる仕事についてみても，家庭教師をする，学習塾で講師をする，テストの採点を請け負うなど，いくつかの形態が考えられる。人が他人のために働き（労務を供給し），その対価として報酬を得る関係を，権利義務関係として法的に根拠づけるのは契約である。

　民法上では，労務の供給を目的とする典型契約として主に「雇用」，「請負」，「委任」の3つの類型が設けられている（次頁の図参照）。雇用契約は，一方の当事者が相手方のもとで労働に従事し，それに対し相手方が報酬を支払うことを内容とする契約である（民法623条）。ここで，「労働に従事」するとは，相手方の指揮命令に従って労務を供給することをいうと解されている。請負契約は，一方の当事者が仕事の完成を約し，他方がその結果に対して報酬を支払う内容の契約であり（同法632条），請負人の労務は仕事の完成のための手段として位置づけられる。これに対し，雇用契約は労務を供給すること自体を契約の目的とする点で請負とは区別される。

　ある者が他人に法律行為を行うことを委託する内容の契約は委任契約（民法643条），法律行為以外の事務を委託する場合には準委任契約（民法656条）となる。委任ないし準委任契約は，労務の供給自体を目的とする点で雇用契約と共通するが，一般に，委任契約における受任者は事務の処理について広い裁量を有するのに対し，雇用契約の場合には労働者が相手方の指揮命令に服する点に相違がある。また，委任契約の場合には，報酬の支払いは要件とはされていない。

> illustration 1　大学生AがB学習塾との間で，週2回，所定の時間に決められた科目の授業をB作成の教育マニュアルに従って行い，1時間あたり2000円の報酬を得ることを約した場合，この契約は雇用契約であると解しうる。他方，AがBから模擬テストの採点を1枚20円で一定期日までに行うよう約した場合には，通常は請負契約と解される。

	契約の目的	労務供給の裁量	有償性
雇用契約	労務の供給自体	使用者の指揮命令	○
請負契約	仕事の完成	請負人の裁量	○
委任契約	労務の給付自体	受任者の裁量	△

1-2　労働契約と雇用契約

　一方，雇用関係法令には「労働契約」の語がみられる。労働契約法によると，労働契約は，労働者が使用者に使用されて労働し，使用者がこれに対し賃金を支払うことについて，両者が合意することで成立すると規定されている（労契法6条）。労基法には，「労働契約」と題する章が設けられているものの（第2章），その概念について特に定義する規定はない。しかし，労基法は同法の適用を受ける「労働者」について，事業に「使用される者で，賃金を支払われる者」（労基法9条）と定義しており，それに従えば，労基法上の労働契約とは，労働者が使用者の事業に使用されて労働し，使用者がこれに対し賃金を支払う契約と解しうることから，労働契約法と労基法（後述の「事業」要件が加わる）の労働契約は，基本的に同一の概念とみることができる。

　続いて，これらの「労働契約」と，先述した民法上の「雇用契約」とは，どのような関係に立つかが問題となる。労働契約と雇用契約との相互関係については，大別して(a)両者を同一のものとみる見解と，(b)労働契約を民法上の雇用とは理念的に区別してとらえるべきとする見解とがある。裁判例などの実務では，両契約の用語は特に区別されることなく用いられており，そこでは，いずれもが，一方が他方の指揮命令ないし具体的指示のもとに労務を提供し，他方がその対価として報酬（賃金）を支払う内容の契約類型としてとらえられている。そうであるとすれば，特に両契約を区別する必要はないようにも解されるが，他方で，次にみるように，労基法をはじめとする雇用関係法の適用範囲を問題にする場合には，雇用，請負，委任といった契約の「形式」にはとらわれない点を明確にすべきことから，「労働契約」の概念を用いることが適切と

する見解もある。

いずれにしても，民法ないし労働契約法の規定を踏まえると，労働契約は有償・双務・諾成・不要式の契約である。

● 2 ● 労働者の概念

2-1 雇用関係法令の適用と「労働者」

労基法をはじめとする雇用関係法令の適用の有無は，労務の供給を行う者が「労働者」であるかどうかによって決められる（集団的労働関係法上の「労働者」については→第19章3-1）。この「労働者」にあたるかどうかの判断は，労働が他人の指揮監督のもとで行われ，その対価として賃金が支払われる関係があったことを示す事実関係の有無に基づいて行われる。通常，労働契約ないし雇用契約が結ばれていれば，雇用関係法令の適用が予定されているが，労働者性の判断にあたっては，当事者が選択した契約の形式は重視されず，仮に請負契約や委任契約などの名称で契約が結ばれていたとしても，労務供給の実態において上記の事実関係が認められる場合には雇用関係法令が適用されることになる。ここでは，アルバイトやパートタイマーといった雇用形態の名称のいかんも問われない。

雇用関係法令の規定の多くには強行的な性格が与えられており，その適用範囲を決定する際に契約形式や名称といった当事者による操作が容易な指標を重視すると，強行的な規制の潜脱・回避を容易とするおそれがあることから，規制の実効性を確保するため，上記のような労働者性判断のあり方が要請されている。

2-2 労基法上の労働者
(1) 労働者の定義

労基法は，「労働者」について，職業の種類を問わず，「事業又は事務所」（以下，「事業」）に「使用される者で，賃金を支払われる者」と定めており（労基法9条），労基法上の労働者であるには，①「事業」（→本章2-3）において②「使用され」ていること，および③「賃金」の支払を受けていることを要件とする。

ここでの「使用される」関係とは，他人の指揮命令ないし具体的指示のもとに労務を提供する関係（使用従属関係）をいうと解されている。「賃金」支払の

要件については，労基法が「労働の対償として使用者が労働者に支払うすべてのものをいう」（労基法11条）と定義していることから，上記の態様で提供される労務に対する報酬が支払われていれば基本的にみたされることになる。

(2) **労働者性の判断**

労働者性の有無がしばしば問題となるのは，当事者が請負や委任といった労働契約以外の形式で契約を締結し，そこでは労基法をはじめとする雇用関係法令の適用が予定されていなかったにもかかわらず，労務の供給者が労務遂行の実態から，自身が労働者にあたるとして，労基法などの適用を求めるケースである。そうした例には，一人親方，外務員・集金人，車持ち込み運転手，楽団員など，様々な業種がみられるが，典型的な使用従属関係が必ずしも明確でない例も多いことから，労働者性の判断にあたり，さらに具体的な基準ないし要素が必要とされている。

労働者性に関する具体的な判断要素は，昭和60年の労働基準法研究会による報告「労働基準法の『労働者』の判断基準について」において整理されており，同報告によると，使用従属性の有無について，①「指揮監督下の労働」といえるかどうかが，(i)仕事の依頼，業務従事の指示等に関する諾否の自由の有無，(ii)業務遂行上の指揮監督の有無，(iii)場所的・時間的拘束性の有無，(iv)他の者との労務提供の代替性の有無などの点から評価される。②「賃金」については，報酬が労務の対償といえるかどうかが，賃金支払や計算の方法などから評価される（報酬が労務の時間の長さに応じて決まる要素が強いほど対償的性格が強まり，使用従属性を補強する）。以上を踏まえても，なお労働者性の有無が明確ではない場合に，③判断を補強する要素として，(i)労務提供者が，労働者ではない独立の「事業者」といえるかどうか（機械・器具の負担関係，報酬の多寡などから判断する），(ii)特定の企業に対する専属性の程度，(iii)その他，採用の選考過程，公租公課の負担関係などの事情が挙げられている。

(3) **具体的な判断例**

最高裁による判断例には，自己が所有するトラックを持ち込んで特定企業との間で運送業務に従事していた車持ち込み運転手について，運送を依頼する企業が業務の遂行について特段の指揮監督を行っていないこと，時間的，場所的な拘束の程度が緩やかであったことなどを理由に，労基法上の労働者にはあたらないとしたものがある（横浜南労基署長(旭紙業)事件・最一小判平8・11・28労判714号14頁）。また，マンションの内装工事を個人で請け負っていた者（一人親方）について，工法や作業手順に裁量があり，報酬が仕事の完成に対して

支払われたものであるとされたケースで労働者性が否定されている（藤沢労基署長（大工負傷）事件・最一小判平 19・6・28 労判 940 号 11 頁）。他方，大学病院で臨床研修に従事していた研修医について，病院が定めた時間および場所において指導医の指示に従って医療行為に従事していたこと，奨学金の名目で月 6 万円が支払われていたことなどから労基法上の労働者にあたるとした例がある（関西医科大学研修医（未払賃金）事件・最二小判平 17・6・3 民集 59 巻 5 号 938 頁）。

> illustration 2   Aは，バイク便事業者B社と「運送請負契約」を締結し，独立の事業者として自己の所有するオートバイを使用して配送業務に従事しているが，①業務内容についてB社から指揮監督を受けている，②勤務日や毎日の勤務時間が決められ，B社の事業所にて出勤簿による管理が行われている，③他人に配送業務を代替させることはできない，④報酬が欠勤によって一部控除されるといった事情が認められる。Aの勤務に係る事情を総合的に考慮すると，Aは労基法上の労働者にあたると判断される可能性が高い。

2-3 事業の概念
(1) 労基法の適用単位としての事業

労基法は，「事業」に使用される労働者を適用の対象としている（労基法 9 条）。労基法が事業を適用の単位とするのは，雇用関係が事業という組織のもとで展開されることを受け，全国各地に配置される労働基準監督署が，その管轄区域における事業所を把握し，労基法に定められる労働条件の基準を遵守させるべく監督ないし取締りを行うという労働監督行政の仕組みに対応するものである。労基法は，労働時間規制の特例ないし適用除外などにつき，事業の種類に応じた規定を設けており，その「別表第 1」において事業の分類が示されている。また，同居の親族のみを使用する事業および家事使用人については，労基法の適用が除外されている（労基法 116 条 2 項）。

事業とは，工場，鉱山，事務所，店舗のように一定の場所において相関連する組織のもとに業として継続的に行われる作業の一体をいう（昭 22・9・13 発基 17 号）。たとえば，大学の個人研究室は「事業」の要件をみたさないと考えられることから，教員個人と契約を締結して就労する秘書は，指揮命令に従って労働に従事していたとしても，労基法上の労働者にはあたらないことになる。なお，工場内の食堂や診療所などは，場所を同じくしていても独立の事業として扱われ，逆に，出張所や支所などで独立性のないものは直近上位の事業場に含まれる。

(2) 労基法の場所的適用範囲

　労基法は，その違反に対し罰則を定める取締法規としての性格を持つことから，その適用範囲については，事業を単位としつつ，いわゆる属地主義の原則があてはまると考えられる。また，民事法規としての労基法についても，その強行的性格から，事業が日本国内にある場合には，使用者や労働者の国籍を問わず，また，当事者による準拠法の選択を問わず同法の適用がある。他方，事業が国外で展開されている場合には，外国企業であるか日本企業であるかを問わず，また，そこに使用される者の国籍を問わず，労基法の適用はない（昭25・8・24基発776号）。そのため，日本企業の海外支店や現地法人など外国にある事業には同法は適用されないことになる。ただし，海外支店などへの出張や短期派遣など，通常勤務している日本国内の事業からの指揮命令に従って就労していると解される場合には，なお国内の事業に所属するものとして労基法の適用があると考えられる。

2-4　他の法令等における労働者

　最低賃金法，労働安全衛生法，賃金支払確保法，公益通報者保護法は，これらの法律にいう「労働者」について，労基法9条の「労働者」の定義によることを明記している。その他，労災保険法，男女雇用機会均等法，育児・介護休業法，労働者派遣法などの法律における「労働者」もまた，労基法上の労働者と同じ概念であると解されている。

　労働契約法は，同法にいう「労働者」について「使用者に使用されて労働し，賃金を支払われる者」と定めている（労契法2条1項）。ここでは，労基法9条の労働者とは異なり「事業」に使用される要件が含まれないものの，その他の点ではほぼ同じ定義とみることができることから，労基法上の労働者性の判断基準は，労働契約法においても基本的に妥当すると考えられる。この関連で，使用従属関係が必ずしも明確ではなく，労基法上の労働者にはあたらないものの，自ら個人で労務を他の企業に継続的に提供しているような，いわば労働者に類似する個人自営業者の契約関係に対し，労働契約法の一部の規定（たとえば解雇に関する規定など）を類推適用しうるかどうかの問題がある。学説にはその可能性を肯定する見解があるものの，この点は裁判例において明確にされておらず，今後の展開をみる必要がある。

2-5　外国人労働者
(1)　就労の可能性
　外国人については，出入国管理及び難民認定法（入管法）所定の在留資格が認められた場合，当該在留資格の期間内に，その在留資格に応じて許可される範囲内でのみ日本での活動が許容される。就業が認められる在留資格には「教授」，「芸術」，「宗教」，「報道」のほか，現在，基準省令に適合する活動のみを行いうるものとして「投資・経営」，「法律・会計業務」，「医療」，「研究」，「教育」，「技術」，「人文知識・国際業務」，「企業内転勤」，「興行」，「技能」の10種類がある。事業主は，外国人を雇い入れた場合などに，その氏名や在留資格・在留期間を厚生労働大臣に届け出る義務がある（雇用対策法28条）。

　入管法上，原則として単純労働を目的とする在留資格は設けられていないが，「永住者」，「日本人の配偶者等」，「定住者」などの在留資格を持つ者であれば，職種に限定なく就労が可能となる。「留学」，「就学」の資格者は，原則として就労は認められないものの，資格外活動の許可を受けることにより，一定の範囲でアルバイト等の就労が認められる。現在，技術・技能等の修得を目的とする「研修」の在留資格については，一定の範囲で実務研修を受けることができるが，この実務研修は雇用関係ではないとされ，研修終了後，一定水準の技能等を修得した者については，研修を受けた同一機関において，研修と同一の職種について技能実習を行う労働契約を締結することで，「特定活動」の在留資格により，技能実習に従事することができることとされている。

　なお，平成21年7月に入管法が改正され，「技能実習」の在留資格の創設（従前の実務研修につき労働法の適用を可能とするもの），「就学」の「留学」への一本化などの改正がなされた（以上は同年7月15日（公布日）より1年以内の政令で定める日に施行される）。

　在留資格で認められた活動以外の就労活動を行う場合や，在留期間の満了後にこれを更新することなく滞在する者が就労する場合などには，上記の要件をみたさないことから，いわゆる不法就労となる。入管法は，不法就労を行った本人に対する罰則を定める（入管法70条1項）ほか，不法就労者を雇用したり，そのあっせんを行った者に対しても罰則規定を設けている（同法73条の2）。

(2)　労働法の適用
　外国人労働者については，適法就労，不法就労を問わず，労基法をはじめ労働安全衛生法，最低賃金法，労災保険法などの法令が原則として適用される（昭63・1・26基発50号，職発51号。ただし，職安法に基づく公共職業安定機関に

よる職業紹介や職業指導は不法就労者に対しては行われない)。現在,「研修」資格者による実務研修は雇用関係ではないとされているため, 労働関係の実態がない限り労働法は適用されないが, 上記入管法の施行後は適用がなされる。

他方, 民法などの民事法規については, いかなる国の法が適用されるかという準拠法の決定問題が生ずる。日本において就労している外国人の労働契約については, 当事者による準拠法の選択がない場合, 原則として労務を提供している土地である日本法が適用されると解すべきである (法の適用に関する通則法12条3項)。外国法が選択された場合でも日本の強行法規が適用される場合がある (同条1・2項)。

日本法が適用される場合でも, その解釈適用にあたり, 外国人労働者である事情が考慮されることがある。判例には, 職場での事故により障害の残った不法就労者に対し, 使用者に安全配慮義務違反による損害賠償を命じた例で, 損害の算定にあたり, 離職の日から3年間に限り, 日本の賃金水準で逸失利益を算定し, その後は出身国の水準で算定するとしたものがある (改進社事件・最三小判平9・1・28民集51巻1号78頁)。

3 使用者の概念

3-1 「使用者」概念の意義

労働関係において労働者と並び当事者となるのは「使用者」である。労働法による規制の対象となる「使用者」とは, 次のように複数の意味内容を持つ多義的な概念である。第1に, 「使用者」とは, 労働契約における労働者の相手方として, 賃金支払などの義務を負う者をいう。第2に, 労基法の規制を遵守する責任主体を指す場合もある (違反する行為をした者に罰則の適用がある)。これには, 個人企業主や法人のように労働契約上の使用者となる者のみならず, 労基法が規制する事項に関して現実に行為する者も含まれる。第3に, 労組法上の概念として, 団体交渉の当事者, 不当労働行為の主体, 労働協約の当事者となる者を意味する (集団的労働関係法上の「使用者」については, →第19章3-2, 不当労働行為における「使用者」については, 第23章1-3など)。以下では, 雇用関係法における使用者について取り上げる。

3-2 労働契約上の使用者

労働契約上の使用者とは, 労働者が契約を締結した相手方であり, 労働契約

を基礎とする私法上の権利義務が帰属する法的な主体をいう。個人企業の場合は企業主本人，法人企業の場合は法人がこれにあたる。雇用関係法分野の法令には，育児・介護休業法や男女雇用機会均等法のように，「事業主」に対して一定の義務を課したり，一定の行為を禁じたりするものが存するが，この場合の「事業主」にあたるのは労働契約上の使用者である。労働契約法は，同法上の「使用者」について，「その使用する労働者に対して賃金を支払う者をいう」（労契法2条2項）と定義しているが，この使用者もまた同義と解される。

3-3　労基法上の使用者

労基法上の「使用者」概念については，2つの異なる観点からの区別が必要である。

第1に，労基法所定の労働条件を内容とする労働契約上の責任（義務）を負う者としての「使用者」を考える必要があり，これにあたるのは前述の労働契約上の使用者（事業主）である。

第2に，労基法は，同法の定める労働条件が確保されるよう，多くの規定で「使用者」に義務を課し，その違反に対して刑事罰を科すことで法の遵守をはかっている。労基法は，同法上の「使用者」について，「事業主又は事業の経営担当者その他その事業の労働者に関する事項について，事業主のために行為をするすべての者をいう」（労基法10条）と定義し，労基法の規定を遵守することにつき責任を負う者の範囲を明らかにしている。

①「事業主」とは，労働契約上の使用者にあたり，個人企業の場合には企業主本人，法人企業の場合には法人が該当する。②「事業の経営担当者」とは，法人の理事，株式会社の取締役や支配人など，事業経営全般について権限および責任を負う者をいう。③「労働者に関する事項について，事業主のために行為をする」者とは，労働条件の決定や労務管理，業務命令の発令などにつき事業主から一定の権限を付与され，その責任を負う者をいい，工場長，部長，課長など他の従業員を管理監督する職位にある者がこれに含まれうる。たとえば，時間外労働を命ずる権限を持つ工場長が労基法上の規制に違反して労働者に時間外労働をさせた場合，この工場長が「使用者」として刑事罰を科されることになる。

以上のように，労基法上の責任主体としての「使用者」には，事業主以外にも，場合によって労働者である者も含まれるが，労基法10条がこうした者も「使用者」に含める理由は，労基法の規定違反を行った現実の行為者を責任の

主体とし，第一次的に処罰の対象とすることで，同法による規制が遵守されるよう，その実効をはかるところにある。ただし，労基法は両罰規定を設けており（労基法 121 条 1 項），労基法違反について現実の行為者を罰するとともに事業主についても刑事責任を問うこととしている。

● 4 ● 使用者概念の拡張

4-1 使用者概念の拡張

労働契約上の使用者とは，労働者に対して指揮命令をはじめとする諸権利を持つとともに賃金を支払う義務を負うなど，契約を基礎として生ずる権利義務の帰属主体となる者であり，これにあたるのは労働者が労働契約を締結する直接の相手方である（→本章 3-2）。しかし，①ある企業が他の企業を支配し，他企業労働者の雇用に関して実質的に決定している場合や，②ある企業が他企業の雇用する労働者を受け入れて就労させている場合などに，一定の要件のもと，例外的に直接の契約相手方以外の者であっても使用者として労働契約上の責任を負うとされることがある。このような事例は，形式的には労働契約上の使用者でない者を使用者とすることから，「使用者概念の拡張」と呼ばれる。

【使用者概念の拡張】

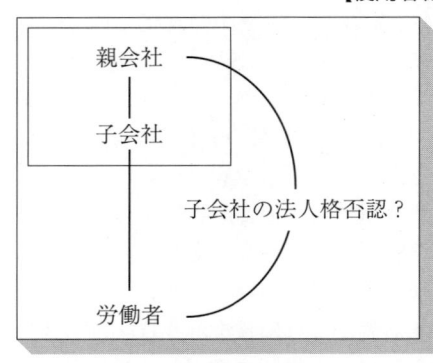

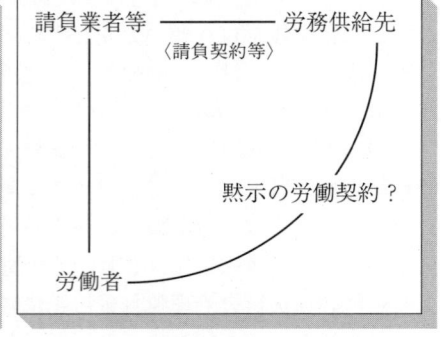

親会社 — 子会社 — 労働者　子会社の法人格否認？

請負業者等 ——— 労務供給先　〈請負契約等〉　労働者　黙示の労働契約？

4-2 法人格の否認

(1) 法人格否認の法理

ある会社同士が親子関係にあるとき，子会社で雇用される従業員と親会社との間には契約関係はないため，たとえば子会社が倒産や解散をし，その従業員との間の労働契約が消滅しても，親会社は子会社の元従業員に対して契約上の

責任を負うことはない。しかし，①子会社の法人格がまったくの形骸に過ぎない場合や，②子会社の法人格が法律の適用回避など不当な目的で濫用された場合には，「法人格否認の法理」により，子会社の従業員に対する親会社の契約上の責任が認められることがある。

(2) **法人格の形骸化**

法人格の形骸化が認められるための判断要素としては，株式などの資本面における支配，財産関係の混同，取締役など経営陣の共通性，および，これを前提に親会社が子会社の労務管理を含めた事業経営全般を現実的・統一的に管理支配していることなどが考えられる。裁判例には，上記の事情を認め子会社の法人格を否定し，子会社の未払賃金につき親会社に支払義務を認めたものがある（川岸工業事件・仙台地判昭 45・3・26 労民集 21 巻 2 号 330 頁）。

(3) **法人格の濫用**

法人格の濫用により法人格が否認されるには，①子会社を現実的・統一的に支配しうる親会社が，②子会社の会社形態を利用することにつき違法または不当な目的を有していることが要件とされる（布施自動車教習所・長尾商事事件・大阪高判昭 59・3・30 労判 438 号 53 頁）。労働関係においては，しばしば，子会社の従業員による労働組合活動を嫌い，親会社がその支配力を行使して子会社を解散し，組合員を解雇するケースなどがみられ，このような事例で親会社が不当労働行為の意思をもって子会社を解散したと認められる場合には，違法または不当な目的に基づく法人格の濫用にあたると考えられる。

裁判例には，子会社の解散により解雇された従業員と親会社との間に雇用関係の存在を認めたもの（船井電機・徳島船井電機事件・徳島地判昭 50・7・23 労判 232 号 24 頁）や，子会社の未払賃金についての支払義務のみを認めたもの（前掲・長尾商事事件）がある。他方，発注会社から業務委託契約を打ち切られた専属的下請会社が労働組合員である従業員を解雇した事例では，発注会社の下請会社に対する影響力は取引上の優越的立場からの事実上のものにとどまるとして，濫用による法人格否認の要件としての支配があったとはいえないとされている（大阪空港事業(関西航業)事件・大阪高判平 15・1・30 労判 845 号 5 頁）。

　illustration 3　A社が，資本関係から支配力を持つ子会社B社の従業員Cらによる労働組合活動を嫌忌し，B社を解散させ，Cらが解雇された場合，B社にCらに対する賃金未払いなどがあれば，CらはA社によるB社の法人格濫用として，その支払いをA社に請求しうる。他方，CらがA社との間に雇用関係の

存在を認めさせるには，B社の法人格がまったく形骸化しているなどの事情が必要となるとの見解が有力である。

4-3　黙示の労働契約の成立

　ある会社が，他会社と業務処理請負契約などを締結し，当該他会社（請負会社）の雇用する労働者を受け入れるなど，社外労働者を自社で就労させる場合，社外労働者が労働契約を締結しているのは請負会社であり，社外企業との間には，通常，雇用関係は存在していない。しかし，このようなケースでも，①社外労働者が受入会社から指揮命令を受けて労務を提供するなど，事実上の使用従属関係が存在することを前提に，②請負会社が企業としての独立性を欠き，その存在が形式的・名目的なものに過ぎず，かつ，③受入会社が社外労働者の賃金額その他の労働条件を決定していると認めるべき事情がある場合に，両者の間に黙示の労働契約が成立していたと認める余地があるとされる（サガテレビ事件・福岡高判昭58・6・7労判410号29頁。結論として黙示の労働契約の成立を否定）。上記のような事情から，実質的にみて社外労働者が受入会社の指揮命令を受けて，当該受入会社を相手に労務を提供し，かつ，実質的に受入会社がその対価として社外労働者に賃金を支払っていると評価できる場合には，民法623条ないし労契法6条にいう労働契約の成立要件がみたされるものと解される（肯定例として，青森放送事件・青森地判昭53・2・14労判292号24頁，センエイ事件・佐賀地武雄支判平9・3・28労判719号38頁など）。

　類似の例に，入院患者の世話をする付添婦が，紹介所から派遣され患者と契約を結ぶ形とされていたケースで，実際には付添婦が病院の作成する勤務表に従って就労し，病院の指揮命令を受けていたこと，および，病院から給料の支払を受けていたことから，病院と付添婦との間に黙示の労働契約の成立を認めたものがある（安田病院事件・最三小判平10・9・8労判745号7頁〔原審・大阪高判平10・2・18労判744号63頁〕）。

CASES

【事例1】
　Aは，自己の所有するトラックを使用し，B社と運送請負契約を締結して同社の製品を配送する業務に従事していたところ，B社の工場で配送する荷物をトラックに積み込む作業中に誤って負傷した。Aはいかなる法的

救済を受けることができるか。

解説 労働者は，業務上の災害に見舞われた場合，労災保険法所定の保険給付（療養補償給付，休業補償給付など）を受けることができる。労災保険法上の労働者は，労基法9条所定の労働者と同一の概念と解されていることから（日田労基署長事件・最三小判平元・10・17労判556号88頁〔原審・福岡高判昭63・1・28労判512号53頁〕），本事例の場合，Aが労災保険法上の保険給付を受けることができるかどうかは，Aが労基法上の労働者にあたるかどうかによって決まる。Aはトラックを所有し，個人事業者としてB社と契約を締結することで運送業務に従事していたが，その場合でも，AがB社の指揮監督のもとで労務を提供し，その対価としての報酬を支払われていたと評価されるときには，Aは労基法上の労働者にあたり，労災保険法上の給付を受けることができる。Aの労働者性の有無は，①B社からの仕事の依頼についての諾否の自由の有無，②業務上の指揮監督の有無・程度，③時間的・場所的拘束の有無・程度，④労務の代替性の有無，⑤報酬が労務自体の対価といえるかどうか，⑥業務用機材や経費の負担関係，⑦税や労働・社会保険の取扱いといった事情を総合的に考慮して判断されることになろう。

本事例の場合，運送業務の性質上必要とされる指示を超える指揮監督が行われていたことを示す事実（Aが運送業務に付随する他の業務をB社の指示により行っていたこと，B社による厳格な時間的拘束があったことなど）が認められるかどうかが，労働者性の判断にあたり重要になると考えられる（横浜南労基署長（旭紙業）事件・最一小判平8・11・28労判714号14頁）。

【事例2】
機械製造を業とするA社は，子会社B社と業務処理請負契約を締結し，自社のT工場の製造工程の一部を業務委託する形をとっていた。Cは，B社と労働契約を締結した上で，A社T工場で就労していたが，A社が景気の悪化により生産規模を縮小したためT工場に余剰人員が生じたことから，B社はCら従業員を解雇した。Cは，A社に雇用されている従業員との扱いの違いに不満を持ち，A社に対して何らかの請求を行いたいと考えているが，いかなる事実に基づき，どのような法的構成を用いればよいか。

解説 本件で，CはB社と労働契約を締結した形となっているが，Cの就労に関する事情から，CとA社との間に黙示の労働契約が成立していたと認められるならば，CはA社に対し労働契約上の地位にあることを理由に賃金請求などをな

しうる。業務処理請負の趣旨からは、本来、CはB社の指揮命令を受けて就労するはずであるが（→第18章4-1(2)）、Cが事実上A社から作業上の指揮命令を受けて労務を提供する使用従属関係にあり、Cの労務提供の相手がA社であって、かつ、実質的にCに賃金を支払っているのがA社であるといえる場合には、両者間に黙示の労働契約の成立が認められうる。B社が実質的な独立性を欠き、A社がB社に支払う請負代金が実際上A社によって決められ、実質的にCらに対する賃金であったといえること、あるいは、Cらの採用が実際上A社によって決められ、A社の従業員と一体となって作業が行われていたことなどは、黙示の労働契約の成立を肯定する要素となる（センエイ事件・佐賀地武雄支決平9・3・28労判719号38頁など）。

なお、本件のようなケースでは、CがA社の指揮命令を受けて就労していた場合、B社による従業員のA社への派遣は職業安定法44条に違反する労働者供給事業または労働者派遣法の諸規定に違反する労働者派遣事業にあたると解されるが、そのことからただちに黙示の労働契約の成立が認められるわけではない（松下プラズマディスプレイ（パスコ）事件・大阪高判平20・4・25労判960号5頁は反対）。

第3章　就業規則

● 1 ●　就業規則の意義・機能

　契約当事者の権利義務は，契約の原理によると，両者の意思表示の合致（合意）によって決まる（労契法3条1項，6条→第6章1-1）。しかし，日本の労働契約では，使用者が一方的に作成する「就業規則」によって，権利義務の基本が定まるのが通例である。たとえば，労働者の勤務地は，使用者が配置権限を行使することによって決まるが，その権限の根拠は，多くの場合，就業規則に設けられている。「業務上の都合により，従業員に転勤を命ずることがある。」といった規定である。

　では，使用者は，なぜ就業規則を作成するのか。それは，労基法が，就業規則を作成して行政官庁（労働基準監督署長）に届け出ることを義務づけているからにほかならない（労基法89条）。多数の労働者に適用される統一的な労働条件を明確化させることで，交渉力にまさる使用者が恣意的に労働条件を決定することを防ごうとするものである。

　ただ，就業規則による労働条件の決定は，労働者に常に有利に働くわけではない。就業規則には，労働者に権利を与えるだけでなく，義務を課す（使用者に権利を与える）ものも多く含まれる。労働協約（→第21章5）にも，労働者に義務を課す条項はあるが，労働協約は，労働組合と使用者との間で合意が成立してはじめて締結できる。しかも，労働協約の規範的効力は，間接的にせよその形成に関与できる組合員のみに及ぶ（労組法16条）。非組合員にまで規範的効力が及ぶのは，一般的拘束力（同法17条等）が発生する例外的な場合だけである（→第21章5-4）。これらの点において，労働協約は，使用者が一方的に定める就業規則とは異なる。使用者の側からみれば，労働組合がないとき（次頁の表では，①の場合）や，労働組合と締結した労働協約はあるが，その労働組合に全従業員が加入しているわけではないとき（②の場合），多数組合と

は労働協約を締結できたが、少数組合があり、その少数組合の同意を得られないとき（③の場合）、多数組合の同意すら得られないとき（④の場合）であっても、労働者個人の同意をとりつけることなく、全労働者に統一的に労働条件を設定できる手段——それが就業規則だ、ということになる。この意味で就業規則は、使用者の効率的な事業運営の手段としても機能している。

【就業規則・労働協約の適用】

労働組合・労働協約の有無，労働者の組合加入状況			協約の規範的効力（労組法16条）	協約の一般的拘束力（労組法17条）	就業規則（労契法7・10条）
組合なし					○〔①〕
単一組合	労働協約締結	組合員	○		△※3
		非組合員		△※1	○〔②〕
複数組合	多数派組合と協約締結少数派と協約締結に至らない	多数派組合員	○		△※3
		非組合員		△※1	○〔②〕
		少数派組合員		△※2	○〔③〕
	多数派組合と協約締結に至らない	多数派組合員			○〔④〕
		非組合員			○〔④〕
		少数派組合員			○〔④〕

※1　労組法17条の要件を満たす労働協約に限られる。
※2　労組法17条の一般的拘束力は、他組合員には及ばないと解する説が有力である。
※3　労働協約が優先する（労契法13条）。

つまり、就業規則は、労働者の保護機能を営む一方で、使用者による労働条件の一方的決定を可能にする。この二面性に即して、さまざまな法的規制が加えられている。その内容は以下のとおりである。

●2● 就業規則に関する労基法の規制

(1) 作成義務と最低基準効

労基法によれば、常時10人以上の労働者を使用する使用者は、就業規則と

いう書面を作成することを義務づけられる（89条。10人以上かどうかは事業場単位で算定すると解されている）。就業規則の変更の場合も同様である。

　就業規則に必ず記載すべき「絶対的必要記載事項」は，労働契約の基本というべき労働時間・賃金・退職の3つの事項である。すなわち，始業・終業時刻，休憩時間，休日，休暇等（1号），賃金の決定・計算・支払方法，賃金の締切り・支払時期，昇給（2号），退職に関する事項（3号。解雇事由を含む）である。ある一定の定めをする場合には就業規則に入れるべき「相対的必要記載事項」として，退職手当，臨時の賃金・最低賃金，食費・作業用品の負担，安全・衛生，職業訓練，災害補償・傷病扶助，表彰・制裁も挙げられる（3号の2～9号）。これら以外の事項でも，当該事業場の労働者すべてに適用される定めをする場合には，使用者は，就業規則に規定しなければならない（同条10号）。賃金部分を「賃金規程」として別規則とすることや，正社員とパート社員の就業規則を別個にすることは，許容されると解されている。

　就業規則の基準に達しない労働条件を定める労働契約は無効とされており，無効となった部分は就業規則の基準まで引き上げられる（労契法12条。労基法93条）。就業規則の「最低基準効」といわれる効力である（→本章3-2）。労基法は，就業規則の作成強制と最低基準効の確保によって，統一的な労働条件の明確化を図り，恣意的な労働条件決定を防ごうとしているのである。

(2) 合理性確保のための規制

　それに加えて，労基法は，就業規則の内容を合理的なものとするために種々の規制を課している。

① 実体的規制

　まず，就業規則の内容について，法令や当該事業場に適用される労働協約に反してはならない旨明記されている（92条1項）（→本章3-3）。

② 手続的規制

　2つの手続的規制もある。労基法は，使用者に対して，就業規則の作成・変更に際して，当該事業場の過半数組合または過半数代表者の意見を聴くよう義務づけている（90条1項。「意見聴取義務」）。就業規則の作成や変更に労働者側の意見を反映させるための規制である。また，使用者は，就業規則を，過半数組合等の意見を添付したうえで労基署に届け出なければならず（89条，90条2項。「届出義務」），労働基準監督署長には，法令・労働協約にてい触する就業規則を変更するよう命じる権限が与えられている（92条2項）。

(3) 周知規制

同法は，就業規則を「周知」させる義務も課している（106条。「周知義務」）。周知の方法は，①作業場における掲示・備付，②労働者に対する書面交付，③ＣＤ等に記録しかつその内容を常時確認できるコンピュータの設置によるものとされている（同条，労基則52条の2による限定列挙）。労働者に対し，その権利義務を会得させ，適正な労務管理と紛争の防止に資することを目的とする。

【就業規則に関する労基法の規制】

（図：使用者が就業規則を作成・変更し，過半数組合・過半数代表から意見聴取を行い，就業規則（意見添付）を労働基準監督署長に届出，労働基準監督署長から変更命令がなされ，就業規則は法令・労働協約に基づき，労働者に周知される。）

(4) 労基法上の就業規則規制が労働契約に及ぼす効力

もっとも，意見聴取義務や届出義務といった手続の遺漏が労働契約に及ぼす影響は，労基法では明らかにされていない（→本章3−1(4)，3−2，3−4(2)）。また，そもそも，意見聴取は，過半数組合等の同意を得ることや協議まで求めるものではなく，使用者に労働条件の一方的決定を可能にするという就業規則の機能を根本から変えるものではない。そこで，判例法理とそれを引き継いだ労契法によって，就業規則の効力について，次にみる法的規制が課されてきている。

● 3 ● 就業規則の効力

3-1 労働契約成立時における就業規則の労働契約規律効

(1) 理論的背景

> illustration 1　A社就業規則は，課長以上の職にある者は，満55歳をもって，その役職を解く旨を規定している。満55歳に達した課長職労働者BとA社との労働契約が，就業規則によって規律されるならば，Bは，自動的に，課長職の職位を退くことになる。

上記事例で，就業規則の役職定年制は，労働者Bがこれに同意していなくても同人に適用されうる。これを就業規則の「労働契約規律効」という。この労働契約規律効が働くためには──使用者が，55歳に達した労働者Bを課長職から解くためには──役職定年制が，①「合理的」であること，②「周知」されていることという要件を満たす必要がある（この制度がBの入社時から存在している場合は労契法7条，その後の就業規則変更により設けられた場合は労契法10条）。現行法ではこのようになる。

しかし，制定当時（昭和22年）の労基法では，就業規則の労働契約規律効を肯定すべきか（どのような場合であれば肯定してよいか）明記されておらず，学説において長い間にわたる大論争が繰り広げられていた。それらは大別すると，法規範説──就業規則はある種法律のように，労働者の同意の有無にかかわらず適用されると説明する──と，契約説──就業規則は，労働者の同意（あるいは擬制された同意）を媒介してはじめて適用されると説明する──とに分かれていた。

この状況下で，最高裁（秋北バス事件・最大判昭43・12・25民集22巻13号3459頁）は，「当該事業場の労働者は，就業規則の存在および内容を現実に知っていると否とにかかわらず，また，これに対して個別的に同意を与えたかどうかを問わず，当然に，その適用を受けるものというべきである。」と説示し，労働者の同意を問題にしない法規範説にみえる立場を示した。しかし，その理由・根拠において，最高裁は，法規範説の根拠とされていた慣習法（旧法例2条，現「法の適用に関する通則法」3条）ではなく，契約説の一種──就業規則を約款になぞらえて議論し，「事実たる慣習」に拘束力の根拠を求める──の理由づけによっていた。すなわち，「多数の労働者を使用する近代企業におい

ては，労働条件は，経営上の要請に基づき，統一的かつ画一的に決定され，労働者は，経営主体が定める契約内容の定型に従って，附従的に契約を締結せざるを得ない立場に立たされるのが実情であり，この労働条件を定型的に定めた就業規則は……それが合理的な労働条件を定めているものであるかぎり，経営主体と労働者との間の労働条件は，その就業規則によるという事実たる慣習が成立しているものとして，その法的規範性が認められる……（民法92条参照）」と説示していたのである。

その後，この最高裁判決は普通契約約款の理論——「契約内容は約款による」との事実たる慣習が成立しているときには，約款が，その事前の開示と合理性を要件に契約に対して拘束力をもつとの理論——を応用したものとみる「定型契約説」が有力になった。

なお，就業規則の届出・意見聴取・周知が就業規則の効力要件といえるかどうかも議論されており，最高裁は，周知を効力要件とする判断を示していた（フジ興産事件・最二小判平15・10・10労判861号5頁）。

平成19年に成立した労働契約法7条は，秋北バス事件判決以降に確立した判例法理を成文化した点において大きな意義が認められるが，学説のいずれを採用したのかは明らかでない。次にみる同法7条の要件を満たすとき，契約説のように考えれば，就業規則は，労働契約の内容を補充し，労働契約の内容を確定するといえる。

(2) 労働契約規律効の要件①　——　合理性

労働契約締結時点における就業規則が労働契約を規律するための第1の要件は，就業規則に定める労働条件が合理的であることである（労契法7条）。合理性は，その考慮要素について労働契約法が定めていないことから，次にみる最高裁判決等を参照しつつ，使用者側の必要性や内容の相当性，法令や労働契約の趣旨，労働者がどのような性質の制約を受けるかといった諸点を考慮して判定することになろう。

> illustration 2　A社就業規則は，労働者の健康確保義務を定めるとともに必要な場合の精密検診受診義務を課している。この就業規則の定めが合理的であれば，A社は，病気に罹患している労働者Bに対して，精密検診の受診を命じうる。

電電公社帯広局事件・最一小判昭61・3・13労判470号6頁において，最高裁は，このような就業規則の規定につき，労働契約上，労働力の処分が使用者

に委ねられている趣旨に照らして合理的といえる，と判示している。日立製作所武蔵工場事件・最一小判平3・11・28民集45巻8号1270頁では，時間外労働命令権を定める就業規則について，時間外労働の時間・事由が三六協定である程度限定されていること，概括的な事由も含まれるものの，需給関係に応じた生産計画実施の必要性を労基法も予定していること，当該事業の内容や労働者の担当業務等も考慮すると，相当性を欠くとはいえないとして，合理性を肯定している（→第11章1-3）。

就業規則の合理性が肯定されても，その就業規則の規定を根拠とする使用者の取扱いの有効性は別途検討される（その都度，必要性や不利益性を衡量して判定する）。たとえば，上記事例においては，就業規則の合理性が肯定されても，当該受診命令が必要かつ相当な範囲であったかが問題となる。懲戒処分についても，当該非違行為が，形式的に懲戒事由に該当するだけでなく，実質的に企業秩序に影響していなければ懲戒の根拠を欠くことになり，就業規則の懲戒事由該当性について限定解釈が行われる（→第15章3-2）。

(3) **労働契約規律効の要件②── 周知**

労働契約の内容が就業規則によって規律されるためには，就業規則の内容を現実に労働者が知っていることまで要しないが，労働者が「労働契約を締結する場合において」，就業規則が労働者に「周知」されていたことが必要である（労契法7条）。

> illustration 3　A社就業規則は，55歳役職定年制を定めている。同社B支店の労働者は全員，労働契約を締結するときに，冊子体の就業規則を交付されていた。B支店の支店長Cは，就業規則所定の役職定年制を認識していなかったが，55歳に達すると，自動的に支店長の職を退くことになる。

周知手続は，労基法および施行規則に限定列挙された方法に厳密に従う必要はなく，実質的にみて，労働者が知ろうと思ったときに容易に知りうる状態に置くことで足りると解されている。労働契約法は労基法とは別の法律であり，労働契約法において，周知の手続は労基法106条の定めるところによるとも規定されていないからである。したがって，就業規則を「作業場」ではなく食堂に備え付けることは，労基法上の周知にはあたらないが，労働契約法7条の周知には該当しうる。

周知は，誰に対して行うべきか。労働契約法7条の文言からは明らかでないが，同法の基礎となった従来の判例に従うと（前掲・フジ興産事件），就業規則

の「適用を受ける事業場の労働者」に周知させる手続がとられている必要がある。前述の例では，B支店の労働者は，労働者Cも含めて全員，就業規則を交付されていたのであるから，周知の要件を満たすといってよい。これに対し，労働者Cには就業規則が交付されていなかったという場合，あるいは労働者Cには就業規則が交付されたが，B支店のその他の労働者には交付されていなかったという場合は，他の方法での周知がなされていない限り，労働契約法7条によってその拘束力を基礎づけることはできない。この場合に就業規則の内容によって労働契約が規律されるかどうかは，労働契約法7条に依拠してではなく，使用者と労働者との間の個別の労働契約の解釈問題（労契法6条の合意を認定できるかという問題）として処理されることになろう。

(4) 労働契約規律効のその他の要件

労働契約法7条によると，就業規則の労働契約規律効が働く前提として，①合理性，②周知のほかに，③「使用者」が，④「労働者」と，⑤「労働契約を締結する」場合であること，それが，⑥「就業規則」に含まれる⑦「労働条件」であることを要する。

⑦「労働条件」は，労働者の待遇にかかわるものは広くこれに含まれると解される（問題になるとすれば，労働契約とは独立した権利義務と解しうるもの——退職後の競業避止義務や留学費用返還条項など——がこれに含まれるかどうかである）。⑥「就業規則」についても，労働条件や職場規律を明文化する規則類は広くこれに含まれると解されている。就業規則作成義務のない小規模事業所（労基法89条参照）で使用者が作成する「就業規則」も，労働契約法7条により，労働契約規律効が働くと考えられる（③, ④, ⑤については→第2章3-2, 同2-4, 同1）。

このほか，意見聴取や届出など労基法所定の手続を踏むことが，労働契約法7条の労働契約規律効の要件といえるかどうか，合理性の判断において考慮されるかも問題になる。この点については，同法が定める合意原則（1条，3条1項）に代わる手続要件として意見聴取・届出を位置づける見解もある。しかし，同法7条ではこれらの手続を要件化しておらず，同法11条も，就業規則変更の際にこれらの手続によるべきことを定めるにとどまることから，否定する説が有力である。

(5) 就業規則の内容と異なる合意がある場合

就業規則の労働契約規律効は，労働契約の締結時において使用者と労働者との間で就業規則の内容と異なる労働条件を合意していた部分には，及ばない

（労契法 7 条但書。その労働条件が就業規則の基準に達しない場合には，次にみる労契法 12 条により無効になる）。

> illustration 4　A社就業規則は，「業務上の都合により従業員に転勤を命ずることができる。」と定めている。同社の労働者Bは，労働契約を締結するときに，勤務地を大阪に限定する旨の特約を結んでいた。A社は，労働者Bに対して，東京への転勤を一方的に命ずることはできない。

この事例において，使用者が労働者を転勤をさせたい場合は，その同意をとる必要がある（同意が得られないときの対処の 1 つのあり方として，変更解約告知（→第 17 章 2）が議論されている）。なお，上記規定がBの入社時以降に設けられた場合には，労働契約法 10 条但書の適用が問題となる。

3-2　就業規則の最低基準効

前記のように，法が就業規則の作成を使用者に強制する趣旨は，最低限守られる労働条件の定立を求めることで，労働者への恣意的な取扱いを防ぐことにある。この目的を達成するために，就業規則の基準に達しない労働条件を定める労働契約は，無効とされている（労契法 12 条，労基法旧 93 条）。無効になった部分は，就業規則で定める基準による。

> illustration 5　A社就業規則には「12 月に基本給 1 か月分の賞与を支給する」と規定されている。A社は，賞与を支給しないとして労働者Bと合意に至ったとしても，就業規則どおり，労働者Bに賞与を支払う義務を負う。

A社が，その労働者全員を集めて，賞与を支給しない理由について，経営状況が悪化してきたため事業の存続のためにやむを得ないと十分に説明したうえで，全員の同意をとっていた場合も，同様に解する見解が多数とみられる（このような場合に黙示の合意ありとして変更を有効と認めた裁判例として，野本商店事件・東京地判平 9・3・25 労判 718 号 44 頁がある）。

なお，意見聴取義務や届出義務，周知義務を果たしたことを就業規則の最低基準効の要件と位置づけるかどうかについては，使用者が，本来自身が果たすべき義務を怠ったことにより利益を得るのは妥当でないとして，否定する説が有力である。もっとも，就業規則が労働者に対する客観的準則として成立していなければならないとして，実質的周知または届出がなされていることを要すると解されている。

10人未満の事業所で作成された就業規則（労基法89条では作成を義務づけられていない）についても，最低基準効は働くと解されている。

3-3　法令・協約との関係

就業規則の規定の中で，法令または労働協約に反する部分は，労働契約規律効は働かず，最低基準効をもつこともない（労契法13条）。ここでいう「法令」は，強行法規をさす。

> illustration 6　A社は，同社の労働者で組織される労働組合Bとの労働協約で，67歳定年制を定めていた。A社は，就業規則において65歳定年制を定めているが，A社の労働者でありB組合の組合員であるCに対しては，労働協約の67歳定年制が適用される。

では，就業規則で68歳定年制が定められている場合，それは労働者Cに適用されるのか。これは，労働協約に有利原則が妥当するのかという問題にかかわる。この点については，有利原則は否定され，協約の67歳定年制がCに適用されると解するのが多数説である（→第21章5-3(1)）。ただ，労働協約が有利な条項を許す趣旨のものであれば，有利な内容の就業規則は適用されると解されている。

3-4　就業規則と労働条件の変更

(1) 理論的背景

> illustration 7　A社は，高齢の労働者が増加してきたため，就業規則に定める役職定年を60歳から55歳に引き下げた。満55歳に達した課長職労働者BとA社との労働契約が，変更後の就業規則によって規律されるならば，Bは，自動的に，課長職の職位を退くことになる。

継続的な性格をもつ労働契約では，労働契約締結当時に全労働条件を子細に定めることは，難しい。配転や時間外労働など使用者の権利行使が広く認められるのはそのためであるが，就業規則に定める基本的な部分——賃金や所定労働時間，定年，服務規律など——も，経営環境の変化に応じて変更を迫られることがある。上記事例の使用者も，従業員の高齢化という環境変化に応じて役職定年を引き下げようとしたのである。

とはいえ，契約の原理によれば，契約は，合意に基づいて変更すべきもので

ある（労契法3条1項）。民法では一般に，契約締結後に契約内容を維持したままでは当事者の一方に不当な不利益が及ぶ場合に，その一方当事者から契約内容改定や解約を求めることができる「事情変更の法理」があると解されている。しかし現実には，この「事情変更の法理」が発動されることは稀である。しかも労働契約の場合，事情変更に応じての使用者の一方的解約は，解雇権濫用法理によって厳しく制限されている。労働協約の改訂も他組合員や非組合員には及ばないのが原則である（→第21章5）。

このように，環境変化に応じた対応手段が制限される中で，使用者による統一的な労働条件変更を認めるために発展してきた法理——それが，就業規則変更の法理である。就業規則の不利益変更の拘束力は，前述の就業規則の法的性質と併せて長い間議論されてきたが，その結論は法的性質と必ずしも連動していなかった。たとえば，契約説では，労働者が同意しない限り労働条件を変更できないことになり，法規範説によると，使用者は自由に就業規則を変更できることになりそうである。しかし，法規範説の一種である保護法授権説——労基法旧93条を根拠に就業規則の拘束力を認める説——では，「保護法原理の真の実現に向かってのみ」就業規則の変更は許されるとしていた（契約説でも，その後に有力化した定型契約説は，不利益変更の拘束力を一定の場合に認めている）。

このような議論状況において，前掲の秋北バス事件最高裁判決は，「新たな就業規則の作成又は変更によって……労働者に不利益な労働条件を一方的に課することは，原則として，許されない」が，「当該規則条項が合理的なものであるかぎり，個々の労働者において，これに同意しないことを理由として，その適用を拒否することは許されない」と判示した。その理由は「労働条件の集合的処理，特にその統一的かつ画一的な決定」に求められた。学説では，この判旨をめぐり長きにわたって大議論が展開されてきたが，決着をみるには至っていなかった。

労働契約の内容の変更に関して，現在では，労働契約法が体系化して定めている。まず，労働契約の内容である労働条件は，労働者と使用者は，その「合意により」，変更できる（8条）。したがって，使用者は，労働者と合意することなく，使用者が一方的に作成できる就業規則を変更することにより，労働者の不利益に労働条件を変更することは，原則として認められない（9条）。ただし，変更後の就業規則が，①周知され，かつ，②合理的なものであるときは，労働条件は，変更後の就業規則による（10条本文）。

● 3 ● 就業規則の効力

(2) 不利益変更後の就業規則の労働契約規律効の要件

労働契約法10条が適用される前提として,「不利益」な「変更」であることを要する（周知については→本章3-1(3), その他の要件については→本章3-1(4)）。「変更」については, これまで個別契約（労働慣行が契約内容となる場合を含む）により規律されてきた労働条件につき就業規則上規定を設ける場合（10条但書による例外がある）も含まれ, 他方, これまで就業規則がなかった事業場で新たに就業規則を作成する場合については同条が類推適用されると解する立場が有力である（後者については, 就業規則の「変更」とはいえないから労契法10条は適用されないが, 就業規則の新規作成による労働条件変更が行われた場合と同条が適用される状況とを区別する実質的理由はないと考えられる）。

不利益性については, 就業規則の変更が有利か不利かにかかわらず労契法10条が適用されるという見解もあるが, 10条は, 就業規則の変更による労働条件の不利益な変更は許されないという9条本文の例外としての9条但書を受けて規定されているから, 不利益な変更の場合に適用されると解される。もっとも, 従来の判例では, 就業規則を比較して外形的な不利益や不利益発生のおそれ（→ CASES [事例3]）が認められれば不利益な変更であることが肯定されている。

> illustration 8　A社を吸収合併したB社は, 労働条件を統一するため, 就業規則を変更して, A社の元労働者の退職金支給率をB社のものに合わせて引き下げ, 周知手続をとった。この就業規則変更が「合理的」である限り, A社の元労働者Cの退職金支給率は引き下げられる。

就業規則による不利益変更による合理性いかんは, 上記事例に即していうと, 次の要素に照らして判定される。すなわち, ①労働者の受ける不利益の程度——退職金がどの程度減額されるのか——と, ②変更の必要性——合併後の労働条件の統一——との比較衡量が基本となり, ③内容の相当性（代償措置その他関連する他の労働条件の改善状況, 同種事項に関するわが国社会における一般的状況も含む）と, ④労働組合等との交渉状況（多数組合との交渉経過や同意の有無だけでなく, 他の組合や他の労働者の対応も含む), ⑤その他の事情である（労契法10条）。同様の事案の大曲市農協事件・最三小判昭63・2・16民集42巻2号60頁では, 合理性が肯定されているが, そこでは, 給与額や休暇など他の労働条件が改善されていた事情が合理性を肯定する決め手になった。

合理性の判断において重要なことは, 第1に, どのような内容の労働条件変

更が行われたのかということである。判例によると，賃金など重要な労働条件の変更に関しては，そのような不利益を労働者に法的に受忍させることを許容することができるだけの高度の必要性に基づいた合理的な内容のものでなければならない（前掲・大曲市農協事件）。

　第2に，多数組合の同意があるときに，これを重要な考慮要素とみるべきかどうかが問題になる。これを肯定する見解では，予見可能性・法的安定性の確保，労使交渉による労働条件設定を促進する必要性などが，その論拠として挙げられる。労契法10条は，多様な要素を列挙するにとどまるが，多数組合の同意を第1次的な指標とする解釈をとる可能性は否定されていない（その限界については→ **CASES**［事例2］参照）。

　第3に，就業規則の変更に際して労基法が課す手続（意見聴取と届出）の履践の有無が，合理性の判断を左右するかどうかである。この点については，これらの手続が労働契約法10条において要件とされていないことから，変更後の就業規則の労働契約規律効に直結するとはいえないが，合理性を判断する際の1つの考慮要素になると解されている（労契法11条参照。なお，合意原則を尊重した解釈が求められるとして，これらの手続の履践を拘束力の要件と解する立場もある。）。

　第4に，労働者が就業規則の変更につき個別に同意した場合に，その合意が「合理性」を問わず有効と認められるかどうかである。有力な学説では，これは，労契法9条（合意によらない就業規則の不利益変更の拘束力を否定する）の反対解釈により肯定される。この解釈によると，労働者が個別に同意した場合には，就業規則の合理性を吟味するまでもなく，その労働者の労働契約は変更後の就業規則によることになるが，その前提として，労契法9条・10条の潜脱にならないよう，合意は厳格かつ慎重に認定されるべきであり，また，民法の意思表示の規定が適用されること——心裡留保や錯誤による無効，あるいは詐欺・強迫による取消しはありうる（93条，95条，96条）（→第5章1-1(3)）——，使用者には，労働契約内容の理解促進の努力義務が課せられていること（労契法4条。→第6章1-2(6)）に留意する必要がある。

　第5に，就業規則の変更による労働条件変更を認める前提として，当該労働条件が，「就業規則によって変更されない労働条件として合意していた部分」に該当しないことを要する（労契法10条但書）。たとえば，就業規則の賃金規程とは別個に，労働者と使用者との間の個別交渉に基づく合意が存在している場合（年俸制のケースなど）には，その労働者については，たとえ他の労働者

の賃金額が引き下げられる場合でも，就業規則の変更によって引き下げられることはないと解される。

CASES

【事例1】

A社就業規則は，懲戒事由や種類について定めている。A社のB事業所では，就業規則が周知されていないが，A社の他の事業所では同規則が周知されている。B事業所で採用されて働いてきたCが，上司に反抗的で数回にわたり暴力をふるった場合，A社は，就業規則に基づいてCを懲戒解雇に付すことができるか。

解説　本事例において，就業規則に基づく懲戒解雇を有効になしうるためには，労契法7・10条の「周知」要件を満たす必要がある。労働者Cが，現実に就業規則の規定を認識していることまで要しないが，労働者が知りうる状態に置いておかなければ「周知」要件を満たさないから，労働者Cが特別に，就業規則の懲戒規定に関して説明を受けたうえで同意していたとみられるような特別な事情がなければ，懲戒解雇は困難であろう（前掲・フジ興産事件判決参照）。

【事例2】

従来年功賃金制をとってきたA社は，高齢労働者の増加に伴う人件費増大を抑制し，経営の一層の効率化を図る必要があるとして，55歳以降の賃金をそれまでの3割から4割程度減額させることをB組合（労働者の7割を組織）に提案し，団体交渉を経て労働協約を締結したうえで，就業規則も変更して，変更後の就業規則を各労働者に交付した。B組合に加入していない55歳の労働者C，ヘッドハンティングされてA社に中途採用され，年俸制のもとで高額な賃金を支払うという労働条件に合意していた55歳の労働者Dは，就業規則変更に伴い，賃金を引き下げられた。C，Dによる従前の賃金との差額支払請求は認められるか。

解説　本事例において，変更後の就業規則によって労働条件が定まるかどうかは，労契法10条の要件を満たすかどうかに依存する。

まず，変更後の就業規則は各労働者に交付されているので，「周知」はなされているといえる。次に，「合理性」については，上記と同様の事例でこれを否定した

最高裁判決がある（みちのく銀行事件・最一小判平12・9・7民集54巻7号2075頁）。同判決では，変更の必要性は肯定されたものの，賃金額が3割から4割減額される点で不利益が大きく，しかもそれを補う代償措置が不十分であることから，不利益性の程度が極めて重大だと評価された。また，一方で，中堅層の賃金は増額されており，高齢者という特定の層の労働者にのみ経過措置も設けずに負担を負わせる点において，相当性がないと評価されている。このような事情のもとで，労働者の7割を組織するB組合の同意を得ていたということは，重要視されなかった。

これに対し，同じく就業規則の不利益変更により高齢者の賃金額を減額したという事案でも，合理性が肯定された例がある（第四銀行事件・最二小判平9・2・28民集51巻2号705頁）。そこでは，賃金の減額が，高年齢者雇用安定法に応じた定年延長（→第26章4-1）と併せて実施されたという事情があり，雇用が確保される利益は小さくないと評価された。そのうえで，労働者の9割を組織する労働組合と労働協約を締結していたことから，労使間の利益調整をされた結果として合理性を推測できるとしている。したがって，不利益性の程度が重大な就業規則変更に際しては，不利益を緩和する代償措置を併せて実施したか，不利益を避けられないとすれば，労働者間で公平に，経過措置を設けながら実施したのかどうか，そして多数組合の同意を得たかどうかといった要素が結論を左右することになろう。

合理性が否定され，変更後の就業規則の労働契約規律効が働かないと，Cによる従前の就業規則に基づく賃金との差額支払請求が認容される。労働契約法7条等により，従前の就業規則が労働契約の内容になっていたと解することができるからである。

Dの労働条件が変更されるかどうかは，賃金部分が，就業規則の変更によっては変更されない労働条件として合意されていたかどうかによって決まる（労契法10条但書）。それが肯定されれば合理性の有無は問われない。

なお，もしB組合が，Cが働く事業場で，Cと同種の労働者の4分の3以上を組織していたら，Cに対して，A社とB組合の労働協約の一般的拘束力が及ぶ可能性がある（→第21章5-4）。この場合，労働契約法13条にいう「労働協約」に一般的拘束力による規範的効力も含まれると解するならば，労働協約が優先して適用される（労働協約による不利益変更については→第21章5-3(1)②）。

【事例3】

従来年功賃金制をとってきたA社は，国際競争が激化する中で，従業員の活力を引き出すことを目指し，就業規則を変更して，成果主義賃金制度に移行した。新制度のもとで，各従業員は，人事考課により一定の職務等

級に格付けられ，その職務等級別に定められた職務給額を支払われることになった。労働者Bは，変更後の就業規則に基づく格付けの結果，7万円程度の減額となった（調整手当として，1年目は，低下額の100％，2年目は50％が支給された）。Bによる従前の就業規則に基づく賃金との差額支払請求は認められるか。

解説　年功賃金を成果主義賃金に移行させた事案では，まず，各労働者に対する人事考課の結果しだいでは賃金が増額される場合もあるため，「不利益」な変更といえるのかどうかが問題になる。この点，裁判例では，人事考課の結果，降格され賃金額が減少する可能性もあるため，不利益変更に該当すると判断されている（ノイズ研究所事件・東京高判平18・6・22労判920号5頁）。合理性の判断（労契法10条）においては，不利益の程度に関して，賃金原資総額が減少したのかどうかということが1つのポイントになり，内容の相当性に関して，人事評価における公正さを確保するための制度が整っているかどうかということが重要になる（評価要素・評価者・評価方法が定められ，考課者訓練が行われていることなど。年俸制については→第9章1-2）。賃金額が減少する労働者への経過措置の有無・内容も考慮されよう。

　なお，変更後の就業規則の拘束力が肯定される場合も，人事考課や降格の適法性はさらに検討されなければならない（→第7章2，同章4）。

第4章　労働憲章・雇用平等

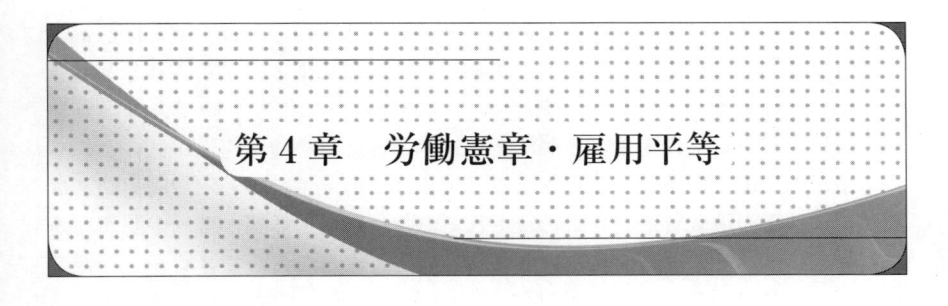

● 1 ● 労働憲章

1-1　概　観

戦前にみられた封建的な労働慣行を排するために，労基法では，「労働憲章」と総称される様々な規定が置かれている。それらは，①不当な人身拘束を妨止するための規定——強制労働（労基法5条），損害賠償額の予定（同法16条），前借金相殺（同法17条），強制貯蓄（同法18条）の禁止——，②中間搾取の禁止（同法6条），③公民権行使の保障（同法15条）に大別される。

1-2　不当な労働者拘束の防止

(1)　強制労働の禁止

使用者は，暴行，脅迫，監禁その他精神又は身体の自由を不当に拘束する手段によって，労働者の意思に反して労働を強制してはならない（労基法5条）。この規定に反して労働を強制した使用者には，労基法で最も重い刑罰（1年以上10年以下の懲役または20万円以上300万円以下の罰金）が科される（同法117条）。

(2)　賠償予定の禁止

使用者は，労働契約の不履行について違約金を定め，または損害賠償額を予定する契約をしてはならない（労基法16条）。一般の契約では，損害賠償額の予定は適法と認められており（民法420条），実際にそのような定めが置かれる例は相当数ある。しかし，労働契約では，労使の交渉力の不均衡にかんがみ，また，使用者による労働者の拘束・足止めを防止するために，賠償額の予定は禁止されている。

近年で注目を集めたのは，研修・留学費用返還合意——研修や海外留学に要する諸費用を使用者が貸し付ける形をとりつつ，労働者が復帰後，一定期間勤続しなければ，その諸費用を返還させる合意をいう——が，労基法16条の趣旨

に反するものとして無効にならないか，ということである。裁判例では，留学費用返還条項の有効性は，留学の「業務性」いかんによって左右されると解されている。すなわち，留学が労働者の自発的な意思によるものであり，留学先・就学内容を自由に選ぶことができ，就学内容と業務の関連性が低いといった事情があれば，業務性は否定される。業務性が否定されると，労働契約とは別に留学費用の消費貸借契約が締結されており，ただ，帰国から一定期間勤務した場合には，その返還義務が免除されていたとみることができるから，留学費用返還条項は労基法16条に違反しないと解される（長谷エコーポレーション事件・東京地判平9・5・26労判717号14頁など）。これに対し，海外関連会社での研修に赴いていた労働者につき，研修期間中も会社の業務を行っていたこと等から業務性を肯定し，使用者による費用返還請求を棄却した裁判例もある（富士重工業事件・東京地判平10・3・17労判734号15頁）。

> illustration 1　A社の留学制度によれば，帰国後5年を経ずに退職する労働者は，会社が留学に際して貸し付けた渡航費用や学費を返還する旨規定されている。この留学制度の業務性が薄いのであれば，A社は，帰国から2年半後に退職したBに対して，学費の返還を請求できる。

(3) 前借金相殺の禁止

使用者は，前借金その他労働することを条件とする前貸の債権と賃金を相殺してはならない（労基法17条）。ただし，労働者が使用者から借り入れた住宅ローンを賃金債権と相殺することなど，労働者の不当な拘束をもたらさないものは，一定の要件のもとで，許されると解されている。

(4) 強制貯金の禁止

使用者は，労働契約に附随して貯蓄の契約をさせ，または貯蓄金を管理する契約をしてはならない（労基法18条1項）。労働者の貯蓄金を管理しようとする使用者は，労使協定の締結・届出，貯蓄金管理に関する規程の整備・備付などの手続を履践すること，一定の利子を付けること，労働者が返還を請求したときはこれに応じるべきことなどを求められる（同法18条2項以下）。

1-3　中間搾取の禁止

何人も，業として他人の就業に介入して利益を得てはならない（労基法6条）。「業として」の「他人の就業への介入」とは，労働契約の当事者ではない第三者が，労働契約の成立・存続の斡旋を，営利を得る目的で反復継続して実施す

ること（あるいは反復の意図をもってする斡旋）をいう。

ただ，業としての他人の就業への介入が，「法律に基いて許される場合」として適法と認められることがある（同条）。たとえば，職業安定法は，有料職業紹介につき，一定の規制を課したうえで，許可を受けた者がこれを行うことを適法と認めている（職安法30条以下→第5章1-2）。したがって，許可を受けた者が適法に職業紹介を実施する限りは，それが有料であったとしても，労基法6条違反は成立しない。しかし逆に，それらの法的規制に違反していると，同条にも同時に違反することになる。

1-4 公民権行使の保障

使用者は，労働者が労働時間中に公民としての権利を行使し，または公の職務を執行するために必要な時間を請求した場合においては，拒んではならないとされている（労基法7条）。公民としての権利には，選挙権・被選挙権などがある。公の職務には，検察審査員，裁判所における証人，裁判員などが含まれる。会社の承認を得ないで公職に就任した労働者に対して懲戒解雇とする旨の就業規則の規定は，本条の趣旨に照らして無効であると解される（十和田観光電鉄事件・最二小判昭38・6・21民集17巻5号754頁）。

> **illustration 2** A社は，就業規則において，会社の承認を得ないで公職に就任した労働者は懲戒解雇する旨を定める。A社が，市議会議員に当選し就任した労働者Bを，この就業規則の規定に基づいて懲戒解雇しても，その懲戒解雇は無効である。

● 2 ● 雇用平等

2-1 総論

平等原則は憲法14条の保障する基本的人権であり，私人間の関係である雇用関係においても，使用者と労働者間の交渉力格差や，労働の機会や労働条件の重要性にかんがみ，労働法上，雇用関係における平等を実現するための法的規律が置かれている。

もっとも，いかなる事項を雇用平等の問題として取り扱うかは，各国の政策や歴史により差がある。たとえば，かつての日本においては，女性労働者は，賃金（労基法4条）を除けば，平等というよりも，労働時間などの面での保護

の対象として位置づけられていたが，近年では，男女雇用機会均等法などにより，平等の観点からの規律が主要なものとなっている。

また，高齢者については，欧米では年齢差別禁止の法規制が進展しているが，日本においては，現在でも，年齢差別よりも高齢者の雇用の安定・促進という発想での法規律が主要なものとなっている（高年法など）。もっとも，募集・採用段階については，年齢にかかわらない均等な機会を与えることが一定の場合に義務づけられるに至っている（雇用対策法10条）。

障害者についても，欧米では差別禁止の手法がとられることが多いのに対し，日本では雇用促進の観点からの法規律がほとんどである（障害者基本法3条3項には，差別行為禁止に関わる一般規定が設けられており，最近では，雇用関係でも障害者差別禁止規定の導入が検討されている→第5章2-2）。

2-2 均等待遇
(1) 本条の要件

労基法3条は，使用者に対し，労働者の国籍，信条または社会的身分を理由とする，賃金，労働時間その他の労働条件についての差別的取扱いを禁止している。上記のような雇用関係における平等の要請（→本章2-1）から労働条件の差別を禁止したものである。ここでは，性別を理由とする差別は禁止の対象となっていないが（賃金差別のみ4条で禁止されている），労基法の立法当時は女性に対する労働時間等における保護規定が多かったことの反映とみられる。

本条の適用のための要件は，①使用者・労働者該当性のほか，②労働者に対して差別的取扱いがなされたこと，③それが国籍・信条・社会的身分を理由とするものであること，および，④労働条件についてのものであることである。③の要件はさらに，「国籍・信条・社会的身分」という差別禁止事由への該当性，および，「理由とする」という，問題となっている差別がそれらの事由によるものであること（差別意図）という要件に分かれる。

③の差別禁止事由のうち，よく問題となるのはパートタイマーなどの雇用形態が「社会的身分」に当たるかであるが，ここで「社会的身分」とは，自らの意思で左右できない地位をいい，契約により設定した雇用形態はこれに含まれないとの理解が通説である（パートタイマーの均衡処遇は別の観点から規律がなされている。→第18章3-3）。また，「信条」とは宗教的な信条のほか政治的信条も含み，「国籍」には人種や出身国も含まれる（これらは「社会的身分」に当たるとの説も有力である）と解されている。

第4章　労働憲章・雇用平等

> illustration 3　AはB社においてパートタイマーとして勤務しているが，所定労働時間が正社員と同じであるのに賃金は7割程度である。通説によれば，パートタイマーとしての地位により賃金が低く設定されていることにつき労基法3条違反を主張することはできない。

(2) 差別的取扱い・差別意図

差別的取扱いとは，問題となっている差別禁止事由をもたない他の労働者とは異なる扱いをすることをいう（労働条件を低く設定することや解雇などの人事措置をとることなど様々である）。こうした差別的取扱いがその差別禁止事由を「理由として」なされたといえるかは，使用者の差別意図という主観的な事実認定の問題であるが，ここで「差別意図」とは，嫌悪の念のような心情的なものでなくとも，上記差別禁止事由を原因として問題となっている差別的取扱いをしたことで足りる（複数の原因があった場合にはいずれが決定的かで判断されている）。

企業によっては，事業活動が特定の政治的信条に基づいて行われている場合があるが（「傾向事業」と呼ばれる）そのような信条をもたない労働者への差別的取扱いは，そのような信条が事業活動と本質的に不可分であって，それをもたない労働者が事業に具体的支障をもたらすような場合に限り許容されるであろう（日中旅行社事件・大阪地判昭44・12・26労民集20巻6号1806頁参照）。

なお，労働者の採用に際して，事業場内では政治活動をしないとの特約を結び，これに反した労働者に対して解雇その他の不利益取扱いをなしうるかが問題となり，そのような特約は公序に反しないとして解雇を有効とした最高裁判決がある（十勝女子商業学校事件・最二小判昭27・2・22民集6巻2号258頁）。特約を結んだ段階では労基法3条違反とはいえないが（休憩時間中の事業場内での政治活動の規制は原則として認められている。→第10章4-1），不利益取扱いをした場合には，事業活動への支障と労働者の政治的信条のいずれが（決定的）原因といえるかで同条違反の有無を判断することになろう。

(3) 禁止対象

労基法3条が禁止する差別は「労働条件」についてのものであり，賃金と労働時間が例として示されており，解雇がなされた場合も労働条件の差別に当たりうる。労働条件の一般的定義としては，労働契約関係における労働者の待遇一切をいうとして広範に解する立場が有力であるが，その他の労働条件がいかなるものを意味するかについては明確でない部分も残る（職場環境を悪化さ

た場合などをどう考えるか)。

また，信条を理由として採用拒否がなされた場合には，採用が本条の「労働条件」に含まれるかが問題となるが，最高裁判例は，「労働条件」とは採用後に問題となるものをいうとして否定に解している(三菱樹脂事件・最大判昭44・12・12民集27巻12号1536頁)。

(4) 禁止の効果

労基法3条に違反する行為は，法律行為であれば無効となり，また，事実行為を含め，不法行為につき，法的に保護された利益の侵害行為となりうる(賃金差額の請求権が発生するかについては→本章3-1(3))。

不法行為が成立する場合の損害の認定については，政治的信条を理由として査定(→第7章2)において差別がなされたことが争われた事件に関し，査定結果には信条にもとづく部分と勤務成績にもとづく部分が混在しているとして損害額を確定できないとする裁判例(東京電力(群馬)事件・前橋地判平5・8・24労判635号22頁など)と，平均的査定による賃金額との差額の一部につき損害と認定した裁判例(東京電力(千葉)事件・千葉地判平6・5・23労判661号22頁など)とがみられる。

● 3 ● 男女平等

3-1 男女同一賃金の原則
(1) 本条の要件

労基法4条は，使用者は，労働者が女性であることを理由として，賃金について男性と差別的取扱いをしてはならないと定めている。労基法上，労働条件一般についての男女差別禁止規定は置かれていないが，女性の賃金が合理的理由なく低くなりやすいことから設けられた規定である。

本条の要件は，①使用者・労働者該当性のほか，②賃金について，労働者に対する差別的取扱いがなされたこと，③当該取扱いが，労働者が女性であることを理由とするものであることである。以上のうち，③については，女性に対する優遇がなされた場合も含むと解されている。

②の「賃金」とは何かについては労基法11条に規定があるが(→第9章2-1)，最近では，職能資格制度(→第7章1-1)のもとで，男女により資格等級に差があることが，本条における賃金に関する差別的取扱いといえるか，男女雇用機会均等法における配置・昇進等の差別の問題になるにとどまるかが争

われることがある。

　職能資格等級が基本給（職能給）を決定するものであること，職務内容や職位とは連動していないことなどを理由に賃金差別の問題とする裁判例が増えてきているが（芝信用金庫事件・東京高判平 12・12・22 労判 796 号 5 頁，シャープエレクトロニクスマーケティング事件・大阪地判平 12・2・23 労判 783 号 71 頁など），事案の内容に応じて，様々な扱いがみられる（昭和シェル石油事件・東京高判平 19・6・28 労判 946 号 76 頁は，職能資格等級の格付時は賃金の問題であるが，その後の引上げや据置きは均等法上の昇進の問題であるとする）。

　(illustration 4)　A社の女性従業員は，同一職種で同期入社の男性従業員のほとんどが職能資格制度において副参事に昇格しているのに，それより大幅に低い主事補の等級にある。A社の職能資格等級は，職位とは連動せず，職能給の決定基準となっている。上記裁判例によれば，この格差は労基法 4 条違反としてとらえられる可能性がある。

(2)　差別意図とその認定

　本条においてしばしば問題となるのは，女性であることを「理由として」という主観的な差別意図の要件がみたされるかどうかであるが，ここでの差別意図は嫌悪の念のような心情的なものである必要はないことは，労基法 3 条について述べたとおりである。また，個々の女性ではなく，女性一般につき勤続年数が短いことなど，女性の統計的属性（全体として勤続年数が短いことなど）に基づく差別も，差別意図の要件をみたす。

　こうした差別意図の認定は，間接事実からの推認によらざるをえないことも多いが，男性と女性で異なる賃金表を設定した事案や，年功的処遇がなされている企業において同期同学歴・同一職種の男女間で著しい賃金格差が生じている事案などでは，女性差別の意図が推認される場合が多い（前掲・昭和シェル石油事件など。ただし，女性と同一の労働に従事している男性が存在すること自体は，本条適用の不可欠の要件ではない）。

　また，それ自体としては性別に関係のない中立的な基準でも，それを利用して使用者が女性の賃金を低くしようとしたとみられる場合には，その基準による賃金格差は女性であることを理由としたものと推認される（三陽物産事件・東京地判平 6・6・16 労判 651 号 15 頁。同様の問題につき，雇用機会均等法では間接差別の禁止規定が導入された→本章 3-2(2)①(ウ)）。

> **illustration 5**　A社では，年齢を基準とする本人給につき，住民票上世帯主でない者は25歳の金額に据え置くとの基準を設けている。同社の女性従業員に世帯主はおらず，同社は，女性の本人給が頭打ちになることを意識しつつそれを容認してこの基準を導入した。これによる賃金格差は女性であることを理由としたものと推認される。

(3)　差額請求権

労基法4条に違反する男女の賃金差別が認められた場合については，裁判上どのような救済が可能となるか，損害賠償にとどまらず賃金差額の請求をなしうるかが問題となる。この点については，(a)労基法4条の他，同法13条を直接の根拠として，または類推適用して賃金差額請求権の発生を認める見解，(b)労基法13条により労働契約や就業規則の差別に当たる部分が無効（一部無効）になり，男性と同額の賃金を請求できるとする見解，(c)不法行為に基づく賃金相当額の損害賠償請求のみをなしうるとする見解などが考えられる。

裁判例は，事案に応じてこれらのいずれかの立場を使い分けているようである。すなわち，一部無効で処理できる場合にはそれによる裁判例（前掲・三陽物産事件），企業内における「基準」につき労基法13条を類推適用する裁判例（前掲・芝信用金庫事件），また，それらが困難な場合については不法行為に基づく損害賠償請求を認める裁判例（日ソ図書事件・東京地判平4・8・27労判611号10頁）などがある。

> **illustration 6**　女性Aの勤務先であるB社の就業規則は，「賃金は各人につき個別に定める」とするのみである。Aが，同一の職務を担当している男性Cに比べ，女性であることを理由に賃金差別を受けた場合，労基法4条違反を理由に，不法行為に基づき，Cの賃金額との差額相当額の損害賠償を請求できる。

> **illustration 7**　A社は，家族手当につき，就業規則において，「家族手当は扶養家族を持つ男性従業員に支給する」と定めている。この定めは労基法4条に違反し，「男性」に支給対象を限定した部分が無効になるので，扶養家族をもつ女性従業員も家族手当を請求できる。

3-2　男女雇用機会均等法

(1)　意　義

労基法は，制定当初，時間外労働の制限や深夜業の禁止など，労働時間等について女性を保護する規定を多く設ける一方で，男女差別を禁止したのは賃金

についてのみであった（4条）。しかしその後，男女平等の機運が高まり，1975年に国連で女性差別撤廃条約が採択されたこともあって，雇用の分野で男女平等を一般的に定めた法律の制定への動きが生じ，昭和60年には男女雇用機会均等法（均等法）が制定された。

制定当初の均等法は，募集・採用・配置・昇進につき，法的強制力をもたない努力義務を事業主に課するにとどまっていたが，その後平成11年の改正において禁止規定に改められた（一方，労基法上の女性保護規定のほとんどは撤廃された）。さらに，平成18年の改正により，女性に対する差別のみを規制対象としてきたしくみ（片面性）が改められて，男性差別も禁止された。また，次のように差別意図の要件を必要としない間接差別の禁止規定も設けられるに至っている。

均等法の実施手段は主に行政指導や調停であり（15条以下），法違反の法律行為は無効となるが，同法は私法上の請求権の根拠とはならないと解される。

(2) 内　容
① 使用者の義務−差別の禁止
(ア) 募集・採用における均等な機会

事業主は，労働者の募集および採用について，その性別にかかわりなく均等な機会を与えなければならない（均等法5条）。禁止対象となる行為の例は指針により例示されている（平18・10・11厚労告614号）。ここでは，単に一方の性別の者を募集・採用から排除することのみならず，募集において男女別の枠を設けることや，一方の性を表す名称を用いることも禁止される。他方，芸能分野で表現の真実性の要請のため，警備員など防犯上の要請のため，また，宗教・風紀やスポーツにおける競技の性質から生じる要請のため，男女いずれかを従事させる必要がある場合には，禁止の例外となる（上記指針参照）。

（illustration 8）男性10名・女性10名といった男女別の採用予定人数を設定した募集は均等法5条違反となる。また，「宣伝マン募集」や「看護婦募集」など，男女いずれかを表す職種の名称を用いた募集も同条違反となる（ただし，対象を男女いずれかに限定しないことが明らかにされている場合は除く）。

(イ) その他の差別禁止

事業主は，配置（業務の配分や権限の付与を含む），昇進，降格，教育訓練，福利厚生（住宅資金の貸付およびこれに準ずるもの──均等則1条参照），職種および雇用形態の変更，退職勧奨，定年，解雇ならびに労働契約の更新について，

性別を理由として差別的取扱いを行ってはならない（6条）。平成9年改正において配置・昇進に関する努力義務規定が禁止規定に改められ，同18年改正では，降格・雇用形態の変更・退職勧奨などが追加された（具体的内容は(ア)の指針参照）。なお，賃金差別は均等法に規定がなく，労基法4条によることになる（賃金の格付けと評価されない昇格は，均等法上は昇進に含まれる）。

以上の他，女性労働者については，①結婚・妊娠・出産退職制（9条1項），②婚姻したことを理由とする解雇（2項），③妊娠，出産，または産前産後休業の取得その他省令で定める事由（均等則2条の2）を理由とする解雇その他の不利益取扱い（3項）が禁止される。また，③に関連して，妊娠中および出産後1年を経過しない女性労働者への解雇は，それが③の事由によるものでないことを使用者が証明した場合を除き無効となる（4項）。

(ウ) 間接差別の禁止

事業主は，上記アおよびイに関する措置で労働者の性別以外の事由を要件とするもののうち，実質的に性別を理由とする差別となるおそれがある措置として厚生労働省令で定めるものについては，当該措置が，業務の遂行上特に必要である場合，雇用管理上特に必要である場合その他の合理的な理由がある場合でなければ，これを講じてはならない（7条）。

本条は，欧米諸国でも一般に認められている，いわゆる間接差別の禁止を定めた規定である。上記の均等法6条・7条が適用されるためには，男女という性別を基準とし，または理由とする差別がなされたことが必要であるが，それ自体としては中立的な要件であっても，実質的に性差別となるおそれがある一定の措置につき，原則として禁止したうえ，業務上の必要性等が認められる場合に限り適法としたものである。

ここで間接差別として禁止される措置としては，現在，①募集・採用の際の身長・体重・体力要件，②幹部候補生としての総合職と補助職としての一般職とを分けるコース別管理における総合職募集についての全国転勤要件，③昇進についての転勤経験要件があげられている（均等則2条）。

> illustration 9 A社は，ある職種につき従業員を採用するに当たり，身長170cm以上であることを要件とした。身長170cm以上であることがその職種につき必要であることをA社が示さない限り，間接差別が成立する。

3-3　男女差別と公序違反
(1)　公序法理の意義
　男女平等を含め，法の下の平等を定める憲法14条は，基本的には政府と私人との関係を規律するものであるが，使用者と労働者という私人間においても，同条の趣旨は，民法90条における「公序」などの一般条項の内容をなすものと解釈でき，また，不法行為（民法709条）における違法性の判断基準となりうる。裁判所は，均等法の制定前から，こうした憲法の間接適用により，男女差別の救済を図ってきた。

　現在でも，均等法は，それ自体としては損害賠償請求権その他の私法上の請求権の根拠規定とはならないと解されるので，こうした公序法理によらざるをえない場合がある。

(2)　定年・退職・解雇
　裁判所は，比較的早くから，結婚退職制（住友セメント事件・東京地判昭41・12・20労民集17巻6号1407頁）や男女別定年制（東急機関工業事件・東京地判昭44・7・1労民集20巻4号715頁，日産自動車事件・最三小判昭56・3・24民集35巻2号300頁）を，公序違反を理由に違法・無効としてきた。また，整理解雇の際に女性を優先的に解雇対象者とする基準についても同様の裁判例がある（コパル事件・東京地決昭50・9・12判時789号17頁）。現在では，これらは均等法6条4号，9条により禁止されており，両条違反としても無効となる。

> illustration 10　A社は経営危機に陥り，余剰人員を解雇せざるをえなくなった。組合と交渉の上結んだ協定では，解雇対象者の人選につき「既婚女性」という基準が含まれているが，この基準は公序違反ないし均等法違反として無効となると考えられる。

(3)　配置・昇進・昇格
　配置や昇進については，上記のとおり均等法は平成9年の改正まで努力義務規定を置くのみであったが，その段階においても，裁判例では，昇格差別を公序違反として不法行為の成立を認めたものがあった（社会保険診療報酬支払基金事件・東京地判平2・7・4労民集41巻4号513頁〔男女を同一の職種で採用する一方で男性従業員のみ職能資格等級上の一律昇格措置をとった事案〕）。ただし，昇格した地位の確認やそれに基づく賃金支払を求める訴えについては，自動昇格が制度化されている場合を除けば，昇格は使用者の意思表示によるものであるとして消極的な判断が示された（同事件）。

他方，男性は幹部候補生として基幹業務等を担当させる一方で，女性は補助職として一般事務等を担当させるなどの男女コース別管理については，平成9年の均等法施行前において公序違反とはいえないとした裁判例（日本鉄鋼連盟事件・東京地判昭61・12・4労民集37巻6号512頁）があるが，均等法改正により採用・配置・昇進差別が禁止規定となった時点以降については，実質的に男女コース別管理を維持した場合は公序違反の不法行為となろう（野村證券事件・東京地判平14・2・20労判822号13頁）。やや難しい問題は，均等法の改正前の格差を是正しなかったことがどう評価されるかであるが，裁判例では，総合職への転換が実質的に機能しているかどうかを重視しているようである（前掲・野村證券事件等）。

以上は，配置・昇進・昇格およびそれに伴う賃金格差の問題を公序違反の枠組みでとらえた裁判例であるが，近年では，職能資格等級上の昇格差別を労基法4条の賃金差別ととらえ（→本章3-1），同条違反につき同法13条を類推適用して，昇格後の地位の確認請求等を認める裁判例もみられる（芝信用金庫事件・東京高判平12・12・22労判796号5頁〔男女を同一の職種で採用し，男性についてのみ年功的な昇格慣行が存在していた事案〕）。

(4) 募集・採用差別

募集・採用における差別は，通常は法律行為の形をとらないので無効とすることはできず，均等法に禁止規定が置かれた現在でも，同法は採用請求権までは与えていないと解されるので，不法行為による損害賠償責任が問題となる。その場合も，使用者には採用の自由が認められているが（→第5章2），現在では，募集・採用における差別も不法行為を成立させる可能性が高まったと指摘されている。

3-4　セクシュアル・ハラスメント

(1)　総　説

セクシュアル・ハラスメントとは，性別を理由としたいやがらせ行為をいう。一般には，①使用者や上司が，その性的言動に対する労働者の態度を理由として雇用関係上の不利益な決定をするタイプ（代償型または対価型と呼ばれる）と，②使用者や上司・同僚等が労働者に対して，その意に反して性的に不快な職場環境をもたらすタイプ（環境型と呼ばれる）に分類されている（均等法11条参照）。

⟨illustration 11⟩　男性労働者Aに対し，女性である上司Bが交際を要求し，Aがそれを拒否したところ，Bはそれを理由に同人を閑職に配置換えした。これは代償型セクシュアル・ハラスメントにあたる。

女性労働者Aに対し，男性上司である主任Bが身体への接触や卑猥な言動を繰り返し，Aは職場に居づらくなった。これは環境型セクシュアル・ハラスメントにあたる。

なお，セクシュアル・ハラスメントは，男性が加害者となり女性が被害者となる場合が多いが，性別を理由とするいやがらせ行為であれば，そのような場合に限られず，女性が加害者で男性が被害者となる場合もありうる。

違法なセクシュアル・ハラスメントは，法律行為であれば無効と評価され，また，法律行為か事実行為かを問わず，損害賠償責任を発生させうる（不法行為責任か債務不履行責任かについては→次頁(4)①）。法律行為としてなされた場合に無効となるかどうかは，前述した均等法や公序に違反するか否かにより判断されるのが一般であるが，損害賠償責任をめぐっては，以下のように独自の問題が生ずる。

(2) 被侵害利益（違法性）

セクシュアル・ハラスメントの加害者に不法行為が成立するか否かを考える場合には，環境型を中心に，何が民法709条における「権利」または「法律上保護される利益」に該当するかが問題となる。この点は，セクシュアル・ハラスメントの内容により様々であり，強制わいせつのような場合は被害者の身体の自由ないし性的自由が被侵害利益となり，発言による場合については，名誉やプライバシーが被侵害利益となりうる。

これに対し，セクシュアル・ハラスメントにより被害者が職場で不快感を抱き職場に居づらくなったような場合については，「働きやすい職場環境の中で働く利益」という法律上保護される利益が侵害されたものと解されている（福岡セクハラ事件・福岡地判平4・4・16労判607号6頁〔職場で性的な噂を流した事例〕）。この利益は労働者の人格的利益（→第6章3-4）の一種として位置づけられ，女性のみならず男性も被害者になりうる。この利益はどこまでが法律上保護されるかについてなお不明確な部分があるので，違法な侵害行為があったかどうかについては，加害行為の内容や態様など諸般の事情を考慮して，社会通念上許容される限度を超えるものかどうかが判断基準となる（金沢セクハラ事件・名古屋高金沢支判平8・10・30労判707号37頁。加害行為が重大であるか，

または継続的なものかなどが重視されよう)。

(4) **使用者責任**
① 法的構成

職場におけるセクシュアル・ハラスメントについて，使用者(雇用主)に損害賠償責任を追及する場合には，その法的構成が問題になる。加害行為者に不法行為が成立することを前提に民法715条等の使用者責任を問う不法行為構成をとるものが多いが，使用者が働きやすい職場環境を保つように適切に配慮・調整を行う契約上の付随義務を負うとして，債務不履行構成を採用する裁判例もみられるようになっている(三重セクハラ事件・津地判平9・11・5労判729号54頁など。その場合も，被害者の職場の管理者が上記義務の履行補助者となり，次に述べる民法715条の適用場面とほぼ同様の判断となる)。

② 民法715条の適用
(ア) 被用者の不法行為

民法715条1項を適用する場合，雇用主の被用者につき民法709条等の不法行為が成立することが前提となる。ここでの被用者としては，まず，セクシュアル・ハラスメントを行った加害行為者があげられることはもちろんである。

また，環境型ハラスメントの場合には，職場の上司など，被害者の職場環境の悪化を防止し，または環境を改善する措置をとるべきであった者につき，不法行為が成立することがあり，それら上司等につき民法715条1項を適用することも考えられる(前掲・福岡セクハラ事件参照。加害行為者を特定できない場合や加害行為者につき次の事業執行性の要件が認められない場合などに実益がある。以上については次頁の図参照)。

この場合は，上司等は，被用者が働きやすい職場環境を保つように適切に配慮・調整を行う注意義務(職場環境調整義務)を負い，それに違反したことが不法行為となると考えられる(前掲・福岡セクハラ事件)。こうした注意義務は，雇用主自身の注意義務でもある(債務不履行構成の場合はこれを契約上の義務と考える)。

(イ) 事業執行性

民法715条1項の適用に当たっての重要な要件は，被用者の不法行為が雇用主の「事業の執行につき」なされたことである。まず，代償型セクシュアル・ハラスメントの場合は，雇用主の人事権の行使としてなされることが通常であるから，それが事業の執行についてなされたものといえることには問題がないことが多い。

【セクシュアル・ハラスメントと使用者責任の構成】

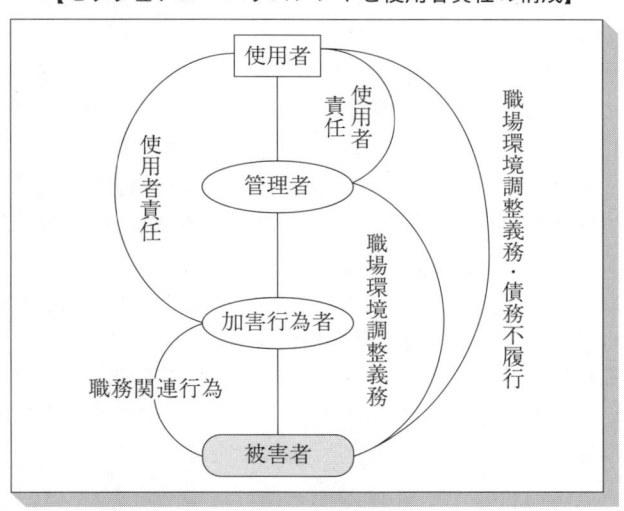

　次に環境型の場合，まず，加害行為者の不法行為につき715条1項を適用する構成においては，上司としての立場の利用の有無，行為の時間・場所・内容などを総合して，加害行為が職務に密接に関連するものといえるかを判断することになる（横浜セクハラ事件・東京高判平9・11・20労判728号12頁参照）。

　⬛illustration 12⬛　女性労働者Aに対し，男性上司であるBが，就業時間後に居酒屋で行われた転勤者の送別会（出席が義務とされていた）で，「取引先との接待でもこうするのがコミュニケーションだよ」，「上司の命令を聞け」などと言いつつ，身体接触を繰り返した。Bの行為は事業執行性の要件をみたすと考えられる。

　以上に対し，環境型セクシュアル・ハラスメントについて，職場の管理者の職場環境調整義務違反につき民法715条1項を適用する場合には，職場環境を調整することは職場の管理者の職務の一環であるから，この義務に違反することが職務に密接に関連した行為に当たることには問題がないと考えられる。

(5) **均等法上の措置義務**

　事業主は，職場において行われる性的な言動に対する労働者の対応により当該労働者が労働条件につき不利益を受け，またはそうした性的な言動により当該労働者の就業環境が害されることのないよう，当該労働者からの相談に応じ，

● 3 ●　男女平等　　　　53

適切に対応するために必要な体制の整備その他の雇用管理上必要な措置を講じなければならない（均等法11条1項）。

代償型・環境型双方のセクシュアル・ハラスメントにつき，使用者に防止・是正のための措置を行うことを義務づけたものである（派遣労働者については，派遣先事業主もこの義務を負う。派遣法47条の2）。具体的な措置としては，指針により，①セクシュアル・ハラスメント禁止の方針の明確化とその周知，②相談・苦情処理体制の整備，③問題が起きた場合の迅速かつ適切な対応の3つがあげられる（平18年厚労告615号）。

均等法は私法上の請求権を根拠づけるものではないため（→本章3-2(1)），本条の違反も直ちに私法上の請求権を根拠づけるものではないが，本条や上記指針の定める措置を取ったかどうかは，職場環境調整義務違反の判断につき参考になろう。逆に，本条や上記指針の定める措置が適切に実施された場合には，実際上，職場環境調整義務違反が否定されることが多くなるといえよう。

CASES

【事例1】

AはB製薬会社の女性従業員であるが，入社の際には補助業務を担当する一般職として採用されたものの，配属部署での人手不足などから，総合職として採用された男性と同様に，医薬品の販売促進業務も担当するようになり，その後10年ほどすると，実質的に販売促進責任者としての業務を行うようになったが，職能資格制度上は一般職に位置づけられているため，同期の総合職男性との間に，賃金や賞与等にかなりの差が生じている。Aはいかなる法的手段をとりうるか。

解説　本事例においては，Aが総合職の男性と同様の職務を遂行していながら，職能資格制度上は一般職のため賃金等が低い状況につき，賃金差別とみるか配置ないし昇格差別とみるかが問題となる。裁判例の傾向は必ずしも確定しておらず，職能資格制度上の昇格差別につき，職能資格等級が基本給と直結し，かつ職位とは連動しないことに着目して，労基法4条の賃金差別とみるものもある（芝信用金庫事件・東京高判平12・12・22労判796号5頁など）。こうした見解によれば，本事例も労基法4条違反として差額賃金請求を認める可能性があるが，差別意図があるといえるかが問題となる。この点については，男女を職種別に区分して採

用した後に女性従業員が総合職と同様の職務を遂行するようになっていることを認識しているにもかかわらず，同人を当初の格付けである一般職に配置し続けている点から差別意図を認定した裁判例がある（塩野義製薬事件・大阪地判平11・7・28労判770号81頁）。他方，昇格差別とみた場合は均等法6条違反ないし公序違反の問題となるが，差別意図の認定は賃金差別と構成する場合とおおむね同様となろう。ただし，均等法や民法には労基法13条のような規定がないため，法的手段としては主に不法行為に基づく損害賠償によることになろう。

【事例2】
　AはB社の広告宣伝部に勤務していた女性であるが，他社で同種の業務の経験があったため部長のCから重用され，2人で仕事を進めることが多くなった。直属の男性上司であるD課長は，プライドを傷つけられたように感じ，社内の者や取引先との仕事の場などで，Aが性的に乱れた生活を送っており，B社の信用にかかわる旨の事実無根の噂を流し続けた。Aは，Cの異動により新たに赴任したE部長に善処を求めたが，Eは，Dの男性上司としてのプライドを傷つけないようにせよと言うのみで，何も措置をとらなかった。噂が社内に広がったため，Aは職場に居づらくなり，退社するに至った。Aはいかなる法的手段を取りうるか。

解説　D課長の行為は環境型セクシュアル・ハラスメントに当たり，Aに対する名誉毀損の他，行為の継続性やAが職場にいづらくなり退社に至ったことなどから，「働きやすい職場環境において働く利益」を侵害する不法行為も成立すると考えられる。E部長についても，Dの行為を知りつつ何の対応もとっていないので，職場環境調整義務違反の不法行為が成立するといえる。Dの行為は，B社の信用に言及していることや，噂の相手方や発言の場などからみて職務に密接に関連する行為と考えられ，Eも，部長として職場の管理をする職務を負い，上記義務違反は同人の職務に密接に関連していると評価できる（福岡セクハラ事件・福岡地判平4・4・16労判607号6頁）。そこで，Aは，DおよびEにつき民法709条に基づき損害賠償を請求でき，また，B社に対しても，同法715条1項により損害賠償が請求できると考えられる（Eの対応につき，B社の職場環境調整義務違反による債務不履行責任の追及も考えられる）。

第5章　雇用関係の成立

● 1 ●　労働契約の成立

1-1　労働契約の締結
(1)　労働契約の成立要件
　労働者と使用者との雇用関係は，労働契約を基礎として成り立つ。労働契約法は，労働契約について，「労働者が使用者に使用されて労働し，使用者がこれに対して賃金を支払うことについて，労働者及び使用者が合意することによって成立する」（労契法6条）と規定する。他方，民法は，雇用について「当事者の一方が相手方に対して労働に従事することを約し，相手方がこれに対してその報酬を与えることを約することによって，その効力を生ずる」（民法623条）と定めている。労働契約と雇用契約との関係をどのようにみるかについては議論があるものの（→第2章1-2），実務および多くの学説は両契約概念を基本的に同義のものとみて扱っており，上記の両規定もまた同旨と解されることから，労働契約の成立については，使用されての労働（指揮命令のもとでの労務提供）と，それに対する賃金支払について合意されることが要件となる。

(2)　労働契約の締結
　労働契約は諾成・有償の双務契約であり，申込みと承諾によって成立する。申込みと承諾の意思表示は，書面によるもののみならず，口頭によるものでもよい。また，黙示の合意によって労働契約の成立が認められる場合もある。

> **illustration 1**　学生Aは，個人で商店を営むBから，「夏休みにはうちでアルバイトをしてくれないか，給料については時給1200円程度として詳しくは後で相談するということでどうか。」と依頼され，「わかりました。結構ですよ。」と答えた。AとBとの間には労働契約が成立している。

　労働契約の締結にあたっては，契約自由の原則の一内容である契約締結の自

由が妥当する。契約締結の自由には契約相手選択の自由が含まれることから，使用者，労働者のいずれも，原則として自らが欲しない相手との契約締結を強制されない（採用の自由については→本章2-1）。未成年者に代わり，親権者または後見人が労働契約を締結することは禁じられる（労基法58条1項）。

一般に，労働契約が締結されるにあたっては，特に新たに従業員を採用する場合，企業による労働者の募集がなされ，これに対して応募をした者につき企業が選考の上，採用するかどうかを決定する形がとられることが多い。学卒定期採用の場合には，学生が在学中より，会社説明会やインターネットを通じて企業に応募し，企業側が面接や試験を通じて採用を決定する。このとき，学生が卒業後に就労するまでの期間，「採用内定」と呼ばれる状態が生ずることから，その法的性格が問題とされてきた（→本章4）。他方，パートタイム労働者やアルバイトなどについては，必要に応じて募集と採用が行われることが多い。

(3) 労働契約の無効・取消

労働および賃金の支払に関する合意についても，公序良俗に反する場合（民90条）や錯誤による場合は無効であり（民法95条），詐欺・強迫による場合には取消しがなされる（民法96条）。裁判例には，労働条件を変更するため，会社と労働者が新たに労働契約を締結しなおした事案において，労働者が従来より不利となる労働条件自体は知っていたものの，新契約に応じなければ退職せざるをえないと考えたことに動機の錯誤があり，当該労働者の動機が黙示に表示され会社がこれを知っていたことなどから要素の錯誤にあたるとして，新契約締結の意思表示を無効としたものがある（駸々堂事件・大阪高判平10・7・22労判748号98頁）。

親権者・後見人または行政官庁は，労働契約が未成年者にとって不利と認めた場合には，これを将来に向かって解除することができる（労基法58条2項）。

1-2 募集・職業紹介

(1) 職業安定法

求人者と求職者とを媒介し，雇用関係の成立へと導くためのサービスに関して規制を行う法律として，職業安定法（以下，職安法）がある。同法は，国の職業安定機関や民間の事業者による職業紹介や委託募集などに関するルールを設定している（→第26章2）。

(2) 労働者の募集

使用者による労働者の募集には，使用者がみずから直接に行うものと，第三者に委託して行う委託募集とがある。労働者を雇用しようとする者が被用者以外の第三者（募集受託者）に委託募集をさせようとするときには，有報酬の場合に厚生労働大臣の許可が，無報酬の場合には届出が必要となる（職安法36条）。労基法6条で禁じられる中間搾取を防止するため，募集を行う者および募集受託者は労働者から報酬を受けてはならず（職安法39条），また，労働者の利益を害する募集活動を防止するため，募集を行う者は，その被用者や募集受託者に対し，賃金および認可を受けた報酬を除いては，報酬を与えてはならない（職安法40条）。また，募集にあたって，従事すべき業務の内容，賃金，労働時間その他の労働条件について，労働者に明示しなければならない（職安法5条の3第1項）。

(3) 職業紹介

職業紹介とは，求人と求職の申込みを受け，求人者と求職者の間の雇用関係の成立をあっせんすることをいう（職安法4条1項）。職安法は，①国が運営する公共職業安定所（ハローワーク）に職業紹介を行わせるとともに，②民営の職業紹介事業について，不正確な条件提示による紹介や人身売買的な紹介などの弊害を防止するため，さまざまな規制を行っている（詳細については→第26章2）。

● 2 ● 採用の自由とその制約

2-1 採用の自由

労働者の採用（雇入れ）にあたっては，使用者には幅広い自由が認められる。原則として使用者は，採用を希望する者のなかから，どれだけの人数を，いかなる基準によって選択し，その上で最終的に労働契約を締結するかどうかにつき自由に決定することができる。

採用の自由に関連して問題となるのは，国籍・信条・社会的身分による労働条件の差別的取扱いを禁止する労基法3条が労働者の採用に関しても適用されるかどうかである。学説には，同条にいう労働条件に採用も含まれると解する立場が少なくないが，この点につき最高裁は，労基法3条は雇入れ後における労働条件についての制限であり，雇入れそのものを制約するものではないとした（三菱樹脂事件・最大判昭48・12・12民集27巻11号1536頁）。また，同判決

は，法の下の平等を定めた憲法14条が私人相互の関係を直接に規律するものでないことを述べた上で，思想・信条を理由とする雇入れの拒否を直ちに民法上の不法行為とすることはできず，公序良俗違反とする根拠もないとしている。

2-2 採用自由に対する制約

採用の自由に対しては，法令による一定の制約も存在する。

たとえば，男女雇用機会均等法では，労働者の募集・採用について性別を理由とする差別が禁止されている（均等法5条）。関連して，労働者の募集・採用にあたり，労働者の性別以外の事由であっても，①労働者の身長・体重・体力に関する事由を要件とすること，②コース別管理のもとでの総合職につき転居を伴う配置転換に応じられることを要件とすることは，雇用管理上，特に必要であるなどの合理的な理由がない場合には，男女間の間接差別として禁じられている（均等法7条および均等則2条）。

障害者雇用促進法は，国，地方公共団体および一般事業主に対し，一定の率以上の身体障害者または知的障害者を雇用すべき義務を課している（障害者雇用促進法38条以下）。法定雇用率（一般事業主の場合，同法施行令9条により1.8％とされている）を達成しない事業主に対しては，未達成分につき障害者雇用促進事業のための障害者雇用納付金の徴収がある（障害者雇用納付金制度が適用される事業主の範囲は，平成20年の法改正により，現行の常用雇用労働者301人以上の企業から，平成27年4月1日までに同101人以上の企業に拡大される）。

雇用対策法は，事業主が募集・採用にあたり，年齢にかかわりなく働ける機会を与えなければならないものとする（雇用対策法10条）。高年齢者雇用安定法は，事業主がやむを得ない理由により，一定の年齢を下回ることを労働者の募集・採用の条件とする場合には，求職者に対してその理由を示さなければならないことを定めている（高年法18条の2）。

● 3 ● 労働条件の明示

3-1 法令による規制

(1) 労基法上の規制

使用者は，労働契約の締結に際し，労働者に対して賃金・労働時間その他の労働条件を明示しなければならない（労基法15条1項）。明示された労働条件が事実と異なる場合には，労働者は即時に労働契約を解除できる（同条2項。

通常，労働者が労働契約を解約する場合，期間の定めのない契約のときには2週間の予告期間が必要とされ（民法627条），また，期間の定めのある契約の中途解約にはやむを得ない事由が必要となる（民法628条，労契法17条1項））。この場合，就業のため転居した労働者が14日以内に帰郷するときは，使用者は旅費を負担する義務を負う（労基法15条3項）。労基法15条1項，3項に違反した使用者に対し，罰則の適用がある（労基法120条）。

(2) 労働条件明示の内容

　労働基準法施行規則5条によると，使用者は労働契約の締結時に，①労働契約の期間に関する事項（同条1項1号），②就業の場所および従事すべき業務に関する事項（1号の2），③始業および終業の時刻，所定労働時間を超える労働の有無，休憩時間，休日，休暇，並びに労働者を二組以上に分けて就業させる場合における就業時転換に関する事項（2号），④賃金（退職手当などを除く）の決定，計算および支払の方法，賃金の締切りおよび支払の時期（3号。昇給に関する事項のみ，書面交付を要しない），⑤退職に関する事項（4号）について，労働者に対して書面による交付が要求される。

　他方，退職手当，賞与等，労働者に負担させるべき食費・作業用品その他，安全衛生，職業訓練，災害補償等，表彰・制裁，休職などの事項については，使用者がその定めをする場合には労働者にこれを明示しなければならないものの（労基則5条4号の2以下），必ずしも書面交付の方法による必要はない。

　なお，労働契約法4条は，使用者は労働者に提示する労働条件および労働契約の内容について，労働者の理解を深めるようにするものと定め（同条1項），労働者および使用者は，労働契約の内容について，できる限り書面により確認するものとしている（同条2項。詳細は→第6章1-2(6)）。

3-2　労働条件明示義務の法的効果

　労働条件の明示は，企業が公共職業安定所への求人や職業紹介の利用，労働者の募集などを行う際にも義務とされる（職安法5条の3）。このとき，たとえば賃金については，企業は求人や募集の時点での賃金額を示すことで足りる。そのため，企業が求人等の際には現行の給与の額や見込額を提示しておき，労働者の入社時において確定した賃金額を示すことがある。また，労基法15条1項の規制によれば，労働条件の明示は労働契約の締結時に行われる必要があるが，新規学卒者の採用の場合，後述のように在学中の採用内定時に労働契約が成立したと解される場合が多いため，その時点で示される条件が初任給の見

込額などとされることがある。このような場合に，労働者の就労開始時に確定された賃金額が，従前に示されていた見込額を下回り食い違いが生じたとき，労働者が見込額との差額等を請求できるかどうかが問題となる。

　裁判例には，求人票記載の基本給見込額に関する労働者の期待権を著しく侵害しない方法および範囲内で賃金額を確定すべき信義則上の義務が使用者にあるとしつつ，見込額から減額された確定額との差額請求を認めなかったものがある（八州事件・東京高判昭58・12・19労判421号33頁）。ここから，求人時や採用内定時に示された賃金額等の条件を変更した場合，直ちに差額請求が認められるわけではないものの，求人時・採用内定時の労働条件を合理的な理由なく，信義則に反する程度に変更する行為は，労働者の期待利益を侵害するものとして不法行為となりうるものと解される。

　その他，裁判例には，求人情報誌に掲載した中途採用広告に使用者が労働者の誤解を招く内容を記載した事例において，求人広告の記載内容自体は労働契約上の労働条件とはならないとしつつ，求人にあたっての使用者の説明が労基法15条1項に違反し，契約締結過程での信義則に反する不法行為にあたるとして労働者の慰謝料請求を認めたものがある（日新火災海上保険事件・東京高判平12・4・19労判787号35頁）。

> **illustration 2**　A社は，求人情報サイトに，「正社員・第二新卒歓迎」，「給与は新卒同期入社にあたる正社員並の水準」などと記載をしていたが，実際に入社したBの賃金額はそれを下回っていた。A社による労働条件の説明が不十分であったときには，Bは，労働契約締結過程で信義則に反する不法行為があったとしてA社に損害賠償を請求しうる。

● 4 ● 採 用 内 定

4-1　採用内定の法的性格
(1)　採用内定の意義

　日本の企業では，従業員の採用に関する慣行として，高等学校・専門学校・大学などの新規学卒者を定期的に一括して採用する方法が普及している。このような採用慣行のもとでは，新規学卒者は，在学中より就職活動を開始し，企業が実施する面接や採用試験などを受けた後に，採用内定通知を受けることが一般的となっている。その場合，新規学卒者が入社して実際に就労を開始する

のは，卒業後の4月以降であることが通例であり，採用内定時から入社時までにかなりの期間が存在することになる。このとき，企業が学生に通知する採用内定が，法的にどのような意義を持つかについて，とりわけ企業が採用内定を取り消した場合に内定者が取りうる法的な手段の可能性をめぐり議論がなされてきた。

(2) 学説の展開

学説には，次のような見解がみられた。(a)採用内定から入社時までの期間を，労働契約の締結過程であるとする立場からは，採用内定の通知によって労働契約は成立せず，当事者に権利義務は生じないことから，内定取消しに対しては，契約締結過程での信義則違反など不法行為による損害賠償請求の余地があるのみとなる（契約締結過程説）。(b)採用内定を，卒業後の入社時（たとえば4月1日）に労働契約を締結することの予約と解する立場からは，内定取消しは予約違反となり，債務不履行による損害賠償請求が可能である（予約説）。これらの立場からすると，採用内定をもって労働契約が成立したことにはならないため，採用（契約締結）自由の原則から，内定を出した企業に労働契約の締結を強制することは困難である。これに対し，(c)採用内定をもって採用希望者と企業との間に労働契約が成立したと解すると（労働契約成立説），内定取消しは労働契約の解約となり，内定取消しを受けた者は解約の無効を主張して労働契約上の地位確認を求めることができる。この労働契約成立説の中には，さらに，労働契約の効力発生について①卒業することを停止条件とする説，②卒業できないことを解除条件とする説，③卒業できないことなどを理由とする解約権が使用者に留保されているとする説などがあった。

(3) 判例の展開

新規学卒者採用における内定取消しの効力が争われた事例で最高裁は，採用の実態は多様であり，採用内定の法的性質について一般的に論ずることは難しいとした上で，採用内定通知以外に労働契約締結の意思表示が予定されていなかったケースにおいて，会社からの募集（申込みの誘引）に対し，採用希望者が応募したのは労働契約の申込みであり，これに対する採用内定通知は申込みに対する承諾であるとして，採用内定を受けた者と会社との間に，就労の始期を大学卒業後とし，それまでの間，一定の採用内定取消事由に基づく解約権を留保する労働契約が成立したと判示した（大日本印刷事件・最二小判昭54・7・20民集33巻5号582頁）。

> illustration 3　大学生Aは，就職活動の結果，B社への採用が決まり，10月1日の内定式において採用内定通知書を受け，卒業延期となった場合などに採用が取り消されることを承諾する内容の誓約書を提出した。その後，B社が採用内定を取り消した場合，Aは，内定通知をもってB社との間に誓約書記載の事由について解約権を会社に留保した労働契約が成立したものとして，解約の無効を主張し，労働契約上の地位にあることの確認を求めることができる。

4-2　採用内々定

　企業が書面等で採用内定を通知する以前に，採用担当者などが採用の意向を口頭などで示すことがあり，これらは採用「内々定」などと称される。この採用内々定を上記の採用内定と同視しうるかどうかについては，内々定の実態が多様であることから一般化して論ずることは難しく，個別事例の事情に応じて，①契約締結過程での行為，②契約締結の予約，③解約権留保付の労働契約の成立などのいずれにあたるかを判断することが適切と考えられる。

4-3　内定取消の適法性

　採用内定により解約権の留保された労働契約の成立を認める場合，内定取消しは使用者による解約権の行使となり，その行使が適法かどうかが問題となる（労契法16条が適用ないし類推適用される）。前掲・大日本印刷事件最高裁判決は，「採用内定の取消事由は，採用内定当時知ることができず，また知ることが期待できないような事実であって，これを理由として採用内定を取消すことが解約権留保の趣旨，目的に照らして客観的に合理的と認められ社会通念上相当として是認することができるものに限られる」として，使用者が解約権を行使しうる事由を限定的に解し，結論として，内定者のグルーミー（陰鬱）な印象を打ち消す材料が出なかったことは解約事由にはあたらないとしている。
　採用内定後の解約権行使を適法とする事由としては，労働者側の事由として，①成績不良等の理由による卒業延期，②就労に支障のあるような健康状態の悪化，③経歴等の虚偽申告の判明などが挙げられる。また，電電公社近畿電通局事件（最二小判昭55・5・30民集34巻3号464頁）では，公安条例違反による逮捕・起訴猶予処分を受けた内定者に対する解約権の行使が有効とされている。加えて，業績悪化など，企業側の経営上の理由による採用内定取消しが問題となることも多い。どのような場合に経営上の理由による内定取消しが適法と解されるかについては，基本的に整理解雇に関する解雇権濫用法理に従った判断

枠組みが妥当すると考えられる（整理解雇の判断基準については→第17章1-4(2)）。

> illustration 4　A社より採用内定を受けている大学生Bは，大学卒業前の春休みに，自動車の飲酒運転をした結果，自損事故を起こして負傷したため，4月から就労できなかった。A社は，これらは採用内定当時知ることができなかった事態であり，違法行為を行ったBをA社の従業員として雇用することが相当でないこと，および，就労に支障のある健康状態の悪化がみられることを理由に，解約権の行使として採用内定を取り消しうる。

4-4　内定期間中の法律関係

　採用内定により労働契約が成立したと解される場合であっても，一般に，採用内定者は入社する以前の期間に就労しないことから，その間，使用者と採用内定者がどのような法律関係にあるかが問題となる。

　前掲・大日本印刷事件最高裁判決は，採用内定者と使用者との間に，内定者の「就労の始期」を大学卒業直後とする解約権留保付労働契約が成立したと判示している。このように採用内定をもって「就労始期付」の労働契約が成立したと解する場合には，採用内定時より契約の効力が発生するが，労働義務の履行については始期が付されていることとなり，内定時から入社時までの期間についても労働義務・賃金支払義務以外の労働契約上の権利義務が当事者間に存在することになる。

　一方，前掲・電電公社近畿電通局事件は，採用内定について「労働契約の効力発生の始期」を採用内定通知に明記された日とする労働契約が成立したとしている。このように解すると，労働契約の効力発生後の適用が原則である就業規則などは採用内定者に適用されないことになる。

　上記の解釈の相違は，たとえば，労基法等の規制や就業規則などの適用が採用内定者について認められるかどうか，あるいは，使用者が研修やレポートを命じた場合，採用内定者がこれに応ずる義務を負うかどうか，といった点にかかわって問題となりうるが，これを一般的に論ずることは難しく，個別事案の事情に応じて判断されるべきである。

採用内定と労働契約の効力

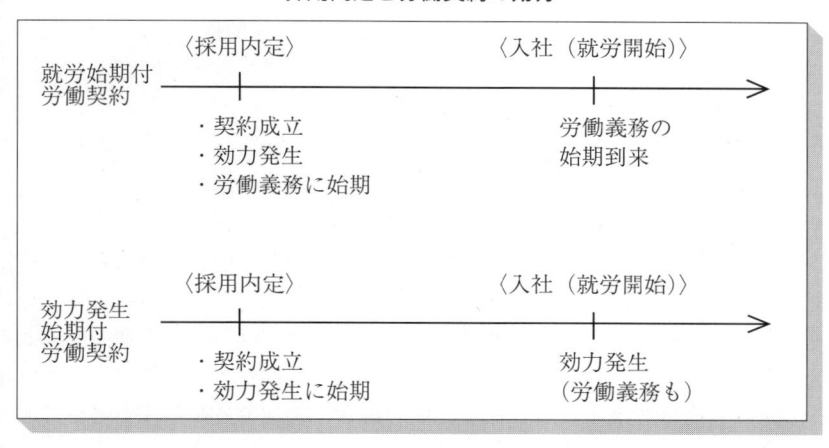

```
就労始期付        〈採用内定〉        〈入社（就労開始）〉
労働契約    ├───────────┼───────────→
              ・契約成立          労働義務の
              ・効力発生          始期到来
              ・労働義務に始期


効力発生         〈採用内定〉        〈入社（就労開始）〉
始期付      ├───────────┼───────────→
労働契約       ・契約成立          効力発生
              ・効力発生に始期    （労働義務も）
```

> **illustration 5**　学生Aは，B社より採用内定を受け，修士号の取得を前提に4月1日より就労することとされていたが，B社はAが研究上の都合により入社前の研修に参加しなかったことを理由に，採用内定を取り消した。入社後に業務として行われるべき内容の研修を命ずる契約上の根拠が明らかでなければ，Aに対する内定取消しは解約権行使の濫用となり無効となりうる。

4-5　採用内定の辞退

　上記のように，採用内定により労働契約が成立するとすれば，採用内定者の側から内定を辞退することは，労働者の側からの労働契約の解約となる。この場合，民法627条1項により，解約の申入れの日から2週間を経過することで，労働契約は終了する。

● 5 ●　試　用　期　間

5-1　試用期間の法的性格
(1)　試用期間の意義

　使用者が労働者を採用する際，採用後の3か月から6か月程度を「試用期間」として，その期間に従業員としての適格性を評価することが（特に正社員の場合）一般的に行われている。こうした試用期間が終了した後，使用者はその労働者を「本採用」するかどうかを決定することになるが，このとき，従業

員としての適格性がないことなどを理由として使用者が当該労働者の本採用を拒否した場合,「試用期間」ないし「本採用拒否」の法的性質とは何か, また, 労働者がこれにどのような法的な手段をもって対処できるかが問題となる。

「試用期間」の意義を考える場合, 大きく2つのとらえ方がある。まず, (a)試用期間を従業員としての適格性を判断するための期間とし, 1つの独立した有期労働契約とみる見解では, 試用期間が終了した後の本採用の決定とは, 別個の労働契約を新たに結びなおすこと, すなわち文字どおり改めて「採用」することを意味する。このように解すると, 採用自由の原則から使用者に本採用を強制することは困難となる。他方, (b)試用期間を, はじめから期間の定めのない契約が締結された上で, 適格性判断のために設けられた特別の期間とする見解では, 本採用を拒否された労働者は, 使用者に対し労働契約上の地位確認を求めることができることになる。この場合, ①従業員として不適格であると判断されることを解除条件とする労働契約が当初の採用時より成立したものとみる見解や, ②従業員として不適格とする一定の事由がある場合に使用者が解約しうる解約権留保付の労働契約が成立したとみる見解がある。

(2) 判例の展開

最高裁は, 3か月の試用期間終了後に行われた本採用拒否の効力が争われた前掲・三菱樹脂事件（最大判昭48・12・12民集27巻11号1536頁）において, 試用契約の性質の判断については当該企業における就業規則の規定や慣行を重視すべきとしつつ, 従前より本採用を拒否された例がなく, また, 本採用にあたって別段契約書の作成もなかった事実などから, 本採用の拒否が使用者に留保されていた解約権の行使, すなわち雇入れ後の解雇にあたり, 通常の雇入れの拒否とは同視しえないとした。以降の裁判例においても, 試用期間につき, 従業員としての適格性がないと判断した場合の解約権が使用者に留保された期間とした上で, 解約権の行使が適法といえるかどうかを判断するケースが多くみられる（愛徳姉妹会(本採用拒否)事件・大阪地判平15・4・25労判850号27頁など）。労働契約法のもとでは, 本採用拒否には同法16条が適用されることになろう。

> illustration 6　A社に採用されたBは, 入社後6か月間を試用期間として, その間, 研修を受けつつ複数の配属先で就労したところ, A社から試用期間の終了をもって本採用を行わない旨を告げられた。このような場合, Bは, 試用期間について, 解約権を留保する期間の定めのない労働契約が成立しており, 本

採用拒否は解約権の行使にあたるとして，その無効を主張しA社に対し労働契約上の地位にあることの確認を求めることができる。

(3) 試用期間と労働契約の期間設定

一方で，従業員としての適格性判断のため，1つの独立した有期労働契約を締結することも可能ではある。しかし最高裁は，教員としての適性を判断するため，1年の期間付の雇用契約書が作成された事例においても，雇用契約の期間を設けた趣旨・目的が労働者の適性を評価・判断するためのものであるときは，期間満了により契約が当然に終了する旨の明確な合意があるなどの特段の事情がない限り，当該期間を契約の存続期間ではなく試用期間と解するのが相当と判断しており（神戸弘陵学園事件・最三小判平2・6・5民集44巻4号668頁），その後の裁判例も，労働契約の期間が付された形となっているケースであっても，その満了により労働契約を終了させる趣旨でないと判断される場合には，試用期間を設定したものと評価している（龍澤学館事件・盛岡地判平13・2・2労判803号26頁など）。

5-2 本採用拒否の適法性

試用期間が，期間の定めのない労働契約において従業員としての適格性を評価・判断するための解約権を留保した期間とされる場合，本採用拒否の意思表示は解約権行使の意思表示と解されることになる。判例によると，使用者は採用までに労働者の能力や適格性を十分に判定できないため，労働の機会を与えた上でその判定の機会を設け，解約権を留保することには合理性があり，試用期間中には通常の解雇より広い範囲で解雇の自由が認められる。その上で，本採用拒否としての解約権の行使は，その留保の趣旨・目的に照らして，客観的に合理的な理由があり，社会通念上相当として是認できる場合にのみ許される（前掲・三菱樹脂事件）。具体的には，就労後の勤務成績や勤務態度などから，従業員としての適格性がないと判断することが客観的に相当といえる場合に解約権の行使が適法となる。

5-3 試用期間の長さ・延長

試用期間の長さについて，特段，これを規制する法令等はない。裁判例には，最長1年以上に及ぶ「見習期間」を経た後，さらに「試用期間」を設定していた事例において，試用期間中の解雇は本採用後よりも広い範囲の自由が認めら

れ，試用期間中の労働者は不安定な立場に置かれることから，労働者の能力などの判断を行うために必要な合理的範囲を超えた長期の試用期間の定めは公序良俗に反するとして，後者の試用期間の設定を無効としたものがある（ブラザー工業事件・名古屋地判昭 59・3・23 労判 439 号 64 頁）。試用期間を使用者が一方的に延長することについては，広い範囲の解約権が存続することになるため，労働者にとって労働条件の不利益変更といえることから原則として許容されないものと解すべきであるが，他方で，従業員として不適格とした者に再度，本採用の機会を与える場合など，試用期間の趣旨から合理的な理由がある場合には許容されうる（大阪読売新聞社事件・大阪高判昭 45・7・10 労民集 21 巻 4 号 1149 頁など）。

なお，試用期間にかかわる法令上の規定としては，14 日間までの試用期間中の者を解雇予告期間ないし手当について定める労基法 20 条の適用から除外する旨の規定（労基法 21 条但書 4 号），試用期間を平均賃金の算定基礎から除外する規定（同法 12 条 3 項 5 号）および最賃法の特例を認める規定（最賃法 7 条 2 号）などがある。

CASES

【事例 1】

学生 A は，就職活動の結果，B 社より採用内定通知を受けた。しかし，その後，B 社により，経済不況のもとで経営改善の必要があり，従業員の採用計画を見直すことになったとして，採用内定を取り消す通知を受けた。A は B 社に対し，いかなる法的手段をとりうるか。

解説 本事例では，まず採用内定の法的性質をいかに解するかが問題となる。その性質については個別事案の事実関係に基づいた判断が必要となるが，新卒定期採用の場合，採用内定通知のほかには特段，労働契約締結のための意思表示が予定されていないようであれば，B 社からの内定通知を A からの労働契約締結の申込みに対する承諾と解することができ，採用内定の時点で，一定の採用内定取消事由による解約権を使用者に留保し，就労ないし労働契約の効力発生の始期を定める労働契約が成立したものとみることができる（前掲・大日本印刷事件ほか）。この場合，続いて B 社による解約権行使が権利濫用にあたるかどうかが問題となる。この点については，整理解雇に関する判断基準に従い，①B 社に内定取消の必要性があるか，②内定取消を回避する努力を尽くしたか，③内定を取り消す者

の選定基準が合理的か，④採用内定者への説明が適切であったかといった点が考慮されるものと考えられる。なお，B社による内定取消（解雇）が無効とされた場合，Aは，契約上の地位確認と，予定されていた就労の始期以降支払われるはずの賃金を請求できる。

【事例2】
　Aは，B学校法人による教員募集に応募し採用が決まったところ，その際，1年間の期間を定めた試用契約を結ぶこととされた。Aは試用契約の期間中，B法人の設置する高校で教員として勤務をしていたが，B法人は，試用契約の満了後，本採用を行わない旨をAに通知した。AはB法人に対し，いかなる法的手段をとりうるか。

解説　本事例でまず問題となるのは，1年間という試用契約の期間設定が契約の存続期間を意味するのか，あるいは，当初より期間の定めのない労働契約が成立しており，その上で1年間は使用者に一定の事由による解約権が留保されている試用期間と解されるのかである。前者であれば期間の満了により労働契約は終了することとなるが（この場合には雇止めの問題となる→第18章2-3），最高裁の示した基準によれば（前掲・神戸弘陵学園事件），こうしたケースで，試用契約の期間を設定した趣旨・目的が従業員としての適格性を判断・評価するためのものであるときには，AとB法人との間で試用契約の満了後に労働契約を更新しない旨の明確な合意があるといった特段の事情がなければ，1年間の期間は後者の意味での試用期間と判断されることになる。1年間の期間が試用期間と解される場合，AはB法人に対し，本採用拒否を解約権の行使として，その効力を争い，B法人との間で労働契約上の地位にあることの確認請求をなしうる。その際，B法人による解雇が適法とされる事由としては，試用期間の趣旨に照らし，採用決定までに知ることのできなかった事実や，あるいは知ることが期待できなかったような事実で，就労実態などから判明した従業員としての適格性を欠くとの判断を裏付けるもの（勤務成績・勤務態度の不良，採用にあたり提出していた重要な資格・経歴の詐称など）が考えられる。

第6章　労働契約上の権利義務

● 1 ●　労働契約の基本原則

1-1　権利義務の意義・決定
(1)　権利義務の意義
　雇用関係は，労働者と使用者が合意によって成立させ，その内容を定める契約関係である。そこでは，労働契約を基礎として，労働者が労働を提供し使用者が報酬を支払うことを中心とする権利義務関係が生じ，展開される。当事者は，自らの権利に基づき相手方に一定の行為を求めたり，相手方の義務違反に対して法的責任を追及することが可能となり，最終的に裁判などを通じてその実現をはかることができる。他方，当事者は自らの義務を履行し，また，その違反に対して法的責任を負わなければならない。

(2)　労働契約の基本原則
　一般的に，雇用関係は継続して維持される関係となることから，その展開過程でしばしば契約内容（労働条件）の変更が必要となる。労働者と使用者が労働契約を締結し，あるいは変更するにあたって考慮すべき基本的な原則が労働契約法に定められている（労契法3条1～3項）。さらに同法は，権利の行使および義務の履行に関する一般原則（信義誠実の原則，権利濫用禁止の原則）を定めており（同法3条4・5項），これらの原則は，当事者の権利義務内容の解釈や，権利行使の有効性の判断などにおいて意義を持つ。あわせて，労働契約内容の理解促進に関する定め（同法4条）が置かれている（→本章1-2(6)）。

(3)　権利義務内容の決定
　当事者の権利義務は，さまざまな根拠から生ずる。第一に，労働契約が成立することにより，労働者に労働義務，および使用者に賃金支払義務が生ずる（労契法6条，民法623条）。加えて，労働契約の当事者には，信義則（労契法3条4項，民法1条2項）を介して付随的な義務が生ずる。これらの基本的義務

および付随義務は，労働契約が成立することによって生ずるもので，必ずしも明文の根拠がない場合であっても契約内容になりうるものと解されている（→本章2および3）。

さらに，当事者の権利義務は，個別的な労働契約上の取り決め（特約），就業規則（労契法7条，10条参照），労働協約（労組法16条参照）によっても生じ，実際にはこれらによって拡充され，あるいは具体化されることが通例である。また，強行的な法令の規定からも，労働契約の当事者に直接，権利義務が生ずる（年次有給休暇に関する労基法39条，育児・介護休業法5条，11条など）。

権利義務内容の決定にあたり，実務上しばしば問題となるのは，労使間で事実的に反復継続されてきた取扱いや行為（労使慣行）に，当事者の権利義務の根拠となる法的効力があるかどうかである。判例によると，労使慣行は，①労働契約の当事者間で一定の取扱いが長期間，反復継続して行われ，②労使双方が明示的にこれを排斥しておらず，③当該慣行が当事者（使用者の場合，当該取扱いについて裁量権を持つ者）の規範意識によって支えられていることを要件に，事実たる慣習（民法92条）として法的効力が認められることとされている（商大八戸ノ里ドライビングスクール事件・最一小判平7・3・9労判679号30頁）。

(illustration 1)　A社では，就業規則に明文の規定はないが，退職する従業員に対し勤続年数による一定の基準に基づき退職金が長年支給されていた。こうした扱いがA社の経営者の判断により，すべての退職者について行われており，労使双方が明示的にこれを排斥していない場合，A社の従業員Bは，退職の際，自身の労働契約に特段の定めがなくとも，退職金支給に関する労使慣行が成立していたとして，慣行上の基準に従いA社に退職金を請求することができる。

1−2　労働契約の基本原則
(1)　対等決定による合意の原則

労働契約法3条1項は，「労働契約は，労働者及び使用者が対等の立場における合意に基づいて締結し，又は変更すべきものとする」と定める。対等な立場の当事者が合意により契約を締結し，また変更することは契約一般の基本的理念であるが，現実の社会においては，使用者と労働者との間に一般に交渉力の格差が存在することから，使用者が労働者の義務内容を一方的に決定し，報酬の額を事実上一方的に定めるなど，自らに有利な条件で契約を締結し，あるいは変更することが容易となっている。労働契約法3条1項は，こうした事情を踏まえつつ，対等決定による合意の原則が労働契約についても実現されるべ

き理念であることを確認したものである。同項は理念規定にとどまり，直接に当事者の権利義務を生じさせる根拠になるとは解されていないが，労働契約における権利義務の内容の解釈や，使用者が一方的に作成する就業規則の解釈・適用のあり方（たとえば，労働者の義務を限定的に解する限定解釈など）を判断するにあたって，あるいは合意の有無についての事実認定を行うにあたって，基本的理念を提供する根拠になりうると考えられる。

(2) 均衡考慮の原則

労働契約法3条2項は，「労働契約は，労働者及び使用者が，就業の実態に応じて，均衡を考慮しつつ締結し，又は変更すべきものとする」と定める。「均衡」の概念は，パートタイム労働法におけるパートタイム労働者と通常の労働者との均衡待遇の努力義務規定（パートタイム労働法9条1項など）にみられるが，労働契約法の上記規定は，さまざまな雇用形態や就業上の地位について広く妥当する理念を一般的に定めたもの（理念規定）といえる。そのため，労働契約当事者の権利義務関係を直接に変動させる法的効果は持たないものと解されているが，他方で，後述の信義則や権利濫用といった一般条項を具体的な事例に適用するにあたって考慮されることはありえよう。

(3) 仕事と生活の調和への配慮原則

労働契約法3条3項は，「労働契約は，労働者及び使用者が仕事と生活の調和にも配慮しつつ締結し，又は変更すべきものとする」と定める。近年では，「仕事と生活の調和（ワークライフバランス）」が労働法分野における理念として明確に位置づけられるようになり，そこでは「職業生活と家庭生活との両立」（育児・介護休業法1条）を含め，よりよい個人的生活と労働との調和をはかることが望まれている。労働契約法3条3項は，こうした理念を労働契約の締結と変更にあたって配慮されるべきものとして一般的に示したものであり，当事者の権利義務を直接に変動させる法的効果は持たないと解されている。しかし他方で，転勤を伴う配転命令や，時間外・休日労働の命令が権利濫用にあたるかどうかの判断において考慮される要素となることが考えられる。

(4) 信義誠実の原則

労働契約法3条4項は，「労働者及び使用者は，労働契約を遵守するとともに，信義に従い誠実に，権利を行使し，及び義務を履行しなければならない」として，契約の一般原則である民法上の信義誠実の原則（信義則）を労働契約についても確認している。雇用関係においては，とりわけその人的関係（人に

よる労働の提供とその受領を基本とする関係）の側面から，両当事者に付随的な義務（使用者の配慮義務および労働者の誠実義務）が生ずるものと解されているが，信義則はそうした付随義務などを具体化する際の根拠規定として用いられうる。

(5) 権利濫用禁止の原則

労働契約法3条5項は，「労働者及び使用者は，労働契約に基づく権利の行使に当たっては，それを濫用することがあってはならない」と定め，民法上の一般原則である権利濫用の禁止（民法1条3項）を労働契約についても特に確認している。労働契約法には，出向命令権（労契法14条），懲戒権（同法15条），解雇権（同法16条）について特に明文の定めが置かれているが，これら以外にも，指揮命令権，配転命令権，降格命令権などの権利の行使について，同項による権利濫用禁止の原則が適用される。

(6) 労働契約内容の理解促進

労働契約法4条1項は，「使用者は，労働者に提示する労働条件及び労働契約の内容について，労働者の理解を深めるようにするものとする」と規定し，上記の対等決定による合意原則を実質化するための使用者の責務を定めている。また，同2項は「労働者及び使用者は，労働契約の内容（期間の定めのある労働契約に関する事項を含む）について，できる限り書面により確認するものとする」と定め，書面による契約内容理解がはかられるべきことを当事者に求めている。いずれの規定も，「するものとする」との文言から当事者に対する訓示規定であって，具体的な請求権や義務を根拠づけるものではないと解されている（もっとも，たとえば労働条件変更についての労働者の同意の有無を認定するにあたって，本条は，3条1項とあいまって，認定を慎重に行うことの理念的根拠となりうるであろう。労働契約法制定前の事案であるが，東武スポーツ（宮の森カントリー倶楽部・労働条件変更）事件・東京高判平20・3・25労判959号61頁参照）。労働条件の明示に関しては，労基法15条1項および労基則5条が，労働契約締結時に労働時間など一定の事項につき書面での明示を使用者に義務づけているが（→第5章3-1），労働契約法4条2項は，契約内容全般について，契約締結時のみならず変更にあたっても，書面での確認がなされるべきことを要請するものとなっている。

(illustration 2) A社はパートタイム従業員Bらに対して，多数の項目にわたる複雑な労働条件変更を計画し，その旨をBらに申し入れたが，担当者は項

目の一部について概括的な説明をしたにとどまり，質問にも十分な回答をしなかった。このときにＢらが明示的に異議を唱えなかったとしても，労働条件変更に同意したと認めることは難しい（前掲・東武スポーツ（宮の森カントリー倶楽部・労働条件変更）事件参照）。

● 2 ● 基本的義務

2-1 労働義務
(1) 労働義務
① 労働義務の内容

労働契約において，労働者は使用者に対して労働義務を負う。労働義務の内容は，「使用者に使用されて」の労働（労契法6条）に従事することであり，その特徴は，労働者が提供すべき労働の種類・場所・時間・方法などを使用者が基本的に決定できるところにある（他の労務供給契約における労務との区別については→第2章1-1以下）。一般に，労働契約が締結される際，労働者が従事する業務の内容や就労場所などの大枠を定めることはできるが，具体的な内容をあらかじめ詳細に特定しておくことは困難であり，現実的ではない。そこで，労働契約においては，労働義務の内容をそのつど具体化しうる権利を使用者に認め，労働者が当該権利に基づく使用者の命令に従って労働することにつき，当事者が合意したものと解される。こうした使用者の権利は「指揮命令権」などと称される（労務指揮権，業務命令権といった呼称もある）。

② 指揮命令権の範囲

指揮命令権は，労働義務の内容を具体化するための権利であり，労働契約上で労働義務の内容が特定されている場合（たとえば，従事すべき業務の種類が合意されている場合）には，使用者はその枠内において当該権利を行使できる。また，指揮命令権の範囲は，業務上の必要性および社会的相当性の観点から制約を受ける。労働者の生命や身体に対し，通常の業務からは予想されない危険をもたらす業務命令は，労働者を拘束しない（千代田丸事件・最三小判昭43・12・24民集22巻13号3050頁）。他方，指揮命令権は，本来の業務に加え，出張や研修などの関連業務や，健康診断の受診といった付随的活動にも及びうる。

指揮命令権を行使して行われた命令が権利の濫用と認められる場合には無効となり，不法行為となりうる。裁判例には，就業時間中に就業規則の書き写しを命じた命令が，教育訓練についての裁量を逸脱，濫用したもので，労働者の

人格権を侵害するとして不法行為にあたるとした例（JR東日本(本荘保線区)事件・仙台高秋田支判平4・12・25労判690号13頁），職場の規律維持のため，労働者を営業所構内の火山灰除去作業に従事させた命令を適法とした例（国鉄鹿児島自動車営業所事件・最二小判平5・6・11労判632号10頁）などがある。

> illustration 3　Aは，B社に事務員として採用され，C支店の経理課で働いていたが，C支店営業課の人手不足のため，同課で営業補助の事務作業に就くようD支店長から命じられ，勤務時間帯が変わり帰宅時刻が遅くなった。AとB社との雇用契約書では，8時から20時までの時間帯で1日7時間の勤務時間が決められることとされ，就業規則上も始終業時刻の変更が可能であったことから，上記命令が権利濫用にあたらない限り，Aは営業部で決められた時間就労しなければならない。

(2) 労働義務の履行
① 債務の本旨に従った履行

労働者による労働は，債権法の一般原則により，債務の本旨に従い誠実になされることを要する（民法1条2項，労契法3条4項，民法415条）。前述のように，労働義務の内容は，使用者の指揮命令に従って確定されることから，労働者が債務の本旨に従い労働義務を履行したといえるには，使用者の命令ないし指示に従い労務を提供することが必要である。判例には，労働組合の組合員が争議行為として一部の業務のみに従事した事案で，債務の本旨に従った労務の提供とはいえないとしたものがある（水道機工事件・最一小判昭60・3・7労判449号49頁）。債務の本旨に従った履行がなされない場合，使用者はその受領を拒否し，それに対応する賃金の支払を免れることができる（賃金請求権の発生については→第9章3-1）。他方，労働者が病気のため労務の一部しか履行できないケースでは，労働契約で職種や業務内容が特定されていない場合，当該労働者が配置される現実的可能性のある他の業務について労務の提供ができ，かつ当該労働者がその提供を申し出ていれば，債務の本旨に従った履行の提供があるとされている（片山組事件・最一小判平10・4・9労判736号15頁）。

② 誠実労働義務・職務専念義務

労働者は使用者の指揮命令に従い，信義則に基づき誠実に労務を履行しなければならない（誠実労働義務）。労務の提供にあたっては債務履行の一般原則である善管注意義務が妥当するが，このとき問題となるのが注意の注ぎ方である。公務員については「その勤務時間及び職務上の注意力のすべてをその職責遂行

のために用い」なければならない（国家公務員法101条1項，地方公務員法35条）とする，いわゆる職務専念義務が法定されているが，私法上の雇用関係においても労働者が同様の義務を負うのかどうかが議論されてきた。

職務専念義務がしばしば問題となるのは，労働者が就業を義務づけられる所定の勤務時間中に，労働組合の活動や政治活動としてアピールを行うためリボン，バッジ，プレートなどを着用して就労するケースであり，労働者のそうした行為がこの義務に違反するかどうかが争われてきた。最高裁判決には，(a)職務専念義務を，勤務時間中は，職務上の注意力のすべてを職務遂行のために用い，職務にのみ従事しなければならない義務と解し，旧電電公社職員の勤務時間中のプレート着用が同義務に違反するとしたものがある（目黒電報電話局事件・最三小判昭52・12・13民集31巻7号974頁）。これに対し，(b)職務専念義務を労働者が労働契約に基づき職務を誠実に履行する義務と解し，リボン等の着用が同義務と両立することもありうるとする見解が示されている（大成観光事件・最三小判昭57・4・13民集36巻4号659頁における伊藤裁判官の補足意見）。

2-2　賃金支払義務

労働契約における使用者の基本的義務は，賃金支払義務である。原則として労働義務が履行されることで使用者に賃金支払義務が生ずるが（民法624条），具体的な金額などの条件は，法令による規制の枠内で，就業規則，労働協約，労働契約に基づき確定される（賃金支払義務の発生ないし履行方法については→第9章3および4）。

2-3　就労請求権（労働受領義務）

労働契約上，労働者は労働義務を負い，使用者は労働を請求する権利を持つ。これに対し，労働者に，使用者に対し自身を就労させるよう請求する権利が認められるかどうかが問題となる。こうした就労請求権ないし使用者の労働受領義務の有無は，使用者が正当な理由なく労働者の就労を拒否した場合に問題となる。具体的には，たとえば違法な解雇や自宅待機命令などに対し，労働者による就労妨害禁止の仮処分申立てが認められるかどうかが争われてきた。

就労請求権ないし労働受領義務については，(a)労働者を労働させるかどうかは使用者の組織的ないし人格的な受容に依存することなどから，原則として使用者は労働の受領義務を負わないとする立場，(b)労働が人格の実現行為で

あり，その形成・発展に資することから使用者に受領義務を認めるべきとする立場などがある。裁判例では，労働契約などに特別の定めがある場合や業務の性質上，労働者が労務の提供につき特別の合理的な利益を有する場合を除いて，一般的には労働者は就労請求権を有しないとする原則否定説の立場が有力である（読売新聞社事件・東京高決昭33・8・2労民集9巻5号831頁）。肯定例には，調理人について技能の維持向上をはかることを，就労に特別の合理的な理由として認めたものがある（レストラン・スイス事件・名古屋地判昭45・9・7労判110号42頁）。

> **illustration 4** A学校法人の運営する高校で教員として働いていたBは，教育方針の相違などを理由に解雇されたため，この解雇の効力を訴訟を通じて争うとともに，A法人にBを就労させるよう命ずる仮処分を求めた。これまでの裁判例の傾向に従えば，解雇が無効とされ，Bは解雇期間中の賃金相当額を得られるとしても，就労請求の仮処分については，Bに労務の提供についての特別の合理的利益はないとして認められない可能性が高い。

2-4 労働者の損害賠償責任の制限

労働者が労務の遂行にあたって必要な注意を怠り，労働義務ないし付随義務に違反した場合には，使用者に対して債務不履行に基づく損害賠償責任を負うことになる。また，業務を遂行する過程で過失により使用者に損害や不利益をもたらした場合には，不法行為に基づく損害賠償責任を負う。こうした場合，民法上の一般原則からすると，労働者は生じた損害のすべてを金銭賠償により填補する責任を負うこととなるが，この原則をそのまま適用すると，損害額の程度によっては労働者にとって過酷な帰結となりかねない。そのため，事業活動から利益を得ている使用者が相応に損害を負担すべきと考えられ，裁判例でも事案に応じて労働者の損害賠償責任を制限する判断が行われてきた。

最高裁は，労働者が過失により使用者に損害を与えた場合，事業の性格・規模・施設の状況，労働者が従事していた職務内容，賃金等の労働条件，勤務態度，加害行為の態様，加害行為防止または損失分散のための使用者の配慮といった諸般の事情を考慮して，分担の公平の見地から，信義則上相当と認められる範囲のみを労働者に対して請求できるとしている（茨城石炭商事事件・最一小判昭51・7・8民集30巻7号689頁。損害額の4分の1が限度とされている）。

> **illustration 5** 大学生Aは，B寿司店で日給6000円にて出前や調理補助

のアルバイトをしていたが，出前先に寿司を運ぶ途中で，バイクがスリップして転倒し，10000円相当の商品を落として壊してしまった。店長は全額の弁償を求めたが，Aに重過失がなければ弁償する義務はあっても軽微な額にとどまる。

● 3 ● 付 随 義 務

　労働契約においては，労働と賃金支払に関する基本的義務に加え，当事者に付随的な義務が生ずる。雇用関係は，①企業での組織的な編成のもとに展開されること（組織的性格），および，②人間による労働を対象として継続的に展開されること（人的・継続的性格）から，労働に関連するさまざまな局面で当事者間の利益の調整が必要となり，信義則などを根拠に当事者が付随義務を負うものと解される。具体的には，雇用関係の組織的性格から労働者の職場規律維持義務が，人的・継続的性格から労働者の誠実義務および使用者の配慮義務が基礎づけられる。

3-1　労働者の職場規律維持義務（企業秩序遵守義務）

　現代の企業では，多数の労働者の労働力を組織的に編成して利用することから，職場規律の維持が必要となり，労働者は，労働契約上の付随義務として，使用者によって定められる職場の規律を維持する義務を負うと解されている。判例では，同趣旨の義務が企業秩序遵守義務とも表現されている（関西電力事件・最一小判昭58・9・8労判415号29頁など）。この義務は契約上の債務としての性格が希薄であり，職場規律違反を理由とした懲戒処分を適法とする根拠として用いられている（使用者の懲戒権については→第15章）。

　労働者の負う職場規律維持義務の範囲が問題となるのは，たとえば服飾や髪型・髪色など，本来，労働者個人が自由に決めることのできる事柄について，勤務にあたり使用者が求める服装，みだしなみ等の規律にどの程度まで従う義務を負うかといったケースである。裁判例には，ハイヤー運転手に対する口ひげの禁止につき，禁止されるのは不快感を伴う無精ひげや異様なひげと限定的に解し，運転手がひげを剃る命令に従う義務はないとしたものがある（イースタン・エアポートモータース事件・東京地判昭55・12・15労判354号46頁）。また，髪の毛の色を黒く染めなおさなかったことを理由とする懲戒解雇を無効とした例がある（東谷山家事件・福岡地小倉支決・平9・12・25労判732号53頁）。

> illustration 6　A社でトラック運転手をしているBは，髪の毛を茶色く染めて出社し勤務したところ，営業所の上司から，取引先の印象を悪くするとして黒く染めなおすように命じられた。A社の就業規則には「清潔な身なりをすること」との規定はあるが，Bの髪色について取引先からの苦情などがなく，客観的に就労に支障を来す事実がなければ，A社はBに対して上司への命令違反などを理由とする懲戒処分はできない。

3-2　労働者の誠実義務

　労働者は，労働義務と直接にはかかわらない領域でも，使用者の利益侵害を避ける義務を負う。こうした義務は，誠実義務と称され（誠実労働義務とは異なる），その内容として，企業秘密の保持義務や競業避止義務が挙げられる。

(1)　秘密保持義務

　労働者は，使用者の企業秘密を保持する義務を負う。秘密保持義務は，在職中の労働者については信義則に基づく労働契約上の付随義務として，就業規則等に特に明文の根拠がない場合であっても生ずるものと解されている。労働者がこの義務に違反した事実があれば，懲戒や解雇の理由となり，また，使用者は債務不履行ないし不法行為による損害賠償の請求もなしうる。

　問題は，労働者が退職した後もなお，以前の使用者に対して秘密保持義務を負うかどうかである。この点については，(a)労働契約の終了とともに，特約などの根拠がない限り，秘密保持義務は消滅するとする見解と，(b)労働契約の終了後もなお，信義則に基づき元従業員は秘密保持義務を負うとする見解がある。

　もっとも，いずれにせよ，不正競争防止法上の営業秘密にあたるものについては，それを保有する使用者の利益が退職後の元従業員との関係でも保護される。すなわち，同法は，事業者の保有する「営業秘密」を，不正の競業その他不正の利益を得る目的，またはその保有者に損害を与える目的で使用または開示する行為を「不正競争」とし（不正競争防止法2条1項7号），不正競争により利益侵害を受ける者に差止め，損害賠償，信用回復措置などの救済措置を認めており（同法3条，4条，14条），この規制は雇用関係の有無にかかわらず，退職した労働者にも及ぶためである。ただし，同法にいう「営業秘密」（同法2条6項）は，秘密として管理されている生産方法，販売方法その他の事業活動に有用な技術上または営業上の情報で，公然と知られていないものと定義されている（①秘密管理，②有用性，③非公知性の要件）。不正競争防止法上の営業

秘密にあたらない秘密については，退職後の労働者は当然に秘密保持義務を負うわけではなく，特約などを要するものと解される。裁判例には，秘密の性質・範囲，価値，労働者の退職前の地位に照らし合理性のある限りで，退職後の労働者の秘密保持義務に関する特約の効力を認めたものがある（ダイオーズサービシーズ事件・東京地判平14・8・30労判838号32頁）。

(2) 競業避止義務

労働者は，使用者と競合する業務を行わない義務を負う。ここには，同業他社での就労や，自ら競合する事業を行わないことなどが含まれる。こうした競業避止義務は，在職中の労働者については信義則に基づく労働契約上の付随義務として，就業規則等に特に明文の規定がない場合であっても生ずるものと解される。秘密保持義務と同様に，競業避止義務の違反も，使用者による解雇や懲戒の理由となり，または損害賠償請求の原因となりうる。

実際に競業避止義務の有無が争われるのは，多くの場合，退職後の労働者についてである。退職した労働者が，元の使用者に対し競業避止義務を負うかどうかについては，(a)契約上，特別の根拠がなくとも，信義則から義務を負うとする見解と，(b)競業避止に関する特約など特別の根拠を要するとする見解がある。競業制限による使用者の利益を考慮する必要がある一方で，競業避止義務は，秘密保持義務と比べても広く退職後の労働者の職業活動の自由を制約し，労働者に不利益をもたらすことから，後者の見解が適切であると考えられる。また，競業制限特約がある場合でも，当該制限に合理性がある場合にのみ有効と解される。合理性の有無については，①競業を制限する必要性，②制限の範囲（期間・場所・職種等），③在職時の労働者の地位，④制限に対する代償の有無などが総合的に考慮される（フォセコ・ジャパン・リミティッド事件・奈良地判昭45・10・23判時624号78頁など）。

特約により競業避止義務が契約上の債務としての性格を持つ場合，その違反に対して使用者は損害賠償を請求できるだけでなく，差止請求を行うこともできる。ただし，競業行為の差止めには，特約が合理的であり，かつ，当該競業行為により現に使用者の営業上の利益が侵害されていることを要する（東京リーガルマインド事件・東京地決平7・10・16労判690号75頁）。これに対し，元従業員の競業行為が不法行為となるにとどまる場合は，差止請求は認められない。

> illustration 7　医薬品の広告・販促などを業とするA社に20年勤務し，営業部長であったBは，A社を退職する際，1年間，競業を行わない旨の特約を

結び，退職金に50万円ほどの上積みを得ていたが，2か月後に同業C社の取締役に就き，A社在職時の得意先に対し以前と同様の営業活動を行った。A社は特約で禁止されたBの販促業務を差し止める仮処分を求めたが，A社の業務内容やBの地位などから就業禁止の必要性は肯定でき，制限される業務の内容範囲が明確であれば，仮処分申立ては認められうる。

3-3 使用者の配慮義務

　労働契約上，使用者は労働者に労働を請求する権利を持つが，ここでの対象は人間による労務の提供であることから，使用者は労働者を労働に従事させるにあたり，信義則に基づき労働者の利益に配慮する義務を負うものと解される。その代表的なものとして，労務の提供にあたって，労働者の安全や健康の確保・維持に配慮する義務（労契法5条参照）が挙げられる（安全配慮義務については→第14章2-4(2)）。その他，使用者が労働者に転居を伴う配転・出向命令を行う際，労働者の負担軽減に配慮する義務や，労働者による年次有給休暇の時季指定に対し，指定された時季に休暇の取得ができるよう代替要員の確保に努める義務なども，使用者による配慮義務の一種と考えられる。加えて，近年では，労働者のプライバシー，名誉といった人格にかかわる利益についても，使用者による配慮が求められるケースが増している。もっとも，こうした配慮「義務」については，契約上の債務としての性格が希薄であるものが多く，使用者の措置の違法性や不法行為責任との関係で問題となる場合が多い。

3-4 プライバシー・人格的利益の尊重

　プライバシーとは，人の私生活や個人的な情報について他人から干渉を受けない権利を意味し，雇用関係においても，労働者のプライバシーが適切に保護される必要がある。使用者が労働者の私生活に対し不当に介入・干渉することは，労働者のプライバシーを侵害し，人格的利益を損なうもので，不法行為にあたる。従業員に対し，思想調査のために監視や尾行をしたり，私物を無断で写真撮影するなどの行為は，プライバシー侵害にあたる（関西電力事件・最三小判平7・9・5労判680号28頁）。合理的な必要性がなく，また本人の同意なしに労働者の健康・疾患などの情報を収集することや，そうした情報をみだりに他人に漏えいすることもプライバシー侵害となる（無断でのHIV検査が不法行為にあたるとした例に，東京都(警察学校・警察病院HIV検査)事件・東京地判平15・5・28労判852号11頁，HIV感染情報の他人への告知を不法行為とした例に，

HIV感染者解雇事件・東京地判平7・3・30労判667号14頁)。他方，職場のネットワークにおける電子メールの私的利用への監視は，その目的，手段，態様などを総合考慮し社会通念上相当な程度を逸脱した場合に限り，プライバシー侵害になると解されている（F社Z事業部事件・東京地判平13・12・3労判826号76頁)。

ハラスメント行為（性的な嫌がらせ，上司や同僚からのいじめ・嫌がらせ〔パワー・ハラスメント〕）は，労働者の人格的利益を侵害する不法行為となりうる。こうしたハラスメント行為が職場などで行われた場合，加害者の不法行為責任と並んで，使用者もまた使用者責任（民法715条）や，不法行為上の注意義務ないし労働者の働きやすい職場環境を維持する労働契約上の付随義務（職場環境配慮義務）の違反により，不法行為ないし債務不履行による損害賠償責任を問われうる（京都セクハラ事件・京都地判平9・4・17労判716号49頁など)。使用者自らが，いじめや見せしめ的な業務命令・人事上の措置などを労働者に対して行った場合には，当該命令・措置は無効となり，人格的利益を侵害したものとして不法行為となりうる（前掲・JR東日本(本荘保線区)事件，バンク・オブ・アメリカ・イリノイ事件・東京地判平7・12・4労判685号17頁など)。

CASES

【事例1】

鉄道会社A社で車掌として勤務しているBは，所属しているC労働組合の要求をアピールするため，要求を記載したリボンを着用して勤務したところ，上司Dからそのリボンを取り外すよう命令を受けたが，これに従わなかった。Dは職場規律維持を理由として，翌日からBに対し，車掌業務ではなく駅構内などの清掃業務に従事するよう命じた。Bにはいかなる法的対応が考えられるか。

解説 本事例では，Bに清掃業務への従事を命じたDの命令が適法かどうかが問題となる。労働契約上，使用者には労働者の労働義務を具体化するための指揮命令権が認められ，使用者は指示・命令により労働者の従事すべき業務を特定することができるが，具体的になされた命令が労働契約上で使用者に認められる指揮命令権の範囲内のものであるか，もしくは範囲内であるとしても権利行使が濫用にあたらないかどうかが問題となる。本事例に類似のケースである国鉄鹿児島自動車営業所事件（最二小判平5・6・11労判632号10頁）で最高裁は，降灰除

去作業に従事させる業務命令につき，職場管理上やむを得ない措置と判断している。本事例についても清掃作業自体には業務上の必要性があり，指揮命令権の範囲内といえるとしても，業務遂行の態様などから，業務命令が懲罰や見せしめ的なものといえる場合には相当性を欠き，権利濫用にあたる。業務命令が権利濫用にあたり，労働者の人格的利益を侵害するものといえる場合には不法行為となり（JR東日本（本荘保線区）事件・仙台高秋田支判平4・12・25労判690号13頁などを参照），BはA社に損害賠償を求めることができる。

【事例2】

　Aは，勤務するB社の社内ネットワークシステムのメールを利用し，同僚と仕事以外の面でも連絡をしていた。Aの所属部署のC部長は，Aらのメールの内容を監視・チェックした結果，メールの内容からAがB社の従業員Dと交際していると考え，社内において他の従業員の前で，Aの勤務態度が悪いのは恋愛にうつつを抜かしているせいだ，などの発言を繰り返した。Aにはいかなる法的対応が考えられるか。

解説　本事例では，まずCによるAのメール監視が，Aのプライバシー侵害にあたるかどうかが問題となる。類似の例で，裁判所は，会社の電子メールの私的利用もプライバシーとして保護されうるものの，期待しうる保護の範囲は低いとし，プライバシー侵害にあたる場合につき，監視の目的，手段，態様等を総合考慮し，監視される側の不利益と比較衡量の上，社会通念上相当な範囲を逸脱した監視がなされた場合に限るとしている（F社Z事業部事件・東京地判平13・12・3労判826号76頁）。本事例では，メールの監視がC個人の好奇心から恣意に基づく方法で行われたような場合であれば，Aはプライバシー侵害として不法行為による損害賠償を請求できる。

　次に，Cによる言動がAに対するハラスメント行為として不法行為を構成するかどうかが問題となる。AとCの性別の異同にもよるが，裁判例では，女性従業員について男性上司が異性関係を中心とした私生活について悪評を流布したことが不法行為にあたるとされている（福岡セクハラ事件・福岡地判平4・4・16労判607号6頁）。Cの行為が不法行為にあたる場合には，AはC本人に対し，精神的苦痛などの損害を填補する損害賠償請求をなしうるが，B社についても，Cの行為につき民法715条による不法行為責任を負う場合があり，また同社には，従業員が働きやすい職場環境を保つよう配慮する注意義務ないし労働契約上の職場環境配慮義務があると解されることから，こうした義務に違反する事実（経営者が事情を認識しつつ是正しなかったことなど）が認められる場合には，B社に不法行為ないし債務不履行による損害賠償責任が生じうる。

第7章　人　事(1)
──人事考課・昇進・昇格・降格──

● 1 ●　人　事　概　説

1-1　職能資格制度

　日本では伝統的に，職能資格制度と呼ばれる人事管理制度がとられてきた。これは職務遂行能力（職能資格）により労働者を格付けするものであり，職能資格と職務内容・地位（役職・職位）は緩やかに結び付けられていることが多い（下図参照）。職能資格制度では，労働者の職務遂行能力によって職能資格の格付け（等級付け）がなされ，その職能資格をもった労働者の中から，当該資格に対応する役職・職位に就く者が選抜される。

　職能資格は伝統的に年齢と勤続年数を重視して決定する運用がなされ，この資格に基づいて賃金（基本給）が定められていたため，日本では職能資格制度

【職能資格制度の例】

職能資格		役職・職位
管理専門職能	1級	部長
	2級	副部長
	3級	課長
指導監督専任職能	1級	課長補佐
	2級	係長
	3級	主任
一般職能	1級	一般職
	2級	
	3級	

参考：清水勤『ビジネス・ゼミナール会社人事入門』（日本経済新聞出版社，1991年）97頁

に基づく年功処遇が一般的であった。同制度では職務内容が変更されても基本給に影響はないため，これによって企業内の柔軟な労働力配置（配転）が可能になってきた。

1-2　職務等級制度

他方で，近年では職務等級制度と呼ばれる人事管理制度も導入されてきている。これは，企業内の職務を職務価値に応じて等級（グレード，バンド）に分類し，等級ごとに賃金額（基本給）の上限・中間・下限額による給与範囲（レンジ）を設定する制度である（下図参照）。同制度では，各人の給与は職務等級への格付けと各給与範囲内での給与額決定によって定まり，配転などによって労働者がより下位の職務等級に格付けられる職務を担当するに至った場合には，基本給も引き下げられるのが通例である。したがって，各職務等級と基本給額を厳密に対応させている職務等級制度の下では，職務等級を引き下げる配置転換は労働者に与える影響が大きく，職能資格制度における配転の場合よりも権利濫用の判断が厳格になると考えられる。ただし，下図のように各職務等級に対応する基本給額に一定の幅が設けられている場合には，それが重なり合う限度で，賃金額を変化させないことも可能となる。

【職務等級制度の例】

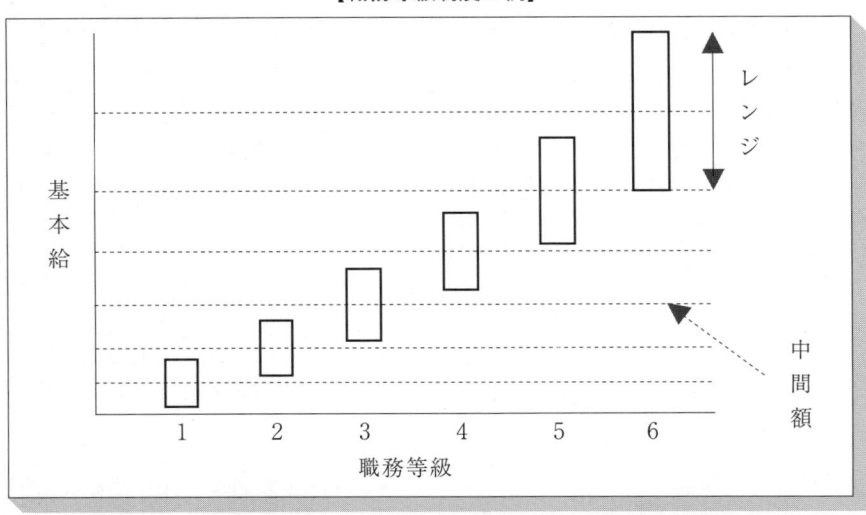

参考：笹島芳雄『アメリカの賃金・評価システム』（日本経団連出版，2001年）29頁

●2● 人事考課

　職能資格制度や職務等級制度における従業員の格付けは，使用者が従業員を観察して行う人事考課（査定）に基づいて行われる。人事考課の結果は，定期昇給，ベースアップの個人的配分，一時金などの額の決定においても利用される。評価の主体は第一次的には直属の上司であるが，上位の管理者や人事部などで調整されるのが通例である。

　人事考課が就業規則などによって制度化され，それが合理的なものとして労働契約の内容となっている場合には，使用者は契約上の人事考課権（査定権）をもつことになる。人事考課は，均等待遇（労基法3条），男女同一賃金（同4条），性差別禁止（均等法6条），通常労働者と同視されるパート差別禁止（パートタイム労働法8条），不当労働行為禁止（労組法7条）などの規定に違反することは許されないのは当然である。学説では，これらの場合以外でも，使用者は人事考課について公正評価義務または適正評価義務を負うとの見解もあるが，裁判例では，人事考課をどのように行うかは基本的に使用者の裁量にゆだねられるとされ，人事考課制度の趣旨に反して裁量権を濫用した場合でなければ，その違法性は否定される傾向にある（安田信託銀行事件・東京地判昭60・3・14労判451号27頁，ダイエー事件・横浜地判平2・5・29労判579号35頁）。

　例外的に使用者の裁量権の濫用が肯定されるのは，①評価前提事実の誤認に基づく査定，②不当な動機・目的による査定，③重視すべき事項を殊更無視し，重要でない事項を強調する査定（以上，光洋精工事件・大阪高判平9・11・25労判729号39頁），④所定の考慮要素以外の要素（住友生命事件・大阪地判平13・6・27労判809号5頁）や評価対象期間外の事実を考慮した査定（マナック事件・広島高判平13・5・23労判811号21頁）などである。

　<u>illustration 1</u>　A社の就業規則では「人事評定期間は前年4月1日から当年3月31日まで」とされていたが，A社は平成8年のBの昇格査定にあたり，平成6年12月にBが経営陣を批判する言動をとったことを考慮して低査定を行った。本件査定は評価対象期間外の事実を考慮した点で裁量権の逸脱があり，違法である。

　近年では，職能資格制度に代わり，従業員の成果を処遇に反映させる成果主義人事制度の導入が進んでいる。それに伴い，低評価を受けた労働者が人事考

課の当否を争うケースが増えており，人事考課の公正さを重視する裁判例に注目が集まっている（→ **CASES**［事例2］）。

●3● 昇進・昇格

　職能資格制度における資格が上昇することを昇格，職位が上昇することを昇進という。昇格，昇進は企業の経営判断と結びつくことが多く，ポスト数に制約もあるため，その決定について使用者に広範な裁量権が付与されている（社会保険診療報酬支払基金事件・東京地判平2・7・4労民集41巻4号513頁など）。特に昇進は，部長や課長などの要職に誰を配置するかという企業経営の根幹にかかわる問題であるため，法が介入しうるのは差別規制違反などに限定され，その救済としても損害賠償請求に限定されるのが原則である。昇格差別が行われた場合も，昇格は通常使用者の意思表示により行われるため，昇格していれば得られたはずの賃金との差額相当分や慰謝料について不法行為による損害賠償を請求しうるにとどまる。

　　illustration 2　　A社の男性従業員は入社後約20年でほぼ全員が副参事の資格に昇格し，これに対応する課長代理の役職に昇進していたが，女性従業員は副参事への昇格に無縁であった。A社の女性従業員は，昇進・昇格の遅れを違法な男女差別とし，差別がなければ支払われたはずの賃金との差額相当分について，不法行為に基づく損害賠償請求をなしうるが，原則として昇進・昇格後の地位にあることの確認を求めることはできない。

　これに対し，就業規則や労使慣行上，勤続年数や試験への合格などの客観的要件の充足のみによって昇格が行われている場合には，一定要件を満たした場合の昇格が契約内容となっていると解されるため，昇格後の地位にあることの確認を求めることができる（芝信用金庫事件・東京地判平8・11・27労判704号21頁）。また，昇格が職位の上昇と完全に分離され，賃金の増加と同様に観念される場合には，労基法4条違反の昇格差別を受けた労働者は，同法13条の類推適用によって昇格した地位にあることが肯定されうる（芝信用金庫事件・東京高判平12・12・22労判796号5頁）。

　なお，人事処遇が不当労働行為に該当する場合は労働委員会に救済申立てを行うことができ，労働委員会は広範な裁量に基づき昇格命令を発しうる。もっとも，昇進については高度の経営判断であるため，労働委員会が上級・中間管

理職への昇進を命じることには問題がある（→第 25 章 2-3(3)②(iv)）。

● 4 ● 降　格

4-1　降格の意義・種類

　役職または職能資格を低下させることを降格という。降格には人事権の行使としての降格と懲戒処分としての降格があり，後者は懲戒処分としての規制（→第 15 章 3）に服する。ある降格が懲戒処分としての降格と人事上の措置としての降格のいずれであるかは事実認定の問題であり，使用者の行った降格の意思表示の趣旨を，その形式や内容，およびその意思表示に至る経緯・手続などに照らして判断することになる。

4-2　職位の引下げ

　人事権の行使としての降格のうち，一定の役職を解く降格（たとえば課長を課長代理にする場合）については，就業規則などに根拠規定がなくとも，使用者の裁量的判断によって行うことができるとされている（エクイタブル生命保険事件・東京地決平 2・4・27 労判 565 号 79 頁）。人事権とは，労働者を企業組織の中で位置づけ，その役割を定める権限であり，職業能力の発展においてさまざまな職務やポストに配置していく長期雇用システムでは，労働契約上当然に使用者の権限として予定されていると考えられるからである。ただし，職位を限定する特約が存在する場合には，降格によってそれよりも低い職位に引き下げることはできない。

　他方で，労働契約の枠内での降格であっても，当該降格は権利濫用の制約を受ける（労契法 3 条 5 項）。この場合の権利濫用の成否は，①業務上・組織上の必要性の有無・程度，②能力・適性の欠如などの労働者側における帰責性の有無・程度，③労働者の被る不利益の性質・程度などを総合考慮して判断される（バンク・オブ・アメリカ・イリノイ事件・東京地判平 7・12・4 労判 685 号 17 頁）。職位の引下げとしての降格は，労働者の適性や成績を評価して行われる労働力配置の問題であり，使用者の経営判断に属するため，権利濫用の判断は，職能資格の引下げとしての降格の場合（後述）よりも緩やかに行われる傾向にある（星電社事件・神戸地判平 3・3・14 労判 584 号 61 頁，上州屋事件・東京地判平 11・10・29 労判 774 号 12 頁）。

> illustration 3　A社で部長を務めていたBを課長職に降格させることは，これが人事上の措置である限り，就業規則などに根拠規定がなくとも可能である。また，この降格がBの職務不適格を理由とする場合は，近時の裁判例からすれば，職務不適格性の判断について原則としてA社の裁量権が尊重される。

4-3　職能資格の引下げ

　職能資格の引下げとしての降格（たとえば本章1-1の図で一般職能1級から2級に変更する場合）は，基本給の引下げを伴うのが通常であるため，労働契約上の地位の変更として，より厳格な制約に服する。通常の職能資格制度では，資格等級は企業組織内での技能・経験の積み重ねによる職務遂行能力の到達レベルを示すものとされることが多く，その引下げは通常予定されていない。したがって，職能資格の引下げとしての降格は，労働者との合意によって契約内容を変更する場合以外は，就業規則などの明確な根拠規定が必要であり（アーク証券（本訴）事件・東京地判平12・1・31労判785号45頁），また，そこで定められた降格要件に該当しなければならない。
　なお，降格によって職位が引き下げられることで職能資格制度も引き下げられる場合は，職能資格の引下げによって基本給が引き下げられ，労働契約上の地位が変更される点で純粋な職能資格の引下げとしての降格と同様の効果をもつため，就業規則などによる明確な根拠が求められると解される。

> illustration 4　就業規則において職能資格制度をとってきたA社では，明確な根拠規定がない限り，成績不良を理由として一方的にBの職能資格を引き下げることはできない。A社が就業規則を変更して職能資格の引下げがありうる旨の規定を導入した場合には，その変更に合理性が認められる限り，それ以降の職能資格の引下げの根拠規定となる。

　次に，①職能資格の引下げとしての降格が一定の根拠規定に基づくもので，かつ，②所定の降格要件に該当するなど契約上許容される範囲内のものであっても，権利濫用の制約は及ぶ。その判断要素については十分な議論がないが，降格の幅や基本給の引下げ幅が大きい場合などには，人事権の濫用として無効になると解される。

4-4　職務等級の引下げ

　最近導入され始めている職務等級制度（→本章1-2）においては，成績不振

などにより低査定を受け，当該職務から外される場合には，職務等級（基本給）の引下げが予定されているのが通常である。もっとも，職務等級の引下げとしての降格が労働契約上根拠づけられているとしても，降格を正当化する勤務成績の不良が認められない場合や，退職誘導などの他の動機が認められる場合には，降格権限を濫用したものとして無効となる（→**CASES**［事例2］）。また，権利濫用の判断にあたっては，基本給の引下げ幅も考慮されると考えられる。

CASES

【事例1】

A社には人事考課（査定）に基づく昇格制度が存在したが，今年度は，大部分の従業員は昇格となったのに対し，A社と対立を深めていたB組合の組合員は全員昇格の対象外とされた。B組合の組合員Cは，いかなる法的機関にいかなる法的救済を求めることができるか。

解説 本事例では，A社がB組合と対立を深める中でB組合員を一律に昇格の対象外としたものであるため，本件査定にはB組合の組合員を嫌悪した不当な動機が認定される可能性が高い。これが肯定される場合，本件査定には裁量権を逸脱した違法が認められ，B労組の組合員Cは，違法な査定がなければ受けていたはずの評定に対応する賃金相当額について，裁判所に不法行為に基づく損害賠償請求をなしうる。ただし，昇格には通常使用者の意思表示が必要であるため，本件でもCは原則として裁判所に昇格後の地位にあることの確認を求めることはできない。

他方で，本件査定はB組合（の組合員）に対する不当労働行為（労組法7条1号・3号）を構成するので，Cは労働委員会に救済申立てを行うこともできる。この場合には，労働委員会は広範な裁量権に基づき，一定限度でA社にCを昇格させることを命じることも可能である（→本章3，第25章2-3(3)②(iv)）。

【事例2】

A社では成果主義的な賃金制度として職務等級制度がとられており，人事考課（査定）によって低評価を受け，等級が低下した場合は基本給の降給もありうることが就業規則に明記されていた。こうした中，Bは給与改定で最低評価を受け，基本給が3万円減額された。BはA社に対し，減額

分の賃金の支払を求めることができるか。

解説　本事例では，人事考課の結果によっては降給がありうる旨が就業規則に明記されていたので，降給権限は労働契約上根拠づけられている。もっとも，成果主義人事制度の下で基本給を引き下げる降給は，労働者に重大な不利益を及ぼしうるため，その有効性判断は慎重に行われるべきである。たとえば，就業規則に降給があくまで例外的措置であると規定されている場合には，降給事由該当性の判断が厳格になされ，本人の能力が給与等級に期待されるものと比べて著しく劣っていると判断できる事情を要すると解釈されることがある（マッキャンエリクソン事件・東京高判平19・2・22労判937号175頁）。また，降給権限の濫用判断にあたっては，近時の裁判例では降給の決定過程の公正さが重視されており，降給が許容されるには，降給が決定される過程に合理性があること，その過程が従業員に告知されてその言い分を聞くなどの公正な手続が存することが必要であるとされたものがある（エーシーニールセン・コーポレーション事件・東京地判平16・3・31労判873号33頁）。

　本事例では，A社の就業規則で人事考課（降給）の手続や方法がどのように定められていたかにもよるが，降給を正当化する勤務成績の不良が認められない場合や，降給の手続に恣意性が認められる場合には，本件降給は人事権を濫用したものとして無効になり，Bは減額分の賃金の支払を求めることができることになろう。

第8章　人　事(2)
―配転・出向・転籍・休職―

1　配　転

1-1　配転の意義

　職務内容または勤務地を相当の期間にわたって変更することを配転という（短期間の出張や一時的な応援は除く）。このうち同一勤務地内の所属部署の変更が「配置転換」、勤務地の変更が「転勤」である。伝統的に長期雇用システムをとってきた日本企業では、多様な能力と経験をもった人材を育成する手段として、また、経営不振時には雇用調整の一手段として配転が頻繁に行われ、配転命令の拒否は重大な業務命令違反として懲戒処分をもって対処されることが多かった。

1-2　配転命令の効力
(1)　労働契約上の根拠・範囲

　使用者が配転を命じるには、第1に、労働協約や就業規則によって配転命令権が労働契約上根拠づけられていなければならない。この点については、労働契約の締結それ自体で配転命令権が根拠づけられるという包括的合意説もあるが、別個の契約上の根拠を要すると解する契約説が有力である。もっとも、契約説でも、就業規則に配転を命じる旨の包括的規定が置かれており、これに基づき実際にも頻繁に配転が行われている場合には、使用者の配転命令権は肯定される。ただし、労働契約の締結時または労働契約の展開過程で職種や勤務地が限定されていると解される場合には、その変更は使用者の一方的命令ではなしえない。

　職務内容の限定が認められるのは、医師、看護師、ボイラーマンなどの特別の資格や技能を有している者であり、勤務場所の限定が認められるのは、現地採用の補助職員や転勤には応じられない旨を述べ、それが認められて採用され

た従業員などである。これに対し，本社採用の大学卒正社員のように，当該企業において長期的にキャリアを形成していく雇用形態の場合には，勤務場所が特定されず，いくつもの職務を経験させ，幅広い職業能力をもった人材に養成することが予定されている場合が多いため，職務内容や勤務場所を限定する特約は認められにくい。

(2) 権利濫用による制約

第2に，使用者に配転命令権が認められる場合でも，①配転命令に業務上の必要性が存しない場合，②不当な動機・目的が認められる場合，③労働者に通常甘受すべき程度を著しく超える不利益を及ぼす場合には，配転命令は権利濫用（労契法3条5項）として無効になる（東亜ペイント事件・最二小判昭61・7・14労判477号6頁）。ただし，①業務上の必要性については，通常，余人をもっては容易に替え難いといった高度のものには限定されず，労働力の適正配置，業務の能率増進，労働者の能力開発，勤務意欲の高揚，業務運営の円滑化など企業の合理的運営に寄与する点が認められる限り肯定される（同判決）。

②不当な動機・目的が肯定される典型は，労働者を退職に追い込む意図（フジシール事件・大阪地判平12・8・28労判793号13頁）や会社批判の中心人物を本社から排除する意図（マリンクロットメディカル事件・東京地決平7・3・31労判680号75頁）に基づく場合である。

最も問題となる③労働者の不利益については，配転に応じると単身赴任せざるを得ないという事情だけでは「通常甘受すべき程度を著しく超える不利益」とは認められず，伝統的には労働者に厳しい判断が下されてきた（前掲・東亜ペイント事件最高裁判決，帝国臓器製薬事件・東京高判平8・5・29労判694号29頁など）。これまで労働者に著しい不利益を負わせるとして配転命令が権利濫用とされたのは，配転を命じられた労働者が病気の家族3人の面倒を自らみていた事案（日本電気事件・東京地判昭43・8・31判時539号15頁）や，病気の子ども2人と近隣に住む体調不良の両親の面倒を妻と2人でみていた事案（北海道コカ・コーラボトリング事件・札幌地決平9・7・23労判723号62頁）などに限られる。

 illustration 1 　就業規則に包括的配転条項があり，実際にも頻繁に転勤が行われていた会社において，勤務地を限定することなく採用された従業員に対して遠方への転勤命令が発令された場合，当該従業員が転勤に応じれば母親および妻子と別居せざるを得ないとしても，伝統的には，この程度の家庭生活上の不利益は転勤に伴い通常甘受すべきものであり，転勤命令は権利濫用にあたらないとされてきた。

もっとも，最近では平成13年の育児・介護休業法改正で子の養育または家族の介護状況に関する使用者の配慮義務が定められ（育児・介護休業法26条），労働契約法でも使用者（および労働者）が仕事と生活の調和に配慮すべきことが規定された（労契法3条3項）。したがって，今後はこれらの規定が配転命令権の濫用判断の際に参照され，労働者の私生活上の不利益が慎重に検討される可能性が高まると考えられる（→ **CASES**［事例1］）。
　ところで，伝統的に配転命令の有効性が広く認められてきた背景には，長期雇用システムの下で年齢や勤続年数を主要素とした年功賃金制度がとられ，職務，業務内容，勤務場所が変わっても賃金（基本給）には影響がないという事情があった。しかし近年では，職務内容と基本給が連動する職務等級制度（→第7章1-2）も普及しているため，配転による職務変更に伴い基本給が引き下げられる事態も生じうる。配転にともなう基本給の引下げには契約上の根拠規定が必要と考えられるが，それが肯定される場合でも，基本給を大幅に引き下げる配転は，労働者の不利益が大きいとして配転命令権の濫用とされやすくなると解される。

●2● 出　向

2-1　出向の意義

　労働者が自己の雇用先の企業に在籍したまま，他の企業の事業所において相当の長期間にわたって当該他企業の業務に従事することを出向（在籍出向）という。出向は，勤務する職場が同一会社内である場合の配転と異なり，他の会社の事業所などに勤務し，出向先の会社の指揮命令に服するものである。出向を行うには，出向元企業と出向先企業の間で従業員の受入れについて出向協定を締結する必要がある。

【出向の法律関係】

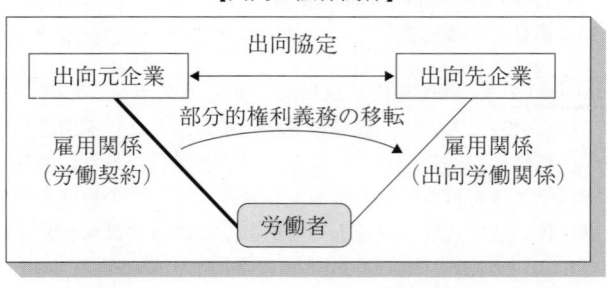

出向元企業 ←出向協定→ 出向先企業
　　　　　　部分的権利義務の移転
雇用関係　　　　　　　　　雇用関係
（労働契約）　　　　　　　（出向労働関係）
　　　　　　　労働者

2-2　労働者の同意

　出向は，出向元企業が労働者への労務提供請求権を出向先企業に譲渡するものであり，労働者の承諾が必要である（民法625条1項）。問題は，この場合の「承諾」が，就業規則などが契約内容を規律する場合を含めた事前の包括的同意で足りるのか，それとも労働者の個別的同意を要するのかである。この点について，かつては労働者の個別的同意を要求する裁判例もあったが（日立電子事件・東京地判昭41・3・31判時442号16頁），近時の最高裁判決は，労働協約と就業規則に出向命令権を根拠づける包括的規定があり，出向期間，出向中の地位，出向先の労働条件などが労働者の利益に配慮して規定されている事案において，包括的な規定ないし同意によって出向を命じることができると判示している（新日本製鐵（日鐵運輸第2）事件・最二小判平15・4・18労判847号14頁）。本判決の位置づけについては見解が分かれるが，就業規則などの包括的規定に加えて，労働者の利益に配慮した定めが置かれていたことが考慮されているとみられる（→ **CASES**［事例2］）。

2-3　権利濫用による制約

　出向命令は，根拠規定が存在する場合であっても，その必要性，対象労働者の選定に係る事情その他の事情に照らして，その権利を濫用したものと認められる場合は無効となる（労契法14条）。出向命令権の濫用の成否は，出向命令の「業務上の必要性」と「出向者の労働条件および生活上の不利益」とが比較衡量されるのが基本であり，労働条件が大幅に下がる出向は，整理解雇の回避など，それを肯定する企業経営上の事情がない限り，権利濫用となる可能性が高まると考えられる。また，労働者に著しい生活上の不利益を与える場合も権利濫用となりうる（日本ステンレス事件・新潟地高田支判昭61・10・31判時1226号128頁，JR東海事件・大阪地決平6・8・10労判658号56頁など）。

2-4　出向期間中の法律関係
(1)　権利義務の分配

　出向期間中は，基本的な労働契約関係は出向元企業との間で維持されるが（→本章2-1の図参照），労働契約上の権利義務の一部は出向先企業に譲渡され，出向労働者は出向先とも労働契約関係（出向労働関係）に入ると解されている。出向元企業の権利義務のうちどの部分が譲渡されるかは通常出向協定に定められるが，明示の定めがない部分については黙示の合意や信義則による補充的解

釈が行われる。一般には，就労にかかわる権利義務（労務提供請求権，指揮命令権，出勤停止処分権）は出向先に移るが，就労を前提としない権利義務（解雇権や復帰命令権などの労働契約関係の存否・変更に関する権利義務）は出向元に残ると解釈されることになろう。

> illustration 2　A社の従業員BはC社への出向を命じられ，C社で本部業務部長として要職に就いていたが，C社の金1000万円を着服したことが発覚した。A社は本件着服がA社とC社間の信頼関係を破壊させ，A社の企業秩序を著しく乱したとして，Bに対して懲戒解雇をなしうる（C社にBの懲戒解雇権はない）。

(2) **労働法規の適用**

出向期間中の労働法規の適用については，出向元と出向先の間での権限分担に応じ，各法規の趣旨に従って決定される。まず，労基法の規定は各規定の規制対象となる権限をもつ者に適用されるため，たとえば解雇予告に関する20条は出向元に適用されるが，時間外労働に関する36条は出向先に適用される。これに対して，労災保険法や労働安全衛生法は現実の就労に着目した規制であるため，原則として出向先企業に適用される。

2-5　復　帰

出向元企業との間で労働契約を維持したまま出向先企業の指揮命令を受けて働く「在籍出向」においては，将来出向元へ復帰することを予定して出向が命じられている限り，復帰命令の際に新たに労働者の同意を得る必要はないと解されている（古河電気工業・原子燃料工業事件・最二小判昭60・4・5民集39巻3号675頁）。これに対し，人員削減などのため事実上復帰が予想されていない片道の在籍出向のように，再度の出向元での労務の給付を予定していない場合には，復帰命令を発令するには労働者の同意が必要であると考えられる。

なお，復帰について労働契約上の根拠規定が存在する場合でも，権利濫用による制約は及ぶ（労契法3条5項）。復帰命令の権利濫用の判断基準については十分な議論がないが，配転命令権や出向命令権の濫用の判断枠組み（→本章1-2(2)，2-3）を参考にすれば，復帰の必要性がない場合，復帰に不当な動機・目的がある場合，復帰する労働者の労働条件および生活上の不利益が多大である場合などに権利濫用が成立すると考えられる。

● 3 ● 転　籍

3-1　転籍の意義

現在雇用されている企業と労働契約関係を終了させ，他企業との間に新たに労働契約関係を成立させる人事上の取扱いを転籍（移籍）という。転籍は，①転籍元企業との労働契約を合意解約し，転籍先と新たに労働契約を締結するものと，②転籍元企業が労働契約上の使用者たる地位を転籍先に譲渡するもの（民法625条1項。下図参照）とがある。個々の転籍がいずれにあたるかは事案により異なるが，従来の労働条件が転籍先との関係においても引き継がれる場合には，使用者たる地位の譲渡と解されることが多いと思われる。

なお，転籍（転籍出向とも呼ばれる）は，在籍出向と同様に企業間にまたがって行われる労働者の異動であるが，現在の使用者との労働契約を終了させ，新たに転籍先の企業との間に労働契約関係を生じさせる点で在籍出向とは異なる。

【転籍の法律関係（譲渡型）】

使用者たる地位の譲渡

転籍元企業　──→　転籍先企業

労働契約の終了　　　　　譲渡後の労働契約

労働者

3-2　労働者の同意

転籍については，上記①②いずれの場合も労働者の同意が必要である。①の場合は，転籍元との契約の解約も転籍先との新契約の締結も労働者の個別具体的な同意が必要である。これに対し，②の場合は，入社時などの事前の包括的同意で足りるのか，それとも転籍時の個別具体的な同意に限定されるのかが問題となる。

雇用関係を維持した上で解雇を回避するために広く認められてきた配転や出向と，雇用関係自体を解消してしまう転籍とは労働者に与える影響が大きく異

なるため，転籍については事前の包括的同意で足りるとは原則として考えられていない。ただし，採用の際に転籍について説明を受けた上で異議のない旨応答し，人事体制に組み込まれて永年実施され実質的に社内配転と異ならない状態となっている転籍については，入社時の包括的同意および就業規則の規定によってこれを命じうるとされた例がある（日立精機事件・千葉地判昭 56・5・25 労判 372 号 49 頁）。

> illustration 3　A社は会社再建策の一環として営業部を独立させてB社を設立し，従業員CにB社への転籍を内示した。しかし，A社は原則としてCの個別的同意を得なければ転籍を命じることができず，Cの転籍命令拒否に対して懲戒解雇がなされても無効である。

3-3　転籍後の法律関係

転籍の場合は，転籍先企業との間で労働契約関係が新たに開始するため，労働保護法上の使用者も，労働契約上の使用者も，団体交渉上の使用者も，原則として転籍先企業のみである。復帰が予定され，元の企業が賃金の差額を補填し続け，退職金も通算されるというような特別の事情がある場合には，限定的に転籍元企業の使用者責任が問題となる余地があるが，このような転籍の場合にも，転籍先を退職するときには退職金支払義務は転籍先にあるとされた例がある（幸福銀行（退職出向者退職金）事件・大阪地判平 15・7・4 労判 856 号 36 頁）。

4　休　職

4-1　休職の意義・種類

労働者に就労させることが適切でない場合に，労働契約を存続させつつ労働義務を一時的に消滅させる人事上の措置を休職という。その内容は企業ごとに異なるが，一般に，①業務外の病気（私傷病）を理由とする傷病休職，②その他の私的な事故を理由とする事故欠勤休職，③起訴された従業員などにつき，社会的信用や企業秩序の維持，あるいは懲戒処分が決定されるまでの待機を目的として行う起訴休職，④他社への出向にともなう自社での不就労に対応する出向休職などがある。これらは企業秩序違反に対する制裁ではない点で，懲戒処分としての出勤停止（→第 15 章 2③）とは異なる。

休職制度の適用や休職期間中の賃金の取扱いは基本的に労働協約や就業規則

などの定めによるが，休職が会社都合や会社の帰責事由による場合には労働者は賃金請求権を失わない（民法536条2項）。

4-2　休職の要件

　休職は労使の合意に基づき実施されることもあるが，使用者が一方的意思表示により発令することが多い。後者の場合，休職の要件は就業規則などで定められるが，傷病休職や事故欠勤休職で，休職事由が消滅せずに期間が満了した時点で退職扱いとなるなど解雇猶予としての性格をもつときには，労基法上の解雇規制の潜脱防止が必要となる。たとえば，解雇には30日以上の予告期間が要求されている（労基法20条）ため，休職期間についても30日以上とすることが要件となる。また，期間満了時に休職事由が消滅しない場合に自動退職ないし解雇の効果が発生する休職については，休職の発令時点でそれを正当化しうる事情（解雇相当性をやや緩和した休職相当性）が必要となると考えられる。

4-3　休職の終了

　傷病休職については，傷病が治癒せずに休職期間が満了すれば退職または解雇とされることが多いため，いかなる場合に「治癒した」といえるかが問題となる。復職の要件たる「治癒」とは，原則として「従前の職務を通常の程度に行える健康状態に復したとき」をいうと解すべきである。しかし，近時の裁判例からすれば，労働契約上職務が特定されていないケースでは，相当期間内に治癒することが見込まれ，かつ，当人に適切なより軽い作業が現に存するときには，使用者は労働者を病気が治癒するまでの間その業務に配置すべき信義則上の義務を負い，ただちに労働契約を終了させることは許容されない（エール・フランス事件・東京地判昭59・1・27労判423号23頁，JR東海事件・大阪地判平11・10・4労判771号25頁→ **CASE** ［事例3］）。

　なお，従業員が従前の職務を通常程度行える程度に回復したか否かを判断するために使用者が医師の診断書などを要求することは信義衡平の観念に照らし合理的かつ相当な措置であり，当該従業員が「治癒」の認定に必要な資料を提出しなかったために解雇や退職扱いがなされたとしてもやむを得ないと解される（大建工業事件・大阪地決平15・4・16労判849号35頁）。

CASES

【事例1】

A社は従業員Bに神戸営業所から名古屋営業所への転勤を命じたが、Bがこれに応じれば精神病の妻と要介護状態にある実母の世話が著しく困難になる。そこでBは本件の転勤命令を拒否したいと考えているが、A社はそうなれば業務命令違反として懲戒処分もありうる旨通告してきた。Bはいかなる法的救済を求めることができるか。

解説 本事例で就業規則などに転勤命令の根拠規定が存在する場合には、病気の妻と要介護状態にある母をもつBが遠隔地転勤に応じることで被る不利益が「通常甘受すべき程度」を著しく超え、本件転勤命令が権利濫用となるかが問題となる（→本章1-2(2)）。

配転に伴う労働者の不利益については伝統的に労働者側に厳しく判断される傾向にあったが、平成13年の育児・介護休業法改正で子の養育または家族の介護状況に関する使用者の配慮義務（26条）が導入されてからは、同規定を援用して、要介護の家族を抱える従業員への遠隔地配転について労働者の不利益を重く見る裁判例が増えてきている（たとえばネスレ日本〔配転本訴〕事件・大阪高判平18・4・14労判915号60頁）。

本事例では、Bが転勤に応じれば家族2人の世話が困難になるため、育児・介護休業法26条や労働契約法3条3項（仕事と生活の調和）の趣旨に照らせば、Bは通常甘受すべき程度を著しく超える不利益を被ると判断される可能性が高い。これが認められれば、本件転勤命令は権利濫用として無効となり、Bは名古屋営業所で勤務する労働契約上の義務のないことの確認を求めることができる。

【事例2】

A社の就業規則には、業務上の必要に応じて出向を命じうる旨の規定があり、社外勤務の定義、出向期間、出向中の社員の地位、賃金、退職金などに関して出向労働者の利益に配慮した詳細な定めが置かれていた。この規定に基づきB社への在籍出向を命じられたCは、この命令を拒否できるか。

解説 本事例では、出向に際して要求される「労働者の承諾」（民法625条1項）が、就業規則などによる場合も含めた事前の包括的同意で足りるのか、それとも労働者の個別的同意を要するのかが問題となる（→本章2-2）。出向については、労務提供の相手方が変更され、労働者に重大な影響を与えうるので、その

都度労働者の個別的同意を要するとする見解も有力である。もっとも，判例は，就業規則で出向規定が整備され，賃金などの処遇で実質的に出向労働者に不利益が及ばないと解される事案において，就業規則上の包括条項だけで出向を命じることができるとしている（新日本製鐵（日鐵運輸第2）事件・最二小判平15・4・18労判847号14頁）。この判断枠組みによれば，本事例でも，Cの個別的同意がなくとも，就業規則上の包括的な出向規定に基づいてCに対して出向命令を発令しうることになる。

ただし，本事例で出向命令権が肯定されるとしても，権利濫用の制約（労契法14条）は受けるため，出向の業務上の必要性がない場合やCの生活上の不利益が多大である場合などは，本件出向命令は権利濫用として無効となり，Cはこれを拒否することができる。

【事例3】

A航空会社では，就業規則で傷病休職が制度化され，6か月の休職期間が満了しても傷病が治癒しないときは自動退職となると規定されていた。A社でフライトアテンダントをしていたBは，髄膜炎のため傷病休職をとっていたが，その期間満了時に，今すぐフライトアテンダントとして復帰することは難しいものの，地上勤務であればすぐに行うことができる旨の上申書をA社に提出した。しかしA社は，Bは未だ「治癒」していないと判断し，Bを自動退職扱いとした。BはA社に対し，労働契約上の地位確認を求めることができるか。

解説 本事例では，Bが休職期間満了時に「治癒」したといえるかが問題となる。復職の要件たる「治癒」の意義については，職務が特定されていない労働者については比較的広く解されている。すなわち，休職期間満了時に従前の職務を通常の程度に行える健康状態まで回復していなくとも，相当期間内に治癒することが見込まれ，かつ，（労働契約の範囲内で）当人に適切なより軽い作業が現に存するときには，使用者は，当該労働者の病気が完全に回復するまでの間その業務に配置する信義則上の義務を負い，こうした配慮を行わなかった場合には労働契約の終了という効果は発生しないとするのが近時の裁判例である（→本章4-3）。

本事例では，Bがフライトアテンダントに職種を限定して採用されていたのでない限り，休職期間満了時に地上勤務というより軽い作業に従事でき，A社でもこの業務を現実に用意できる場合には，A社には信義則上Bを地上勤務に配置する義務が認められうる。ただし，本事例でA社がBの健康状態を確認するために医師の診断書を要求したにも関わらず，Bがこれを提出しない場合には，休職期間満了時に退職扱いとされてもやむを得ないと考えられる。

● 4 ● 休職

第9章 賃　金

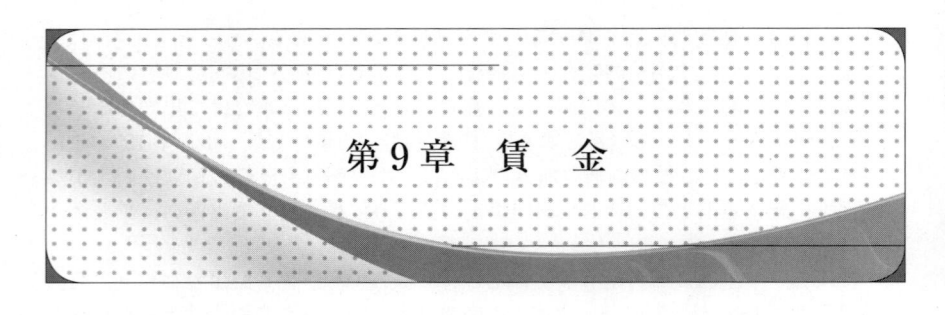

● 1 ● 賃金の種類と体系

　労働の対価として支払われる賃金は，労働条件のうちで最も重要な要素の一つである。賃金は，給料，給与，俸給，労賃，手当などの多様な名称で呼ばれる。

1-1　賃金の分類
　賃金を支払期間・決定単位で分類すると，毎月定期的に支払われる月例賃金と，一時金（賞与）や退職金など特別に支給される賃金とが存在する。多くの企業は月給制であるが，日給制や週休制がとられる場合もある。
　賃金の内訳をみると，たとえば月例賃金の場合は，一般に，基本給と諸手当（資格手当，家族手当，通勤手当など）からなる所定内賃金と，特別な勤務に対して支払われる所定外賃金（時間外労働手当，休日労働手当，特殊勤務手当など）から構成される（下図参照）。

【賃金の内訳（月例賃金の場合）】

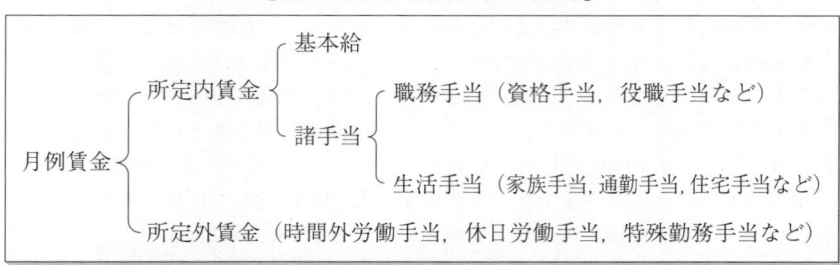

```
                     ┌ 基本給
         ┌ 所定内賃金 ┤         ┌ 職務手当（資格手当，役職手当など）
月例賃金 ┤           └ 諸手当 ┤
         │                     └ 生活手当（家族手当，通勤手当，住宅手当など）
         └ 所定外賃金（時間外労働手当，休日労働手当，特殊勤務手当など）
```

参考：水町勇一郎『労働法（第2版）』（有斐閣，2008年）220頁

　次に，賃金（特に基本給）の種類を額の決定要因から分類すると，①労働の量や成果により決定される出来高給，②「法務部長」などの職務の内容により

決定される職務給，③労働者の職務遂行能力（職能資格制度上の資格）により決定される職能給，④年齢や勤続年数など仕事と直接関係のない労働者の属性により決定される属人給などに分かれる。戦後日本では労働者の職務内容・範囲が不明確で，配転にともなう職務の変動も頻繁であったため，厳密な意味での職務給（②）はほとんど定着せず，属人給的な賃金制度（年功賃金）が広くとられた。年功賃金は，年齢や勤続年数などで賃金が決定される場合（④）はもちろん，職務遂行能力に注目する職能給制度（③）の下でも，勤続に応じて能力が向上するという発想で等級を上昇させていけば，年功賃金の実質を備えることになる。

1-2 年俸制

最近注目を浴びている賃金制度に年俸制がある。これは，賃金の額を年単位で決定する制度であり（ただし，賃金は後述の毎月1回以上支払原則との関連で分割されて毎月支払われる），その純粋な形態は，前年度の実績や目標達成度をもとに労使が交渉して毎年の賃金額を決定する，個別的・成果主義的色彩の強いものである。年俸制は労働時間の量（割増賃金）を問題とする必要のない管理監督者（労基法41条2号）や裁量労働制の適用対象者（同38条の3，38条の4）に適した制度であるが，最近ではそれ以外の労働者にも用いられている。ただし，管理監督者または裁量労働制の要件を満たさない労働者については，年俸制がとられていたとしても，労基法上の割増賃金支払義務を免れえない。

年俸制の運用にあたっては，目標達成度の評価に関して使用者と労働者の意見が対立して折り合いがつかない場合に，年俸額がどのように決定されるかが問題となる（→ **CASES**［事例1］）。裁判例では，年俸制導入の経緯から，交渉で合意が成立しない場合は使用者が年俸額の決定権限を有するとしたものもあるが（中山書店事件・東京地判平19・3・26労判943号41頁），他方で，年俸額の合意不成立の場合に使用者の一方的決定権限が認められるのは，年俸額決定のための成果・業績評価基準，年俸額決定手続，減額の限界の有無，不服申立手続などが制度化されて就業規則などに明示され，かつ，その内容が公正な場合に限られるとするものもある（日本システム開発研究所事件・東京高判平20・4・9労判959号6頁）。学説では，企業の多様性や賃金制度の工夫の余地を不当に制約すべきでないとして，後者の裁判例で示された基準は，使用者が一方的に年俸額決定をなしうるための「要件」ではなく，就業規則上の制度が契約内容となるための合理性を判断するための重要な「要素」と位置づけるのが妥当と

する見解が有力である。

2 労基法上の賃金・平均賃金

2-1 労基法上の賃金

労基法上，賃金とは，「賃金，給料，手当，賞与その他名称の如何を問わず，労働の対償として使用者が労働者に支払うすべてのものをいう」と広く定義されている（労基法11条）。つまり，労基法上の賃金の要件は，(i)使用者が労働者に支払うものであること，(ii)労働の対償であること，の2つである。

第1に，労基法上の賃金は，「使用者が」労働者に支払うものである。したがって，従業員が客から直接受け取るチップや厚生年金基金から支払われる年金はこれにあたらない。

第2に，賃金は「労働の対償」にあたるものである。「労働の対償」の意味については，現実の労働に対応する報酬のほかに，家族手当や住宅手当など，労働契約上労働者に報酬として支払われることになっているものを含むと解されている。「労働の対償」にあたるか否かの判断は容易でないが，行政実務上は，使用者が労働者に支給するもののうち，①賞与，退職金，結婚祝金，死亡弔慰金，災害見舞金などの任意的恩恵的給付，②住宅資金貸付，住宅貸与，会社の運動施設などの福利厚生給付，③制服，出張旅費，交際費などの企業設備・業務費以外は，広く「労働の対償」にあたるとされている。ただし，①であっても，労働協約，就業規則，労働契約などによってあらかじめ支給条件が明確に定められているものについては，労基法上の賃金にあたると解されている（昭22・9・13発基17号）。

なお，いわゆるストックオプションは，権利行使による利益の発生が労働者の判断にゆだねられているため，労基法上の賃金にはあたらないとされている（平9・6・1基発412号）。

> illustration 1　A社の社長が不定期に任意的に支給していた賞与は労基法上の賃金にあたらないが，毎年6月と12月に会社の業績や従業員の勤務成績を考慮して賞与を支給する旨が就業規則に定められ，実際に毎年当該基準にしたがって賞与が支給されていた場合には，この賞与は労基法上の賃金にあたる。

2-2　平均賃金

　労基法上要求される解雇予告手当（同20条），休業手当（同26条），年休手当（同39条6項〔平成22年4月1日より39条7項〕），災害補償（同76条ないし82条）の額は，「平均賃金」を基礎に算定される。平均賃金は，労働者の通常の生活資金をありのままに算出するという考えから，原則として，それを算定すべき事由の発生した日以前の3か月間に労働者に支払われた賃金（臨時に支払われたものを除く）の総額を，その期間の総日数（労働日数ではなく総暦日数）で割った金額をいうとされている（労基法12条1項，4項）。

　なお，日給制・時給制または出来高払制その他の請負制においては，実労働日が少ないために平均賃金が著しく低額になるおそれがあるので，この場合の平均賃金は実労働日の賃金の60％が最低保障額とされている（労基法12条1項但書）。

● 3 ●　賃金請求権

3-1　賃金請求権の発生

(1)　発生根拠と発生時期

　賃金請求権は当事者の合意によって発生し，賃金の発生時期についても基本的に当事者の合意で定められる。当事者の合意では確定できない場合には，賃金の支払時期に関する民法上の任意規定（624条）に従い，労務の提供または報酬単位期間の経過後に賃金請求権が発生すると解釈される。なお，この労務の提供は「債務の本旨」（→第6章2-1(2)①）に従ったものでなければならない。

(2)　危険負担法理

　民法536条2項の危険負担法理を労働契約に適用すれば，労働者の労働義務が使用者の責めに帰すべき事由によって履行不能となった場合には，労働者はなお賃金債権を有することになる。この場合に使用者に帰責性ありとされる典型例は，使用者が解雇した労働者の就労を拒否したが，その解雇が無効であった場合である。継続的に労務を提供する労働契約の性格上，使用者が就労を拒否すればその都度労働義務が履行不能となり，解雇が無効であれば，それについて使用者に帰責性が認められることになる。ただし，使用者の帰責事由に基づく履行不能というためには，その前提として労働者に就労の意思や能力があることが必要であり，この要件が欠ければ民法536条2項の適用の前提を欠くことになる（ペンション経営研究所事件・東京地判平9・8・26労判734号75頁参

照)。

　なお，家族手当や住宅手当のように，具体的な就労の有無に関わらず支給される旨の合意が認定できる場合には，労働者は労働の履行不能の場合もこれらの手当を請求しうることになる。

(3) 賞　与
① 賞与請求権の発生
　日本企業では，夏と冬の年に2回，賞与（一時金）が支給されることが多い。賞与請求権は労働契約上の合意によって発生するが，支給の前提となる具体的な支給率・額について使用者の決定や労使合意・慣行がない場合ないし段階においては，賞与請求権の発生の有無が問題となる。この点については，具体的な額の決定がない以上，賞与請求権は具体的に発生しないとする立場が多い（福岡雙葉学園事件・最三小判平19・12・18労判951号5頁など）。

> illustration 2　A私立学校では，毎年12月に期末勤勉手当が支払われていたが，その支給額については，5月の理事会で一応の算定基礎額および乗率を定めた上で，11月の理事会で正式に決定されていた。この場合，同手当の請求権は，11月の理事会の決定によりはじめて具体的権利として発生すると考えられる。

② 支給日在籍要件
　賞与は一定期間の勤務に対して後日支払われるものであるため，支給日に在籍することが就業規則などで要件とされていることがある。判例は，こうした就業規則上の支給日在籍要件の定めは合理性を有し，支給日前に退職した者には賞与請求権は発生しないとしている（大和銀行事件・最一小判昭57・10・7労判399号11頁→**CASES**［事例2］)。もっとも，賞与は，賃金後払的性格とともに，月給を補う生活補填的性格や従業員の貢献に対する功労報償的性格など，多様な性格をもつのが通常であるため，支給日在籍要件の有効性についても，問題となっている賞与の具体的性格に照らして個別具体的に判断すべきであると解される。

(4) 退職金
　退職金も，労働契約が終了すれば当然に発生するものではなく，その支給について合意や慣行がある場合にはじめて支払義務が発生する。

　退職金については，就業規則に，懲戒解雇がなされた場合または同業他社での競業行為を行った場合には退職金の一部または全部を支給しない旨の条項

（いわゆる「退職金減額・不支給条項」）が設けられていることが多く，その効力が問題となる。退職金は，一般に，賃金額を算定基礎とし，勤続に応じて額が加算されていくことから賃金後払的性格を有するが，勤続年数による加算は累進的であり，過去の勤務が同じであっても退職事由によって支給率に差が設けられていることが多く，功労報償的性格をも有する。こうした退職金の複合的性格から，判例は功労の抹消に応じた減額・不支給条項も合理性がないとはいえないとしているが（三晃社事件・最二小判昭52・8・9労経速958号25頁→**CASE**［事例3］），その具体的適用においては，背信性など過去の功労の抹消の程度に応じた限定解釈が行われることが多い。

> illustration 3　広告代理業を営むA社の従業員Bは，A社を退職後，自ら広告会社を設立して事業を営んだ。A社の就業規則には「退職後，同業を営む者には退職金の全部または一部を支給しない」と定められており，A社はこの条項に基づきBの退職金の全部を不支給とした。この条項自体に合理性が認められるとしても，Bの競業行為は，その背信性ないし功労抹消の程度によっては，就業規則上の退職金不支給事由に該当しないと解される余地がある。

3-2　賃金請求権の変動
(1)　昇　給
日本で一般的にみられる昇給の形態は，定期昇給とベースアップ（ベア）である。定期昇給とは，一定の時期に，年齢や勤続年数，あるいは職能資格上の等級の上昇に伴い，賃金額が上昇することをいう。ベースアップとは，物価や企業業績，世間相場などを考慮して，賃金の基準（賃金表）そのものを改定し，賃金を全体的に底上げすることを指す。

いずれの場合も，人事考課に基づいて具体的な昇給額が決定される場合には，具体的に昇給を根拠づける契約上の根拠がない限り，労働者が具体的な昇給請求権を有すると解することはできない。ただし，使用者の人事考課権の行使が違法である場合には，不法行為による損害賠償請求が可能である（→第7章3）。

(2)　減　給
労働者に対して個別になされる賃金減額（減給）については，①契約上の根拠が存在するか，②存在するとしても権利濫用が成立しないかが問題となる。減給は降格によってもたらされることが多いが（→第7章4），労働者の同意に基づいてなされる場合もある。ただし，賃金引下げに対する労働者の同意認定は慎重に行われ，使用者による減額通知に異議を述べなかったとしても，ただ

ちに労働者が減額通知を承諾したとは解されていない（更生会社三井埠頭事件・東京高判平 12・12・27 労判 809 号 82 頁ほか）。また，就業規則や労働協約の定めに反する労働者の同意は無効となる（労契法 12 条，労組法 16 条）。

3-3　賃金請求権の消滅

賃金請求権は，弁済，時効，放棄，相殺などによって消滅する。このうち放棄と相殺については，賃金の全額払の原則との関係で問題が生じる（→本章 4-3）。消滅時効に関しては，通常の賃金の場合は 2 年，退職金は 5 年で時効となる（労基法 115 条）。

● 4 ●　賃金の支払方法

労基法は，使用者に賃金を確実に支払わせ労働者の経済生活の安定を図るため，賃金の支払方法について一定の規制を行っている。

4-1　通貨払の原則

まず，労基法 24 条は賃金支払 4 原則を定めている。これによると，第 1 に，賃金は通貨により支払わなければならない（労基法 24 条 1 項）。現物により賃金が支給されると通貨に換えることが不便であり，また，その価値の評価も恣意的になるおそれがあるため，現物支給を禁止したものである。ここでいう「通貨」とは，日本で強制的に通用させることのできる貨幣をいい，小切手はこれに含まれない。

もっとも，現物給与等を完全に禁止するのは実態に適さないため，①法令や②労働協約に別段の定めがある場合，および，③厚生労働省令で定める賃金について確実な支払の方法として厚生労働省令で定める方法による場合は，この原則の例外が認められる（同法 24 条 1 項但書）。現在のところ通貨払いの例外を定めた法令（①）は存在しないが，労基法施行規則 7 条の 2（③）は，労働者の同意を得ることを条件に，指定された銀行口座や所定の要件を満たす証券総合口座への振込み，銀行その他の金融機関による自己宛小切手などによる退職手当の支払を認めている。

4-2　直接払の原則

第 2 に，賃金は労働者に直接支払わなければならない。日本では，仲介人や

親方，年少者の親などが賃金を代理受領して中間搾取したという歴史があるため，その弊害を防止するために設けられた原則である。賃金支払4原則のうち，この直接払の原則だけは法定の例外規定が存在しない。

直接払の原則により，労働者から委任を受けた代理人や法定代理人（未成年者の親について労基法59条参照）に支払うことは違法となる。ただし，行政解釈では，労働者が病気や事故による欠勤中，配偶者や子が賃金を受け取りに来た場合など，賃金受領のための「使者」であることが明らかなときは，この者への支払は適法とされている（昭63・3・14基発150号）。

直接払の原則については，労働者が賃金債権を第三者に譲渡した場合に，使用者が譲受人に賃金を支払うことが許されるかという問題がある。判例は，労働者が賃金債権を譲渡すること自体を禁止する法規定はないため，譲渡を無効にすることはできないが，直接払の原則との関係で，使用者は譲渡の場合も譲受人ではなく労働者本人に支払わなければならないとしている（電電公社小倉電話局事件・最三小判昭43・3・12民集22巻3号562頁）。

> **illustration 4** A社の従業員BはC退職金債権をCに譲渡し，その旨をA社に通知したため，A社はCに対してBの退職金を全額支払った。BとCの間では債権譲渡が有効として扱われるとしても，Cに対する支払は直接払の原則に違反し無効であり，Aは再度Bに退職金を全額支払わなければならない。

4-3　全額払の原則

第3に，賃金は全額労働者に支払わなければならない（労基法24条1項）。その趣旨は，労働者に賃金の全額を確実に受領させ，労働者の経済生活を安定させることにある。

(1) 法令・労使協定による例外

全額払の原則には例外があり，①法令に別段の定めがある場合，および，②当該事業場における過半数組合または労働者の過半数を代表する者と締結した労使協定がある場合には，賃金の一部を控除して支払うことができる（労基法24条1項但書）。

法令による例外（①）の代表例としては，所得税法183条の給与所得税の源泉徴収，厚生年金保険法84条などの社会保険料の控除がある。

なお，使用者が労働組合との合意に基づいて労働組合員の賃金から組合費を控除し，それを一括して組合に引き渡す「チェック・オフ」（→第20章3-4）

については，全額払の原則が適用されるかが問題となるが，判例は，チェック・オフも賃金の一部の控除である以上，同原則の規制を受けると解さざるを得ないとしている（済生会中央病院事件・最二小判平元・12・11民集43巻12号1786頁）。したがって，労基法上，チェック・オフを適法に行うためには，当該事業場における過半数代表との労使協定（②）が必要である。

(2) 相　殺

全額払の原則については，労働者に対する債権を自働債権とし，賃金債権を受働債権とする使用者による相殺が禁止されるかが問題となる（労基法の名宛人は使用者であるため労働者による相殺は禁止されない）。この点について，学説には全額払の原則は相殺禁止までは含まないとする見解もあるが，判例は，賃金を確実に労働者に受領させるという同原則の趣旨から使用者による相殺も同原則違反と判断している（関西精機事件・最二小判昭31・11・2民集10巻11号1413頁）。

(3) 調整的相殺

使用者による一方的相殺も全額払の原則により規制されると解する以上，ある賃金計算期間に生じた賃金の過払分をその後の賃金から控除する，いわゆる「調整的相殺」も許されないことになりそうであるが，賃金の過払は避けられないことなどから，最高裁は一定の要件の下でこれを許容している。すなわち，適正な賃金額を支払うための手段たる調整的相殺は，行使時期，方法，金額などからみて労働者の経済生活の安定との関係上不当と認められない場合には，（法定の例外事由に該当しなくとも）全額払の原則の禁止するところではないとされている（福島県教組事件・最一小判昭44・12・18民集23巻12号2495頁）。

(4) 合意相殺

では，使用者が労働者と合意の上で賃金債権を相殺することは許されるか。この点については，合意があっても使用者による相殺は全額払の原則に違反するのが労基法の建前であり，また，労使協定によれば適法に相殺を行うことができるので，それによれば足りるとする見解もある。しかし判例は，金融機関への住宅ローンの返還にあてる費用の前払請求権と退職金債権との合意相殺がなされた事案において，労働者の自由意思に基づくものと認めるに足りる合理的な理由が客観的に存在する場合には，合意相殺も適法であるとしている（日新製鋼事件・最二小判平2・11・26民集44巻8号1085頁）。

(5) 放　棄

最後に，労働者が賃金債権を放棄した場合には，客観的にみてそれが自由意

思に基づくものと認められる合理的理由が存在すれば，賃金債権は消滅し，使用者がそれを支払わなくとも全額払の原則に反しないとされている（シンガー・ソーイング・メシーン事件・最二小判昭48・1・19民集27巻1号27頁）。ただし，労働者の放棄という形をとっていても，実際には使用者の圧力により放棄させられた場合もありうるため，放棄の意思表示が労働者の自由意思に基づくものであるかは慎重に判断される（既発生の賃金請求権について放棄の黙示の意思表示の効力を否定した最近の判例として，北海道国際航空事件・最一小判平15・12・18労判866号14頁）。

4-4　毎月一回以上一定期日払の原則

第4に，賃金は，毎月1回以上，一定の期日を定めて支払わなければならない（労基法24条2項）。賃金の支払日の間隔が長すぎたり，支払日が不確定であったりすると，労働者の生活が不安定になるためである。ただし，臨時に支払われる賃金，賞与，ならびにこれに準ずるものとして命令で定められた，1か月を超える期間についての精勤手当，勤続手当，奨励加給など（労基則8条）には，この原則は適用されない（労基法24条2項但書）。

なお，年俸制（→本章1-2）については，通常は年度当初に1年間の賃金総額が決定されるが，この毎月1回以上支払の原則により，年俸額は分割して毎月支払わなければならないことになる。

4-5　非常時払

使用者は，労働者が出産，疾病，災害その他命令で定める非常の場合の費用にあてるために請求する場合には，支払期日前であっても，すでになされた労働に対する賃金を支払わなければならない（労基法25条）。命令で定める非常の場合とは，労働者の収入により生計を維持する者の出産，疾病，災害，および，労働者またはその収入により生計を維持する者の結婚，死亡またはやむを得ない事由による1週間以上の帰郷をいう（労基則9条）。

4-6　出来高払の保障給

使用者は，出来高払制その他の請負制で使用する労働者については，労働時間に応じ一定額の賃金の保障をしなければならない（労基法27条）。タクシー運転手などに多い仕事の成果（出来高）で賃金が決定される労働者の生活保障を図る趣旨の規定である。「一定額」についての具体的定めはないが，通常得

られる賃金とあまり隔たらない程度の収入が保障されるべきとの解釈例規がある（昭22・9・13発基17号，昭63・3・14基発150号）。

●5● 休業手当

5-1 意義

使用者の責めに帰すべき理由による休業の場合，使用者は，休業期間中，平均賃金の6割以上の休業手当を支払わなければならない（労基法26条）。これは，休業中の労働者の最低生活の保障のための制度である。

5-2 民法上の危険負担との関係

民法536条2項によれば，使用者の責めに帰すべき事由により就労不能となった場合には，労働者は賃金全額を請求することができる。この民法536条2項と労基法26条の関係については，(a)民法536条2項の帰責事由は労基法26条の帰責事由と同じであり，休業手当は賃金の6割につき罰則で支払を強制するものであるとする見解と，(b)労働者の生活保障という労基法26条の趣旨からみて，同条の帰責事由は民法536条2項の帰責事由よりも広いとする見解がある。判例は，労基法26条の帰責事由は取引における一般原則たる過失責任主義とは異なる観点を踏まえた概念というべきであるとし，(b)の立場にたっている（ノースウエスト航空事件・最二小判昭62・7・17民集41巻5号1283頁）。(b)によれば，使用者に故意過失がなく，防止が困難なものであっても，使用者側の領域において生じたものといえる経営上の障害などについては，労基法26条の帰責事由に広く含まれることになる（ただし天災地変などの不可抗力は除く）。

これに対し，休業の原因が民法536条2項の使用者の帰責事由に該当するようなケースでは，休業手当請求権と賃金請求権の「競合」が認められる（前掲・ノースウエスト航空事件最高裁判決）。

> **illustration 5**　A社が親会社の経営難による資金不足で工場の操業を一時停止せざるを得なくなった場合，A社はこの操業停止期間中，従業員に労基法上の休業手当を支払わなければならない。他方で，操業停止が大地震で会社施設が壊滅的被害を受けたことによる場合には，従業員は休業手当を請求することはできない。

5-3　解雇期間中の賃金と中間収入

　民法536条2項後段によると，使用者の帰責事由によって就労不能となり賃金の支払を受ける場合であっても，労働者が債務を免れたことによって得た利益は使用者に償還する必要がある。しばしば問題となるのは，無効な解雇によって労働者が就労しなかった期間に，他で就労して得た収入（中間収入）がある場合に，これが償還の対象になるかどうかである。判例は，①中間収入が副業的なものでない限り償還の対象となり，②使用者は償還すべき額を控除できる（相殺しても全額払の原則に反しない）が，③解雇期間中の最低生活保障という労基法26条の趣旨からすると，平均賃金の6割までの部分からは控除できないとしている（米軍山田部隊事件・最二小判昭37・2・20民集16巻8号1656頁，あけぼのタクシー事件・最一小判昭62・4・2労判506号20頁）。

>　**illustration 6**　A社でタクシー運転手として勤務していたBは理由なく解雇された。本件解雇については1年後に無効判決が出されたが，Bは解雇期間中にC社でタクシー運転手として勤務し，解雇前の平均賃金以上の収入を得ていた。この場合，解雇期間中の賃金のうち，平均賃金の6割まではA社に支払が強制されるが，それを超える部分（一時金を含む）からは，これと時期的に対応するC社での収入を控除することができる。

6　最低賃金法

　賃金額は労使交渉によって定められるのが原則であるが，すべてを当事者自治にゆだねてしまうと非常に低い賃金が設定され，企業間で社会的に不公正な競争がもたらされるため，国は最低賃金法によって賃金の最低額を保障している。

　最低賃金は，地域における労働者の生活費および賃金ならびに通常の事業の賃金支払能力を考慮して定めなければならず，労働者の生活費を考慮するにあたっては，生活保護に係る施策との整合性に配慮するものとされる（最賃法9条2項・3項）。

　最低賃金の額は最低賃金審議会の調査審議に基づいて（同法10条，11条，15条2項～5項），時間単位で定められる（同法3条）。最低賃金には，都道府県ごとの「地域別最低賃金」（同法9条以下）と，特定の産業について地域別最低賃金を上回る最低賃金を定める「特定最低賃金」（同法15条以下）がある。使

用者は最低賃金の適用を受ける労働者に対して最低賃金額以上の賃金を支払わなければならず，これに反する労働契約部分は無効となり，最低賃金と同様の定めをしたものとみなされる（同法4条1項，2項）。なお，地域別最低賃金については罰則によって履行が担保されている（同法40条）。

●7● 賃金支払の確保

労働者は民法上，給料その他雇用関係に基づいて生じた債権について，使用者の総財産のうえに一般先取特権をもつ（民法306条2号，308条）。また，企業が倒産した場合には，倒産手続の種類（会社更生，民事再生，破産）ごとに賃金支払いの確保が図られている。もっとも，これらの制度では実際には労働者が未払賃金のすべての弁済を受けられないことも多く，特別法として賃金の支払の確保等に関する法律（賃確法）が制定されている。

賃確法は，社内貯蓄金・退職金の保全や賃金の支払確保などを目的として昭和51年に制定された法律であり，事業主が法律上倒産した場合や，中小企業の事業活動が停止して再開の見込みがなく支払能力がないことが労働基準監督署長によって認定された場合に，退職労働者の請求に基づき，政府が未払賃金の一定部分の立替払を行うことを定めている（同法7条，施行令2条，施行規則8条）。

CASES

【事例1】

A社では研究員に対して年俸制がとられており，当該年度の年俸額は6月に行われる年俸交渉において決定されてきた。A社の研究員Bは6月にA社と年俸交渉を行ったが，年俸額につき合意が成立しなかったため，A社はBが前年度の勤務成績が最低の評価であったことに照らし年俸額を減額して支給した。Bはいかなる法的請求を行うことができるか。

解説 本事例でBは，年俸額の交渉が調わないときは従前の年俸額を支払う旨の合意があったと主張し，A社に年俸額の減額分の支払を請求することが考えられる。ここでは，労使間で合意が成立しない場合に年俸額がどのように決定されるかが問題となる（→本章1-2）。この点は基本的に個別の契約解釈の問題であ

ると考えられ，年俸額につき合意が成立しない場合に使用者が年俸額を減額することがありうることに当該労働者が同意していたと解されるケースでは，年俸額につき，使用者の最終的決定権限が認められうる（前掲・中山書店事件）。この場合には，年俸額決定につきA社に裁量権を逸脱する違法が認められない限り，Bは年俸額の減額分の請求をなしえない。

これに対し，近時の裁判例には，年俸額の合意不成立の場合に使用者の一方的決定権限が認められるのは，年俸額決定のための成果・業績評価基準，年俸額決定手続，減額の限界の有無，不服申立手続などが制度化されて就業規則などに明示され，かつ，その内容が公正な場合に限られるとするものがある（前掲・日本システム開発研究所事件）。この立場によれば，A社でこれらの要件が充足されていない場合は前年度の年俸額が据え置かれ，Bは年俸額の減額分の支払を求めることができることになる。

【事例2】
A社の就業規則には，6月15日と12月10日の年2回，当該支給日に在籍する従業員に対して賞与が支給される旨が規定されていた。11月30日にA社を退職したため12月支払分の賞与が支払われなかったBは，A社に賞与の支払を請求することができるか。なお，12月に支払われる賞与は，前年度の4月1日から9月30日までの査定に基づいて算定されることになっており，Bはこの期間問題なく勤務していた。

解説　本事例では就業規則に賞与の支給規定が存在するので，A社は賞与の支給要件を満たす従業員に対して賞与の支払義務を負う。問題は，賞与の支給日に在籍していることを支給要件とし，その前に退職した者に賞与を支払わないとする取扱いが認められるかである（→本章3-1(3)）。

本事例において，Bは賞与の算定期間中，問題なく勤務しているため，賞与の賃金後払的性格を強調するならば，Bの12月支払分の賞与請求権は認められそうである。しかし賞与は，賃金の後払的性格のほかに，将来の労働に対する勤労報償的性格や従業員の貢献に対する功労報償的性格を有することが多いため，A社の賞与に同様の複合的性格が認められるのであれば，就業規則に支給日在籍要件を設けることにも合理性がある。

また，支給日在籍要件については，支給日まで在籍しないと請求権そのものが発生しないので，支給日在籍要件を満たさないために賞与が支給されないとしても賃金の全額払原則（労基法24条1項）違反の問題は生じない。

以上から，本事例においてBは，12月支払分の賞与請求は認められないと考えられる。

【事例3】
　　A社の就業規則には，勤続3年以上の社員が退職したときは退職金規則に基づき退職金を支給する旨規定されていたが，退職後同業他社に転職したときは退職金を半額に減額する旨も定められていた。ところが，A社の従業員であったBはA社を退職直後に同業他社のC社に入社したため，これを知ったA社はBの退職金を半額に減額して支給した。BはA社に退職金の減額分の支払を求めることができるか。

解説　本事例では就業規則に退職金の支払に関する規定が存在するので，所定の要件を満たす退職労働者についてA社は退職金を支払う義務がある。もっとも，本件では就業規則に退職金の支給制限条項が存在するため，その適法性・合理性が問題となる。

　退職後の同業他社への就職を退職金減額事由とすることは，退職労働者の職業選択の自由（憲法22条1項）との抵触が問題となりうるが，元の雇用主が退職後の同業他社への就職をある程度の期間制限することが，ただちに社員の職業選択の自由を不当に制約するものとはいえない。また，退職金については，賞与と同様に，通常賃金の後払的性格のほかに功労報償的性格を有するため，本件で同業他社に就職した者の退職金を自己都合退職の場合の半額とすることにも合理性が認められると解される（→本章3-1(4)）。

　さらに，本事例の退職金の支給制限条項は，同業他社に就職したことで勤務中の功労に対する評価が減殺され，退職金の権利自体が自己都合退職の場合の半額の限度においてしか発生しないこととする趣旨であると解されるため，賃金の全額払の原則（労基法24条1項）違反の問題も生じない。

　したがって，本事例の退職金支給制限条項は適法かつ合理的であり，退職直後に同業他社に就職したBはA社に退職金の減額分の支払を求めることはできないと判断される可能性が高い。

第 10 章　労働時間(1)
——労働時間規制の原則・休憩・休日——

1　総論

　労働時間は，賃金とならび最も重要な労働条件の1つであるといえる。労働時間を法的に規制する目的の主なものとしては，長時間労働の規制，雇用の創出などが挙げられる。長時間労働の規制は，長時間労働が労働者の健康に悪影響を及ぼすとともに，精神的なゆとりも損なうため，長時間労働を禁止し，労働者の身体・精神の保護を図ることである。雇用の創出は，労働時間の短縮を通して仕事をより多くの労働者で分かち合い，失業者にも雇用の機会を分け与えることである（ワークシェアリング）。また，近時，社会経済状況が変化し働き方が多様化していることに対応すべく，労働時間規制の柔軟化も進んでいる。労働時間法制は，こうした複数の目的や要請を調整していく機能を営んでいるといえる。

　日本の労働時間（労働時間制度）の特徴にはさまざまなものがあるが，重要と思われる2つを紹介する。1つは労働時間が長いということであり，残業が多い，働き過ぎだということが国内外で指摘されてきた。こうしたことから日本では労働時間の短縮が大きな課題となり，昭和62年の労基法改正以降，平成9年からは週40時間労働制が実施されている。もう1つは，制度の硬直性である。労働時間の規制は，歴史的には工場で集団的に働く労働者をモデルにしているので，多様な，柔軟な働き方が増えている現在では硬直的で実態に合わない部分もある。そうした硬直性を改善するため，やはり昭和62年労基法改正以降，柔軟な労働時間制度の導入が進んでいる。

　以下，現行の労働時間法制の枠組みをみていく（日本の労働時間法制の全体像として，次頁の図を参照）。

【労働時間法制の全体像】

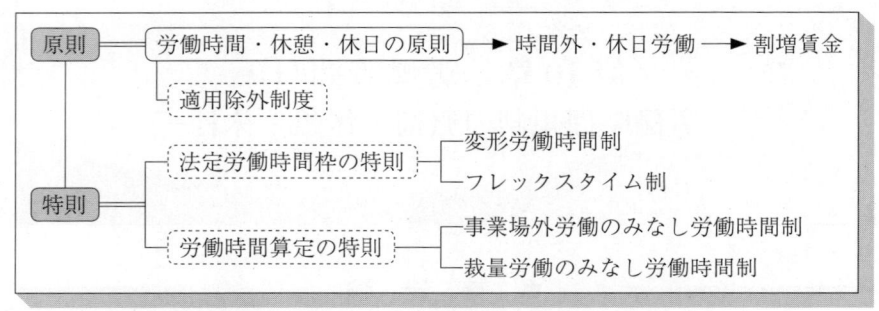

```
原則 ─┬─ 労働時間・休憩・休日の原則 ──→ 時間外・休日労働 ──→ 割増賃金
      └─ 適用除外制度

特則 ─┬─ 法定労働時間枠の特則 ─┬─ 変形労働時間制
      │                        └─ フレックスタイム制
      └─ 労働時間算定の特則 ─┬─ 事業場外労働のみなし労働時間制
                              └─ 裁量労働のみなし労働時間制
```

参考：水町勇一郎『労働法（第2版）』（有斐閣, 2008年）242頁

● 2 ● 労働時間規制の原則

2-1　1週・1日の労働時間

労働時間とは何か，ということ自体，実は法的な問題なのであるが，まずは法規制のイメージをつかむために1週・1日の労働時間がどう規制されているか概観する。使用者は，労働者に，休憩時間を除いて，1週40時間を超えて労働させてはならず，かつ，1日8時間を超えて労働させてはならない（労基法32条）。これを超える労働をさせるときには，法所定の要件を満たすこと，かつ，割増賃金を支払うことが求められる（同法36条，37条）。こうした要件を満たさずに法定労働時間を超えて労働させた場合，使用者には刑事罰が科される（同法119条）。

また，労働契約上，労基法32条に違反する合意があったとしても，そのような合意は無効となり，無効となった部分は同条の定める基準のとおりに修正される（同法13条）。

なお，1週間・1日とは具体的に何を指すかについて，1週間とは，就業規則等に定めがあればそれによるが，特に定めがなければ，日曜日から土曜日までの暦週をいう（昭63・1・1基発1号）。1日とは，原則として午前0時から午後12時までの暦日をいうが，午後12時前に始まった勤務が午前0時を回って翌日に及んだ場合，労働時間は前日の勤務と一体のものとして判断される。

> **illustration 1**　労働者と使用者が，（残業ということではなく）契約上1日10時間働くということで合意していたとしても，強行法規たる労基法13条によって，その合意は無効となり，労基法32条の基準が直接規律するため，当該

労働者の1日の所定労働時間は8時間に修正される。

> illustration 2　時間外労働を命じる権限をもっている課長が部下に労基法違反となる残業を命じた場合，労基法違反の責任を問われ刑事罰の対象となるのはこの課長である（労基法119条）。同時に，労基法121条の両罰規定によって，使用者（事業主）にも罰金刑が科されうる。

2-2　労働時間の概念

「労働時間」といったとき，大きく分けて2つの意味がある。1つは，就業規則や個別の労働契約などで労働義務があるものとして定められた「労働契約上の労働時間（所定労働時間）」，もう1つは，使用者が実際に労働者を労働させる「実労働時間」である。ざっくりいえば所定労働時間は就業規則記載の労働時間であり，必ずしも就業規則どおりに働くとは限らないので，所定労働時間と実労働時間にはズレが生じうる。

> illustration 3　就業規則で勤務時間が午前9時から午後5時（午前12時〜午後1時が休憩）までと定められている場合，所定労働時間は1日7時間である。この日，所定労働時間分の勤務に加え午後5時から午後7時まで2時間残業した場合，実労働時間は9時間となる。

労基法が規制の対象とする「労基法上の労働時間」は，基本的に実労働時間である。労基法による労働時間の規制の目的が，現実に長時間労働がなされるのを防止することにあるからである（なお，前述のとおり「契約上の労働時間」の定めが労基法の法定労働時間の定めに違反する場合，労基法13条の強行的・直律的効力によって契約上の労働時間が労基法の定める基準のとおりに〔つまり法定労働時間と同内容に〕修正されることになる）。

「労基法上の労働時間」は，正面から労基法で定義されているわけではない（労基法に「労働時間とは…」という定義規定は置かれていない）。ただ，労基法32条には，「1日について8時間を超えて，労働させてはならない」とあるので，この「労働」「させ（る）」時間が労基法上の労働時間といえる。この点，判例は，労基法上の労働時間を「①労働者が使用者の指揮命令下に置かれていると②客観的に評価できる時間」と定義している（三菱重工業長崎造船所事件・最一小判平12・3・9民集54巻3号801頁）。まず，②の客観的に定まるとしている点は理論的に正しい。当事者の合意によって労働時間か否かを決定・操作でき

るとすれば，労基法の規制を免れることを認めてしまうことになり，労基法の強行法規としての性格に反するからである。次に①については，「指揮命令下」のみを判断基準として挙げるのはやや曖昧な面があるといえる。ただ実際には，判例においても，「指揮命令下」という基準の中で，指揮命令や黙認といった使用者の関与（労働「させ」ているかどうか），職務遂行あるいは職務遂行と同視しうるような状況の存在（「労働」かどうか）の2つの点が考慮されていることが多い。結局，「労基法上の労働時間」については，判例の立場（①・②）を前提に，①の部分についてはより具体的に「労働」「させ（る）」の2つの視点を用いて判断するのが妥当と考えられる。これと同旨のものに，使用者の作業上の指揮監督下にある時間または使用者の明示または黙示の指示によりその業務に従事する時間という定義がある。

> **illustration 4** 労働者と使用者が「1日に何時間働いたとしても，8時間働いたことにしよう」と合意したとしても，労基法上の労働時間が何時間かはあくまで客観的に判断されることになる。

次に，労基法上の労働時間かどうか，実際の紛争になりやすい例を4つ紹介する。そもそも，会社の中で指示を受けて働いている時間については，これが労働時間か否かというレベルで紛争になることは多くないといえる。以下の4つの例はいわば「微妙」な時間である。

① 手待時間

手待時間とは，作業と作業の合間の時間で，たとえば小売店の店員が，顧客への対応を終えて次の顧客を待っている時間を指す。顧客を待つことも一種の労働であり，これを使用者によって義務づけられているので，手待時間は労働時間であると解される。

② 始業・終業時の着替え時間，安全用具等の着脱時間

着替え時間は，一言でいえばケース・バイ・ケースであり，裁判例には，労働時間であることを肯定した例，（就労の準備行為ではあるが，労働そのものとはいえないとして）否定した例の両方がある。判断の視点としては，使用者の「義務づけ」の有無がキーワードとなる。作業服への着替えや安全用具の着脱を事業所内で行うことが使用者によって義務づけられており，または余儀なくされていれば，特段の事情のない限り，その時間は労基法上の労働時間にあたるといえる（前掲・三菱重工業長崎造船所事件）。

③ 仮眠時間

警備業務等における夜間の仮眠時間も，使用者の義務づけをキーワードに判断すればよい。判例は，ビル管理の仕事で夜中に仮眠をとる時間（仮眠時間）について，仮眠室に滞在し，警報や電話等にいつでも対応しなければならないという義務づけがあれば，たとえ寝ている時間であっても労働からの解放が保障されているとはいえず，労基法上の労働時間にあたると判断している（大星ビル管理事件・最一小判平14・2・28民集56巻2号361頁。また，マンションの住み込みの管理人の居室における待機時間についてほぼ同様の判断をしたものに，大林ファシリティーズ（オークビルサービス）事件・最二小判平19・10・19労判946号31頁）。
　④　自発的な残業や早出出勤
　上司の具体的な指示はないが，仕事を進めるために自発的に始業前に来てあるいは終業後も残って仕事をした時間はどうか。これは，使用者側に「黙認」されていたかどうかがポイントとなる。前述の「労働」「させ（る）」のうち「させ（る）」といえるかどうかを判断することになる。すなわち，使用者側（具体的には労働時間管理の権限をもっている上司）が，自発的な残業や早出出勤があると知っていて止めずにやらせていた（黙認していた）のであれば，使用者が（「労働」を）「させ」る時間といってよいので労働時間と解される。しかし，上司も誰も知らないうちにこっそり仕事をしていたのであれば，黙認すら存在しないので労働時間とはいえないと考えられる。

2-3　労基法上の労働時間と賃金の関係

　2-2で挙げた①〜④について，たとえば，それまで労働時間と扱われていなかった時間が労基法上の労働時間と扱われることになった場合，具体的にどのようなことが生じるのか。実は，労基法上の労働時間（と判断される時間）が多くなったからといって，当然に賃金が増えるというわけではない。賃金請求権の基礎は労働者に対して賃金を支払う旨の労使の合意（契約）にあり，「労働」そのものにあるわけではないからである（→第9章3-1）。もちろん，労働契約の合理的解釈（当事者の合理的意思解釈）として，「労基法上の労働時間に応じて賃金を支払う」と解釈できることも多いと解されるが（前掲・大星ビル管理事件参照），労基法上の労働時間に応じて賃金を支払うことが現行法上義務づけられているというわけではない。ただし，労基法上の労働時間が増加したことによって，法定労働時間を超えた時間外労働等が発生・増加した場合，労働者は就業規則その他契約上の根拠がなくとも労基法上の割増賃金を使用者

に請求できることになるので，賃金が増加することになる。

● 3 ● 労働時間の計算

　労働時間の計算は，原則として実労働時間により行う。使用者は，自己の事業場における労働者の労働時間を適正に把握し管理する必要がある。具体的な方法は，行政通達によれば，タイムカードの利用や使用者による現認（確認）が原則であるが，労働者の自己申告も（必要な措置を講ずれば）可能とされている（平13・4・6基発339号）。

　なお，複数の異なる事業場で就労する場合には労働時間は通算される（労基法38条1項）。同一の使用者のもとで異なる事業場で就労する場合だけでなく，たとえば本業のほかにアルバイトをするなど，複数の使用者のもとで就労するため事業場が異なる場合にも通算される（昭23・5・14基発769号。なお，他の使用者のもとでの就労を知らなかったため，結果として法定労働時間を超過して労働させた使用者に対しては，故意がないため労基法違反の処罰はできないものと考えられる）。

● 4 ● 休憩・休日

4-1　休　憩

　使用者は，労働時間が6時間を超え8時間以内の場合には少なくとも45分，8時間を超える場合は少なくとも1時間の休憩を与えなければならない（労基法34条1項）。休憩の位置は労働時間の途中でなければならないとされている（同項。たとえば1日の労働時間の最後の1時間を休憩としても，労基法上の休憩時間にはあたらないことになる）。また，15分ずつとするなど休憩時間を分割して与えることも禁じられてはいないが，1，2分など実質的に休憩とはいえないほどの短時間の場合は，そもそも労基法上の休憩時間にはあたらないと解釈すべきである。

>　**illustration 5**　1日の労働が8時間以内に収まるなら休憩は45分でよいはずだが，1秒でも残業（時間外労働）が生じると追加で15分の休憩（合計60分の休憩）が必要になるので，実務上は最初から休憩を（昼休みなど）1時間としていることが多い。

休憩時間は，事業場の全労働者に一斉に与えるのが原則である（「休憩一斉付与の原則」労基法34条2項）。しかし，サービス業など一定の事業については，業務の性質から本原則の適用除外とされている（労基法40条・労基則31条。事業場の全員が休憩中ということになると，顧客への対応がまったくできないので，他の業種と比べて業務への影響が大きいと思われる。このほか，坑内労働の適用除外について労基法38条2項参照）。また，事業場の過半数代表との労使協定がある場合には，休憩一斉付与の例外が認められる。休憩一斉付与の原則の適用除外あるいは労使協定による例外創設がある場合には，当該事業場の労働者に別々に休憩を取らせても違法ではない。

　休憩時間は労働からの解放を保障する時間であるから，原則として労働者に自由に利用させなければならない（「休憩自由利用の原則」労基法34条3項）。ただし，企業秩序の維持のために，必要かつ合理的な制約は休憩時間中にもなしうる。たとえば事業場からの外出については，行政解釈は，事業場内において自由に休憩できるのであれば，外出を許可制とすることも差し支えないとしている（昭23・10・30基発1575号）。

　また，休憩時間中に事業場内でビラ配布などの政治活動を禁止し，または許可制のもとに置くことの可否について，判例は，休憩時間中の政治活動は一般に企業秩序を乱すおそれがあるとして，政治活動を禁止する規定を有効としつつ，政治活動が企業秩序を乱すおそれのない特別の事情がある場合は，禁止規定違反は成立しない（政治活動を行うことも例外的に許容されうる）との立場をとっている（電電公社目黒電報電話局事件・最三小判昭52・12・13民集31巻7号974頁）。

4-2　休　日

　使用者は，労働者に毎週少なくとも1回の休日を与えなければならない（労基法35条1項）。週休2日制の会社も多いと思われるが，労基法上は週休1日でも適法である。このように労基法上の最低基準として要求される休日を「法定休日」といい，それを超える休日を「法定外休日」という。なお，1日とは原則として暦日すなわち午前0時から午後12時までの24時間をいうが，交替制勤務の場合などについては行政解釈で例外が認められている（昭63・3・14基発150号などを参照）。ただし，4週間を通じ4日以上の休日を与える場合には，この週休1日の原則は適用されない（いわゆる変形休日制。同条2項，労基則12条の2第2項。4週の起算日を決める必要があるなど，細かい規制がある）。

労基法上，休日をあらかじめ特定する義務はないが，就業規則により特定するように行政指導がなされている（昭63・3・14基発150号）。

休日を特定した場合，他の日への振替を命じることができるかが問題となる。この点，裁判例によれば，就業規則などに使用者が休日の振替を命じうる根拠規定が存在し，休日を振り替えた後も週休1日が確保されるなど労基法違反が存在しない場合には，使用者は労働者の個別的な同意を得ることなく休日の振替を命じることができる（三菱重工業横浜造船所事件・横浜地判昭55・3・28労判339号20頁）。ただし，休日の振替は事前に（休日に労働がなされる前に）行われる必要があり，休日労働が行われた後に代休として休日が付与されたとしても，休日とされていた日に行われた労働は労基法上休日労働として扱われることになる（事前に振替をすれば休日労働そのものがなくなるのに対し，事後に振り替えても休日に労働した事実がなくなるわけではないので，このような結果となる）。

(illustration 6)　土日が休日の週休2日制の会社で土曜日に出勤させた場合，（日曜日など）週1日の法定休日が確保されていれば土曜日の労働は法律上の休日労働とはならないが，月〜金ですでに週40時間働いていた場合は，土曜日の勤務は法律上の時間外労働ということになる。

CASES

【事例1】
ビル管理会社A社の従業員Bは，ビル内の巡回警備の業務に従事していた。拘束24時間勤務のBには8時間の仮眠時間が与えられ，仮眠時間中は仮眠室に待機し警報等にはすぐに対応することが義務づけられていた。A社は仮眠時間を労働時間と扱っていなかったが，この取扱いに法的に問題はあるか。

解説　本事例では，Bの仮眠時間が労基法上の労働時間といえるかどうかが問題となる。判例（前掲・大星ビル管理事件）によれば，労働者が使用者の指揮命令下にあると客観的に評価できる時間が労基法上の労働時間である。指揮命令下にあるか否か（労基法32条の文言も参考にすれば，「労働」「させ（る）」時間といえるかどうか）の判断にあたり，仮眠時間でポイントとなるのは使用者の義務づけの有無・程度である。具体的には，仮眠時間中に労働からの解放が保障されているのか否かが問題となる。

本事例では，仮眠時間中も仮眠室での待機・警報等への対応が義務づけられており，（何があっても仮眠をとり続けていてよい，といった）労働からの解放がなされているとは言い難い。よって，仮眠時間はすべて労基法上の労働時間に含まれると考えられる。この場合，当然に仮眠時間について賃金の支払が必要になるというわけではないが（賃金請求権は労働契約上の合意によって基礎づけられる），仮眠時間が労基法上の労働時間に当たるとされることで，時間外割増賃金や深夜割増賃金の支払が必要になることもある（これらを支払わないものとする合意は労基法13条により無効となる）。なお，拘束が24時間でも，変形労働時間制を用いれば，所定労働時間の枠内ではただちに時間外労働が生じるわけではないが，仮眠時間については労働時間とされると時間外労働となる可能性が高い（→第12章2-2）。

【事例2】
　A社の従業員Bは，休憩時間中に自らの支持政党の政策をアピールするビラを従業員食堂等で配布した。A社はBの行為が社内におけるビラ配布を許可制とする就業規則に違反するとして，Bに対してけん責処分を行った。この処分は有効か。

解説　本事例では，休憩中の無許可でのビラ配布が就業規則上許されるか否かが問題となる。休憩には基本的に「休憩自由利用の原則」（労基法34条3項）が妥当するが，企業秩序維持の観点から，無限定に自由が認められるわけではない。ビラ配布について，判例（前掲・電電公社目黒電報電話局事件）は，企業秩序維持の観点から，就業規則で企業施設内における政治活動を禁止することも合理的であり許されるとの立場をとっており，ただ，企業秩序を乱すおそれのない特別の事情があるときには，就業規則違反にはならないとしている。本事例においては，この特別の事情の有無が問題となる。ビラ配布の態様等の諸事情を総合的に考慮して，企業秩序を乱すおそれの有無を検討することになろう。なお，Bの行為が就業規則に違反し許されないとしても，懲戒の可否の問題（懲戒権の根拠規定，懲戒事由該当性や懲戒権濫用の有無等）は別途生じうる（→第15章3-3）。

第11章　労働時間(2)
——労働時間規制の例外・適用除外——

● 1 ● 時間外・休日労働

1-1　総　論
(1)　原則——時間外・休日労働の位置付け
　最初に基本を確認しておくと，法定労働時間の枠を超えて時間外労働を行わせること，法定休日に休日労働を行わせることは原則として違法である。多くの企業で（社会全体で，といってもよい）当たり前のように残業や休日出勤が行われているが，労働時間法制において法定時間外労働・休日労働は本来許されないことであり，一定の要件を満たした場合（非常事由のある場合と以下の36協定のある場合）にのみ許されているにすぎない，という考え方の枠組みを忘れてはならないであろう。

(2)　法内超勤
　以下でみていくのは，「法律上の」時間外労働・休日労働である。というのも，所定労働時間が法定労働時間より短い場合（また，休日が週休2日など法定休日よりも多い場合），その事業場においては所定時間外労働（あるいは所定休日の出勤）にあたるけれども，法律の枠を超えてはいない，という時間が生じうる。その会社（事業場）においては超過勤務にあたるが，法の枠の内側なので，一般に「法内超勤」と呼ばれる。次頁の図を使って説明すると次のとおりである。所定労働時間が図のように定められている事業場で，残業を命じられて午後5時から午後7時まで残業を行った場合，午後5時から午後6時までは法内超勤，午後6時から午後7時までが法定時間外労働である。休日の場合も同様で，たとえば週休2日制の会社においては，休日が週1日あれば，もう1日の休日に出勤を命じても（その会社においては休日出勤と呼ばれるかもしれないが）労基法上は休日労働ではないことになる。こうした法内超勤は，労基法上は時間外労働（あるいは休日労働）ではないので，労基法違反の問題は生じ

ない。したがって，残業や休日出勤が法内超勤にとどまる限り，36協定の締結・届出や割増賃金の支払は必要ではない。ただし，所定時間外労働にはあたるので，所定労働時間（所定労働時間については当然に労働する義務がある）を超えて労働を命じる「契約上の根拠」（具体的には就業規則の根拠規定など）が必要である（→本章1-3(3)）。また，会社によっては，（所定時間外の労働のうち，割増の対象となる部分とならない部分とが混在して計算が煩雑になることを避けるため）法内超勤についても法定の割増率と同じ割増賃金を支払うと定めている場合もみられる。

【法内超勤の例】

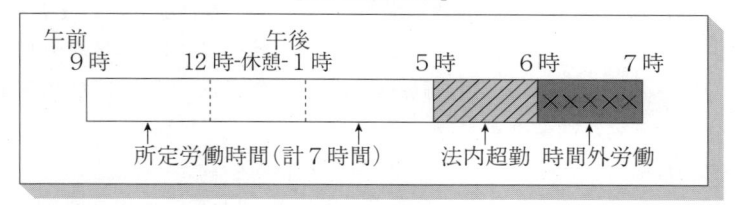

```
午前              午後
  9時    12時-休憩-1時      5時    6時    7時
  |_____|/////|xxxxx|
           所定労働時間(計7時間)    法内超勤  時間外労働
```

1-2　非常事由による時間外・休日労働

　使用者は，災害その他避けることができない事由によって臨時の必要がある場合は，行政官庁（労働基準監督署長）の許可を得て，必要な限度において時間外・休日労働をさせることができる（労基法33条1項）。事態が急迫しているために行政官庁の許可を受ける暇がない場合においては，事後に遅滞なく届け出なければならない（同項但書）。行政官庁の許可が与えられるのは，突発的な機械の故障や急病の発生など，人命・公益を守るために必要のある場合に限られる（昭22・9・13発基17号など）。本条はあくまで特別な状況下における時間外・休日労働であり，労使協定による時間外労働が一般的である（→本章1-3。なお，非常事由による場合であっても，労働者に時間外・休日労働を命じる契約上の根拠が必要だと思われる。ただこの点は，非常事由があることにかんがみると，仮に契約上の根拠が存しないとしても，信義則を根拠に労働義務の発生を認めることも考えられよう）。

1-3　労使協定(36協定)による時間外・休日労働
(1)　基本的な考え方

　使用者は，過半数代表（事業場〔→第1章4(1)〕の過半数の労働者を組織する労

働組合（過半数組合），そのような労働組合がない場合は投票等で過半数の労働者の支持を得て選出された過半数代表者）との労使協定を締結し，これを行政官庁（所轄の労働基準監督署長）に届け出た場合には，その協定の定めに従って時間外・休日労働をさせることができる。この労使協定は労基法36条で規定されているので，一般に36（「さぶろく」または「さんろく」）協定と呼ばれることが多い（→巻末の資料2「36協定例」参照）。

労使協定は，労基法の規制の例外を創設する効力をもつ（→第1章4）。しかし，労働者と使用者の権利義務関係を直接設定する効力は持たないため，使用者が労働者に時間外・休日労働を命じるためには，労働契約上の根拠（労働契約上，時間外・休日労働を行う義務）を設定しておく必要がある。まとめると，非常事由を除く一般的な場合において使用者が適法に時間外・休日労働を命じることができるのは，36協定の締結・届出＋労働契約上の根拠がある場合に限られるということになる。

(2) 36協定

ここであらためて注意しておくべきなのは，労使協定は労働者個々人と使用者の協定（合意）ではない，ということである。労基法の規制は強行的なものであるから，たとえ労働者が個別に時間外・休日労働を行うことに同意していたとしても，36協定がなければ時間外・休日労働は違法のままである。過半数代表が，実態としてどれだけ時間外・休日労働に対してチェック機能を有するか（たとえば，36協定の締結を拒否する例が実際にどれだけあるか）には議論の余地もあるが，時間外・休日労働について法は（個々の労働者よりは交渉力が強いと思われる）過半数代表の合意，すなわち集団的な合意を要求していることに留意する必要があろう。

36協定の締結の主体は，労働者と過半数代表（過半数組合，過半数組合がなければ過半数代表者）である。過半数とは，当該事業場（→第1章4(1)）でその使用者に直接雇用されている労働者全員を母数として計算する。過半数組合に所属していない，あるいは過半数代表を支持していない労働者がたとえ36協定締結に反対していたとしても，労使協定の効力はその事業場の労働者全員に及ぶことになる。過半数組合のない場合の過半数代表の選出においては，法の定める協定を締結する者を選出することを明らかにして，投票，挙手等の方法によって選出しなければならない（労基則6条の2第1項）。この点，（労働組合ではない）従業員の親睦会の会長等を過半数代表者に選出することも妨げられないが，あくまで法に沿った選出手続を経ることが必要であり，親睦会会長で

あることを理由に自動的に過半数代表者となることは認められない（トーコロ事件・最二小判平 13・6・22 労判 808 号 11 頁）。法に沿った選出手続を経ていない過半数代表者が 36 協定を締結したとしても協定は法的に無効であり，そのような協定に基づく時間外労働命令も無効である。

また，労使協定と労働協約（→第 21 章 5）は，一般的な語感からするとよく似ているので混同しやすいが，理論的には明確に区別されるものである（下表参照）。この点，実務上は，過半数組合と使用者の 1 つの合意文書が，法的には労使協定と労働協約の 2 つの法的性格を併せもつことがありうる（1 つの合意文書の中に，労働協約の要件を満たし労働条件等を設定する部分と，労使協定の要件を満たし労基法の例外を設定する部分とが併存することがありうる）。当該合意文書がどのような法的性格をもつものか，文書の名称等にとらわれず，実質的に解釈を行う必要があるといえる。

【労使協定と労働協約の法的性格の違い】

	役　割	締結当事者	適用範囲
労使協定	労基法の例外創設	過半数代表(者)と使用者	その事業場全体
労働協約	組合員の労働条件の設定等	労働組合と使用者	原則，その労働組合の組合員のみ

36 協定の内容には，①時間外・休日労働をさせる必要のある具体的な理由，②業務の種類，③労働者の数，④ 1 日および 1 日を超える一定の期間についての延長時間の限度（休日労働の場合は労働させることのできる休日の日数），⑤有効期間（最短 1 年間）を記載しなければならない（労基則 16 条 1 項 2 項）。

④の労働時間の延長の限度については，労基法 36 条 2 項に基づき，厚生労働大臣によってその限度となる基準（限度基準）が定められている（平 10・12・28 労告 154 号，平 21・5・29 厚労告 316 号。次頁の表参照）。労使協定の当事者は，労使双方ともこの基準を守るようにしなければならず（同条 3 項。「適合したものとなるように」しなければならないと規定されている），行政官庁（労働基準監督署長）は，協定当事者に対して必要な助言・指導を行うことができる。具体的には，36 協定の届出の際に，限度基準を守るように行政指導がなされることがある。ただし，限度基準はあくまで行政指導の根拠にすぎず，36 協定記載の延長時間の限度が限度基準を超えていたからといってただちにその

36協定が違法無効となるわけではない。言いかえれば，実定法上は時間外労働の絶対的な上限は設定されていないことになる。なお，限度基準の例外として，限度時間を超えて時間外労働を行わせなければならない特別の事情が生じる場合に備えて，限度時間を超える一定の時間まで労働時間を延長することができる旨を定める「特別条項」を36協定に付すことが認められている（前掲・告示参照。平成21年改正により，その場合には割増賃金率を定めることが義務づけられ，その割増率は法定の割増率を超えるように努めることとされた）。

【時間外労働の限度基準】

期間	1週間	2週間	4週間	1か月	2か月	3か月	1年間
上限	15時間	27時間	43時間	45時間	81時間	120時間	360時間

(3) 契約上の根拠

36協定の締結・届出は，働かせても違法にならないという例外創設効果（結果として使用者は刑罰を免れるので免罰的効果ともいう）のみをもつので，それだけでは労働者は時間外・休日労働の命令に応じる義務はない。使用者が具体的に時間外・休日労働を命じるには，別途，労働契約上の根拠が必要になる。ただ，判例は，この根拠は就業規則や労働協約上の包括的な規定で足りるとする立場である（日立製作所武蔵工場事件・最一小判平3・11・28民集45巻8号1270頁）。典型例としては，就業規則に「会社は，労使協定の定める業務上の必要がある場合には，労使協定及び法令の定める限度で，所定時間外または（会社の定める）休日に労働させることができる」などと規定されていれば，時間外・休日労働の契約上の根拠は肯定されることになる。

つまり，判例の立場によれば，就業規則等に根拠規定がある場合，時間外・休日労働の必要が生じれば，原則としてその度ごとに労働者から個別の同意をとる必要はないということになる（いわゆる包括的同意説）。このため，就業規則の規定が整備されていれば（上記のような就業規則の規定は一般に合理的であるといえるので，労働契約法7条により労働契約の内容になると解される），労働契約上の根拠が「ない」とされるケースは比較的少ないと考えられる。理論的には，就業規則の根拠規定があるにもかかわらず時間外労働命令が許されない例として，命令に業務上の必要性がまったく存しない，いやがらせなど不当な動機・目的からなされているといった特段の事情がある場合に，時間外労働命令権の行使が権利濫用で無効（労契法3条5項参照）と解される場合が挙げられ

る。就業規則の文言どおりに時間外・休日労働義務が生じると考えるのではなく，合理的な範囲に限定されるとする解釈（就業規則の合理的限定解釈）が必要であるといえよう。

● 2 ● 割増賃金

2-1　基本的な考え方

　時間外労働や休日労働に対しては，通常の労働時間または労働日の2割5分以上5割以下の範囲内で命令の定める率以上の率で計算した割増賃金を支払わなければならない（労基法37条1項）。現在（→本章2-2改正法施行前），割増率は，時間外労働については2割5分以上，休日労働については3割5分以上と定められている（割増賃金令）。また，深夜（午後10時から午前5時までの時間帯。厚生労働大臣が必要と認める場合，午後11時から午前6時）に労働をさせた場合（「深夜労働」），通常の労働時間の賃金の2割5分以上で計算した割増賃金を支払わなければならない（労基法37条3項［後記改正後は4項］）。

　時間外労働が深夜になされた場合，休日労働が深夜になされた場合，割増率はそれぞれ合算され，それぞれ5割以上，6割以上の割増賃金を支払わなければならない（労基則20条）。なお，法定休日に1日8時間を超える労働がなされたとしても，本来の出勤日に法定労働時間を超えて働くのが時間外労働であるから，休日労働かつ時間外労働ということにはならず，割増率は3割5分以上で変わらない。

　これらの割増賃金が支払われない場合，たとえ労基法36条等の要件を満たしていたとしても，労基法37条違反で違法となる。また，労基法37条の文言からすると，適法に（労基法33条あるいは36条の規定により）時間外・休日労働がなされた場合にのみ割増賃金請求権が発生するようにも読めるが，適法な時間外・休日労働でさえ割増賃金の支払が求められるのだから，違法な時間外・休日労働についても割増賃金の支払義務は当然生じる（労基法37条1項の規制が当然及ぶ）と解釈されている（小島撚糸事件・最一小判昭35・7・14刑集14巻9号1139頁）。

> illustration 1　所定労働時間が休憩1時間を挟み午前9時から午後6時まで（1日8時間），通常の労働時間に支払われる賃金が1時間あたり4,000円のとき，(ア) 午後6時から11時までの残業，(イ) 午前9時～12時および午後1時～11時までの休日労働についての割増賃金はそれぞれ以下のとおりになる。

(ア) ①午後6時～10時までの割増分：4,000 × 25％ × 4時間分 = 4,000円　②午後10時～11時までの分：4,000 × 50％（時間外労働と深夜労働の重複部分は割増率を合算）× 1時間分 = 2,000円　①＋② = 6,000円を割増賃金として通常の賃金に加えて支払う必要がある。

(イ) ①午前9時～12時および午後1時～10時までの割増分：4,000 × 35％ × 12時間分 = 16,800円（休日労働は1日8時間を超えても時間外労働とはならない）②午後10時～11時までの割増分：4,000 × 60％ × 1時間分 = 2,400円（通常の賃金に加えて支払う）割増賃金の合計は①＋② = 19,200円となる。

2-2　労基法改正による割増率の引上げ

　平成20年の労基法改正（労働基準法の一部を改正する法律〔平20年法律第89号〕）により，平成22年4月1日から，一定基準を超える時間外労働について割増率が引き上げられる。具体的には，①月60時間を超える時間外労働部分については割増率が5割に引き上げられる（労基法37条1項但書の新設）。②労使協定により，①の割増賃金の支払に代えて有給の休暇（代替休暇）を与えることを定めることができ（2か月以内に1日または半日単位で付与すべき旨を定める。労基則19条の2），労働者が代替休暇を取得したときには，①の割増賃金を支払わなくてよい（労基法37条3項の新設。この新設により，現行規定の項番号が繰り下がることになる）。ただし，中小の事業主（資本金または出資の総額が一定額以下の事業主および常用労働者の数が一定以下の事業主）については，当分の間，割増賃金の引上げを適用しないとする猶予措置が設けられている（労基法附則138条の新設）。

> illustration 2　平成20年改正労基法の施行後は，月92時間の時間外労働を行った場合，60時間分までについては2割5分以上でよいが，60時間を超える32時間分に対しては5割以上の割増率で割増賃金を計算する必要がある。関連して以下も参照。

> illustration 3　illustration 2 で，割増賃金の支払に代えて代替休暇を付与する場合，代替休暇の対象となるのは32時間分につき通常支払われる賃金の2割5分の部分（割増率は5割以上となるが，代替休暇の対象は改正で引き上げられた2割5分の部分のみ）である。

> illustration 4　illustration 3 で，代替休暇を計算すると32時間分×

2割5分で8時間分になる。この場合，8時間分の代替休暇を労働者が取得すれば，使用者は60時間を超える32時間分の時間外労働についても2割5分増以上の割増賃金を支払えばよいことになる。

2-3　割増賃金の計算

　割増賃金を計算するにあたり，割増を行う前の100％分がいくらかという算定基礎が問題となる。割増賃金の算定基礎は通常の労働時間または労働日の賃金とされており（労基法37条），これは，当該労働を通常の労働時間または労働日に行ったときに支払われる賃金を意味する。具体的には，賃金が時間により定められている場合はその金額であり，賃金が日，週，月により定められている場合は，その賃金額をそれぞれ1日，1週，1月の所定労働時間数（出来高払制の場合は総労働時間数〔労基則17条1項6号〕）で割った金額である（詳細は労基法37条1項・3項〔前記改正後は4項〕，労基則19条1項を参照。たとえば，所定労働時間数が月によって異なることも多いが，その場合は1年間における月の平均所定労働時間数で計算する）。要するに，1時間あたりの賃金を求めることになる。

　ここで注意すべきは，算定基礎から除外される賃金の存在である。具体的には，家族手当，通勤手当，別居手当，子女教育手当，住宅手当，臨時に支払われた賃金，1か月を超える期間ごとに支払われる賃金（賞与など）は，算定基礎に参入しなくてよいとされている（労基法37条4項〔前記改正後は5項〕，労基則21条）。これら除外賃金にあたるか否かは手当の名称に関係なく実質的に判断されるが，これら以外の賃金を割増賃金の算定基礎から除くことは許されない。この点，日本では賃金全体に占める賞与の割合が相対的に大きいことが多いので，賞与を控除する結果，割増賃金の算定基礎が小さくなる。この結果，割増賃金による時間外・休日労働の抑制の効果が相対的に小さくなることが多いと思われる。

　割増賃金の支払において，一定額の手当を割増賃金に代えて支払うことや，通常の賃金の中に含めて定額払いとすることは，判例によれば一定の要件を満たす限り適法とされる（小里機材事件・最一小判昭63・7・14労判523号6頁）。具体的には，通常の労働時間に相当する部分と割増賃金にあたる部分とを判別することができること（高知県観光事件・最二小判平6・6・13労判653号12頁），割増賃金にあたる部分が法定の割増率で計算した額以上であることが必要とされている（モルガン・スタンレー・ジャパン(超過勤務手当)事件・東京地判平17・

10・19労判905号5頁は，時間外労働の対価も基本給の中に含まれているとの合意を認めたが，従来の判例の立場からすると疑問である）。

> **illustration 5**　割増賃金を1か月5万円の時間外労働手当として定額で支払っている場合，ある月について，法定割増率で実際に計算した割増賃金の総額が10万円であれば，差額の5万円の支払がなければ労基法37条違反となる。

● 3 ● 除外と例外

3-1　適用除外

　労基法41条は，農業・畜産・水産業に従事する労働者（1号），管理監督者および機密事務取扱者（2号），監視・断続労働従事者（3号。宿日直の場合も含む〔労基則23条参照〕）。ただし，行政官庁の許可を得た者に限る）については，労働時間，休憩，休日に関する規制を適用しないと定めている。適用除外の対象は，（狭義の）労働時間，休憩，休日に関する規定であり，適用除外の対象労働者に対しては，時間外・休日労働の規制がなされず，使用者は割増賃金の支払いも必要ないことになる。ただし，年次有給休暇や育児・介護休業の規定（→第13章）および深夜割増賃金の規定の適用は除外されない（なお，所定賃金が深夜割増賃金を含むことが明らかな場合は，適用除外者に対して別途深夜割増賃金を支払う必要はないとされている。昭63・3・14基発150号など参照）。

　本条に関して最も問題となるのは，「管理監督者」（2号）の範囲である。本条が適用除外とした理由は，管理監督者は経営者と一体的立場にあり，職務内容や勤務態様が労働時間管理になじまないことにある。管理監督者の範囲につき，行政解釈は，部長，工場長等労働条件の決定その他労務管理について経営者と一体的立場にあるものをいうとしている（昭22・9・13発基17号，昭63・3・14基発150号）。この点は，企業における肩書きなど形式的・主観的な事情ではなく，個別の実態に即して客観的に判断される。裁判例によると，判断要素は次の3点である。①管理監督を行っていること（部下の人事権を保有するなど，職務内容・権限・責任からみて，労務管理上使用者との一体性があること），②管理監督をされていないこと（出退勤時間の拘束がないなど，労働時間管理を受けない勤務態様であること），③管理監督者にふさわしい処遇であること（時間外割増賃金に相当する管理職手当を支給されているなど，基本給や手当面でふさわしい処遇を受けていること）。使用者が管理監督者と扱ってよいのは①②③をすべて満たす労働者に限られる。以上をすべて満たし管理監督者と扱われる労働

者であれば，1日に8時間を超えて労働させたり，法定の休日に労働させたりすることも適法であり，かつ，法律上の割増賃金の支払は不要である。

> **illustration 6** 管理監督者に深夜労働をさせた場合には深夜割増賃金の支払が必要になるが，深夜割増賃金を含めて所定賃金を定めていることが就業規則等から明らかであれば深夜割増賃金を別途支払う必要はなく，結果として時間外・休日・深夜いずれの割増賃金も支払わないという例もありうる。

近時，本来は管理監督者に該当しないにもかかわらず，使用者から管理監督者と扱われ，本来支払われるはずの割増賃金の支払を受けられないなどの問題が「名ばかり管理職」の問題として関心を集めている。実はこのネーミングは誤解を生みやすい。「管理職」は法律上の概念ではないので，たとえばある会社が社員全員を管理職と呼んでも，特に法律上の問題は生じない。しかし，「管理監督者」は労基法上の概念であり，該当するか否かは労基法に沿って客観的に判断がなされる。「名ばかり」なのは管理職ではなく管理監督者である。したがって，「名ばかり管理監督者」問題と呼ぶ方が本質を表しているといえよう。この点，管理職と管理監督者の用語が似ているので，問題となっているのは何か，注意する必要があるといえる。管理監督者性が争われた裁判例は多岐にわたるが，会社が管理監督者と扱っていた労働者に対し，①〜③の要素を実質的に判断し，すべてを満たしているわけではないとして管理監督者であることを否定する例が比較的多い（最近の例として，日本マクドナルド事件・東京地判平20・1・28労判953号10頁がある）。

なお，他の適用除外の類型が設けられた理由は，農業等従事者（労基法41条1号）については天候などの自然条件に左右されやすいので，規制を及ぼしにくいこと，監視・断続労働従事者（同条3号）の場合は労働の密度が通常の労働者より一般に薄いと考えられることにある。

3-2 恒常的例外

労基法40条は，公衆の不便を避けるために必要な事業その他特殊の必要のある事業で一定範囲のものについて，必要上避けられない限度で，労働時間および休憩の規定に関し，命令で別段の定めを置くことを認めている。たとえば，商業，サービス業（労基法別表第1第8号，14号）などの事業で常時使用する労働者が10人未満のものについて，週の法定労働時間は44時間とされている（労基則25条の2）。

CASES

【事例 1】

　A社は過半数組合と「業務上の都合によりやむを得ない場合は労働時間を延長することがある」旨を定めた36協定を結んでおり、就業規則にも36協定により労働時間を延長することがある旨の規定があった。時間外労働を命じられたBが家族との約束を理由にこれを断り帰宅したところ、A社は業務命令違反を理由にBに対し戒告処分を行った。この処分は有効か。

解説　本事例では、A社の就業規則の規定を根拠に、Bに時間外労働命令に応じる義務が生じているか否かが問題となる。この点、判例（前掲・日立製作所武蔵工場事件）は、時間外労働に対し労働者の個別の同意が必要であるという立場ではなく、就業規則や労働協約の包括的な規定で足りるとする立場をとっている。本事例においても、就業規則の規定は合理的と考えられ（労契法7条）、これを根拠にBは時間外労働義務を負うと考えられる。ただし、その場合でも、時間外労働命令権の行使がA社の権利濫用（労契法3条5項）であるといえば、Bは時間外労働に応じる義務はなく、命令違反を理由とした懲戒処分も懲戒事由が存在しないのであるから無効と解される。権利濫用か否かの判断においては、時間外労働の業務上の必要性、不当な目的の有無、Bの受ける不利益の程度などが考慮要素となろう。一般には業務上の必要性は肯定されやすいので、目的の不当性、Bの不利益などを考慮することになる。なお、権利濫用ではないとしてBの業務命令違反が肯定できる場合でも、懲戒権の濫用の有無（特に相当性の有無）の問題は別途生じうる（→第15章3）。

【事例 2】

　外食産業のA社は、各店舗の店長は店舗を統括する「管理監督者」にあたるとして、1日8時間を超えて労働することがあっても残業代を支払っていない。店長Bはアルバイトの採用など店舗における一定の人事上の権限を持ち、毎月3000円の店長手当が支払われているほか、出退勤の時刻を自由に決められることになっていたが、実際には朝早くから夜遅くまで勤務する例がほとんどであった。A社の取扱いに法的に問題はないか。

解説　本事例では、Bが労基法41条2号の管理監督者にあたるか否かが問題となる。管理監督者に該当すれば、労働時間規制の適用除外となるので、A社の

取扱いには基本的に問題がないといえる。管理監督者に該当するか否かの判断は，店長などの肩書きではなく，実質をみて判断することになる。判断要素のポイントは，①部下を管理監督していること，②自分が労働時間管理を受けていないこと，③管理監督者にふさわしい処遇であること，以上3点である（→本章3-1）。本事例においては，Bが①店舗におけるアルバイトの採用など人事に関する権限をもっていたとしても，②出退勤の時刻が事実上は自由に決められず，③ごく低額の店長手当しか支払われていないといった状況がある。よって，Bは「管理監督者」には該当しないと考えられるので，A社には労働時間管理（時間外・休日労働を命じるには36協定が必要）や割増賃金の支払が労基法上求められる。なお，管理監督者であっても深夜割増賃金の規制は適用が除外されないので，深夜労働があれば，（基本給に深夜割増賃金が含まれていることが明らかといった事情がない限り）深夜割増賃金の支払も必要になる。

第12章　労働時間(3)
──柔軟な労働時間制度──

● 1 ●　柔軟な労働時間制度の概観

　第10章・11章で概観した労働時間制度の基本的な枠組みは，（一定の要件の下に時間外・休日労働が許容されうるとはいえ）工場等で集団的に働く従属的な働き方をモデルとしており，定型的な規制を課すという側面が強い。そのため，1970年代以降のポスト工業化，サービス業の増加といった社会実態の多様化に対応するため，労働時間制度の柔軟化がなされてきた。日本では，特に昭和62年の労基法改正以降，労働時間の規制を柔軟化するための制度が導入されるようになってきている。柔軟化の制度としては大きく分けて2つのタイプがある。1つめは，法定労働時間，つまり1日8時間・1週40時間という枠組み自体を柔軟化する（組み直す）タイプである。これは36協定を前提に法定労働時間の枠をはみ出す残業（時間外労働）とは異なり，枠そのものを柔軟化させるものである。具体的には変形労働時間制，フレックスタイム制がある。2つめは，労働時間の算定の仕方つまり時間のカウントの仕方を柔軟化するタイプである。1日8時間などの法定労働時間の枠組みはそのまま用いるが，労働時間の算定方法を変えて，実労働時間ではない「みなし」労働時間で算定する。具体的には事業場外労働のみなし労働時間制，裁量労働のみなし労働時間制がある。

● 2 ●　変形労働時間制

2-1　総論
　変形労働時間制とは，一定の単位期間について，週あたりの労働時間数の平均が週法定労働時間の枠内に収まっていれば，1週・1日の法定労働時間の規制を解除することを認める制度である。たとえば，単位期間を4週間とした場

合，月末の週に所定労働時間を45時間と設定しても，その他の週の労働時間を短くすることで，単位期間における週あたりの平均所定労働時間が40時間以内に収まれば，所定労働時間が45時間の週について，労働時間が週40時間を超えるときでも（本来は時間外労働となるはずだが），週45時間以内に収まっている限り時間外労働とはならないものとして取り扱われる（下図参照）。

【変形労働時間制のイメージ】

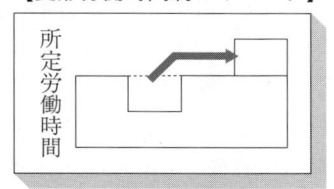

この変形労働時間制を用いれば，時期により業務に繁閑のある会社や交替制労働の場合などに，時間外労働を生じさせることなく，所定労働時間を調整することができる。時間外労働が生じなければ割増賃金の支払も必要ないので使用者にメリットがあるが，忙しくない時期の労働時間を短縮することで労働者にもメリットがあると考えられる。現行法では平均計算の期間の最長限度に応じて1か月単位，1年単位，1週間単位の3つの類型が認められている。以下，基本として1か月単位の変形労働時間制をまず説明し，これとの比較で1年単位の変形労働時間制を紹介する。最後に，やや特殊な変形制として1週間単位の変形労働時間制を取り上げる。なお，変形労働時間制においても後述のように時間外労働が生じうるほか（その場合は時間外割増賃金の支払が必要になる），深夜割増賃金や休憩・休日に関する規定は基本的に適用される。

2-2　1か月単位の変形労働時間制

この変形制は，1か月の中で業務の繁閑が激しい会社（たとえば月末は忙しいが月初めはそれほどでもないなど），深夜交替制労働（タクシー運転手など）などで用いられる例が多い。

使用者は，事業場（→第1章4(1)）における過半数代表との労使協定または就業規則その他これに準じるものにより，1か月以内の一定期間を平均し，1週間あたりの労働時間が1週40時間を超えない定めをした場合には，その定めにより，特定された週に1週40時間を超えて，または特定された日に1日8時間を超えて，労働させることができる（労基法32条の2）。深夜割増賃金

や休憩・休日に関する規定は適用されるものの、1日8時間や1週40時間を超える労働がただちに時間外労働となるわけではない点に特徴がある（1か月単位の変形労働時間制の下で時間外労働が生じるのは次の場合である。①所定労働時間が法定労働時間を超えて定められている週や日については、その所定労働時間を超える労働が、②所定労働時間が法定労働時間の範囲内で定められている週や日については、法定労働時間を超える労働が、③法定労働時間を超えない部分（上記①、②で時間外労働とならない部分）についても、単位期間全体について法定労働時間の総枠を超える労働が、それぞれ時間外労働となる。昭63・1・1基発1号など参照）。

　なお、厳密にいえば、労使協定は変形制を採用しても労基法違反とはならないという例外創設効果をもつにとどまるので、変形した労働時間の枠組みに沿って労働することを労働者に義務づけるには、別途労働契約上の根拠が必要になる。ただ、就業規則等に規定があればそれが労働契約上の根拠となりうるので（→第11章1-3(3)）、実務上はそれほど大きく問題になるわけではない。

　1か月単位の変形労働時間制を用いる場合、単位期間における各週・各日の所定労働時間は、具体的に特定しておく必要がある（たとえば、使用者が業務の都合で任意に労働時間を変更しうるような制度は変形制の要件を満たさない。昭63・1・1基発1号など参照）。所定労働時間が変動する以上、いつ出勤していつ退勤するかがわかっていないと、労働者の生活に影響が生じると考えられるからである。ただし、業務の性質上、月ごとに勤務割（いわゆる勤務シフト）を作成する必要がある場合には、就業規則で各勤務の始業終業時刻、勤務割表の作成手順・周知方法などを定めておき、変形期間の始まる前までに勤務割を特定すればよいとされている（昭63・3・14基発150号）。なお、いったん特定した所定労働時間を変更することは、就業規則などにその根拠規定があり、かつ、労働者が予測可能な程度に具体的に変更事由が定められている場合にのみ認められる（JR西日本事件・広島高判平14・6・25労判835号43頁）。

　`illustration1`　4週間を単位期間とする変形労働時間制で週の所定労働時間が45, 35, 35, 45と設定されている場合、1週目の第1日目の所定労働時間が9時間である場合に10時間労働したときには超過分の1時間が時間外労働となり、第2日目の所定労働時間が7時間である場合には8時間まで労働しても時間外労働とはならない（もし8時間を超えた場合は超えた部分が時間外労働となる）（次頁図①）。ただし、1週目全体で50時間働いた場合、上記1時間分を含めて合計5時間分が時間外労働となる（次頁図②）。また、2週目に、いずれの日についても1日単位では時間外労働が生じていない場合であっても、合計で

【変形労働時間制と時間外労働】

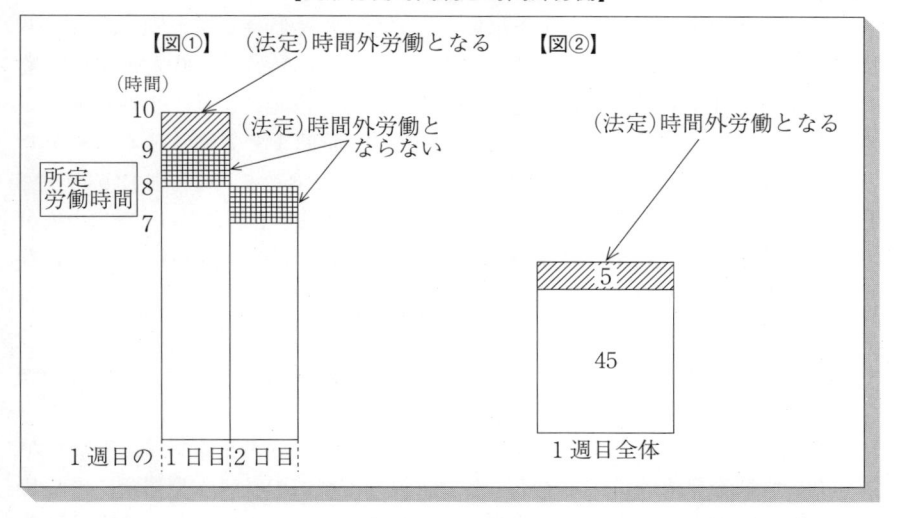

【図①】

（時間）
10
9 ← （法定）時間外労働となる
8 ← （法定）時間外労働とならない
7

所定労働時間

1週目　1日目　2日目

【図②】

（法定）時間外労働となる →

5
45

1週目全体

41時間働いたときには1時間分が法律上の時間外労働と扱われる。

2-3　1年単位の変形労働時間制

　使用者は，事業場の過半数代表との労使協定により，1か月を超え1年以内の一定の期間を平均して1週あたりに労働時間が40時間を超えない定めをした場合には，その定めにより，特定された週において1週40時間，特定された日において1日8時間を超えて労働させることができる（労基法32条の4）。1か月単位の変形制と同様，対象期間内の労働日および各日の所定労働時間をあらかじめ特定しておく必要がある。

　この変形制は，季節により繁忙に差があるデパートなどで用いられる例が多い。制度の基本的な考え方は1か月単位の変形制と似ているので，異なる点に注意すればよい。1年単位の場合，変形の対象期間が長期にわたるため，労働者の生活への影響も大きくなりうる。そこで主要な違いが2点ある。就業規則による導入が認められず，労使協定の締結・届出が要件とされている点（導入の要件が厳しくなっている点），協定で定める労働時間の限度，連続して労働させることのできる日数などが労基則で細かく定められている点（詳細は労基則12条の4，同附則65条，66条を参照）である。

2-4　1週単位の変形労働時間制

　この変形制は1か月単位・1年単位とは異なるやや特殊な変形制である。小売業，旅館，料理店，飲食店であって常時使用する労働者が30人未満の事業においては，使用者は事業場の過半数代表との労使協定により，1週間単位で，あらかじめ各日の労働時間を特定せずに1日10時間まで労働させることができる（10時間までは時間外労働とならない。労基法32条の5，労基則12条の5）。日ごとの業務の繁閑が著しい零細事業（たとえば予約の有無によって繁閑の差がある小規模の旅館など）に対して非定型の変形労働時間制を認めたものであるが，実際はあまり利用されていないようである。

● 3 ●　フレックスタイム制

　始業・終業時刻の決定を労働者にゆだねるフレックスタイム制は，労働者が出退勤の時間を自律的に決定することで，自分の生活のリズムや都合に合わせて働くことができる。法定労働時間の枠を柔軟化する，すなわち，時間外労働の有無を一定期間における平均時間で判断する点で変形制と共通するが，労働時間をどう配分するか，使用者ではなく労働者が決定する点に特徴がある。

　使用者は，①事業場の過半数代表との労使協定で一定の期間（清算期間）とその期間における労働時間（総労働時間）等を定め（労基則12条の3），②就業規則その他これに準じるもので始業・終業時刻の決定を労働者にゆだねる旨を定めることによって，フレックスタイム制を導入することができる（労基法32条の3）。

　労使協定（①）では，清算期間は1か月以内とし，総労働時間は週あたりの平均が原則として40時間を超えないように設定しなければならない。また，コアタイム（労働者が必ず勤務しなければならない時間帯），フレキシブルタイム（労働者がその選択により労働することができる時間帯）を設ける場合は労使協定で定める必要がある。

　フレックスタイム制においては，1日8時間または1週40時間を超えて労働しても，清算期間全体における法定労働時間の総枠を超えない限り時間外労働とはならない（深夜割増賃金および休憩・休日に関する規定は適用される）。

● 4 ● みなし労働時間制

4-1 基本的な考え方

　労働時間規制の柔軟化の大きな2つめがみなし労働時間制である。労働時間の算定は実労働時間によって行うのが労基法の原則であるが、この例外として、実際に何時間労働したかにかかわらず、一定時間労働したものと「みなす」という制度がみなし労働時間制である。みなし労働時間制には事業場外労働のみなし労働時間制と裁量労働のみなし労働時間制の2つがある。みなし労働時間制においても時間外労働や深夜割増賃金、および休憩・休日に関する規定は基本的に適用され、みなし労働時間が法定労働時間を超える場合は、時間外割増賃金も必要になる（1日9時間働いたものとみなす場合など）。

4-2 事業場外労働のみなし労働時間制

　外回りの営業、報道記者、出張の場合などは、実際に何時間働いたのか使用者には把握できないことがある。このみなし制はそのような場合に用いられる。
　労働者が労働時間の全部または一部について事業場外で業務に従事した場合において、労働時間の算定が困難なときには、所定労働時間労働したものとみなされる（労基法38条の2）。ただし、その業務を遂行するためには所定労働時間を超えて労働することが通常必要になる場合には、その業務の遂行に通常必要とされる時間労働したものとみなされる（同条1項但書）。この場合、業務の遂行に通常必要とされる時間は、個別の事情に応じて客観的に決定されることになるが、実際には困難であるため、事業場の過半数代表との労使協定によって定めることができるとされている。

> **illustration 2**　事業場外の労働であっても、労働時間を管理する上司が同行している場合、携帯電話等で随時使用者の指示を受ける場合、訪問先や帰社時刻など具体的な指示を受けそのとおりに業務を行う場合などは、労働時間の算定が困難とはいえず、みなし制の適用はない（昭63・1・1基発1号）。

> **illustration 3**　法律の用語で「みなし」と用いる場合、反証を許さないという意味がある。たとえば、みなし労働時間が8時間で、実際には12時間働いていることを証明できたとしても、みなし制の適用を受ける限り、労働時間は8時間ということになる。

4-3 裁量労働のみなし労働時間制
(1) 基本的な考え方
　事業場外労働のほか，労働者が裁量をもって業務を遂行しているため，実労働時間による算定が（困難ではないにしても）適切ではない場合，一定の要件の下でみなし労働時間制の適用が認められる。専門業務に関する専門業務型と，企画等の業務を行う一定範囲のホワイトカラー労働者に関する企画業務型の2つに分けられる。なお，「裁量労働制」という言葉がよく使われるが，これにはミスリーディングな部分もある。というのは，労働者が裁量をもって働ける（労働者にメリットがある）という面はもちろん前提としてあるが，法的効果としては，たとえ長時間働いたとしても，一定の時間働いたものと「みなす」という面に意味があるからである（裁量労働＝自由裁量で働けるという面だけではないことに注意が必要であろう）。

(2) 専門業務型裁量労働制
　使用者が，業務の性質上労働者の裁量が大幅に認められるものとして厚生労働省令で定められる一定の業務について，事業場の過半数代表と労使協定を締結し，一定の事項を定めて行政官庁に届け出た場合，その業務については労使協定で定めた時間だけ労働したものとみなされる（労基法38条の3）。

　対象業務は，労基則（同24条の2の2第2項）により次のように定められている。①研究開発，②情報処理システムの分析・設計，③取材・編集，④デザイナー，⑤プロデューサー・ディレクター，⑥その他厚生労働大臣が指定する業務（コピーライター，システムコンサルタント，公認会計士，弁護士，建築士，不動産鑑定士，弁理士，税理士，大学教授など。平15・10・22厚労告354号で指定されている）。制度導入に際し，対象業務，みなし労働時間数，対象業務の遂行手段ならびに時間配分につき具体的指示をしないこと，健康確保措置，苦情処理に関する措置などについて労使協定で定めなければならない。

(3) 企画業務型裁量労働制
　事業の運営に関する事項についての企画，立案，調査および分析の業務についても，企画業務型としてみなし労働時間制の導入が可能である（労基法38条の4）。専門業務型の適用対象者が労基則等で明確に定められているのに対し，企画業務型はより広く，当該業務に従事し一定要件を満たす者であれば適用対象者としうる点が異なる。

　労使委員会（事業場における労働条件に関する事項を調査審議することを目的とする委員会で，労使半数ずつによって構成される）が一定事項について5分の4

以上の多数による決議をし，使用者がそれを行政官庁に届け出た場合，①事業の運営に関する事項についての，②企画，立案，調査および分析の業務であって，③業務の性質上その遂行方法を大幅に労働者にゆだねる必要があるため，④当該業務の遂行の手段および時間配分の決定等に関し使用者が具体的な指示をしないこととする業務に，⑤その業務を適切に遂行するための知識・経験をもつ労働者を就かせたときには，その労働者は決議で定めた時間だけ労働したものとみなされる（労基法38条の4）。①〜④が対象業務に関する要件であり，⑤が対象者に関する要件である（たとえば，企画部門だからといってすべての業務がこの裁量労働制の適用対象となるわけではない）。

なお，多数決で単なる過半数ではなく5分の4以上の賛成が必要とされるのは，労働者側の意思を反映させるため，労働者側委員の少なくとも過半数が賛成することを求めているためと考えられる（委員数は労使同数のため，計算すると，仮に使用者側委員の全員が賛成したとしても，労働者側委員の少なくとも過半数が賛成しなければ5分の4以上には達しないことになる）。

企画業務型においても，裁量労働制の下での働き過ぎ等を防止するために，健康確保措置や苦情処理に関する措置を講じること，制度の適用を受ける労働者に個別の同意を得る必要があること，同意をしなかった労働者に不利益な取扱いをしないことが，労使委員会の決議事項として定められている（労基法38条の4第1項4号〜6号。たとえば「労働者の同意を得なければならない」と労使委員会で決議することが法律上求められているということである）。

> **illustration 4** 企画業務に従事する労働者でも，経験のない新入社員は業務を適切に遂行するための知識・経験を持たないと解されるので，企画業務型裁量労働のみなし労働時間制は適用されない。

CASES

【事例1】
A鉄道会社では1か月単位の変形労働時間制が採用されており，就業規則には毎月25日までに翌月の勤務の指定を行うこと，業務上の必要がある場合には指定した勤務等を変更することが規定されていた。従業員Bはある日について午前中のみと指定されていた勤務時間を午後からの勤務に変更する命令を受けたが，応じなければならないのか。

解説　本事例では，1か月単位の変形労働時間制（労基法32条の2）においていったん特定した労働時間を変更することが法的に許されるか否かが問題となる。この点，裁判例は，就業規則等に変更を命じうる旨の規定（変更条項）を置くことが一切許されないわけではないが，変更が労働者の生活に影響を与えることから，やむを得ない場合にのみ可能であり，変更条項には変更が許される例外的，限定的理由が具体的に記載され，その場合に限って勤務変更を行う旨定められることが必要との立場である（JR西日本事件・広島高判平14・6・25労判835号43頁）。本事例の変更条項は業務上の必要性のみを理由とする抽象的なものであり，Bが変更を予測することは困難である。よって，本事例における変更条項は，労基法32条の2の趣旨に合致せず，同条で労基法が要求する勤務時間の「特定」の要件が満たされないので，違法無効であると解される。

【事例2】
　A社は，ホワイトカラーの労働者を労働の量（時間）ではなく質（成果）で管理しようと考えている。以下の従業員B，CおよびDに対してどのような制度を用いることが考えられるか。
B：午前中3時間のデスクワークの後，午後はずっと外回りの営業をしている。
C：研究所に所属し，商品に用いる新素材の研究開発を行っている。
D：今年企画部に配属された新入社員で，先輩社員Eとともに企画業務を担当している。

解説　本事例では，事業場外労働・裁量労働のみなし労働時間制の適用の可否が問題となる。まずBについては，午後の事業場外の労働について，上司の同行や携帯電話による管理がなされないなど労働時間の算定が困難であるといえれば，事業場外労働のみなし労働時間制（労基法38条の2）の適用が可能である。この場合，午前中の事業場内労働については別途実労働時間の把握が必要であり，1日の労働時間は，みなし制により算定される事業場外での労働時間と別途把握した事業場内での実労働時間を合算したものとなると解される（詳細は昭63・3・14基発150号参照）。次にCは，研究開発業務は専門業務型裁量労働制の対象業務に含まれるので，労使協定の締結等の要件を満たせば，同制度の適用が可能である（同法38条の3）。最後にDに対しては企画業務型裁量労働制の適用が問題となり，労使委員会の設置および導入の決議等の要件を満たすことが必要になる（同法38条の4）。ただし，D，Eの業務は企画業務型の対象となりうるものの，新入社員であれば，対象業務を適切に遂行するための知識・経験をもつ労働者とは言い難いであろう。よって，仮にDの先輩社員Eが対象となりうるとしても，Dは（何年か経験を積むまでは）制度の適用対象とはなりえないと考えられる。

第13章　年次有給休暇・ワークライフバランス・女性と年少者の保護

● 1 ●　年次有給休暇

1-1　年次有給休暇とは

(1) 年休の要件と性質

働くべき労働日に仕事を休めば，賃金をもらえない（ノーワーク・ノーペイ）。これが原則だが，年次有給休暇（以下「年休」という）を利用すれば，労働日に仕事を休んでも，賃金を受け取ることができる（なお，休日については→第10章4-2）。年休の目的は，労働者が仕事から解放されて休養することにある。仕事を休むことに金銭面での不安を伴うのであれば，この目的が十分に達成されないことから，有給とされている。支払われる賃金額は，就業規則等の定めに応じて，①平均賃金（労基法12条→第9章2-2）か，②所定労働時間働いた場合に支払われる通常の賃金，または，③労使協定を締結した場合には，健康保険上の標準報酬日額（健保法99条1項），である（労基法39条6項）。

年休の権利は，要件を満たしていれば，法律上当然に（つまり，労働者の請求がなくとも）生じる。その要件とは，①6か月間継続勤務し，②全労働日の8割以上出勤していることである（労基法39条1項）。これらの要件については，勤務日ないし出勤日（①の継続勤務期間の判断要素となり，②の出勤率の算定に関して分子となる）が多く，労働日（②の出勤率の算定に関して分母となる）が少ない方が，労働者に有利である。こうしたこともあり，勤務日・出勤日に「含まれるもの」および労働日に「含まれないもの」が，法律ないし解釈上明らかにされている。

まず，①の「継続勤務」とは，労働契約関係の実質的存続を意味する。したがって，期間の定めのある契約が反復更新されている場合や，在籍出向の場合なども，原則として継続勤務となる。

次に，②の「労働日」とは，労働契約上労働義務が課される日のことである。

つまり，休日労働をした日は，労働日には含めない。また，労働契約上労働義務が課されている日であっても，使用者の責めに帰すべきでない事由によって休業した日，生理休暇や慶弔休暇を取った日，正当なストライキにより就労しなかった日等は，労働日に該当しないと解されている（昭33・2・13基発90号，昭63・3・14基発150号）。一方，「出勤」は，現実に出勤したか否かによって判断される。ただし，業務上の負傷または疾病の療養のために休業した期間，育児・介護休業期間，産前産後休業期間は，出勤したものとみなされる（労基法37条7項）。また，年休を取得した日も同様に解されている（昭22・9・13発基17号）。

> illustration 1　労働者Aは，4か月間の約束で有期労働契約を締結した。ただ，その契約がこれまで5回更新された結果，実質的には労働契約関係が継続していると考えられる状態にいたっている。このため，年休の取得にあたっては，1年8か月間の継続勤務として評価する。

このように，継続勤務と8割以上の出勤という2つの要件を満たせば，当然に年休権は生じる。労働基準法39条4項に「請求」という文言があるため（「使用者は，…有給休暇を労働者の請求する時季に与えなければならない」），労働者の請求を使用者が承認することによって年休権が発生するようにも読めるが，そのようには解釈しないのが一般的である。労働基準法39条4項は，同条5項の計画年休（→本章1-2(3)）と同様に，すでに発生した年休権を行使（時季を特定）するための手段的権利ないしは行使方法（→本章1-2(1)の時季指定権）を定めたものと考えられている（白石営林署事件・最二小判昭48・3・2民集27巻2号191頁）。

(2)　年休の日数

継続勤務と8割以上出勤の2つの要件を満たせば，パートタイム労働者（→第18章3）など，週の所定労働時間や所定労働日数が短い労働者も，年休を取得する権利をもつ。ただし，年休として休める日数は，①週の所定労働時間，②週の所定労働日数（週以外の期間で労働日数を定めている場合には，1年間の所定労働日数），および，③労働者の勤続年数に応じて異なる。下の表のとおり，①から③の要素が増えるほど，利用できる年休の日数が多くなる仕組みとなっている（労基法39条1項・2項・3項）。

権利の発生した年に消化されなかった年休に関しては，1年に限り繰越しを認める（繰り越した年休権が労働基準法115条の2年の時効により消滅する）のが

通説である。この立場によれば，たとえば，年休権が4月1日に発生した場合，翌年度の3月末まで行使できることになる。

【年次有給休暇の法定給付日数】

①週の所定労働時間	②週の所定労働日数（週以外の期間で労働日数を定めている場合，1年間の所定労働日数）	③勤続年数						
		6か月	1年6か月	2年6か月	3年6か月	4年6か月	5年6か月	6年6か月
30時間以上		10日	11日	12日	14日	16日	18日	20日
30時間未満	5日以上（217日以上）							
	4日（169日～216日）	7日	8日	9日	10日	12日	13日	15日
	3日（121日～168日）	5日	6日	6日	8日	9日	10日	11日
	2日（73日～120日）	3日	4日	4日	5日	6日	6日	7日
	1日（48日～72日）	1日	2日	2日	2日	3日	3日	3日

1-2　年次有給休暇の利用とその制限

(1)　年休自由利用の原則および時季指定権

年休権利を行使するにあたっては，労働者の自由な決定が尊重される。まず，年休をどのように利用するかは，労働者の自由である（年休自由利用の原則。なお，所属事業場の業務の阻害を目的として一斉に休暇届を提出する一斉休暇闘争は，年休権の行使とは評価されない。前掲・白石営林署事件）。労働者は，年休の取得にあたり，その目的を使用者に告げる必要はない。仮にあらかじめ目的を告げたとしても，その目的に拘束されない。

また，年休権を具体的にいつ行使するか（時季の指定）も，原則として，労働者の自由である。つまり，労働者は，年休権の行使にあたって，時季指定権をもつ（労基法39条4項）。「時季」とは，季節と具体的時期の両方を含む概念である。この時季の指定には，①労働者が年休を取りたい季節をまず指定したうえで，使用者との調整により具体的時期の決定にいたる場合と，②労働者が最初から年休の具体的時期を指定する場合の2つが想定されている。

(2)　時季変更権

しかし，労働者は，年休を望むときに常に指定できるとは限らない。

そのような場合としては，まず，使用者が時季変更権を行使した場合が挙げられる（労基法39条4項但書）。適法な時季変更は，労働者による年休権行使の効果の発生を阻害する。つまり，時季変更権が適法に行使されれば，労働者は希望する時季に年休を取得できない。一度に多くの労働者が年休を取得するような場合には，会社の正常な運営ができなくなるおそれもある。したがって，使用者に時季変更を認めることで，労働者と使用者との調整を図っているのである。

　もっとも，時季変更権の行使もまた無制限ではない。まず，その行使が可能なのは，労働者の時季指定が「事業の正常な運営を妨げる場合」に限られる。また，使用者は，労働者の希望する時季に休暇を取得することができるよう状況に応じて配慮すべきものとされている（弘前電報電話局事件・最二小判昭62・7・10民集41巻5号1229頁）。

　時季変更の理由となる「事業の正常な運営を妨げる場合」とは，①労働者が年休を指定しなければ提供されるはずの労働が，その業務の運営に不可欠であり，かつ，②通常考えられる相当の努力をしても代替要員を確保することが困難という客観的事情があるときに限られる（新潟鉄道郵便局事件・最二小判昭60・3・11労判452号13頁等）。こうした事情の存否は，企業の規模や当該労働者の職務内容，業務の繁閑，予定された年休の日数，代替要員の確保の難易，同時期における年休取得者の有無などを総合的・客観的に考慮して判断する。

　まず，①については，業務の能率や成果が著しく低下する客観的危険性がないにもかかわらず，単に忙しいからという理由では，指定された時季における労働が業務の運営に不可欠とはいえない。また，指定された時季における労働が不可欠であったとしても，②によれば，代替要員の確保が客観的に可能な場合には，使用者がその配慮をしないで時季変更権を行使することは許されない。

　なお，代替要員確保の可能性を考慮するとすれば，慢性的な人手不足のために，代替要員の確保が常に困難である場合は，およそ年休が取れないことになりかねない。これでは，年休という仕組みが存在する意義が損なわれるおそれがあるため，使用者に要求される配慮には，人員配置の適切さへの対応を含むと解すべきものとされている。つまり，慢性的な人手不足を解消するための努力をすることなく，使用者が時季変更権を行使することは認められない。

（illustration 2）　日曜の最低配置人数が2人とされている職場において，労働者Aが年休の時季指定を行った。会社は，Aの代わりを探すのが面倒であっ

たので，Aが休めば最低配置人数を欠くとして，他の曜日に年休取得の時季を変更した。この時季変更は，「事業の正常な運営を妨げる場合」になされたものとはいえず，効力をもたないと考えられる。

　時季「変更」権とはいっても，時季の指定自体は，時季指定権により労働者が一方的になしうるものである。したがって，代わりの年休の時季を使用者が指定しても，労働者はそれに拘束されない。また，退職予定者が未消化年休分を取得する場合には，時季変更権は行使できない。なぜならば，退職予定者は，他の時季に年休を取得できる可能性がないためである。

(3) 計画年休

　労働者が望むときに年休を取得できないケースの2つめとして，労使協定（→第11章1-3(2)）による計画付与がある（労基法39条5項）。使用者は，事業場の過半数労働者を組織する労働組合，または，そうした組合がない場合には，事業場の過半数を代表する者と協定を結び，年休を与える時季についての定めをすれば，その定めに従って年休を与えることができる。このように，職場で計画的に年休を消化することによって，職場への気兼ねなどから年休権の行使が自制されることのないよう，その取得の促進が図られている。

> illustration 3　A社では，事業場全体で1週間の夏季一斉休業を実施して年休を消化するとの労使協定が締結されている。この事業場の労働者は，原則としてその1週間につき年休を取得することになる。

　こうして労使協定により休暇日が具体的に定められた場合には，その時季の特定に反対する労働者も拘束する（三菱重工業長崎造船所計画年休事件・福岡高判平6・3・24労民集45巻1・2号123頁）。つまり，労働者は時季指定権を行使できない（他方で，使用者の時季変更権もなくなる）。ただし，計画付与の対象にできるのは，各労働者の有する年休の日数のうち，5日を超える部分に限られる。これは，少なくとも5日間は，労働者個人が自由に年休を利用できる余地を残そうという趣旨である。

(4) 年休の取得と不利益取扱い

　年休を取得したために，労働者が不利益を被ることがある（たとえば，皆勤手当が受けられない，ボーナスの支給対象から外される，など）。こうした不利益取扱いに関しては，年休について定めた労基法39条が直接規定していないため，その効力をどのように考えるべきかが問題になる。

この点に関して，判例は，民法90条の公序の枠組みで判断している。つまり，こうした不利益取扱いが，年休権の行使を抑制し，ひいては，年休権が保障されている趣旨を実質的に失わせるものである場合には，公序違反として無効となる（沼津交通事件・最二小判平5・6・25民集47巻6号4585頁）。具体的には，不利益取扱いの趣旨・目的や，その不利益取扱いによって労働者が失う経済的利益の程度，年休取得に対する事実上の抑制力の強弱といった事情を総合的に考慮して，不利益取扱いの効力を判断する。

● 2 ● 女性・年少者の保護

2-1　年少者の保護
(1)　年齢制限
　労働基準法上，「年少者」として特別の保護を受けるのは，満18歳未満の者である。このうち，満15歳に達した日以後最初の3月31日が終了していない「児童」は，さらに特別の保護を受ける。

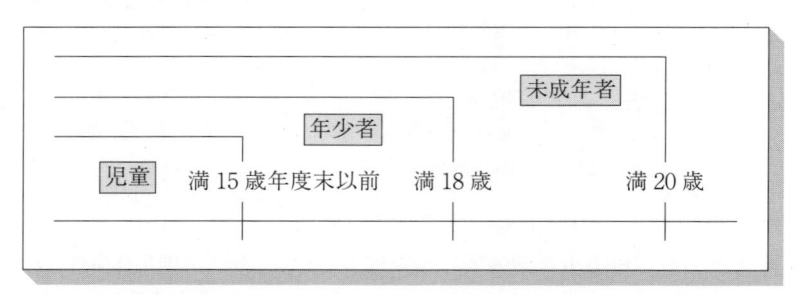

```
                                        ┌──未成年者──┐
                          ┌──年少者──┐
                ┌児童┐
                  満15歳年度末以前   満18歳        満20歳
```

　まず，満15歳に達した日以後最初の3月31日が終了していない児童は，労働者として使用してはならない（労基法56条1項）。つまり，義務教育終了相当時点までは，労働者として使用できないのが原則である。
　ただし，例外が2つある。第1は，非工業的事業（製造業・鉱業・土木建築業・運送業・貨物取扱業以外の事業）にかかわる例外である。これについては，①非工業的事業に関する職業で，②児童の健康および福祉に有害でなく，かつ，③その労働が軽易なものであり，④13歳以上の児童であれば，⑤行政官庁の許可等の手続を経ることで，⑥修学時間外に，当該児童を使用することができる（労基法56条2項）。
　第2は，映画の制作または演劇の事業である。これについては，満13歳に

満たない児童でも使用することができる（同項）。満13歳という年齢制限が外れるだけで，その他の要件は，第1の例外と同じである。

(2) 未成年者の労働契約締結

未成年者に不当な条件の労働をさせないため，その労働契約の締結には特別の規制がある。

まず，親権者または後見人は，未成年者に代わって労働契約を締結してはならない（労基法58条1項）。未成年者の同意を得た場合も同様である。以前は，親が，自らの利益のために未成年者の子に代わって労働契約を締結し，賃金を前借りすることがあった。こうした悪習を絶つため，未成年者に対して特別の保護を図ったのである。

> **illustration 4**　Aは，16歳になる自分の娘Bに代わり，Bが友人Cの喫茶店で働くことをCと約束した。Bは，お小遣い稼ぎになると喜んでいるが，この契約は無効である。

他方で，未成年者本人が労働契約を締結するには，法定代理人の同意を要する（民法5条1項・823条1項）。未成年者が法定代理人の同意を得ないで労働契約を締結した場合には，未成年者または法定代理人は，同契約を取消しうる（民法5条2項）。法定代理人の同意を得た場合には，その労働契約に関して，未成年者は成年者と同様の行為能力をもつ。ただし，未成年者にとってその労働契約が不利であると認める場合には，親権者もしくは後見人または行政官庁が，将来に向かってその契約を解除することができる（労基法58条2項）。

(3) 年少者の労働時間

年少者の労働時間に対する規制は，年齢によって異なる（一般的な労働時間の規制については→第10章〜第12章）。

まず，18歳未満の年少者に共通の規制として，変形労働時間制，フレックスタイム制，36協定による時間外・休日労働，事業の特殊性による労働時間・休憩の特例の不適用がある（労基法60条1項）。これらの措置は，年少者の健康や福祉に有害な影響を与えかねないためである。

ただし，年少者のなかでも満15歳の年度末を過ぎた者については，一定の限度で労働時間の弾力化措置（特別な変形労働時間制）を講ずることができる。つまり，1週間の労働時間が法定労働時間を超えない限り，1週間のうち1日の労働時間を4時間短縮することにより，他の日の労働時間を10時間まで延長することが可能である（労基法60条3項1号）。また，1週間について48時

間，1日について8時間の範囲内で，1か月単位または1年単位の変形制を適用することもできる（労基法60条3項2号）。

これに対して，年少者のなかでも，満15歳に達した日以降の最初の3月31日が終了していない児童については，とくに法定労働時間の点で規制がより強化されている。具体的には，修学時間を通算して，1週間につき40時間，1日につき7時間が法定労働時間となる（労基法60条2項）。

【満15歳年度末前児童の労働時間の例】

	月	火	水	木	金	土	日	計
労働時間（修学時間を含む）	7	6	7	6	7	休	7	40

(4) 年少者の深夜業の禁止

使用者は，満18歳未満の年少者を午後10時から午前5時までの間に使用してはならない（労基法61条1項）。さらに，非工業的事業において，行政官庁の許可を受けて満15歳に達した日以降の最初の3月31日が終了していない児童を使用する場合には，この禁止される深夜業の時間帯が，午後8時から午前5時までとなる（同法61条5項）。

(5) 年少者の安全衛生に関する特別規制

満18歳に満たない年少者に，一定の危険有害業務をさせてはならない。具体的には，①運転中の機械・動力伝導装置の危険な部分の掃除・注油・検査・修繕等，危険な業務および重量物取扱業務（労基法62条1項），②有害ガス・有害放射線を飛散する場所における業務等，安全・衛生・福祉に有害な場所における業務（同法62条2項），③坑内労働（同法63条），である。

2-2　女性の保護

(1) 女性一般の保護から妊娠出産機能の保護の重視へ

労働基準法は従来，女性一般について特別の保護規定を置いていた（時間外労働の上限規制や休日労働制限，深夜業の禁止など）。しかし，昭和60年の男女雇用機会均等法（→第4章3-2）の制定以来，妊娠出産機能に関する保護は拡充の傾向にあるのに対して，女性一般に対する保護規定は縮小する方針が取られている。この結果，女性一般に関する保護規定は，坑内労働の規制（労基法64条の2）等に限定されることとなった。

このように，保護の対象は，女性一般から妊娠出産機能へと重心が移ってい

る。これは，女性労働者の妊娠出産機能を保護したうえで女性に対する優遇措置を撤廃するほうが，男女の実質的な機会均等に資するとの考え方が広まったためである。

(2) **妊産婦の就業制限，育児時間**

こうした政策の展開を受けて，妊産婦（妊娠中の女性および産後1年を経過しない女性）に関しては，さまざまな保護規定が置かれている。

まず，使用者は，妊産婦を，妊娠・出産・哺育等に有害な一定業務（重量物を取り扱う業務，有害ガスを発散する場所における業務等）に就かせてはならない（労基法64条の3第1項）。また，妊産婦が請求した場合には，①変形労働時間制（→第12章2）によって法定労働時間を超える労働をさせること，②非常事由または36協定（同法33条・36条）により時間外・休日労働（→第11章1-2，1-3）をさせること，③深夜業をさせること，が禁止される（同法66条）。さらに，とくに妊娠中の女性については，当該女性が請求した場合には，他の軽易な業務へ転換させなくてはならない（同法65条3項）。

他方で，1歳未満の子を育てる女性は，原則として，1日2回，それぞれ少なくとも30分，その子を育てるための時間を請求することができる（1日の労働時間が4時間以内の女性労働者には，1日1回少なくとも30分でよい）。これを育児時間という（労基法67条）。もともとは授乳のための時間として使われることを想定して設けられたものであるが，授乳に限らず，子の世話のために必要であれば自由に使うことができる。また，時間帯も，労働時間の途中という限定はない。勤務時間の初めや終わりでも，1日1回60分でもよい。いずれにせよ，女性からの請求がなければ与えなくてよい。また，労働協約や就業規則等で有給とされない限りは無給である。

(3) **産前産後休業**

妊産婦のなかでも，出産直前直後の者には，特別の休業制度が予定されている。産前産後休業である（労基法65条1項）。

出産予定の女性は，出産予定日の6週間前（多胎妊娠の場合には14週間前）から，産前の休業を請求することができる。産前の休業は，本人の請求を待って与えられる。逆にいえば，6週間以内に出産する予定の女性が休業を請求しないときには，就業させてもよい。

これに対して，産後には，出産日の翌日から8週間の休業が予定されている。産前の休業と比べて，実際の分娩日が基準となること，本人の請求の有無を問わず与えなければならないこと，最初の6週間については本人が就業を希望し

【産前・産後休業と出産日】

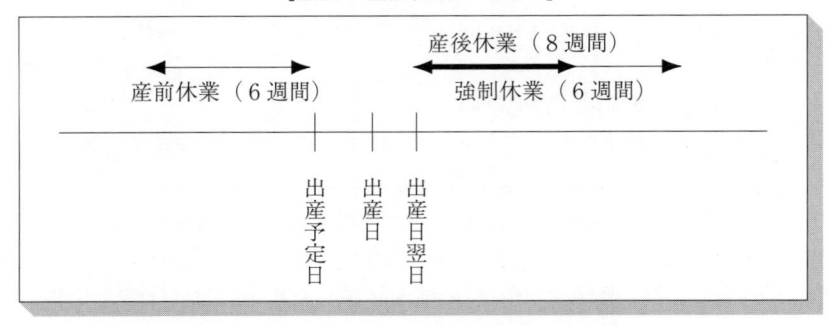

```
                          産後休業（8週間）
         ←――――――――→←――――――――――――――――→
           産前休業（6週間）    強制休業（6週間）
         ――――――――――――|―|―|――――――――――――――――
                     出 出 出
                     産 産 産
                     予 日 日
                     定   翌
                     日   日
```

ても休ませなければならない強制休業であることなどが異なる。8週間のうち最後の2週間に関しては，女性が請求し，かつ，医師が支障ないと認める業務には就かせることができる。

「出産」とは，妊娠4か月以上の分娩（流産，早産および人工妊娠中絶が含まれる）であり，死産も含まれる。妊娠の月齢は1か月を28日で計算し，「4か月以上」とは，4か月目の初日からのことをいうため，具体的には，85日以上の分娩が出産として扱われることになる。

産前産後の休業中は，就業規則等に有給との定めがない限り，無給となる。ただし，出産予定日前42日（多胎妊娠の場合98日），出産の日翌日以後56日までの範囲内で，休業期間1日につき標準報酬日額の3分の2に相当する額が，健康保険制度から出産手当金として支給される（健保法102条）。

(4) **生理日の休暇**

生理日の就業が著しく困難な女性が休暇を請求したときには，使用者はその女性を就業させてはならない（労基法68条）。休暇の性質としては，就業が困難な場合における休暇（病気休暇など）の一種である。

生理日の期間や苦痛の程度には個人差があることから，生理を理由として「就業が著しく困難な」状態にあることを判断するための一般的基準は定められていない。原則として，請求があれば休暇を与えることとし，証明を求める必要がある場合でも，同僚の証言程度の簡単なもので足りるとされている。

(5) **産前産後休業等と不利益取扱い**

労働者が産前産後休業や生理日の休暇を取得したことを理由に，不利益な取扱いをすることがある。このうち，産前産後休業については，平成18年改正後の男女雇用機会均等法（→第4章3-2）に不利益取扱いを禁止する旨の規定

がある（同法9条）が，生理日の休暇に関しては，そのような明文の規定がないため，その不利益取扱いの効力が問題となる。

この点について，判例は，民法90条を根拠に，法律によって労働者に与えられた権利の行使を実質的に抑止するか否かを基準にして，その効力を判断している（日本シェーリング事件・最一小判平元・12・14民集43巻12号1895頁，東朋学園事件・最一小判平15・12・4労判862号14頁）。つまり，権利の行使を実質的に抑制するものは民法90条の公序に違反し，無効とされる。これに対して，労働者の権利行使を著しく困難にするような事情がない場合や，労働者側に権利行使の濫用が認められる場合は，違法・無効ではない。

3　ワークライフバランス

3-1　育児・介護休業法

労働者は，仕事を継続していくなかで，職業生活と家庭生活との調和を要求されることがある。その代表例が，育児と介護である。両者とも長期にわたって労働者を拘束することが多く，場合によっては，仕事を続けられないほどに過大な負担となる。このように，職業生活と家庭生活との調和は，ときに一労働者の努力で対応できる範疇を超える。したがって，社会的な対応をとることが喫緊の課題として意識されるようになった。こうした社会的要請を受けて成立したのが，いわゆる育児・介護休業法（育児休業，介護休業等育児又は家族介護を行う労働者の福祉に関する法律）である。

同法は，平成3年に，男女労働者に育児休業の権利を与える育児休業法として誕生した。その後，高齢化の進行を背景に，平成7年に育児休業法を改正する形で介護休業が法制化され，現在にいたっている。

3-2　育児休業

(1) 育児休業の内容

育児休業を取得できるのは，1歳未満の子（養子を含む）を養育する（同居し監護する）男女労働者である（育児・介護休業法5条1項）。前記の産前産後休業と異なり，男性も取得できる。ただし，取得できるのは，1人の子につき1回である（平成21年改正については→本章3-2(3)）。

これが原則だが，いくつかの例外がある。

まず，子の養育に困難がある一定の場合には，子が1歳6か月に達するまで

育児休業を延長できることがある。具体的には、①保育所に入所を希望しているが、入所できない場合、②子の養育を行っている配偶者であって、1歳以降子を養育する予定であった者が、死亡、疾病等の事情により、子の養育が困難になった場合、である（育児・介護休業法5条3項、施行規則4条の2）。

他方で、次の労働者は、育児休業を取得できない。①日々雇用される者（育児・介護休業法2条1号）、および、②期間を定めて雇用される者（ただし、1年以上継続雇用されており、養育する子が1歳に達する日を超えて引き続き雇用されることが見込まれる者は取得できる。同法5条1項但書）、である。また、労使協定（→第11章1-3(2)）で、③雇用されて1年に満たない者、④配偶者が常に子の養育をできる者（ただし、配偶者が産前6週間以内もしくは産後8週間以内の場合、または、配偶者が病気で子を養育できない場合を除く。平成21年改正については→次頁(3)）、⑤休業申し出から1年以内に雇用契約が終了することが明らかな者、⑥1週間の所定労働日数が2日以下の者等を除くこともできる（同法6条1項但書、施行規則6条・7条）。

> **illustration 5** 労働者Aは、妻Bが出産したため、育児休業を取得しようとした。しかし、Aの会社の労使協定には「配偶者が常に子の養育をできる者は育児休業を取得できない」との規定があり、かつ、Bが育児休業を取得したことから、平成21年改正法施行前はAは育児休業を取得できない。

事業主は、育児休業中の賃金を支払う義務はない。ただし、雇用保険法によって、休業開始前賃金の4割（ただし、暫定措置として、現在のところ5割）が育児休業給付として支給される（雇用保険法61条の4等）。

なお、育児休業の取得を妨げることがないよう、事業主は、労働者が育児休業を申し出たことや育児休業を取得したことを理由として、解雇その他不利益な取扱い（非正規職員化、降格、賞与等で不利な算定を行うこと）をしてはならない（育児・介護休業法10条）。

(2) 子の看護休暇・その他の措置

実際は、育児休業終了後も、さまざまな形で育児のための時間が必要になる。また、育児休業を取らずに就労を続ける労働者も少なくない。そうした需要に対応するため、育児・介護休業法は、いくつかの制度を整備している。

まず、小学校に入学する前の子を養育する労働者は、子の負傷や疾病における看護のため、申し出により1年度に5日までの休暇を取得できる（平成21年改正法については→次頁(3)）。これを子の看護休暇という（育児・介護休業法16

条の2)。この休暇制度の導入前は，年休を子の看護のために消化する（あるいは，子の看護のために使えるよう消化しないでおく）労働者が多かった。そうした事態を改善するために創設された制度である。

そのほか，小学校に入学する前の子を養育する労働者（雇用期間1年未満の者や常態として子を養育できる配偶者がいる場合等を除く）が請求したときには，①1か月に24時間，1年に150時間を超えて，労働時間を延長すること，②深夜業をさせることが禁止される。事業主は，事業の正常な運営を妨げる場合でなければ，この請求を拒むことはできない（同法17条1項・19条1項）。

また，全日の休業を長期間取るのが困難な労働者のために，働きながら子育てをしやすくする措置を講じるよう，使用者に義務が課されている（平成21年改正については→後述(3)）。ただ，その措置の内容や義務の程度は，労働者の子の年齢によって異なる。まず，事業主は，1歳に達するまでの子を養育しながら働く労働者に対しては，労働者からの申し出に基づき，①短時間勤務制度，②フレックスタイム制度，③始業・終業時間を繰り上げ・繰り下げる制度，④所定労働時間を超えて労働させない制度，⑤託児施設の設置運営その他これに準ずる便宜の供与のいずれかを定めなければならない。また，1歳から3歳に達するまでの子を養育しながら働く労働者に対しては，労働者からの申し出に基づき，育児休業に準ずる措置または前記①から⑤に準ずる措置のいずれかを講じなければならない（育児・介護休業法23条1項）。さらに，3歳から小学校入学までの子を養育しながら働く労働者についても，育児休業に準ずる措置または前記①から⑤に準ずる措置のいずれかを講ずる努力義務を負う（同法24条）。

(3) 平成21年改正

育児・介護休業法については，少子化や高齢化の深刻化を背景に，仕事と育児・介護の両立を一層推進することが重要な課題となっている。こうした観点から，平成21年に法律が改正された。育児休業に関するものとしては，以下がある（原則として，平成22年7月1日までには施行予定）。

①3歳までの子を養育する労働者について，短時間勤務制度（1日6時間）の採用を事業主の義務とすること（現行は，いくつかの措置のなかからの選択制。改正後は，①，②以外は努力義務となる），②労働者からの請求による所定外労働の免除を制度化すること（同上），③子の看護休暇の日数に関する上限を見直すこと（小学校就学前の子が1人の場合年5日，2人以上であれば年10日），④父母がともに育児休業を取得する場合，育児休業の取得期間を1歳2か月（現

行1歳）までとする「パパ・ママ育休プラス」制度を導入すること，⑤父親が出産後8週間以内に育児休業を取得した場合，再度育児休業を取得できるようにすること（現行は1回限り），⑥配偶者が専業主夫・主婦のときに，労使協定（→第11章1-3(2)）により育児休業の取得を認めないことができる仕組みを廃止すること，などである。とくに，④，⑤および⑥は，父親の子育て参加の推進を狙って導入されたものである。

また，妊娠・出産に伴う均等法上の紛争と同様に，育児休業の取得に関する紛争にも，都道府県労働局長による紛争解決援助や調停委員による調停制度を設けることとした（平成22年4月1日施行予定）。さらに，現行の育児・介護休業法には，法違反に対する制裁措置がない。これでは実効性に欠けることがあるため，勧告に従わない場合の公表制度，および，報告を求めた場合に報告しない者・虚偽の報告をした者に対する過料の仕組みが創設された（平成21年9月30日施行）。

3-3 介護休業
(1) 介護休業の内容

労働者には，要介護状態にある家族の介護のために，介護休業をする権利が認められる（育児・介護休業法11条1項）。

ただし，①日々雇用される者（同法2条1号），および，②期間を定めて雇用される者（ただし，1年以上継続雇用されており，介護休業開始予定日から起算して93日を経過する日を超えて引き続き雇用されることが見込まれる者を除く。同法11条1項但書）は，介護休業を取得できない。また，労使協定（→第11章1-3(2)）で，③雇用されて1年に満たない者，④休業申し出から93日以内に雇用契約が終了することが明らかな者，⑤1週間の所定労働日数が2日以下の者等を除くこともできる（同法6条1項但書）。育児休業（現行）の場合と異なり，他に介護をする者がいることは，介護休業を取得させない理由にはならない。これは，1人では対象家族を介護できない場合もあるためとされている。

介護休業の対象となる家族は，配偶者（事実婚を含む），父母，子，および，配偶者の父母，ならびに，同居し扶養している祖父母，兄弟姉妹，および，孫である（同法2条4号，施行規則2条4号）。「要介護状態」とは，負傷，疾病または身体上・精神上の傷害により，2週間以上にわたり常時介護を必要とする状態をいう（同法2条3号）。

休業は，対象家族1人につき，要介護状態が生じるごとに1回取得できる。

ただし，休業期間は，同一の対象家族について通算して93日が上限とされている（同法11条2項）。

介護休業中は，労働契約上無給が原則である。しかし，育児休業と同様に，雇用保険制度からの手当がある。休業開始前賃金の4割相当分を支給する介護休業給付である（雇用保険法61条の7）。

育児休業と同じく，介護休業に関しても，その利用が阻害されることのないよう，事業主に対して，不利益取扱いの禁止が定められている。禁止されるのは，労働者が介護休業の申し出をし，または，介護休業を取得したことを理由として，当該労働者について解雇その他の不利益な取扱いをすることである（育児・介護休業法16条）。

(2) 介護のためのその他の措置

要介護状態にある対象家族を介護する労働者も，小学校就学前の子を養育する労働者と同様に，時間外労働の制限と深夜業の免除を請求できる（育児・介護休業法18条・20条）。

また，事業主は，雇用する労働者（日々雇用される者を除く）のうち，介護休業を取得せずに要介護状態にある対象家族を介護する者に対して，労働者の申し出に基づき，合計93日間以上の期間における勤務時間の短縮，その他就業しながらの介護を容易にするための措置を講じなければならない（同法23条2項）。

なお，前述の育児・介護休業法の改正（→本章3-2(3)）にともない，介護休業に関しても，介護のための短期休暇制度（要介護状態の対象家族が1人であれば年5日，2人以上であれば年10日）が創設されている。

CASES

【事例1】

労働者Aが1か月にわたる連続した年休を請求したのに対して，会社Bは，代替者の手配が困難であることから再検討を求めたが，Aがこれに応じなかったので，後半の2週間につき，時季変更権を行使した。この時季変更権の行使は，「事業の正常な運営を妨げる場合」になされたものといえるか。

解説　一般的に，長期休暇は，代替勤務者の確保が困難になるなど，「事業の

正常な運営を妨げる」蓋然性が高くなるため，その分，使用者が，他の労働者の休暇予定等との事前の調整を図る必要も高くなる。また，その調整に関しては，休暇中の業務量や代替勤務者確保の可能性，他の労働者の休暇の請求状況などに関する蓋然性にもとづいて判断せざるをえないため，使用者の裁量が大きくならざるをえない。こうした長期休暇の特殊性を考えたうえで，使用者の裁量的判断が労働基準法39条の趣旨に照らして合理的かどうかを検討することになろう。（本事例がベースにした時事通信社事件・最三小判平4・6・23民集46巻4号306頁は，使用者の時季変更権の行使を適法と判断している。）

【事例2】

A社では，ボーナスの支給に際して支給対象期間の出勤率を90％以上と定め，産前産後休業，育児・介護休業の期間を欠勤扱いとしたうえで，出勤率を算定している。このため，産前産後休業および育児休業を取得した労働者Bは，出勤率の要件を満たすことができず，ボーナスが全く支給されなかった。Bは，ボーナスを請求することができないか。

解説 本文で説明したとおり，産前産後休業や育児・介護休業に関する不利益取扱いについては，男女雇用機会均等法や育児・介護休業法にこれを禁止する規定がある。しかしながら，産前産後休業や育児休業などについては，有給であることが法的に保障されていない。したがって，産前産後休業や育児休業の期間を欠勤とし，その欠勤日・時間を賃金の算定において比例的に反映させたとしても，それが不就労を理由とした無給扱いである場合には，原則として，法が禁止する不利益取扱いには当たらない。つまり，こうした無給の扱いは，法が禁止する，産前産後休業や育児休業を取得したことを「理由とする」（男女雇用機会均等法9条，育児・介護休業法10条）不利益取扱いではなく，単に「ノーワーク・ノーペイ」の原則に従ったもの，あるいは，不就労による技能や経験の遅れ・不足を反映したものと考えられる。

これに対して，本事例のように，ボーナスの支給要件としての出勤率に関して，産前産後休業および育児休業の期間を欠勤扱いとし，全くボーナスを支給しないことは，休業期間を超えて働かなかったものとして取り扱う措置であり，男女雇用機会均等法9条や育児・介護休業法10条にいう不利益取扱いに該当するものとの見解が主張されうる。

ただし，病気による欠勤など別の理由によっても休業期間を超えた減額はなされうるので，上記の法違反ではなく，公序違反の問題とする見解もありえよう。（本事例は，東朋学園事件・最一小判平15・12・4労判862号14頁をベースにしたものである。）

第14章　安全衛生・労災補償

●1● 安全衛生

　職場における安全と健康を確保するとともに，快適な職場環境の形成を目指して定められたのが労働安全衛生法である（労安法1条）。
　労働者は，仕事に関連して事故に遭ったり病気にかかったりすることがある。労働者の生命や心身の健康は，きわめて重要なものであるので，労働災害が起こった後に対処するよりは，あらかじめその発生を未然に防ぐほうが望ましい。こうした観点から，労働安全衛生法は，総合的かつ多角的に労働災害防止のための仕組みを整備している。
　事業者は，労働災害を防止するために，労働安全衛生法に定められた最低基準を守るだけでなく，快適な職場環境を作り，労働条件を改善することで，労働者の安全と健康を確保しなければならない（労安法3条1項）。労働者もまた，労働災害を未然に防ぐために必要な事項を守り，事業主が実施する労働災害防止の措置に協力するよう努めなければならないとされているが（同法4条），労働安全衛生法上の義務の本来的主体は，やはり事業者である。事業者が講ずべき主な措置としては，安全衛生管理体制の確立，危険または健康障害の防止，安全衛生教育・健康診断等，快適な職場環境形成等のための措置等がある。
　ここにいう「事業者」とは，事業主（個人企業であればその個人，法人企業であれば会社そのもの）を意味する。「使用者」ではなく「事業者」とされたのは，安全衛生の責任が事業主体そのものにあることを明確にする趣旨といわれている。もっとも，各規定の違反が故意犯を予定していることから，法違反に対する処罰は現実の行為者に対して科される。行為者でない事業者への処罰は，労基法と同様に，両罰規定（実際の行為者たる従業員等だけでなく，その法人等にも刑を科す規定。労安法122条）によることになる。労働安全衛生法における監督の仕組みも，基本的に労基法と同じである（同法90条以下。→第1章4）。

なお，直律的効力を明文で定める労基法と異なり，労働安全衛生法においては，法の基準がどこまで私法上の義務となるかについて，条文からは必ずしも判然としない。労働安全衛生法と労基法とが「相まつて」機能することが予定されていること（労安法1条）を根拠に，私法上の義務となることを肯定する立場がある一方で，労働安全衛生法の基準は，あくまでも行政取締法規にとどまるとの見解もあり，解釈が分かれている。

● 2 ● 労 災 補 償

2-1 意 義

労働者が，仕事のために死亡し，傷害を受け，または病気にかかるなどの労働災害に遭遇した場合には，民法の損害賠償とは異なる特別の補償制度が用意されている。これが，労災補償制度である。

民法の損害賠償による場合，労働者は，使用者等の過失や損害，因果関係等を立証する責任を負うことになる。この立証は，場合によって相当に困難であり，また仮に立証に成功しても，労働者側に過失があれば，過失相殺により賠償額が減額されかねない。さらに，使用者に資力がない場合には，補償が遅れたり，実際上全額の補償を受けられなかったりすることもある。他方で，莫大な賠償金を負いかねない民法上の損害賠償制度は，使用者にとっても，大きな負担となりうる。

このように，民法上の制度は，労使双方（とくに労働者）にとって不都合な点がある。そのため，使用者の過失の有無を問わず賠償責任を負わせる無過失責任（後述の労働基準法上の災害補償）からさらに進んで，保険の仕組みを利用して労働災害のリスクを分散させる労災保険制度が大きな役割を果たすようになったのである。

2-2 労働基準法上の災害補償

労基法は，労働者の傷病や死亡等が「業務上」のものであることのみを要件として，使用者の災害補償責任を定めている（労基法75条以下）。この責任は，無過失責任である。また，補償額は，負傷や疾病の療養の実施または費用負担を行う「療養補償」（同法75条）を除き，いずれも定型的（平均賃金を基礎とする定率補償）である（「休業補償」同法76条,「障害補償」同法77条,「遺族補償」同法79条,「葬祭料」同法80条,「打切補償」同法81条）。

もっとも，現在では，労災保険法（労働者災害補償保険法）が労基法の災害補償を代替しているため，実際に労基法上の規定が適用される余地はほとんどない。

2-3　労災保険法
(1)　労災保険法の発展
　もともと，労災保険法は，前述した使用者の労基法上の災害補償義務を前提として，その履行を担保するためのものとして生まれた。実際，労災保険法に基づいて給付がなされるべき場合には，使用者は労基法上の災害補償の責任を免れる（労基法84条1項）。労災保険法が労基法と同時に成立し，また，成立当初，労基法上の災害補償と同一内容・同一水準の補償しか規定していなかったこともその反映である。しかし，昭和35年以降の数次にわたる改正によって，労災保険法は，次第に労基法上の災害補償から乖離するとともに，独自性をもつにいたっている（たとえば，業務災害ではない通勤災害を保護するようになるなど）。

(2)　保険の手続き
　労災保険制度の対象は，労働者を1人でも使用する全事業に及ぶ（ごく小規模の農林水産業を除く）。この場合の「労働者」や「事業」は，労基法上のものと同義である（→第2章2）。
　労災保険関係は，適用対象となる事業が開始された日に自動的に成立する（労災保険法6条，労働保険徴収法3条）。事業主は，事業開始から10日以内に労働基準監督署長に届出を提出したうえで，所定の保険料を納付しなければならない。もっとも，事業主が，届出や保険料納付を怠っている場合でも，労働災害が発生すれば，労働者は保険給付を受けることができる（この場合，政府は，事業主から保険給付に要した費用の全部または一部を徴収することができる。労災保険法3条）。
　労災保険制度の保険料は，事業主が全額負担する。保険料は，その事業で働く労働者の賃金総額に，保険料率を乗じた額である（労働保険徴収法11条）。保険料率は，事業の種類ごとに定められている（平成21年度の場合，最高は水力発電施設やずい道等新設事業の1000分の103，最低は電気機械器具や時計等の製造業，通信業や金融業などの1000分の3）。さらに，一定規模以上の企業には，事業主の災害防止努力の結果を保険料率に反映させる仕組みが適用される。これをメリット制という（同法12条3項）。メリット制では，納付した保険料額

と支払われた保険給付等の額との比率（収支率）に応じて，一定の範囲内で労災保険料率の増減を行う。つまり，努力して労働災害の発生を抑えれば，その分保険料率も低くなり，逆に，労働災害の発生率が高まれば保険料率も引き上げられることになる。

(3) 補償の要件——「業務上」

労働に関連して生じた傷病等のすべてが，労基法ないし労災保険法の補償の対象となるわけではない。補償の対象となるためには，問題の傷病等が「業務上」のものであることが必要である（労基法75条以下，労災保険法7条1項1号）。

「業務上」とは，業務が原因になったということである。つまり，業務と傷病等との間に，一定の因果関係が要求される。この因果関係のことを業務起因性（または「相当因果関係」）という。

行政解釈は，この業務起因性の存否を判断する第1の基準として，業務遂行性を問題にする。業務遂行性とは，傷病等が，労働者が労働契約に基づく支配従属の関係のもとにあるときに生じたものであることを指す。この業務遂行性が認められるものにつき，さらに業務と傷病等との因果関係を問うという構造である。

もっとも業務遂行性の判断が意味をもつのは，傷病等のなかでも，概ね災害性のもの（負傷および事故等に起因して発生する疾病）に限られる。なぜなら，災害性の傷病等は，時間的・場所的に発生の特定が容易な災害ないし災害的出来事を介することから，契約に基づく支配従属関係のもとで生じたか否かを判断しやすいためである。これに対して，職業性の疾病等は，業務遂行性の判断が意味をもたないのが通例である。こうした職業性の疾病等は，有害物質の影響を受ける業務に長年就いた後などに発症することが多く，その間の支配従属関係を確認しづらいからである。

いずれにせよ，業務遂行性が認められなければ業務起因性は否定されるが，逆に，業務遂行性が認められる場合でも，業務起因性の判断においては，傷病等の発生に対する業務の寄与をさらに考慮する。この因果関係は，業務と傷病等との条件関係では足りない。前記の意味での業務遂行（労働者が労働契約に基づく支配従属関係のもとにあること）にともなう危険が現実化したと経験則上認められることが必要である。ただし，業務が傷病等を引き起こした種々の原因のうちで，最も有力な原因である必要はない。行政解釈によれば，業務が傷病等を引き起こした原因のうちで，相対的に有力なものであれば足りると解さ

れている（相対的有力原因説）。相対的なものである以上，他に競合する原因があり，それが業務等と同じく相対的に有力な原因であったとしても，業務起因性の成立を妨げない。これと対立する立場として，業務が相対的に有力な原因であることまでは必要なく，他の原因と共働で疾病等を発生させたと認められれば足りるとの説（共働原因説）もある。もっとも，様々な原因の寄与の度合いを割合的に把握することが事実上困難である以上，相対的に有力であることを重視するか否かの点は，実際の判断で生かせないことも多い。このため，具体的な判断の局面では，いずれの説に依っても大差ないとの考え方もある。

① 災害性の傷病等

災害性の傷病等に関する業務遂行性は，①労働者が事業場内で就業している時間中（事業主の支配・管理下にあって，業務に従事している）はもちろん，②労働者が休憩時間や始業前・終業後など就業時間外で事業場内にいる間（事業主の支配・管理下にあるが，業務に従事していない場合）や，③事業場外で就業している場合や出張の場合（事業主の支配下にあるが，管理を離れて業務に従事する場合）などでも原則として認められる。少なくとも，労働契約に基づく事業主の支配下にあると考えられるためである。これに対して，後述の通勤途上や事業場外での任意の私的活動中の災害には，業務遂行性が認められない。

これを前提に業務起因性についてみると，まず，①の場合は，例外的な事情がない限り，原則として業務起因性があると判断される。また，③の場合も，全体が業務のための行為と考えられるもので，同様に解される。例外的な事情とは，地震等の自然現象や，通り魔など外部の力，けんかなどの本人の私的逸脱行為等により災害が生じた場合である。ただし，こうした例外的な場合であっても，当該職場や職務に定型的に伴う危険が現実化したと判断できれば，業務起因性が肯定される。

逆に，②の状況における災害の発生は，業務が原因とはいえないのが普通であるため，原則として業務起因性が否定される。ただし，当該災害が，事業場設備の不備や欠陥に起因する場合や，業務付随行為と認められる場合は，業務に起因すると認められる。

|illustration 1| 地震が発生しやすい地域で地質調査をしていた労働者が，地震に遭遇して怪我をした。使用者の施設管理下での災害ではないが，労働契約上使用者の支配下で生じたものではあるので，業務遂行性は肯定される。また，地震の被害を受けやすい業務であるので，その危険が顕在化したものとして，業

務起因性も認められる。

② 職業性疾病——業務起因性が推定される職業病

前述のとおり，職業性の疾病等は，業務遂行性の判断が意味をもたないのが通例である。また，発症までの期間に，さまざまな原因が複合的に影響し合うことが多いため，因果関係の立証に困難を伴うこともままある。

こうした事情を考慮して，ある業務に従事した場合に発症しやすいことが医学経験上わかっている一定の疾病については，当該業務との因果関係を推定する仕組みが取られている。具体的には，所定の表（労基則・別表1の2）に例示された疾病（とくに2号から7号）に，当該表の定める条件下（業務・作業環境等）で罹患した場合には，労働基準監督署による特段の反証がない限り，業務起因性を認めるというものである。

(illustration 2)　労働者Aは，長年石綿紡織工場で作業をしていたところ，肺がんになった。労働基準法施行規則の別表1の2において，「石綿にさらされる業務」に従事する者が「肺がん又は中皮腫」になった場合には，原則として業務起因性が推定されることになっているため，Aは業務起因性を立証する必要がない。

③ 職業性疾病——とくに脳・心臓疾患

補償の対象となる職業性の疾病は，これだけではない。前記の別表によれば，「その他業務に起因することが明らかな疾病」もまた業務上のものと認められることになっている（労基則・別表1の2第9号）。ただし，こうした疾病については，原則に戻って，労働者による業務起因性の立証が必要になる。

このような疾病としてとくに問題になるのが，脳・心臓疾患である。長時間の過重労働や労働によるストレスから脳・心臓疾患を発症し，死にいたる場合は，いわゆる「過労死」の問題になる。しかし，脳・心臓疾患については，過重労働やストレスのほかにも，さまざまな事情（高血圧などの素因・基礎疾患，体質・遺伝，気候条件，喫煙・飲酒の習慣等）が病因になると考えられているため，業務起因性の立証が著しく困難になりやすい。

この立証の困難を和らげるため，脳・心臓疾患の業務起因性の立証に関しては，認定基準が提示されている（平13・12・12基発1063号）。この基準によると，脳・心臓疾患の発症が業務上のものといえるには，業務上の「過重負荷」のために，労働者の基礎疾患が「その自然経緯を超えて著しく増悪」して発症

にいたったことが必要とされている。

「過重負荷」には，3つの類型がある。つまり，①発症直前から前日までに「異常な出来事」（極度の緊張や興奮，恐怖など，強度の精神的負荷を引き起こす突発的または予測困難な異常な事態）があったこと，②発症前の概ね1週間に日常業務（通常の所定労働時間内の所定業務をいう）に比較して「特に過重な業務」があったこと，そして，③発症前の概ね6か月間に「著しい疲労の蓄積をもたらす特に過重な業務」があったこと，である。

過重か否かは，どのような労働者を基準とするかにも左右される。この点，被災労働者本人を基準に過重性を判断すれば，結果的に当該労働者に災害が発生している以上，常に業務が過重であったと評価されかねない。このため，行政解釈（平7・2・1基発38号）では，被災労働者と同じ程度の年齢，経験等をもち，日常業務を支障なく遂行できる労働者にとって，とくに過重であったかどうかという客観的な基準を採用している。なお，③については，週40時間を超える時間外労働の時間数に応じて，業務と発症との関連性を客観的に評価する試みがなされている（たとえば，時間外労働が発症前の1か月間に100時間または発症前の2か月間から6か月間に月80時間を超える場合には，関連性が強いと判断される）。

なお，業務による心理的負荷が原因でうつ病等の精神障害を発病した場合でも，「その他業務に起因することが明らかな疾病」に該当しうる。また，かかる精神障害のため，正常な判断ができずに自殺にいたったときにも，その死亡が業務上のものと評価されることがある。労災保険法では，労働者の故意による死亡に関しては，保険給付を認めないのが原則であるが（12条の2第1項），このような自殺の場合においては，精神障害のために，自分が死ぬという結果の発生につき故意がなかったものとして扱われることがある（平11・9・14基発544号・545号）。

> **illustration 3** 労働者Aは，長時間に及ぶ時間外労働を日常的に行っていたが，うつ病に罹患し，自殺した。長時間労働によりうつ病を発症し，このうつ病のために自殺したものと認められる場合，Aの自殺は業務上のものとされる。

(4) 通勤途上の災害

通勤災害とは，通勤との間に相当因果関係のある負傷，疾病，障害または死亡をいう。労災保険法では，この通勤災害についても，業務上の災害と同様の給付を行うことを定めている（21条以下）。ただし，通勤災害は，業務上の災

害そのものではない。なぜなら，通勤は，労働者の業務と密接な関連性をもつものではあるが，一般的には，労働契約上使用者の支配下にある行為とは評価できない（つまり，業務遂行性が認められない）ためである。このように，通勤災害の保護は，使用者の災害補償責任を前提とするものではない（そのため，「補償」という表現が用いられていない）。にもかかわらず，通勤災害が労災保険制度の枠内で保護されているのは，通勤の多くは業務に必然的に伴うものであって，通勤災害のリスクを完全に労働者個人の私的なものとは捉えられないためである。こうしたリスクの特殊性にかんがみ，通勤災害に関しては，労災保険制度の枠内で，特別の保護制度を構築することになった。

「通勤」とは，労働者が，就業に関し，①住居と就業の場所との間の往復，②就業の場所から他の就業の場所への移動，または，③単身赴任先住居と帰省先住居との間の移動を，合理的な経路および方法で行うことである（労災保険法7条2項）。

「就業に関し」が要件となるため，業務終了後に業務とは関係のない用事で会社に長時間残っていた後の移動は，「通勤」に当たらないことがある。また，通勤経路を逸脱または中断した場合には，その逸脱または中断の間およびその後の往復は，原則として「通勤」に当たらない（同法7条3項）。この場合，「逸脱」とは，通勤途中で就業や通勤と関係のない目的で合理的な経路をそれることをいう。また，「中断」とは，通勤の経路上で，通勤と関係のない行為を行うことである。

> **illustration 4** 労働者Aは，会社から帰る途中のB駅で降り，最寄りの雀荘に行って麻雀をした。その後再びB駅に戻り，自宅へ帰った。この場合，B駅を降りた後の移動は，「逸脱」であり，「通勤」に当たらない。

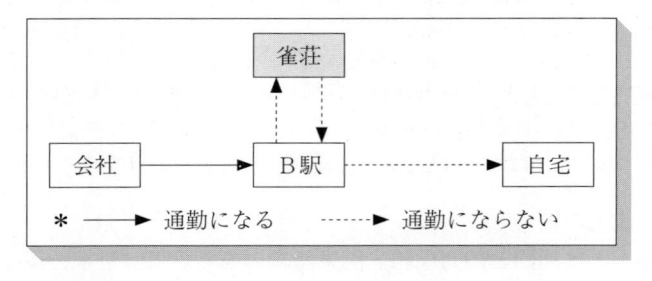

```
              雀荘
               ↑↓
  会社 ──→ B駅 ------→ 自宅

  * ──→ 通勤になる    ------→ 通勤にならない
```

ただし，その逸脱または中断が，日常生活上必要な行為であって，やむをえない事由で行う最小限度のものである場合は，逸脱・中断の部分を除き，「通

勤」として取り扱われる（同法7条3項）。「日常生活上必要な行為」とは，①日用品の購入，②職業訓練や教育訓練，③選挙権の行使，④病院や診療所での診療や治療を受けること，⑤要介護状態にある配偶者，子，父母，配偶者の父母等の介護，である（施行規則8条）。

> **illustration 5** 労働者Aは，会社から帰る途中のB駅で降り，最寄りの病院へ行って診療を受けた。その後再びB駅に戻り，自宅へ帰った。この場合，B駅を降り，病院へ向かい，再びB駅に戻ってくるまでの移動は，「通勤」ではないが，B駅に戻ってから，自宅へ帰るまでの移動は，「通勤」となる。

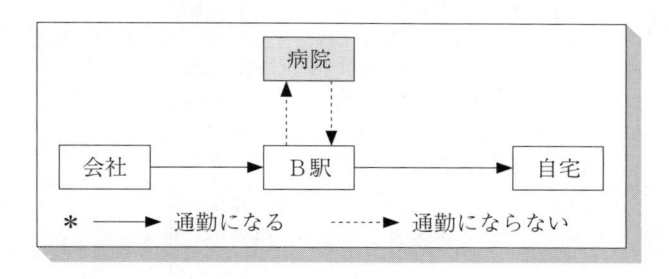

```
        ┌──────┐
        │ 病院 │
        └──────┘
         ↑   ↓
┌──────┐   ┌──────┐   ┌──────┐
│ 会社 │──→│ B駅  │──→│ 自宅 │
└──────┘   └──────┘   └──────┘

*  ──→ 通勤になる    ┈┈▶ 通勤にならない
```

(5) 給付内容

業務災害に対する保険給付としては，主に7種類が予定されている（労災保険法12条の8以下）。①療養補償給付，②休業補償給付，③障害補償給付，④遺族補償給付，⑤葬祭料，⑥傷病補償年金，⑦介護補償給付，である（その他，2次健康診断等給付（同法26条）がある）。通勤災害に関しても，①から⑦までと同種の給付が存在するが，前述のとおり，その名称に「補償」という言葉がなく，「療養給付」等となる（同法21条以下）。

> **illustration 6** 労働者Aは，仕事で足を骨折した場合，その治療のために療養補償給付を利用できる。また，仕事を2週間休まねばならなくなった場合，その間の4日目から，休業補償給付を請求しうる。1か月の治療の後治癒したが，足に障害が残り以前のようには働けなくなってしまった場合には，障害補償給付を受けうる。

【労災保険給付の内容】

保険給付	給付内容	いつまで支給されるか
療養（補償）給付	怪我や病気をした場合に提供される診察や治療，薬の提供などの「現物」を無料で支給する（ただし，例外的に，現物ではなく治療等に要した費用を後で償還することがある）。	症状が治癒（症状が固定し，それ以上の治療効果が期待できない状態）するまで
休業（補償）給付	療養のために労働者が休業し，賃金をもらえない場合に，休業4日目から，給付基礎日額（労基法12条の平均賃金相当額）の6割相当額を支給する（なお，業務災害による休業の場合には，休業の最初の日から3日分は，労働基準法第76条にもとづいて，労災保険ではなく，使用者が平均賃金の6割を支給する）。休日等の賃金請求権が発生しない日についても支給される。	最長1年6か月
障害（補償）給付	傷病の症状が治癒した段階で，なお身体に障害が残っている労働者に対して，障害の等級（14段階）に応じて，年金または前払一時金を支給する。	障害が続く限り
遺族（補償）給付	労働者の死亡当時，その収入により生計を維持していた配偶者，その他一定の親族（妻以外は，年齢要件等がある）のうち，最優先順位者に対して，年金または一時金で支給する。	年金の場合は，受給権者の受給資格がなくなるまで
葬祭料	死亡した労働者の葬祭を行う者に対して，給付基礎日額60日分以上を支給する。	
傷病（補償）年金	1年6か月を経過してもなお治癒せず，かつ，障害が1級ないし3級に該当する場合に，その障害の程度に応じて支給する。なお，傷病補償年金の支給により，それまで支給されていた休業補償給付は打ち切られるが，療養補償給付は治癒するまで継続される。	障害が続く限り
介護（補償）給付	労働者に障害があり，常時または随時介護が必要であるときに支給する。	障害があり，介護を必要とする限り

　以上の保険給付を受け取るためには，労働者またはその遺族は，労働基準監督署に請求しなければならない（ただし，療養の給付の場合は，指定病院等に給付請求書を提出する）。具体的には，事業主や指定病院等の証明を受けたうえで，

【労災保険給付の概要】

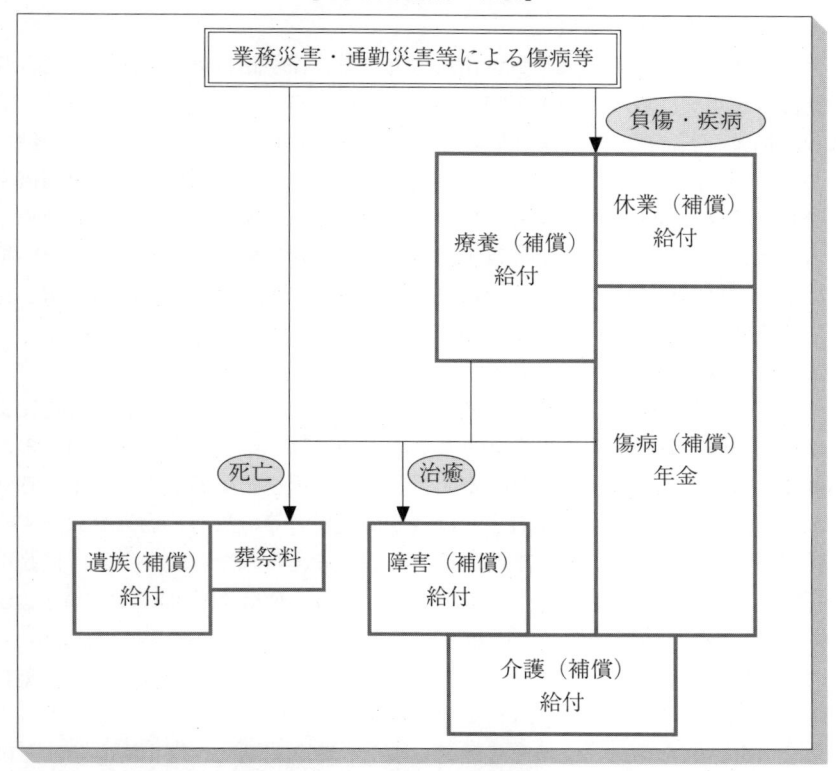

```
業務災害・通勤災害等による傷病等
                              │
                         ┌────┴────┐
                         │ 負傷・疾病│
                    ┌────┴────┬────────┐
                    │ 療養（補償）│ 休業（補償）│
                    │   給付   │   給付   │
                    └────┬────┴────────┘
                         │         │ 傷病（補償）
         ┌───死亡──┐ ┌─治癒─┐ │   年金
   遺族（補償）│葬祭料│ │障害（補償）│
      給付   │      │ │  給付   │
                         │ 介護（補償）給付 │
```

出典：厚生労働省・都道府県労働局・労働基準監督署『労災保険給付の概要』

　労働基準監督署長に保険給付の申請書を提出することによって請求を行い，この請求に基づき，労働基準監督署長が，支給または不支給の決定をなす（同法12条の8第2項）。

　この決定に不服の者は，各都道府県労働局の労働災害補償保険審査官に対する審査請求をなすことができる。この決定にも不服であれば，労働保険審査会に再審査請求をなしうる（同法38条1項）。また，審査請求後3か月を経ても決定がないときも同様である。この審査会の裁決が下されて初めて，取消訴訟などの行政訴訟の提起が可能になる。ただし，再審査請求後3か月を経ても裁決がなされない場合には，ただちに行政訴訟を提起できる（同法40条）。

2-4　労災民訴
(1) 労働災害と損害賠償

　労働基準法上の災害補償や労災保険法上の労災保険給付は，労働災害により労働者等が現実に被った損害を完全に填補するものではない。なぜならば，①精神的損害（慰謝料）の填補がなく，また，②職業その他個人の事情や特性にかかわらず，障害の程度に応じて障害補償が定型化されており，③休業補償も，就労していれば得られたであろう賃金の全額をカバーするものではないためである。そこで，労働基準法上の災害補償や労災保険給付により填補されない損害については，使用者やその他の加害者に対して，民法上の損害賠償請求を行えるようになっている（労基法84条2項の反対解釈）。

(2) 安全配慮義務

　使用者等に対して民法上の損害賠償を求める方法としては，不法行為責任または債務不履行責任の追及が考えられる。かつては，不法行為責任を問うのが通例であったが，この方法には，不法行為による損害賠償請求権が3年で時効消滅してしまうことや，労働者または遺族に使用者等の故意・過失を立証する責任があることなど，いくつかの困難があると考えられた。そのため，債務不履行責任（損害賠償請求権の消滅時効が10年であり，使用者側が自らに帰責事由がないことを立証する責任を負う）の追及が試みられるようになったのである。

　債務不履行責任の追及は，昭和50年の最高裁判決（陸上自衛隊八戸車両整備工場事件・最三小判昭50・2・25民集29巻2号143頁）を契機に広く定着することになった。いわゆる「安全配慮義務」法理の確立である。安全配慮義務とは，使用者またはそれに準ずる者が，労働者の労務提供の過程において，その生命・身体を危険から保護するように配慮すべき義務，と定義される（川義事件・最判昭59・4・10民集38巻6号557頁等）。具体的内容としては，事故が起こらないように設備を維持・点検すべき義務や，事故にならないよう作業を見守る人員を配置すべき義務，あらかじめ関係者に十分な教育訓練を施すべき義務，労働者に防護具を身につけさせる義務等が考えられる。

　こうした安全配慮義務は，特別な社会的接触の関係における付随義務として，信義則上一般的に認められるものである（前掲・自衛隊車両整備工場事件）。この場合，「特別な社会的接触の関係」とは，労働契約関係に限られない。たとえば，請負契約における注文者や元請企業も，労働契約関係に準じて，安全配慮義務を負うことがある（三菱重工業神戸造船所事件・最一小判平3・4・11労判590号14頁等）。

なお，使用者との関係では，労働契約法5条に「労働者の安全への配慮」の規定が設けられた。安全配慮義務の法理を労使に対して周知する必要性にかんがみて，これまでの判例法理を明文化することにしたのである。

> illustration 7　優秀なピアニストでもあった労働者Aは，あるとき仕事上の事故のために指を切断し，ピアニストとしての将来が閉ざされた。しかし，労災保険制度からの補償は，ピアニストにとっての指の重要性が考慮されていないため，被った損害に比べればわずかである。Aは，安全配慮義務を根拠に，会社に損害賠償請求をなしうる。

もっとも，立証に関しては，債務不履行構成であれ不法行為構成であれ，さほど変わらないと考えられている。というのも，債務不履行構成であっても，使用者がどういった安全配慮義務を負うのか（債務の内容）を特定し，義務違反の事実を主張・立証する必要があるとされており，使用者にいかなる過失（結果回避義務違反）があったのかを立証することの負担と，あまり差がないためである。

2-5　労災補償と損害賠償の調整

労災補償または労災保険給付と，労働災害に関する民事訴訟による損害賠償責任は，労働者や遺族の損害を填補する点で共通の機能を果たす。したがって，仮に何の調整もなされなければ，労働者や遺族は，二重取りが可能ということになる。こうした事態を避けるため，労災補償または労災保険給付と民事損害賠償とを調整する仕組みがある。調整の方法は，加害者が使用者か，それ以外の第三者かによって異なる。以下では，労災保険の場合についてみよう。

まず，加害者が使用者の場合，労災保険法上の給付が支給されたときには，当該使用者は，同一の事由については（労災保険でカバーされない精神的損害などはこの要件を満たさず，慰謝料請求ができる），その限度で民法上の損害賠償責任を免れる（労基法84条2項）。つまり，使用者は，最終的には支給された労災保険給付の金額を超える損害についてのみ，民事上の損害賠償責任を負う。これを労働者や遺族側からみると，労災保険給付相当分は政府から，それ以上の損害分については，加害者たる使用者から損害の填補を受けるということになる。こうした調整は，労災保険給付がなされた場合に行われるのが原則であるが，年金により給付がなされる場合には例外がある（労災保険法64条1項）。

これに対して，加害者が第三者の場合，労災保険給付が支給されれば，政府

【加害者が使用者の場合（損害額100万円，労災保険給付70万円）】

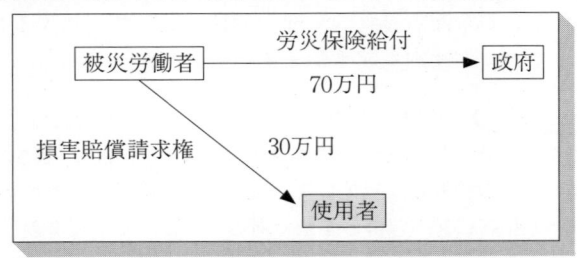

```
被災労働者 ──労災保険給付──→ 政府
              70万円
損害賠償請求権  30万円
          ↘
           使用者
```

は，その限度で，労働者・遺族が当該第三者に対して有する損害賠償請求権を取得する（労災保険法12条の4第1項）。労働者や遺族が第三者から先に同一の事由について損害賠償を受けたときには，政府はその限度で労働者・遺族に対して保険給付をしないことができる（同条2項）。つまり，加害者たる第三者は，いずれにせよ，全損害の賠償責任を負う。また，労働者や遺族は，全損害を第三者に請求することもできれば，労災保険給付分のみを政府に，それ以上の損害分を第三者に請求することもできる。いずれにせよ，二重取りは基本的にできない仕組みである。

【加害者が第三者の場合（損害額100万円，労災保険給付70万円）】

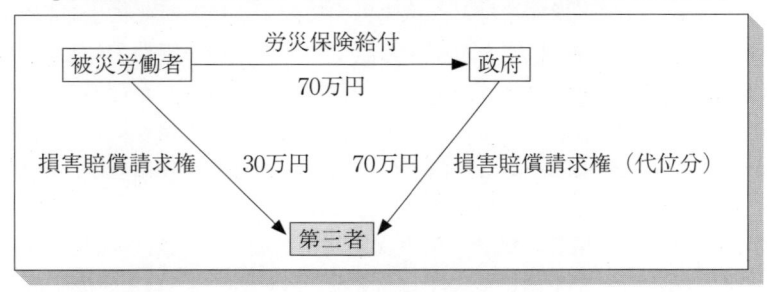

```
被災労働者 ──労災保険給付──→ 政府
              70万円
損害賠償請求権 30万円  70万円 損害賠償請求権（代位分）
          ↘        ↙
            第三者
```

CASES

【事例1】

労働者Aは，仕事中にくも膜下出血を発症した。発症の主たる原因は，発症前約半年間の長時間勤務（1日の平均時間外労働が7時間）とAの基礎疾患（脳動脈瘤）の2つと考えられる。ただし，Aの基礎疾患は，治療を要するような症状ではなかった。Aのくも膜下出血は，業務上のものと認められるか。

解説　脳心臓疾患の業務起因性に関しては，業務による「過重負荷」が，労働者の基礎疾患を「その自然経緯を超えて著しく増悪」させたかどうかがポイントとなる。本事例では，Aの基礎疾患は，発症前の慢性的な長時間労働がなければ，くも膜下出血を発症するほどに増悪しなかった可能性が高いと考えられる（→本章2-3(3)③）。したがって，Aのくも膜下出血は，業務上のものと認められよう。（本事例は，横浜南労基署長（東京海上横浜支店）事件・最一小判平12・7・17労判785号6頁をベースにしたものである。本判決は，脳・心臓疾患に関する行政の認定基準に大きな影響を与えた。）

【事例2】
　A社に入社して半年あまりの労働者Bは，機械の故障を直そうとしたところ，誤って腕を切断する傷害を負った。Bは，A社での上司にあたるCから機械の構造や作業・安全に関する注意事項などについての説明や指導を何も受けていなかった。BのA社およびCに対する損害賠償請求は認められるか。

解説　本事例では，A社の安全配慮義務違反が問題となる。安全配慮義務とは，使用者等が，労働者の労務提供の過程において，その生命・身体を危険から保護するように配慮すべき義務である。したがって，本事例では，A社は，Bに対し，機械の構造や作業・安全に関する注意事項などにつき，適切な説明や指示等を行うべきであったと考えられるので，A社に安全配慮義務違反があったとして損害賠償請求が認められるであろう。

　次に上司Cについては，Bと契約関係にないため，不法行為責任を追求することになるが，Cは上司として上記と同様の注意義務を負っていたと考えられるので，Cの不法行為責任も認められることになろう。（本事例は，セイシン企業事件・東京高判平13・3・29労判831号78頁をベースにしたものである。）

第15章 懲　戒

● 1 ● 服務規律と企業秩序

　就業規則では，労働者が遵守すべき「服務規律」が明記されていることが多い。服務規律に含まれる事項は，多岐にわたる。①労務の提供に関係するものとして，指揮命令に従う義務や出退勤・遅刻・早退の管理，職務専念義務，勤務中の服装の規定等がある。②企業の施設や財産管理にかかわるものとして，施設内での政治活動・組合活動，集会やビラ配布・貼付，物品持出しを禁止する規定等が挙げられる。さらに，③職場外の行為についても，秘密保持義務・競業避止義務（→第6章3-2）や兼業許可制，使用者の名誉・信用保持義務等が定められるのが一般的である。

　多数の労働者を擁し，労働者間で分業・協業しながら事業を営む今日の企業は，このような服務規律の定めによって，労働の提供において，あるいは企業施設内で労働者が守るべきルールを明確にすることで，企業秩序を定立して事業の円滑な運営を図ろうとする。職場外の行為についてまで規律が及ぶのは，労働者の言動が企業の体面・利益を損ない，他の労働者に影響を与えることがあるため，そのような事態を防いで企業秩序を維持しようとするからである。要するに，企業秩序を定立して事業の円滑な運営を図るための定めが，服務規律なのである（判例によると，企業秩序は，人的要素・物的施設の合理的・合目的的な配備組織によって定立されるものである。国鉄札幌運転区事件・最三小判昭54・10・30民集33巻6号647頁）。

　服務規律の定めは，法令に反しておらず，かつ，周知・合理性の要件を具備しているならば（労契法7条・10条），労働契約を規律し，労働者は「企業秩序遵守義務」を負うことになる（→第6章3-1）。この義務には，信義則上生ずるものもある（後述する調査協力義務など→本章3-2(2)）。企業秩序違反は，解雇や損害賠償請求の根拠になりうる。また，企業秩序に違反した労働者は，配

転や降格など使用者の人事権行使においてこれを不利に考慮されることがある。後述する懲戒処分を課される可能性もある。

● 2 ● 懲戒処分の意義・種類

　使用者は，服務規律に違反した労働者に対して制裁を課すことによって，企業秩序を回復・維持しようとする。この制裁のことを懲戒処分という。制裁（懲戒）の定めをする場合，使用者は，これを就業規則に定めておかなければならない（労基法89条9号）。懲戒処分の種類は，企業によって異なるものの，大別すると，けん責，出勤停止，減給，降格，懲戒解雇の5つの類型がある。
　① けん責
　一般に，始末書の提出を伴う注意処分をけん責（譴責）という。戒告，訓告，訓戒などの注意処分もあるが，これらの場合，けん責と異なり，始末書提出は求められないことが多い。
　② 減　給
　減給は，労働者が本来受け取るべき賃金の一定額を差し引くものである。労働者の行為等を人事考課において不利に評価し，その結果として賃金額が下がることや，後述する出勤停止や降格に伴う賃金引下げは，（労基法91条にいう）「減給」には含まれない（→本章3-4(2)）。
　③ 出勤停止
　出勤停止は，労働契約を存続させつつ一定の期間，就労を禁止することをいう。出勤停止の期間は，退職金の算定等における勤続年数に算入されないことが多い。自宅待機（業務命令の場合と単なる労務受領拒否の場合がある）や休職は，制裁目的ではない点において，出勤停止とは異なる（→第8章4）。
　④ 降　格
　懲戒処分の一内容として，職能資格上の資格や職位を引き下げる降格処分が行われることがある。人事権行使としての降格とは区別される（→第7章4）。
　⑤ 懲戒解雇
　懲戒解雇は，最も重い制裁手段である。予告を伴わず（即時解雇），かつ，退職金を全額または一定額支払わないのが通例である（即時解雇の適法性については→第17章1-2(1)，退職金不支給については→第9章3-1(4)）。「諭旨解雇」（諭旨退職）は即時退職を求めるものである。諭旨解雇を受けた労働者が一定期間内に退職届を提出しなければ懲戒解雇するという取扱い（懲戒解雇の猶予

手段としての諭旨解雇）も多く，懲戒処分としてその効力が判断される。諭旨解雇が，実質的に懲戒解雇に等しい重い懲戒処分と評価されるゆえんである（ネスレ日本事件・最二小判平 18・10・6 労判 925 号 11 頁）。

● 3 ● 懲戒処分の有効要件

　このような懲戒処分を発動するためには，以下でみるように，まず第 1 に，使用者の懲戒権及び当該懲戒手段が就業規則に定められていることと，その就業規則が労働契約を規律することを要する。第 2 に，当該労働者の行為が就業規則所定の懲戒事由に該当することを要する。そして，懲戒処分が企業秩序維持のために認められる手段であることに照らすと，労働者の行為は，形式的にその懲戒事由に該当するだけでなく，実質的に企業秩序を乱すといえなければならない。そのうえで，第 3 に，懲戒権を濫用していないことを要する（労契法 15 条）。労働者の行為に照らして処分や手続の相当性が検討される。第 4 に，懲戒処分がその他の強行法規や公序良俗（民法 90 条）に反してはならないことも重要である。

3-1　懲戒権の法的根拠・性質

　就業規則に懲戒の定めがないときでも，使用者は，懲戒権を行使しうるか。学説では，この点は，労働契約を締結したことから使用者はただちに懲戒権を取得するという「固有権説」に立つと肯定され，契約上の根拠を要するという「契約説」によると否定されると考えられていた。契約説は，対等な関係であるはずの労働契約の一方当事者（使用者）が，なぜ懲戒権をただちに取得することになるのか，という疑問から出発するものである。

　判例は，当初，固有権説に立つともみられる立場をとっていた。「労働者は，労働契約を締結して雇用されることによって……企業秩序を遵守すべき義務を負」い，使用者は，「企業秩序を維持し」「企業の円滑な運営を図るために」，懲戒を課することができる，としていたからである（関西電力事件・最一小判昭 58・9・8 労判 415 号 29 頁など）。もっとも，最近では，懲戒権を行使するためには，あらかじめ就業規則において懲戒の種別および事由を定めておくことを要すると述べる判決も現れている（フジ興産事件・最二小判平 15・10・10 労判 861 号 5 頁）。

　そこで，判例は契約説に立っているとみる見解がある。また，固有権説に立

つとみたうえで次のように理解することもできよう。使用者は，労働契約の締結によって，その労働者に対して懲戒処分を課す抽象的な権能を取得するが，その具体的な行使が許されるためには，就業規則に定めた事由・種別の範囲内でなければならない，と考えるのである。その理由は，懲戒処分が，使用者による特別の制裁措置であり（使用者は，労働契約上，解雇や損害賠償請求，人事考課や配転等で対処をすることもできる），罪刑法定主義類似の原則が妥当することに求められる。制裁の定めが就業規則の必要的記載事項とされていることは（労基法89条9号），この必要性に即したものとみることができる。

懲戒権は就業規則に定めて初めて行使できると考えると，就業規則の懲戒の定めが労働契約を規律していることが必要になり，厳密には，合理性・周知等の要件充足が求められる（→第3章3-1）。裁判例では，懲戒事由を定める就業規則の合理性はあまり判断されていないが，懲戒事由の中には，労働契約の趣旨から当然に合理性を肯定できるものもある（「業務命令違反」など）。「会社の名誉・信用棄損」など，抽象的であり，限定的に解釈される前提であれば合理性を肯定できる事由もある。また，「会社の定める服務規律に反したとき」といった懲戒事由については，当該服務規律の定めの合理性を改めて探ることになる。懲戒事由を定める就業規則の合理性は，事案ごとに検討されるのである。

3-2　懲戒事由

就業規則に合理性を備えた懲戒規定があるとしても，さらに，懲戒事由該当性が，個々の事案をみて判断される。そこでの要点は，当該行為が実質的に企業秩序を乱すかどうかである。懲戒処分は，企業秩序の維持・回復のために認められるというのが判例の立場である。この懲戒処分を認める実質的理由が，逆に，労働者の行為が企業秩序を乱さない場合には懲戒処分を課すことはできないとして，懲戒処分の限界を画する方向にも働いている。

(1)　**労働の提供・企業施設の利用にかかわる行為**
① 　業務命令違反

配転や出向など使用者による業務命令を拒否した労働者に対して，懲戒処分が課されることがある。このような場合に，「会社の指揮命令に反したとき」等の懲戒事由に該当するといえるかどうかは，当該業務命令の有効性に依存する。業務命令が有効であるときは，労働契約の中核たる労働義務の不履行といえるため，通常は，企業秩序違反として懲戒事由に該当する。業務命令に根拠

がないか，濫用にわたり，あるいは法律や労働協約に反するときは，当該業務命令は無効となり，懲戒処分を課する法的根拠を欠くことになる。

② 職務懈怠・職務上の非違行為

無断欠勤・遅刻などの職務懈怠は，債務不履行と評価されるものでありさえすれば足りるわけではなく，懲戒事由に該当するというためには，遅刻を繰り返していたなど，企業秩序を乱す程度に至っていなければならない。

職務上の非違行為の例としては，企業の財産の横領，物品の私用や持出しなどが挙げられる。このような場合も，一般的には，企業に与えた損害の程度，企業の管理のあり方，動機，労働者の地位などに照らして，企業秩序違反性が判断される。

職務専念義務規定（「従業員は，その職務の遂行に専念しなければならない。」等）については，判例では，労働者が，政治的な言葉が記載されたプレートを着用して就労した事案において，プレート着用によって職務専念義務に反していたと判断されている（目黒電報電話局事件・最三小判昭52・12・13民集31巻7号974頁→第6章2-1(2)②。組合活動と職務専念義務については→第22章3-3(2))。

③ 企業施設の職務外の利用

企業施設内での政治活動・組合活動を禁止し，集会やビラ配布・貼付などの活動を許可制のもとにおく服務規律規定——使用者の「施設管理権」の行使と位置づけられる——に違反した場合の懲戒処分の可否も争われてきた。

最高裁によると，就業規則の政治活動禁止規定それ自体は有効である。労働者間の対立を生じさせ，また，使用者の施設管理や労働者の労務提供を妨げうるものだからである。もっとも，ビラ配布等の行為が実質的にみて企業の秩序風紀を乱すおそれのない特別の事情が認められる場合には，政治活動禁止規定やビラ配布等の許可規定への違反になるとはいえない（上記目黒電報電話局事件判決。組合活動と施設管理権については→第22章3-3(3)および(4))。

⌈ illustration 1 ⌉　A社の労働者Bは，休憩時間に会社の食堂において，政党支持を訴えるビラを配布した。A社就業規則においてビラ配布には許可を要するとされていても，Bの行為は，その態様が平穏であれば，「会社の諸規定に反したとき」という懲戒事由に該当しない。

上記のような事案の判例（明治乳業事件・最三小判昭58・11・1労判417号21頁）では，ビラを配布した労働者への戒告処分につき，食事中の従業員数名に

1枚ずつ平穏に手渡し，他は食卓に静かに置くという方法で行われていたこと，ビラを受け取るか，閲読するかはその自由に任されており，配布に要した時間が数分であったことなどから，企業秩序を乱すおそれがあったとはいえないとして，懲戒事由に該当しないと判断されている（休憩自由利用の原則に関しては→第10章4-1）。

④　経歴詐称

経歴詐称とは，採用時に学歴・職歴・犯罪歴等について真実と異なることを述べ，あるいは真実を告知しないことをいう。

最終学歴は，労働者の労働力評価だけでなく，企業秩序の維持にも関係するとされている。裁判例では，大学中退の経歴を高卒と偽って採用されていた労働者に対する懲戒解雇が有効とされている（炭研精工事件・東京高判平3・2・20労判592号77頁。この判断は最一小判平3・9・19労判615号16頁によって維持された）。当該企業では，工員について，その職務内容・他の従業員の学歴との釣合いという観点から，高卒・中卒という募集条件を定めていたという事情のもとで，経歴詐称が懲戒事由に該当すると判断されたものである。

> illustration 2　A社は，高卒者を対象にプレス工を募集していた。Bは大学を中退していたが，高卒と偽って応募し採用された。Bに対する懲戒解雇は，それが権利の濫用にわたらなければ，有効である。

犯罪歴の秘匿も，懲戒事由になりうる。ただし，賞罰欄に記載すべき「罰」は，確定した有罪判決をいうとされており，公判継続中であることを告げなかったことは経歴詐称に当たらないとされている（同判決）。

⑤　学説の議論

以上でみたように，判例・裁判例では，業務命令違反や企業施設を利用した活動，経歴詐称等，労働の提供・施設管理にかかわる労働者の行為は，労働の提供や企業秩序の維持に関する影響がないと判断されると，懲戒事由に該当しないとされる。もっとも，実害がなくても懲戒事由該当性が肯定されることがある。その典型が，経歴詐称や企業施設の無断利用を理由とする懲戒処分である。経歴詐称については，学説では，普通解雇等によって対処すれば足りるのであり，そもそも懲戒処分の対象とすることはできないという批判がある。企業施設の利用についても，企業秩序侵害の具体的なおそれがある場合にのみ懲戒事由該当性を肯定すべきであるとして，判例の見解（抽象的危険説）を批判する説（具体的危険説）がある。労働者の表現の自由や政治活動の自由，組合

活動の保障，個人情報保護といった労働者の諸利益をより重視すべきだというのである。

(2) 検査・調査協力拒否

使用者による検査・調査に労働者が協力しなかったことを理由とする懲戒処分については，判例においても，慎重な判断が示されている。

① 所持品検査の拒否

労働者による金品の不正隠匿の摘発・防止のために行う「所持品検査」について，判例は，「人権侵害のおそれを伴う」として，就業規則に規定されていても，当然に適法視されるものでないとする。そのうえで，所持品検査は，(i)これを必要とする合理的理由に基づいて，(ii)一般的に妥当な方法と程度で，しかも，(iii)制度として，職場従業員に対して画一的に実施されるものでなければならない，としている（西日本鉄道事件・最二小判昭43・8・2民集22巻8号1603頁）。脱靴検査も，所持品検査に含まれうる（同判決）。

> illustration 3　鉄道会社A社は，乗車賃の不正隠匿を防止するため，就業規則に基づき運転手の携帯品や靴を検査した。この検査が一斉に行われており，方法や程度に関し妥当を欠く事情がないならば，同検査を拒否した労働者Bに対して，A社は，懲戒処分を行うことができる。

② 調査協力義務違反

判例によると（富士重工業事件・最三小判昭52・12・13民集31巻7号1037頁），企業は，労働者に対して懲戒処分を行うことができるから，懲戒処分を行うための事実関係の調査も，当然にすることができる。しかし，労働者は，「企業の一般的な支配に服するものではない」から，その調査は，当該労働者の労務提供義務の履行に関連するものでなければならない。すなわち，(i)「他の労働者に対する指導，監督ないし企業秩序の維持などを職責とする者」であり，「調査に協力することがその職務の内容となっている場合」であるか，または，(ii)「調査に協力することが労務提供義務を履行する上で必要かつ合理的であると認められ」る場合でない限り，調査協力義務を負わない。(ii)の場合に該当するかどうかは，調査の対象たる違反行為の性質・内容，当該労働者の見聞の機会と職務執行との関連性，より適切な調査方法の有無等諸般の事情から総合的に判断される。

> illustration 4　A社は，労働者Bの政治活動の有無を調査するため，労働者Cに事情聴取に応ずるよう命じたところ，Cはこれを拒否した。Cが管理職

者でなく，事情聴取の内容が，Cの勤務中にBが政治活動としての働きかけを行なわなかったかどうかを調査するものでなければ，命令違反を理由とするCへの懲戒処分は無効になる。

(3) 職場外の行為

労働者が職場外で行った使用者の名誉・信用・利益を毀損する行為や犯罪行為などが懲戒事由とされている就業規則が多くみられる。判例は，これらが職場外における私生活上の行為であっても，企業の円滑な運営に支障をきたすおそれがあるなど企業秩序に関係を有するものもあるとして，懲戒を課すことも許されるとしつつ（関西電力事件・最一小判昭58・9・8労判415号29頁），懲戒事由該当性については限定的解釈を行い，慎重に判断している。

① 私生活上の非行

私生活上の犯罪行為も，使用者の名誉・信用を害する場合などには懲戒処分の対象となりうるが，懲戒事由該当性が認められるのは，判例によると，「行為の性質，情状のほか，会社の事業の種類・態様・規模，会社の経済界に占める地位，経営方針及びその従業員の会社における地位・職種等諸般の事情から綜合的に判断して，右行為により会社の社会的評価に及ぼす悪影響が相当重大であると客観的に評価される場合でなければならない」とされている（日本鋼管事件・最二小判昭49・3・15民集28巻2号265頁）。

> illustration 5　深夜に酒に酔って他人の家に忍び込み，住居侵入罪に問われ罰金刑を科された工員Bを，その使用者であるA社が懲戒解雇に処することは，行為の性質・情状やBの職務上の地位などからみて同社の対面を著しく汚したといえなければ，許されない。

最高裁は，このような事案につき，私生活上の非行であることをふまえ，軽微な刑罰にとどまったこと，Bが会社で指導的地位に就いていたわけではないことから，A社の「体面を著しく汚した」という懲戒事由に該当するとはいえないとしている（横浜ゴム事件・最三小判昭45・7・28民集24巻7号1220頁）。

② 会社批判

労働者が企業外で使用者を批判する言動を行い，その名誉・信用を傷つける行為も，懲戒事由に該当しうる（関西電力事件・最一小判昭58・9・8労判415号29頁）。

> illustration 6　A社の労働者Bは，社宅において，会社を誹謗中傷する

ビラを配布した。A社は，Bが同社の名誉・信用を傷つけたことを理由として，けん責処分を課すことができる。

　もっとも，会社批判は，使用者の事業運営の改善や，不正をただすことによる社会的利益につながるものであり，労働者の表現の自由にもかかわる。そこで，(i)その内容が真実であるか，または真実と思料する相当の理由があり，(ii)公益的な目的によっており，(iii)態様が相当であるときは，懲戒事由に該当しないと解されている（大阪いずみ市民生活協同組合事件・大阪地堺支判平15・6・18労判855号22頁，トナミ運輸事件・富山地判平17・2・23労判891号12頁等参照）。後述する公益通報者保護法による制約もある（→本章3-4(1)）。

③　無許可兼職

　勤務時間外の無許可での兼職（兼業・二重就職）も，労働の遂行に支障を生じさせず，競業にも当たらないなど企業秩序に影響を与えない場合には，懲戒事由に該当しないと解されている。

> ［illustration 7］　A社就業規則は「会社の承認を得ないで他に雇われたとき」を懲戒事由として挙げている。A社は，同社での終業後6時間，飲食店で会計係を勤めていた労働者Bに対し，懲戒処分を課すことができる。

　上記のような事例では，他社での勤務時間の長さから，A社への労務の誠実な提供に何らかの支障をきたす蓋然性が高いと判断されている（小川建設事件・東京地決昭57・11・19労民集33巻6号1028頁）。

3-3　懲戒権の濫用

　労働者の言動が懲戒事由にあたる場合でも，「客観的に合理的な理由を欠き，社会通念上相当であると認められない場合」は，懲戒権を濫用したものとして，当該懲戒は，無効になる（労契法15条）。濫用のいかんは，「労働者の行為の性質及び態様その他の事情」に照らして判定される（同条）。「その他の事情」には，処分の相当性や手続面での適正さ等の事情が含まれる。

(1)　処分の相当性

　まず，懲戒手段は，労働者の言動の性質・態様等に照らして不相当に重いものであってはならない。とりわけ懲戒解雇は，最も重い懲戒処分であるため，その有効性は慎重に判断されるべきである（諭旨解雇も同様である）。この点に関しては，労働者の行為の「結果及び情状並びにこれに対する使用者の対応

等」を考慮して，懲戒解雇を有効と判断した最高裁判決がある（ダイハツ工業事件・最二小判昭58・9・16判時1093号135頁）。この判決を参考にすると，使用者に与えた損害，労働者のこれまでの懲戒処分歴や平素の勤務の態様・成績，反省・謝罪したかどうか，企業側に非がなかったかどうかといった諸点が考慮されたうえで，処分の相当性が判断される。他の労働者による同種の非違行為について，使用者がこれまで懲戒処分を行ってきたのか，そうであるとしても，過去の処分との均衡が図られているのかということも，問題になる。

労働者の行為から長期間経過した後の懲戒処分については，その期間の経過について正当な理由がないと，懲戒権を濫用したと判断される可能性がある。上司に対する労働者の暴行を理由とする諭旨解雇が行われた事案につき，その暴行時から7年以上経過しており，暴行当時，既に目撃者がいたこと，不起訴処分となった後で諭旨解雇という重い処分を課すのは対応に一貫性を欠くことなどから，懲戒権を濫用したと判断された例がある（ネスレ日本事件・最二小判平18・10・6労判925号11頁）。

(2) 手続の適正さ

懲戒処分が特別の制裁措置であることにかんがみ，懲戒処分に付す前には，原則として，使用者は，当該労働者等から事情を聴取し，弁明する機会を与えることが必要であると解する説が有力である（この点を否定する裁判例もある）。また，懲戒規定を新設しそれを遡及的に適用することや，労働者の同一の行為について二重に処罰することは，許されないと解されている（不遡及の原則，一事不再理の原則）。後者に関連して，けん責処分を受けた労働者が始末書を提出しないことを理由に改めて懲戒処分を課しうるかどうかが問題になる。この点については，謝罪の性質をもつ始末書提出を強制すべきでないという考えもあり，否定する裁判例・学説も有力である（福知山信用金庫事件・大阪高判昭53・10・27労判314号65頁）。

懲戒手続後に判明した非違行為を処分理由に追加することは，懲戒処分が特定の行為に対する制裁としてなされるものであることにかんがみると，原則として許されない（山口観光事件・最一小判平8・9・26労判708号31頁）。

　illustration 8　　A社は，無断欠勤が続く労働者Bを懲戒解雇した。Bは，懲戒解雇の無効を主張して出訴したが，出訴後に，採用時にBが提出した履歴書で，年齢が偽って記載されていたことが分かった。A社は，Bの年齢詐称を同人の懲戒事由として追加することはできない。

3-4　法律違反の懲戒処分

　労働組合の組合員であるがゆえの，あるいは労働組合の正当な活動ゆえの懲戒処分（労組法7条1号違反），差別的な懲戒処分（労基法3条，均等法6条違反）は，無効になる。このほか，懲戒処分に際しては，特に，公益通報者保護法や労基法に違反してはならないことが重要である。

(1)　公益通報者の保護

　企業批判を理由とする懲戒処分については，公益通報者保護法による規制が及ぶことがある。国民の生命・身体・財産等の利益の保護に関する法令の遵守を図り，国民生活の安定と社会経済の健全な発展を目的として（1条），平成16年に制定された法律である。同法の保護対象となる通報対象事実は，個人の生命・身体の保護等にかかわる法律として別表に掲げるものに規定する犯罪行為の事実等をいう（2条3項）。①通報対象事実が生じ，またはまさに生じようとしている旨を，②不正の目的でなく，③労務提供先等，行政機関，被害拡大防止のために必要であると認められる者（消費者団体等）のいずれかに通報した労働者のことを，公益通報者という（2条1項）。公益通報者に対する，公益通報をしたことを理由とする解雇は，以下の同法所定の要件を満たすときは無効になる（3条）。解雇以外でも，降格，減給その他不利益取扱いをしてはならないとされており（5条），戒告等も含め，公益通報を理由とする懲戒処分は，無効になることがある。

　要件は，通報先ごとに異なっており，労務提供先等に対する公益通報であれば，通報対象事実が生じ，または生じようとしていると思料しているだけで足りる（3条1号）。当該事実について処分・勧告等をする権限を有する行政機関に対する公益通報の場合には，通報対象事実が生じ，または生じようとしていると信ずるに足りる「相当の理由」がなければならない（同条第2号）。労務提供先・行政機関以外で，被害拡大防止のために必要と認められる者に対する公益通報の場合は，上記「相当の理由」に加えて，公益通報をすると解雇等の不利益な取扱いや，証拠隠滅・偽造・変造，生命・身体への危害発生の急迫した危険があると信ずるに足りる相当の理由があること等のいずれかの事由に該当することを要する（同条第3号）。

(2)　労基法の規制

　減給は，1回の額が平均賃金（労基法12条）の1日分の半額を超え，総額が一賃金支払期における賃金の総額の10分の1を超えてはならない（同法91条）。

> illustration 9　A社就業規則は，不良品発生ごとに懲戒処分として1,500円の賃金減額を行うと定めている。労働者Bの1日の平均賃金が6,000円である場合，1回の減給額は適法だが，Bが1か月の間に何度も不良品を発生させたとしても，減給をなしうるのは，月給の10分の1までである。

　労基法違反の事実を労基署等に申告したことを理由とする懲戒処分は，公益通報者保護法だけでなく，労基法104条2項によっても禁止される（労安法97条2項，派遣法49条の3第2項も参照）。

● 4 ● 懲戒処分と法的救済

　けん責・戒告については，それ自体による経済的不利益はない。ただ，その後の人事考課や降格などにおいて考慮されうるため，それらの無効確認請求（厳密には処分の付着しない労働契約上の権利の確認請求）をすることができると解されている。減給と出勤停止処分については，賃金支払請求や処分の無効確認請求が，降格については，降格前の職位等にある労働契約上の権利を有する地位にあることを確認する請求と降格前の賃金との差額支払請求がなされうる。諭旨退職については，労働者が使用者の求めに応じて辞職する形をとっていても，その意思表示には錯誤があり（民法95条）無効であったと構成して，労働契約上の地位の確認請求を行うことができると解されている。

　不法行為に基づく損害賠償請求も併せて提起しうるが，その当否は民法709条の要件を満たすかどうかによる。懲戒処分が不当労働行為に該当する場合は労働委員会に救済申立てをすることができる（→第23章，第24章）。

CASES

【事例1】
　A社は，トラック運転手BをC営業所において雇い入れる際に，「会社の車を私用に使わない。」「髪を染めてはならない。」「遵守しないと懲戒解雇する。」等と記載した書面を渡していた。Bは，ある日，翌朝の出発に備えて，A社近くに同社のトラックを停め，2時間程度アイドリングして仮眠をとっていたところ上司に見つかり，上記行為が会社車両の私用に該当するとして懲戒解雇された。A社は，その後，懲戒事由として，Bが7

年前に1回，交通事故を起こしたこと，懲戒解雇後にBが髪を茶色に染めたことを追加した。この懲戒解雇は有効か。

解説　判例によると，使用者は，就業規則に制度化した範囲内で懲戒処分を課すことができるものと考えられる。そうだとすれば，その就業規則は，労働契約法7条の要件を充足していなければならない。したがって，本事例でも，C営業所の労働者に対して同じ書面（就業規則）が交付されていたなど，この書面が就業規則といえるものであり，周知の要件等を満たしていたことを要する（契約説によると，個別契約上の根拠があれば懲戒処分を課すことができることになる）。

懲戒事由該当性については，業務用トラックを私事旅行等に使用した場合などと比べると，本事例での企業秩序違反の程度は軽い。しかも，懲戒解雇という重い手段がとられており，少なくとも懲戒権の濫用（労契法15条）にあたると判断されよう（丸林運輸事件・東京地決平18・5・17労判916号12頁）。

懲戒解雇後にBが髪を茶色に染めたということは，懲戒処分以降に生じた事情であり，懲戒処分時に認識していた事由とはいえず，懲戒事由として追加することは許されない（→本章3-3(2)）。しかも，労働者には服装等の自由があり，A社の業種も考えると，髪を染めることを禁止する規定の合理性（労契法7条）は，慎重に判断しなければならない（→第6章3-1）。

7年前に1回交通事故を起こしたということも，たとえA社が懲戒処分時に認識していたとしても，それをBに示さなかったならば，懲戒事由として追加できないと解する説が有力である。また，7年前の1回だけの交通事故で懲戒解雇に処すのは重きに失すると判断されるであろう（前掲・ネスレ日本事件，丸林運輸事件参照）。

【事例2】
A社の労働者Bは，同社におけるサービス残業を改善すべく，その実態を週刊誌記者に伝えたところ，その内容は週刊誌に掲載された。A社は，就業規則所定の「会社の名誉・信用を傷つけたとき」に該当するとして，労働者Bを戒告処分に付することができるか。

解説　本事例では，労働者の内部告発行為を理由とする戒告処分であるから，公益通報者保護法に抵触しないかということが，まず問題になる。「サービス残業」が，同法2条3項にいう「通報対象事実」に該当するか（労基法37条違反であれば肯定される），不正の目的でないといえるか，労務提供先でも行政機関でもない者に通報していても保護されるか，ということがポイントになる（同法2・3・5条）。

同法による保護が及ばないとしても，労働契約法理の適用が排除されるわけではない。Ｂの行為が実質的にみて懲戒事由に該当しないといえる場合，および，懲戒権を濫用したといえる場合（労契法15条）などには，処分は無効になる。Ｂの行為は，私生活上の行為ではあるが，判例によると，企業秩序に影響を及ぼす限りで懲戒事由に該当しうる（→本章3－2(3)②）。同様の事案の裁判例（三和銀行事件・大阪地判平12・4・17労判790号44頁）では，労働者への戒告処分が無効と判断されているが，労働契約法理のもとでも，内部通報を経ないで行われた会社批判は相当性を欠くと解する立場もあり，これによると，Ａ社内部での是正を試みずに通報したことについて正当な理由がないとして，Ｂの行為は懲戒事由に該当すると判断される可能性がある。

第16章　雇用関係の終了(1)
―合意解約・辞職・企業組織変動と労働契約の終了―

●1● 労働契約の終了事由概説

　労働契約を終了させるには，基本的には，契約を締結している当事者の意思表示が必要となる。労働者と使用者の合意によって労働契約を終了させることを「合意解約」，労働者の一方的な意思表示によって労働契約を解約することを「辞職」，使用者の一方的な意思表示によって労働契約を解約することを「解雇」（→第17章）という。

　この他に，期間の定めのある労働契約の期間満了，定年年齢への到達，当事者の消滅（労働者の死亡，使用者〔法人格〕の消滅），傷病休職期間の満了（→第8章4），特定の目的のための労働契約における目的達成（事業の完了）なども労働契約の終了事由となる。また，企業組織の変動（事業譲渡など）によって他企業に労働契約が承継されるなどして，それまでの使用者との労働契約が終了することがある。

●2● 合　意　解　約

　労働契約に期間の定めがあるか否かを問わず，また，当事者の一方的意思表示による解約の場合に必要となる予告期間を置くことなく，労働者と使用者は合意することによって労働契約をいつでも終了させることができる。この合意解約は，労働者と使用者の契約解消の意思表示が合致することによって成立するが，その意思表示をするに際して心裡留保，錯誤，詐欺・強迫などがあった場合には，その無効や取消が認められうる（民法93条～96条）。また，労働者の合意解約の申入れの意思表示は，使用者がそれに対する承諾の意思表示をするまでの間は撤回できると解されている（大隈鐵工所事件・最三小判昭62・9・18労判504号6頁では，最終決裁者である人事部長が退職願を受領した時点で承諾

の意思表示があったとされた)。

● 3 ● 辞　職

　辞職は，労働者の一方的な意思表示によって効力が発生するもの（形成権の行使）であり，相手方の承諾を必要としない。労働者の辞職の意思表示は，合意解約の場合と異なり，使用者に到達した時点で解約告知の効力を生じ，撤回することはできない。ただし，合意解約の場合と同様に，辞職の意思表示をするにあたり心裡留保，錯誤，詐欺・強迫などがあった場合には，その無効や取消が認められうる（民法93条～96条）。

(1)　期間の定めのない労働契約の場合

　労働者は，2週間の予告期間を置けばいつでも（理由なしに）契約を解約することができる（民法627条1項）。ただし，期間によって報酬を定めた場合には，解約は次期以降に対するものとなり，その解約の申入れは，期間の前半に行わなければならない（同法627条2項）。

(2)　期間の定めのある労働契約の場合

　期間の定めのある労働契約の場合，労働者も使用者も，その期間中は契約を解除できないのが原則であるが，「やむを得ない事由」があるときには期間途中での解除ができる（民法628条）。すなわち，労働者も，やむを得ない事由がなければ，期間途中で労働契約を解約することはできない（→第17章1-1(1)）。また，そのやむを得ない事由が当事者の一方の過失により生じたときは，相手方に対して解除により生じた損害について賠償責任を負うことになる（同条後段）。

　1年を超える期間の定めのある労働契約（一定の事業の完了に必要な期間を定めるものを除く）を締結した労働者（労基法14条各号に規定する者を除く）は，民法628条の規定にかかわらず，当該労働契約の期間の初日から1年を経過した日以後は，いつでも辞職することができる（労基法附則137条）。これは，平成15年の労基法改正において労働契約に期間の定めを置く場合の上限が大幅に延長されたことにより（→第18章2-2(2)），労働者が不当に拘束されないようにするために設けられた規定である。

　なお，期間の定めのある労働契約について黙示の更新がなされた場合は，その更新後は期間の定めのない労働契約の場合と同様に，2週間の予告期間を置けばいつでも契約を解約することができる（民法629条）。

(3) 退職の意思表示（合意解約の申入れと辞職の意思表示）

　一般に，労働者の「（依願）退職」は合意解約に当たることが多いが，実際には，この場合に労働者が使用者に提出する「退職願」（「退職届」や「辞表」と書くこともある）や，「辞めます」といった発言が，合意解約の申入れなのか，辞職の意思表示であるのか判断することは難しい。もっとも，労働者の退職に関して問題が何も生じず，円満に労働契約が終了するのであれば，これを厳密に判断する実際的な意味は乏しいともいえる。

　しかしながら，法的には，前述したように，その労働者がなした意思表示を撤回する（退職することを止める）ことができるか否かという点で大きな違いがあり，退職に関して争いが生じた場合には，労働者の意思表示が何に当たるのかを判断する必要がある。その場合，労働者の意思表示がどのような趣旨でなされたのかが重要となる。使用者の承諾の有無にかかわらず（承諾が得られなくても）退職する意思が認められるものであれば辞職の意思表示と解すべきであろうし，（一方的に退職を通告するのではなく）使用者の返答によって最終的な態度を決定する余地があるものであれば合意解約の申入れと解されよう。

(illustration 1)　Aは上司であるBに昨日辞表を提出したが，不景気なのでこのまま会社に残る方がよいと考え直した。Aの辞表の提出が合意解約の申入れであるならば，人事の最終決裁者であるCが承諾するまでは撤回する（辞表を返してもらう）ことができる。辞職の意思表示だとするとCに到達した後は撤回することはできず，2週間経つと労働契約は終了することになる。

● 4 ● その他

4-1　期間の定めのある労働契約の期間満了

　期間の定めのある労働契約の場合，定められた期間の満了は，その労働契約の終了事由である。ただし，期間満了後も労働者が引き続き就労し，使用者がこれを知りつつ異議を述べない場合には，従前の雇用と同一の条件で更に雇用したものと推定される（民法629条1項）。この場合の「従前の雇用と同一の条件」に関しては，契約期間の定めを含むかどうかにつき争いがあり，①民法629条1項後段には，契約が更新された場合に当事者が同法627条（期間の定めのない場合の規定）による解約が可能と定められていることを根拠に，更新後は期間の定めのない契約になるので，契約期間の定めを含まないとする見解

と，②更新後に期間の定めのない契約に転化して，解雇権濫用法理が適用されるのは雇用の実態にそぐわないとして，契約期間の定めも含めて，同一の条件と解すべきとする見解とがある。②の見解に立つ裁判例（タイカン事件・東京地判平 15・12・19 労判 873 号 73 頁）もあるが，①が通説的見解とされている。

なお，民法（債権法）改正の議論の中で，629 条 1 項の「従前の雇用と同一の条件」には契約期間の定めを含めないこととし，更新後は契約期間の定めのない契約に転化することを明らかにすることが提案されている。

以上のような黙示の更新を回避し，定められた期間の満了とともに労働契約を終了させるには，実際上，使用者はその旨（雇止めすること）を労働者に通知する必要がある（雇止めについては→第 18 章 2-3）。

4-2　定年制

(1) 総説

労働者が一定の年齢に到達したときに労働契約を終了させる制度を「定年制」といい，日本の企業の多くが採用している。定年制の下では，定年年齢到達前の退職や解雇が可能であることから，（契約締結時から定年までとする）契約期間の定めを置いているわけではない。定年制は，「一定の年齢への到達」を労働契約の終了事由として合意している，または解雇事由として定めるものである。前者を定年退職制，後者を定年解雇制という。定年退職制の場合，定年年齢に到達することにより当然に（解雇の意思表示などすることなく）労働契約は終了する。定年解雇制の場合，定年年齢到達を理由とする解雇の意思表示を使用者が行い，それによって労働契約を終了させることとなる。この場合，労基法等の解雇に関する規制が適用される点に注意が必要である。

労働者の労働能力に関係なく一定年齢への到達のみを理由として一律に労働契約を終了させる定年制については，合理性の認められない，公序に反する違法・無効な制度であるとする見解もある（アメリカ合衆国では，定年制は年齢差別として違法とされる）。しかし，判例・学説の多数は，定年制が定年年齢までの雇用を保障する機能を果たしており，人事の刷新や経営改善など企業組織および運営の適正化を図るものとして合理性が認められるとして，公序違反には当たらないと解してきている。また，現実にも日本では，政府の雇用政策や社会保障政策，企業の人事・雇用管理，労働者の人生設計等の面において，定年制を前提として考えられているものが多く，定年制は広く社会に定着している。

(2) 定年制に対する規制

　定年制を設ける場合，原則として60歳以上を定年年齢としなければならない（高年法8条）。この規定に違反した定年年齢を定めた場合，その定めは無効となり，定年制が設けられていないことになると解されている。

　近年急速に進展する少子高齢化を背景として，特に，老齢厚生年金の支給開始年齢が60歳から65歳に引き上げられることと関連して，60歳以降の雇用確保の要請が高まっている。そのような中で高年齢者雇用安定法が平成16年に改正され，事業主は65歳までの雇用確保措置を講ずることが義務化された。すなわち，65歳未満の定年制を採用している事業主は，①65歳までの定年年齢の引き上げ，②継続雇用制度（継続雇用を希望する高齢者を定年後も引き続き雇用する制度）の導入，③定年制の廃止のいずれかの措置（高齢者雇用確保措置）を講じなければならない（同9条1項。ただし，高齢者雇用確保措置の年齢については経過措置（同附則4条）があり，平成18年4月～平成19年3月の間は62歳，平成19年4月～平成22年3月の間は63歳，平成22年4月～平成25年3月の間は64歳，平成25年4月以降は65歳とされる）。

　①～③の措置のうち，企業の多くは②継続雇用制度を採用している。なお，継続雇用制度では，労使協定（企業規模により一定の要件のもとで就業規則によることが経過措置として認められている）によって制度適用対象者の基準を定めた場合，希望者全員を対象としないことも可能となっている（高年法9条2項）。

> **illustration 2**　A社では60歳の誕生日をもって退職とする60歳定年退職制を設けている。A社が60歳定年退職制をこのまま維持するのであれば，60歳の定年後も働くことを希望する者を引き続き雇用する継続雇用制度を導入しなければならない。

4-3　当事者の消滅

(1) 当事者の死亡

　労働契約上の地位は一身専属的なものであり，相続の対象外であるため，自然人である使用者の死亡または労働者の死亡によって労働契約は終了する。

(2) 使用者の法人格の消滅

　使用者である法人が解散する場合には，清算手続が完了することで法人格は消滅し，労働契約関係も消滅する。法人の解散による解雇の場合でも，労基法20条の解雇予告や労働協約上の解雇協議条項の適用がある。

● 5 ● 企業組織変動と労働契約の終了

　市場競争が激化する中，企業間の合併や事業譲渡，会社分割といった企業組織の変動が盛んになっている。このような企業組織の変動は，その企業で働く労働者の労働契約を終了させる事由の一つとなっている。

5-1　合　併
　合併には，A社がB社を吸収する形で行われる吸収合併と，C社とD社が合併して新たにE社を設立するという新設合併がある。どちらの場合も，合併前の会社（B社，CおよびD社）から合併後の会社（A社，E社）に，労働契約を含むすべての権利義務が包括的に承継（「包括承継」という）される（会社法750条，754条）。

5-2　事業譲渡
　事業譲渡（営業譲渡）とは，企業組織の全部または一部を一体として他に譲渡することである。事業譲渡の場合の権利義務の移転（承継）は，合併の場合のように権利義務がすべて包括承継されるのとは異なり，譲渡元と譲渡先との間の合意（「（事業）譲渡契約」）によって，どのような権利義務が移転（承継）するかが決定される（「特定承継」という）。ここでは労働契約関係も他の権利義務と同様に扱われる。すなわち，譲渡される事業に従事していた労働者の労働契約の承継も，譲渡元と譲渡先の合意によって決定されるのが原則である。ただし，譲渡元と譲渡先の間で，ある労働者の労働契約を事業譲渡に伴い移転させることが合意された場合でも，労働者がそれに同意しなければ，労働契約を第三者に譲渡することはできないため（民法625条），結局のところ事業譲渡において労働契約を移転（承継）させるためには，譲渡元，譲渡先，労働者の三者の合意が必要となる。
　他方で，事業譲渡の対象から除かれた労働者，すなわち，譲渡元と譲渡先との間で労働契約を移転しないとされた労働者が，譲渡先への移転（労働契約の承継）を求めることができるかという点に関しては，事業譲渡における特定承継の原則からは，主張できないことになる（東京日新学園事件・東京高判平17・7・13労判899号19頁）。ただし，事業譲渡の対象に含めるか否かの労働者の人選において，特定の労働者を排除する合意が不当労働行為などの強行法規違反

に当たるような場合には，特定労働者を排除するとした当該部分は違法となり，不法行為に基づく損害賠償請求が可能となる。この場合に譲渡先との間で労働契約関係が成立している（労働契約が承継された）とするためには，そのことを基礎づける合意の存在が必要となるが，不当労働行為などにより特定の労働者を排除した合意部分を無効とし，譲渡元と譲渡先で当該労働者を含めた事業譲渡の合意があったものと解釈することで労働契約の承継が認められている（青山会事件・東京高判平14・2・27労判824号17頁，勝英自動車学校事件・東京高判平17・5・31労判898号16頁）。また，譲渡元と譲渡先との間に実質的な同一性が認められる場合には，法人格否認の法理によって，労働契約の承継を認める裁判例もある（新関西通信システムズ事件・大阪地決平6・8・5労判668号48頁）。

> **illustration 3** A社は，業績の伸びない精密機器部門をB社に事業譲渡することとした。その際に，精密機器部門に従事していたCの労働契約をB社に承継させることでA社とB社は合意したが，CはA社に残りたいと主張した。この場合，Cの労働契約をB社に承継させることはできないのが原則である。

5-3 会社分割

(1) 総説

会社分割とは，1つの会社を2つ以上の会社に分割する制度として平成12年の商法改正によって創設されたものである。この会社分割制度導入に併せて，そこで働く労働者の労働契約の承継等を円滑に行うためのルールとして，「会社分割に伴う労働契約の承継等に関する法律」（労働契約承継法）が制定されている。その後の平成17年の会社法制定に際して，会社分割制度は，事業に関して有する権利義務の全部または一部を他社に承継させる制度として規定され（会社法2条29号・30号），現在に至っている。

会社分割には，分割をする会社（「分割会社」）がその事業に関して有する権利義務の全部または一部を，新設する会社に承継させる「新設分割」（会社法762条以下）と，既存の会社に承継させる「吸収分割」（同法757条以下）という2つの形態がある。新設分割の場合には分割計画（同法763条）を，吸収分割の場合には分割契約（同法758条）を作成し，それぞれの定めに従い，労働契約を含む権利義務の承継が決定されることになる。分割計画または分割契約に承継されるものとして記載された権利義務は，一括して当然に新設・吸収会

社（労働契約承継法では「承継会社等」）に承継されることになる（「部分的包括承継」という）。

分割会社は，分割にあたって，承継される事業に従事する労働者と労働契約の承継に関して協議する義務（商法等改正附則5条1項）のほか，各事業場の過半数組合（なければ過半数代表者）と協議し，労働者の理解と協力を得る努力義務を負う（労働契約承継法7条，同施行規則4条）。さらに，労働契約承継法では，分割会社において労働協約が締結されている場合の労働協約の承継について規定されており，当該労働協約を締結した組合員が承継会社等に承継されるときには，当該労働協約は承継会社等との間でも締結されたものとみなされる（同6条3項）。

(2) **労働契約承継のルール**

労働契約承継法では，分割会社の労働者は従事する業務によって，①「承継される事業に主として従事する労働者」と，②「その他の労働者（承継される事業に従として従事する労働者・まったく従事していない労働者）」とに区分され，それぞれの労働契約承継のルールが規定されている。承継される事業に主として従事するか否かの判断基準については，厚生労働大臣が定めた指針（平12・12・27労告127号）に詳細に定められている。

① 承継される事業に主として従事する労働者

承継される事業に主として従事する労働者の労働契約が分割計画・分割契約に承継されるものとして記載されている場合，その労働契約は承継会社等に承継される（労働契約承継法3条）。そもそも承継される事業に主として従事する労働者の労働契約は，承継対象となる権利義務に含められるべきものと考えられており，承継対象から除外された場合には，労働者はそのことに対して異議申出期限日までに異議を申し出ることができ，異議を申し出た労働者の労働契約は承継会社等に承継されることとなっている（同法4条）。その一方で，このような労働者の労働契約が承継対象に含められているにもかかわらず，それをその労働者が拒否する（分割会社に残留を求める）ことはできないと解されている（日本アイ・ビー・エム事件・東京高判平20・6・26労判963号16頁）。

② その他の労働者

承継される事業に主として従事していない，その他の労働者は，基本的には分割会社に残留することになる。このような労働者の労働契約が，承継されるものとして分割計画・分割契約に記載されている場合，労働者はそのことに対して異議申出期限日までに異議を申し出ることができ，異議を申し出た労働者

の労働契約は承継会社等に承継されない（分割会社に残留する）ことになる（労働契約承継法5条）。

【会社分割における労働契約承継のルール】

	分割計画・分割契約に承継されるものとして記載	異議の申出	承継会社等に承継
承継される事業に主として従事する労働者	○（記載あり）	―	○（承継）
	×（記載なし）	○（申出あり）	○（承継）
		×（申出なし）	×（残留）
その他の労働者	○（記載あり）	○（申出あり）	×（残留）
		×（申出なし）	○（承継）
	×（記載なし）	―	×（残留）

CASES

【事例1】

　A社は経営難により解散手続をとり、B社にその事業を譲渡することとした。AB社間で締結された事業譲渡契約書では、A社は従業員全員を解雇したうえで、B社での就労希望者に対して、B社は試験を実施し採用の可否を判断することが定められた。この事業譲渡に際し、A社の従業員であったCは、B社から不採用とされた。CはB社との労働契約関係の成立を主張できるか。

解説　事業譲渡の場合の権利義務の承継は、譲渡元と譲渡先との間の合意によって決定される。譲渡される事業に従事していた労働者の労働契約の承継も、譲渡元と譲渡先の合意によって決定されるのが原則である。そこで、本事例のA社とB社との事業譲渡契約において、労働契約の承継についてはどのような取り決めがなされたかを把握する必要がある。本事例では、AB社間において、労働契約については承継しないことが合意されていたものといえる。その上で、A社から解雇された労働者の中から誰を採用するかについて、B社には採用の自由が認められるため、A社とB社が実質的に同一とみられたり、不当労働行為意思に基づき労働組合員を排除するための手段として、このような合意がなされた等の

特段の事情がない限り，不採用とされたCはB社との労働契約関係の成立を主張することはできないと考えられる。

なお，A社とB社との間に実質的同一性が認められるような場合には，解雇権濫用法理の類推や法人格否認の法理によって，Cの労働契約の承継が認められうる。

【事例2】
A社が半導体部門について会社分割を行った際，その部門で働くCの労働契約は設立するB社に承継される権利義務に含まれるとして分割計画書に記載された。この場合，CはA社に残ることができるか。

解説 本事例では，分割会社の労働者に，会社分割による労働契約の承継を拒否する権利があるか否かという点が問題となる。憲法22条1項の職業選択の自由には，労働者の使用者選択の自由も含まれると解することができるが，分割会社において承継される事業に主として従事する労働者の労働契約は，分割計画・契約の定めにより承継会社に移転されるものとされている（労働契約承継法3条）。したがって，このような労働者が労働契約の承継を拒否する自由としては，退職の自由が認められるにとどまり，分割会社へ残留する意味での承継拒否権があると解することはできないと考えられている。したがって，本事例のCは，承継される事業に主として従事する労働者に該当するため，分割計画書に記載された以上，その労働契約はB社に承継され，これを拒否することはできない。

ただし，分割会社であるA社が労働者との協議（→本章5-3(1)）をまったく尽くさなかった場合などには，Cは，承継の効果を争い，A社を相手に地位確認を請求しうる（前掲・日本アイ・ビー・エム事件参照）。

第17章　雇用関係の終了(2)
──解　雇──

● 1 ●　解雇権とその制約

1-1　解　雇　権
「解雇」とは，使用者からの一方的な意思表示によって労働契約を解約することをいう。
(1)　期間途中での解雇
　期間の定めのある労働契約の，定められた期間満了前の契約解除については，民法 628 条が「やむを得ない事由があるときには，各当事者は，ただちに契約の解除をすることができる」と規定しているため，その反対解釈として，やむを得ない事由がなければ，各当事者は期間途中での解約はできないと考えられている。特に解雇については，労働契約法 17 条 1 項において，やむを得ない事由がある場合でなければ，契約期間途中での解雇はできない旨規定され，このことが確認された。また，同条項は強行規定であると解する立場が多い。
　ここでいう「やむを得ない事由」とは，期間の定めのない労働契約の解雇において必要とされる「客観的に合理的であり，社会通念上相当とされる」事由（労契法 16 条）よりも厳しく，期間満了を待たずに労働契約を終了せざるを得ないと認められるほどの重大な事由と解されている（安川電機事件・福岡高決平 14・9・18 労判 840 号 52 頁）。
(2)　解雇の自由
　民法上は，期間の定めのない労働契約の場合，各当事者は 2 週間の予告期間を置けばいつでも解約することができ，各当事者に解約の自由が認められている（民法 627 条 1 項）。すなわち，使用者には，2 週間前に予告すれば，理由を問わずいつでも労働者を解雇することができるという「解雇の自由」がある。これが民法典における原則である。
　しかし，解雇は，労働者から生活の糧を得る手段を奪うことに等しく，労働

者の生活に重大な影響を及ぼすことにかんがみ，実際には，労働者保護の観点から，使用者の解雇権には以下に述べるような多くの制約が課されている。

1-2　解雇の手続的・時期的制限
(1)　解 雇 予 告
①　概　説
　使用者は，労働者を解雇する場合には，少なくとも30日前にその予告をしなければならず，30日前に予告をしないときには，30日分以上の平均賃金（「予告手当」という）を支払わなければならない（労基法20条1項）。この予告日数は，1日分の平均賃金を支払った日数だけ短縮することができる（同条2項）。

　前述したように，民法上は2週間の予告期間を置けば，使用者も労働者もいつでも労働契約を解約することができることとなっているが，解雇については，労働者に再就職活動等のための時間的余裕を与えるため，2週間という予告期間は30日まで延長され，民法の原則が修正されている（労働者からの解約である辞職については民法の原則が維持されている→第16章3）。この解雇予告義務は，期間の定めのない労働契約のみならず，期間の定めのある労働契約を期間途中で解約する場合にも適用される。

　解雇予告をせずに解雇できるのは，①そもそも適用なしとされている者（適用除外者）の場合と，②即時解雇が可能な場合である。

> **illustration 1**　A社は，従業員Bを5月31日付けで解雇しようと思っている。A社は5月1日までにそのことをBに通知すれば解雇予告義務を履行したことになるが，Bへの通知を5月10日に行うことにした場合，10日分の平均賃金を支払わなければならない。

②　適用除外者
　(i)日々雇い入れられる者，(ii)2か月以内の期間を定めて使用される者，(iii)季節的業務に4か月以内の期間を定めて使用される者，(iv)試用期間中の者を解雇する場合，使用者には解雇予告をする義務はない（労基法21条）。ただし，これらの者について，それぞれ(i)1か月を超えて使用された場合，(ii)・(iii)2か月または4か月とする期間を超えて使用されるに至った場合，(iv)14日を超えて使用されるに至った場合には，使用者は解雇予告をしなければならない（同条但書）。

③　即時解雇が可能な場合（解雇予告の除外事由）

(ⅰ)天災事変その他やむを得ない事由により事業の継続が不能になった場合，(ⅱ)労働者の責めに帰すべき事由に基づき解雇する場合には，使用者は解雇予告をすることなく即時解雇することができる（労基法20条1項但書）。労働者の責めに帰すべき事由による即時解雇が可能とされるのは，労働者が重大・悪質な非違行為を行い，即時解雇もやむを得ないと認められる場合と解されている（このような観点から，懲戒解雇が有効と考えられる場合であっても，労働者の非違行為の内容・程度等によっては即時解雇は認められないこともありうる）。

これらの場合，使用者は行政官庁（労働基準監督署長）の除外認定を受けることが必要とされている（同条3項）。即時解雇をする事由が存在するが，この認定を受けずになされた解雇の効力については，認定は行政取締のためのもの（行政庁による事実の確認手続）にすぎないとして，解雇自体は有効と解されている。

④　解雇予告義務違反の解雇の効力

即時解雇を可能とする事由が存在しないにもかかわらず，解雇予告をせず，予告手当も支払わずになされた解雇の効力については議論がある。この点については，(a)予告義務違反の解雇は無効とする無効説，(b)予告義務違反が成立するのみで解雇自体は有効とする有効説，(c)使用者が即時解雇に固執しない限り，解雇後30日が経過した時点または予告手当を支払った時点で解雇の効力が発生するという相対的無効説，(d)解雇無効の主張か，（解雇有効を前提とした）予告手当の請求かのいずれかを労働者が選択できるとする(労働者)選択権説などが学説上唱えられている。

判例は(c)相対的無効説の立場（細谷服装事件・最二小判昭35・3・11民集14巻3号403頁）であるが，学説上は(d)選択権説が有力となっている。

(2)　産前産後休業・業務災害の場合の解雇制限

使用者は，労働者が業務上の負傷や疾病（→第14章2-3(3)）による療養のために休業する期間およびその後30日間，ならびに，産前産後休業（→第13章2-2(3)）の期間およびその後30日間は，その労働者を解雇してはならない（労基法19条1項）。これらの期間に解雇されるかもしれないとなると，労働者は安心して休業することができない上に，これらの期間に再就職活動をすることは困難であることから，解雇が原則禁止されている。ただし，業務上の傷病について打切補償（同法81条）を支払った場合，または，天災事変その他やむを得ない事由により事業の継続が不可能となった場合には，例外的に解雇制限

期間内の解雇も可能となる（同法19条1項但書）。

後者の場合には，行政官庁の除外認定が必要である（同19条2項）が，この認定を受けないでなされた解雇の効力については，解雇予告の除外事由の場合と同様に，解雇自体は有効と解するのが通説である。

(3) 就業規則・労働協約による手続的制限

労働協約や就業規則において，使用者が解雇を行う場合には労働組合と事前に協議し，あるいはその同意を得ることを必要とする旨が定められることがある。これらの規定は労働契約の内容となって使用者の解雇権を契約上制限するため，その規定に違反してなされた解雇は，解雇権濫用あるいは労働協約違反として無効となる（→第21章5）。

1-3 解雇理由の制限

(1) 法令による制限

差別的な取扱いの1つとして，または労働者の法律上の権利行使を保障する等のために，法令によって特に解雇が禁止されている場合がある。

たとえば，①国籍・信条・社会的身分を理由とする解雇（労基法3条），②性別を理由とする解雇（均等法6条），③女性の婚姻・妊娠・出産等を理由とする解雇（同法9条），④組合所属・正当な組合活動等を理由とする解雇（労組法7条），⑤労働基準監督署等に法違反を申告したことを理由とする解雇（労基法104条2項），⑥均等法上の紛争解決の援助・調停を申請したことを理由とする解雇（同法17条2項，18条2項），⑦育児・介護休業の取得を理由とする解雇（育児・介護休業法10条，16条），⑧労働者派遣法違反の事実を申告したことを理由とする解雇（同法49条の3第2項），⑨パートタイム労働法上の紛争解決の援助・調停を申請したことを理由とする解雇（同法21条2項，22条2項），⑩個別労働紛争解決促進法上の助言・指導・あっせんを申請したことを理由とする解雇（同法4条3項，5条2項）等がある。

(2) 就業規則・労働協約による制限

就業規則には，解雇事由を定めた規定が置かれるのが一般的である（このことを前提に，平成15年労基法改正以降，解雇事由は就業規則の絶対的必要記載事項〔89条3号〕とされている）。そこで定められている解雇事由をどのように解するかについては，(a)限定列挙説と，(b)例示列挙説という2つの見解がある。(a)説によると，解雇事由は列挙されているものに限定されるため，それ以外の事由での解雇はできないことになる。(b)説によると，列挙されている解雇事由

は，例示にすぎないので，それ以外の事由による解雇も可能と解される。
　この点について，裁判例では就業規則上の解雇事由を限定列挙として判断するものが多いが，最終的には個別の事案に応じて，どのような趣旨で解雇事由を列挙したのか（限定列挙なのか，例示列挙なのか），当該就業規則規定の解釈によって決定されることになる。
　もっとも，現実には，ほとんどの就業規則において「その他前記各号に準ずる事由」といった包括的な規定が置かれているため，限定列挙と解しても，実質的には例示列挙説と大きな差は生じないことになる。

1-4　判例法理による規制

　民法上，使用者には解雇の自由があるが，解雇が労働者の生活に与える深刻な影響を考慮し，裁判所は，使用者の解雇権の行使を制約する判例法理を形成してきた。

(1)　解雇権濫用法理とその成文化

　戦後しばらくの間は，解雇には正当事由が必要であるとする説（正当事由説）が主張されたが，前述したような解雇の自由を認める民法の原則からは，そのような解釈は無理があるとの批判がなされ，やがて，正当な理由がない解雇は権利濫用（民法1条3項）として無効となるという解雇権濫用法理を用いる裁判例が積み重ねられていった。そして，最高裁において，「使用者の解雇権の行使も，それが客観的に合理的な理由を欠き社会通念上相当として是認することができない場合には，権利の濫用として無効となる」と判示され（日本食塩製造事件・最二小判昭50・4・25民集29巻4号456頁），解雇権濫用法理が確立されるに至った。
　その後，同法理は平成15年の労基法改正において，「解雇は，客観的に合理的な理由を欠き，社会通念上相当であると認められない場合は，その権利を濫用したものとして，無効とする」と明文化され（18条の2），平成19年の労働契約法の制定に伴い，同法16条に規定されることとなった（労基法18条の2は削除）。
　労働契約法16条によると，解雇には①客観的に合理的な理由があること（客観的合理性），②社会通念上相当であること（社会的相当性），の2つの要件を満たすことが求められる。
　①客観的に合理的な理由については，(i)労働者の労務提供不能・労働能力や適格性の欠如，(ii)労働者の義務違反・規律違反，(iii)経営上の必要性（→本章1

-4(2)),(iv)ユニオン・ショップ協定に基づくもの(→第20章2-2)に類型化される。これらの理由のいずれかが認められなければ,当該解雇は解雇権を濫用したものとして無効となる。

また,以上のような理由がある場合でも,解雇が有効とされるためには,さらに,その解雇が,②社会通念上相当であると認められなければならない。裁判所は,この社会的相当性について非常に厳しく判断し,簡単には解雇を認めない傾向にある。たとえば,労働者の能力不足や義務違反がある場合でも,労働者に有利な事情を考慮したり,解雇以外の手段による対処を求めるなどして解雇を無効とすることが多い(高知放送事件・最二小判昭52・1・31労判268号17頁,エース損害保険事件・東京地決平13・8・19労判820号74頁等)。長期雇用慣行を前提として勤務する正社員の場合には,このような厳格な判断がなされる傾向が強い。その一方で,高度の技術・能力を評価されて特定の職務遂行のために高給で中途採用された者のような場合には,必要とされた技術・能力の不足やその職務の廃止を理由とする解雇が比較的容易に認められている(フォード自動車事件・東京高判昭59・3・30労民集35巻2号140頁,ヒロセ電機事件・東京地判平14・10・22労判838号15頁等)。

> illustration 2　Aは遅刻・欠勤が多く,営業成績も所属する営業部の中で最下位グループに属している。B社は,勤務成績不良を理由にAを解雇した。遅刻・欠勤の多さや営業成績の悪さに対してAが反省する態度を示すなど改善の余地があったり,他に配転可能な部署があるような場合には,この解雇は解雇権の濫用として無効となる可能性が高い。

(2) 整理解雇

整理解雇とは,経営不振などの「経営上の理由」により人員削減の手段として行われる解雇のことである。経営不振への対策としては様々なものが考えられるが,その中で人件費ないし雇用面でのコストを削減する措置を雇用調整(リストラ)という。この雇用調整にも,残業削減,新卒採用の停止・削減,希望退職者の募集等いろいろな方策があるが,その最終手段にあたるものが整理解雇である(したがって,リストラ=解雇(クビ)というのは厳密には正しくない)。

前述したように,「経営上の必要性」は,解雇をする際に求められている客観的合理的な理由の1つとして考えられている。しかし,この理由は,労働者側の原因によるものではない(使用者側の事由によるものである)ことから,労

働者側の事由による他の解雇よりもさらに厳しい制約が課されている。
　すなわち，整理解雇が解雇権の濫用とならないかどうかについて，裁判例は「整理解雇の4要件」（①人員削減の必要性，②解雇回避努力，③人選の合理性，④手続の妥当性）を設定し，これらの要件につき検討することで整理解雇の有効性を判断するという判例法理を形成してきた（東洋酸素事件・東京高判昭54・10・29労民集30巻5号1002頁等）。この整理解雇法理は，昭和48年の第1次石油危機（オイルショック）以降，長期雇用慣行が日本社会で既に広まっていたことを踏まえ，大企業の行った雇用調整方法（労使協議を通じて，残業削減等の労働者にとって比較的穏やかな措置から段階的に厳しい措置を講じ，解雇は最終的な手段と位置づけ，できる限り解雇を回避するという手法）をモデルにして形成されたといわれている。
　近年の裁判例では，上記の整理解雇の4つの「要件」（すべてを満たすべき）を「要素」（必ずしもすべてを満たす必要はない）と解して，これら4要素を含む諸事情を総合考慮して整理解雇の有効性を判断するものが増えている（ロイヤル・インシュアランス・パブリック・リミテッド・カンパニー事件・東京地決平8・7・31労判712号85頁，ナショナル・ウエストミンスター銀行（第3次仮処分）事件・東京地決平12・1・21労判782号23頁等）。しかし，このような「要素」と解する立場であるとしても，4要件とされる事情を重視して検討するものがほとんどであり，また，4つのうちのいずれかを欠けば解雇権濫用と判断される可能性は高いことから，実際上は「要件」と解するか，「要素」と解するかで大きな差が生じることはないと考えられる。
　なお，①人員削減の必要性，②解雇回避努力，③人選の合理性について，その存在を主張立証する責任は使用者にあり，④手続の相当性については，労働者がその欠如（不相当性）について主張立証する責任を負う（ゼネラル・セミコンダクター・ジャパン事件・東京地判平15・8・27労判865号47頁，コマキ事件・東京地決平18・1・13判時1935号168頁等）。

① 人員削減の必要性

　第1に，そもそも経営上の理由により人員を削減する必要性がなければならない。この点に関して，裁判例は，人員削減をしなければ倒産するといった危機的状況に陥っていることまでは要求せず，高度の経営上の困難や企業経営上やむを得ない理由が存在すれば，人員削減の必要性を肯定するものが多い。特に近年では，経営の効率化等の観点から実施された組織再編の結果行われるような人員削減の場合にも必要性を認め，使用者の経営判断を基本的に尊重する

（経営判断に介入しない）傾向にある。

人員削減の必要性が否定されうる典型例は，人件費を切り下げるために人員削減をするとしながら，その一方で賃金を大幅に引き上げたり，新規採用を行うなど，明らかに矛盾した行動がとられたような場合である。

② 解雇回避努力

第2に，人員削減の必要性が認められるとしても，その手段として整理解雇を選択することの必要性が要求される。すなわち，整理解雇を実施する前に，配転や出向，非正規従業員の雇止め，希望退職者の募集等の解雇以外の手段を講じて，解雇をできるだけ回避するための努力がなされていなければならない（この措置をとらずになされた整理解雇を無効とした事例として，あさひ保育園事件・最一小判昭58・10・27労判427号63頁）。

具体的にどのような措置をとるべきかは，企業規模や経営状況等といった個別の事情によって異なりうるので，解雇回避努力の内容を一律に定めることはできない。

なお，近年では，厳密には解雇回避措置とはいえない再就職支援措置や退職金の上乗せ等も，事案に応じ，解雇によって労働者が被る不利益を緩和するものとして，使用者の解雇回避努力の一環として考慮されつつある。

> illustration 3　A社では経営コストを削減するため，定時退社の徹底，新規・中途採用の停止，役員報酬カット，パートの雇止めを行ってきた。しかし，経営状況が改善しなかったため，B工場で働く社員を全員解雇した。A社には他にC工場，D工場があるにもかかわらず配転の可能性を一切検討せず，また，希望退職者を募集する等の措置も講じなかった。この場合，A社は解雇回避努力を尽くしたとはいえず，解雇は無効となると考えられる。

③ 人選の合理性

第3に，解雇回避努力を尽くしても余剰人員がある場合，整理解雇の対象となる者を選定することになるが，(i)そのための合理的な人選基準が設定されること，および(ii)その基準が公正に適用されていることが必要である。

合理的な人選基準の例としては，欠勤日数や遅刻回数，過去の懲戒処分歴，勤続年数等の企業貢献度の観点から設定されるものや，扶養家族の有無・その数などの労働者の生活に与える打撃の程度を考慮するもの等がある。労働者の年齢を基準とすることについては，再就職のしやすさや，扶養家族も少ないといった観点から，生活への打撃が少ないとして若年者（たとえば30歳未満な

ど）が整理解雇の対象とされることが多かった。しかし近年では，年功型の賃金体系のために1人当たりの賃金が高額となっている中・高齢者を解雇対象とする事例が現れ，その基準の合理性が問題となっている（肯定例としてエヴェレット汽船事件・東京地決昭63・8・4労判522号11頁，否定例としてヴァリグ日本支社事件・東京地判平13・12・19労判817号5頁）。

これらの人選基準については，複数の基準を併用して判断したり，当該企業の置かれている状況も異なること等から，その合理性を一律に判断することは困難といわざるを得ない。なお，「責任感」や「協調性」などの抽象的な基準は，客観性を欠き恣意的な選定を許すものとして，その合理性が否定されうる（平野金属事件・大阪地決昭51・7・20労判261号49頁，労働大学事件・東京地判平14・12・17労判846号49頁等）。

④ 手続の妥当性

第4に，労働協約や就業規則に，解雇に際して労働組合と協議する旨を定めた解雇協議条項（→本章1-2(3)）がある場合はもちろんのこと，そのような規定がない場合でも，使用者は労働組合や労働者に対して，整理解雇の必要性，その時期，規模，人選の方法等について説明を行い，その理解を得るために誠意をもって協議すべき信義則上の義務を負っていると解されている。

● 2 ● 変更解約告知

2-1 概 説

労働条件を変更する手段としてなされる解雇の意思表示のことを，ドイツ法の用語（Änderungskündingung）に倣って「変更解約告知」という。変更解約告知にはさまざまな形態があるが，使用者による労働条件変更の申入れに対して，労働者がこれを承諾しない場合に，解雇の意思表示がなされるのがその典型である。

日本では，職種や勤務地の限定がなされている労働者が少ないため，多くの労働者に対して配転などにより労働義務の内容を相当程度変更することが可能であり（→第8章），また，就業規則の改訂によって労働条件を合理的な範囲で変更することもできるため（→第3章3-4），労働条件の変更を主たる目的とする変更解約告知という手法を用いる必要性が高いとは言い難い。しかし，配転や就業規則の改訂では対応できない場合（たとえば，職種や勤務地の限定がある労働者に対する職種等の変更，正社員から契約社員への契約形態の変更等）に

は、変更解約告知は労働条件を変更する有効な手段となりうる。

　変更解約告知は、新たに提示された（変更された）労働条件を承諾しない労働者にとっては解雇を意味するものであり、新しい労働条件に不服はあるけれども解雇されたくないと考える労働者に承諾を強いることになりやすく、使用者による労働条件の一方的な引下げを容易にする手段となりうる（このような懸念から、労働条件の変更ないし解雇に変更解約告知という独立の類型を設けるべきではないとする裁判例〔大阪労働衛生センター第一病院事件・大阪地判平10・8・31労判751号38頁〕もある）。労働者に厳しい二者択一（新労働条件の承諾か、解雇か）を迫る事態を回避するため、以下に述べるドイツ法にあるような「留保付きの承諾」を可能とする解釈論が模索されているほか、立法的な解決について議論されている段階にある。

2-2　留保付き承諾

　ドイツでは、変更解約告知に関して法律上特別規定があり、労働条件の変更に不服のある労働者は、とりあえずその変更に従ったうえで、当該労働条件変更が社会的に不相当である旨の訴えを労働裁判所に提起でき、その裁判で労働条件変更が不相当とされれば変更前の条件に復帰し、相当であれば変更後の条件に従って雇用を継続するか、解雇されるかを最終的に選択するという仕組みが整えられている。

　日本では、変更解約告知について、ドイツ法にあるような、労働者が雇用を継続しながら労働条件の変更の合理性を争える仕組みは立法上整えられていない。裁判例では、労働条件を引き下げる目的でなされたホテル配膳人に対する雇止めを争った事件で、このような留保付き承諾の考え方を取り入れた地裁判決（日本ヒルトンホテル(本訴)事件・東京地判平14・3・11労判825号13頁）が出されたものの、控訴審において否定されており（同事件・東京高判平14・11・26労判843号20頁）、未だ不確定な状態にある。

2-3　変更解約告知の効力

　「変更解約告知」の有効性判断について、裁判例の立場は2つに大別することができる。すなわち、1つは、変更解約告知を独立した解雇の一類型としてとらえて判断するものと、もう1つは、解雇の実質をみて既存の解雇の類型に当てはめて考えるとする立場である。

　前者の立場から、職種の特定された労働者に対する変更解約告知の事案にお

いて，①労働条件変更が必要不可欠であり，②その変更の必要性が労働者の被る不利益を上回り，変更に応じない労働者を解雇することがやむを得ないものと認められ，かつ，③解雇回避努力が十分に尽くされていることという，変更解約告知に関する特別の要件を設定し，変更解約告知（に応じない労働者に対する解雇）を適法と判断した裁判例がある（スカンジナビア航空事件・東京地決平7・4・13労判675号13頁）。

他方で，後者の立場から，ドイツ法と異なり明文上の規定がない日本では，変更解約告知という独立の類型を設けることは相当でなく，当該解雇の意思表示が使用者の経済的必要性を主とするものである以上，その実質は整理解雇に他ならないとして，整理解雇法理によって判断すべきとした裁判例もある（前掲・大阪労働衛生センター第一病院事件）。

変更解約告知に応じない労働者に対する解雇も，「解雇」であることには変わりがないので，その効力も，解雇権濫用法理の枠組みの中で判断できると解されている。ただし，変更解約告知がなされた理由やその態様によって，具体的な判断基準は異なりうるであろう。たとえば，整理解雇法理の枠組みで判断すべき場合もあれば，そこまで厳密な判断は必要でないこともありえよう。いずれにしても，変更解約告知に関する事例の蓄積は未だ少なく，留保付き承諾を可能とする解釈論や立法論の議論を含め，変更解約告知に関する理論はまだ発展途上の段階にある。

● 3 ● 違法解雇の効果

解雇権の濫用として違法とされた解雇は，私法上無効となるのが原則である（解雇予告義務違反については争いがある→本章1-2(1)④）。そこで，裁判所は，本案訴訟では労働者が労働契約上の地位にあることを確認する判決を下し，通常は，これとあわせて民法536条2項により解雇期間中の賃金の支払を命じる（解雇期間中の賃金と中間収入については→第9章5-3）。保全手続では，労働者が労働契約上の地位にあることを仮に定める仮処分命令等を下すことになる。さらに，労働者は，違法解雇による精神的苦痛等の賃金以外の損害について，不法行為として損害賠償を請求することも可能である（民法709条）。ただし，違法解雇された労働者が，解雇無効の主張に代えて不法行為による損害賠償を請求した場合に，賃金相当額を逸失利益として認めるか否かについては，裁判例は分かれている（肯定例として，S社(派遣添乗員)事件・東京地判平17・1・25

労判890号42頁，否定例として，わいわいランド事件・大阪地判平12・6・30労判793号49頁)。

なお，解雇が無効となった（労働契約上の地位を確認された）労働者が，その後も同じ職場で働き続けることは事実上難しいことにかんがみ，当該解雇の効力は争わずに（解雇自体は有効として），金銭補償によって問題解決を図りうる制度を創設すべきとの見解が主張され，議論がなされている。

● 4 ● 雇用関係終了後の法規制

労働契約の終了によって，労働契約上の権利義務の多くは消滅することになるが，労働契約や法律の定めに基づき，契約終了後も権利義務が残ることがある。たとえば，退職後の競業避止義務（→第6章3-2(2)）や退職金の支払義務，不正競争防止法等に基づく秘密保持義務（→第6章3-2(1)）や以下の労基法上の義務等がある（なお，失業した労働者に対する救済・支援施策等については，→第26章3)。

4-1　退職時等の証明

労働者が退職する際に，使用期間，業務の種類，その事業における地位，賃金，退職の事由（解雇事由を含む）について証明書を請求した場合には，使用者は遅滞なくこれを交付しなければならない（労基法22条1項）。解雇予告の日から退職日までに請求があった場合も，労働者が当該解雇以外の理由で退職したときを除き，同様である（同条2項）。この退職時の証明書には，使用者は労働者の請求しない事項を記入してはならず（同条3項），また，あらかじめ第三者と謀り，労働者の就業を妨げることを目的として，労働者の国籍，信条，社会的身分もしくは労働組合運動に関する通信をしたり，証明書に秘密の記号を記入してはならない（同条4項）。

なお，退職事由が解雇の場合には，解雇理由を具体的に示す必要があるが，労働者が解雇の事実のみの記載を請求した場合は，解雇理由を記載してはならない（平11・1・29基発45号等）。

退職事由に係るモデル退職証明書

（労働者名）　殿

以下の事由により，あなたは当社を　年　月　日に退職したことを証明します。
　　　　　　　　　　　　　　　　　　　　　　　　　年　　月　　日
　　　　　　　　　　　事業主氏名又は名称
　　　　　　　　　　　使用者職氏名

① あなたの自己都合による退職　（②を除く。）
② 当社の勧奨による退職
③ 定年による退職
④ 契約期間の満了による退職
⑤ 移籍出向による退職
⑥ その他（具体的には　　　　　　　　　　　）による退職
⑦ 解雇（別紙の理由による。）

※　該当する番号に○を付けること。
※　解雇された労働者が解雇の理由を請求しない場合には，⑦の「（別紙の理由による。）」を二重線で消し，別紙は交付しないこと。

（別　紙）

ア　天災その他やむを得ない理由（具体的には，
　　　　　　　　　　によって当社の事業の継続が不可能になったこと）による解雇
イ　事業縮小等当社の都合（具体的には，当社が，
　　　　　　　　　　　　　　　　　　　　　　となったこと。）による解雇
ウ　職務命令に対する重大な違反行為（具体的には，あなたが
　　　　　　　　　　　　　　　　　　　　　　したこと。）による解雇
エ　業務について不正な行為（具体的には，あなたが
　　　　　　　　　　　　　　　　　　　　　　したこと。）による解雇
オ　相当長期間にわたる無断欠勤をしたこと等勤務不良であること（具体的には，あなたが
　　　　　　　　　　　　　　　　　　　　　　したこと。）による解雇
カ　その他（具体的には，
　　　　　　　　　　　　　　　　　　　　　　　　）による解雇

※　該当するものに○を付け，具体的な理由等を（　）の中に記入すること。

出典：厚生労働省

4-2　金品の返還

　使用者は，労働者が死亡または退職した場合に，労働者本人や死亡した労働者の相続人等の権利者から請求があったときには，7日以内に賃金を支払い，積立金，保証金，貯蓄金その他名称のいかんを問わず，労働者の権利に属する金品を返還しなければならない（労基法23条1項）。これら賃金や金品に関して争いがある場合は，使用者は異議のない部分を期間中に返還することになる（同条2項）。ただし，退職金については，労基法上の賃金に該当する場合（→第9章2-1）であっても，定められた支払期日までに支払えば足りる（昭26・12・27基収5483号等）。

4-3　帰郷旅費

　満18歳未満の年少者が解雇から14日以内に帰郷する場合には，解雇について年少者に帰責事由があり，その事由について行政官庁の認定を受けたときを除き，使用者は帰郷に必要な旅費を負担しなければならない（労基法64条）。

CASES

【事例1】

　A社のアナウンサーBは，宿直中の仮眠で寝過ごしてしまい，Bが担当する定時ラジオニュースを数分間放送できないという放送事故を2週間のうちに2回起こした。2回目の事故について，当初Bは上司に報告せず，後日になって虚偽の事故報告書を提出した。A社はBの行為は就業規則上の解雇事由（「勤務成績・態度が不良のとき」）に当たるとして，Bを解雇した。この解雇は有効か。

解説　使用者が労働者を解雇する場合には，①客観的に合理的な理由と②社会通念上相当であることが求められている（労契法16条）。したがって，本事例のBの行為が解雇事由に該当するとしても，それだけではただちに解雇は有効とは認められない（①につき就業規則上の解雇事由該当性が問題になる場合〔→本章1-3(2)〕でも，上記②は問われる）。

　まず，本事例の解雇に，客観的に合理的な理由があるかという点（①）について，Bの行為はA社の対外的信用を著しく失墜するものであり，2週間のうちに2回も同様の事故を起こしたことは，アナウンサーとしての責任感に欠け，特に

2回目の事故直後の対応からすると，就業規則上の解雇事由に該当し，解雇には合理的理由があると考えられる。

次に，社会的相当性（②）については，裁判例は労働者側に有利な事情を考慮する傾向がある（→本章1-4(1)）。本事例では，放送事故が数分間と短い時間であったこと，2回目の事故後の対応も短期間内に2度目ということでBが気後れしていたためであり，強く責めるのが酷であるなどと解される余地がある。この他に，Bの普段の勤務成績や事故後の反省態度，A社での同種の事故に対する過去の処分歴等が考慮要素となる。これらの考慮要素について特に問題がない場合，社会的相当性が否定され，解雇権の濫用として解雇無効と判断される可能性が高くなる（前掲・高知放送事件）。

【事例2】
A社は紡績業と不動産業を営んでいたが，経営不振による民事再生手続の開始決定後，A社会長の独断により，紡績業部門が廃止され，そこで働く従業員165名全員が解雇された。この場合の整理解雇は有効か。

解説 整理解雇とは，労働者に帰責性のない経営上の理由による解雇であり，全事業の閉鎖に伴う全員解雇も含まれる（山田紡績事件・名古屋地判平17・2・23労判892号42頁）。整理解雇に関しては，これまで判例によって形成されてきた整理解雇法理が適用されることになる。本事例も紡績業部門の廃止という経営上の理由による解雇であり，整理解雇として整理解雇法理を適用し，その解雇の有効性を判断することになる。

整理解雇法理のもとでは，4つの要件（要素），すなわち①人員削減の必要性，②解雇回避努力，③人選の合理性，④手続の妥当性を判断することになる（→本章1-4(2)）。本事例では，紡績業部門を廃業するという経営判断に一定の合理性が認められるとしても，不動産業も営むA社において，紡績業部門廃止からただちにその部門の従業員を全員解雇する必要があったと認めることはできないと考えられる。また，事業部門の廃止であってもA社には希望退職者を募集したり，不動産部門への配転の可能性を検討することが求められ，このような措置を一切していない場合には解雇回避努力を尽くしていないと評価される。さらに，解雇の選定基準を設け，それを適正に実施すべきことも求められる。

本事例では，A社会長の独断によって全員の解雇が実施されたため，労働者と十分な協議等を経ないでなされたものであり，解雇手続においても著しく妥当性を欠いたものとして，最終的には解雇無効の判断が下されることになろう。

【事例3】
　A社は業績不振による合理化策の一環として，労働契約において業務内容および勤務地を特定している全従業員に対し，退職金の割増支給を伴う早期退職募集と勤務地や業務内容を含む新たな労働条件での再雇用の提案を行い，同時に，解雇予告の意思表示を行った。Bはこれまでの労働条件の継続を希望し，早期退職に応じず再雇用に応募をしなかったため，解雇された。Bはこの解雇の無効を主張して，従前の労働条件による地位の確認等を求めることができるか。

解 説　本事例は，新たな労働条件での再雇用に応じない労働者は解雇するという，変更解約告知の事例である。このような変更解約告知の取扱いについて，裁判例の立場はまだ定まっておらず，解雇の効力の判断についても，変更解約告知独自の法理を提示するものもあれば，それを相当でないとするものもある（→本章2-3）。現段階では，判例法上確立したとはいえない変更解約告知に関する特別な法理によらずとも，変更解約告知による解雇も解雇であることには違いがないことから，変更解約告知がなされた事情等を考慮に入れながら，これまでの解雇に関する法理を適用して，その有効性を判断することで足りると考えられる。

　本事例は，整理解雇の一種であることから，整理解雇法理の4要件（要素）について検討し，解雇の有効性を判断することになる。具体的な結論は各要素についての実情により異なりうるが，判断に際しては，労働条件の変更の申出が事前になされていたこと（一種の解雇回避措置）や，業務内容および勤務地の限定があったという事情を考慮する必要がある。

第18章　非典型雇用
―― 有期労働・パートタイム労働・派遣労働 ――

● 1 ●　非典型雇用総説

　日本では，いわゆる「正社員」あるいは「正規従業員」と呼ばれる労働者は，使用者と期間の定めのない労働契約を締結し，終身雇用とも称される定年年齢までの長期雇用と，年齢や勤続年数に応じて賃金やポストが上昇するといった，いわゆる日本型雇用システムの下に置かれてきた。このような正社員の雇用形態が「典型」とされる一方で，「非正社員」あるいは「非正規従業員」と呼ばれる労働者の「非典型」雇用も存在している。

　非典型雇用の主要な雇用形態としては，パートタイム労働（パート），アルバイト，有期労働，派遣労働などがある。このような非典型雇用で働く労働者（非正社員）は，正社員とは雇用管理上明確に区別され，賃金や待遇面で異なる取扱いがなされるのが通常である。また，非典型雇用は，一般に，期間の定めのある労働契約を締結し，臨時的・一時的な需要を満たすために利用されやすく，好不況に応じた労働力の需給調整機能を果たしてきた。近年では，労使双方のニーズの多様化，経済の先行き不安等から非典型雇用が増加している。

　このように，非正社員は，正社員に比べて労働条件や雇用に関して不安定な状況に置かれることが多く（「格差」問題として顕在化した），それらについて適切に対処する法規制を整えることが求められている。

● 2 ●　有期労働（期間雇用）

2-1　意　義

　期間の定めのある労働契約を締結している労働者を「期間雇用労働者（有期契約労働者）」というが，実際には，日雇い，臨時工，パートタイム労働者（パートタイマー），アルバイト（学生アルバイト，フリーター），嘱託，契約社員

など多様な名称・形態で雇用されている。
(1) 契約期間の限定
　有期労働契約は，定められた期間が満了すれば契約は終了するのが原則である。このような有期労働は，多様な労働力の臨時的需要に対応するために利用されるとともに，解雇権濫用法理により，期間の定めのない労働契約における解雇が難しくなっているのに対し，必要に応じて雇用を短期で終了させることもできるため，雇用の調整弁として広く活用されている。実際には，数か月単位という短期の契約期間が設定され，労働需要が続く限り当該有期労働契約が更新され続けることが多く，継続的な労働需要にも対応する柔軟な雇用形態として機能している。
(2) 期間中の雇用の存続
　有期労働契約（期間雇用）では，労使ともに，期間途中での解約はやむを得ない事由がなければできず（→第17章1-1(1)），また，その事由の発生について過失のある当事者は相手方に対して，解約によって生じた損害を賠償しなければならないため（民法628条，労契法17条1項），その定められた期間は労使が相互に雇用の存続を保障し合うことになる。期間の定めのない労働契約の場合，労働者には辞職の自由があり（辞めたいときに辞められる），また，使用者の解雇権が解雇権濫用法理によって一定の制約を受けているとはいえ，有期労働の解約事由（「やむを得ない事由」）の方がより限定的なものと解されることから（→第17章1-1），定められた期間中は，期間の定めのない労働契約の場合よりも，労使双方が雇用関係維持に努めなければならず，このような意味での期間の定めの意義は，なお無視し得ないものである。

2-2　期間雇用の規制
(1) 有期労働契約の締結
　ヨーロッパでは，有期労働契約を締結するにつき，育児休業中の労働者の代替等の合理的な理由の存在を必要とする国もあるが，日本ではそのような規制はなく，有期労働契約を締結すること自体は当事者の自由に委ねられている。
(2) 労働契約の期間制限
　前述したように，有期労働契約では期間途中での解約は難しいことから，あまりにも長期の期間を定めた契約が締結された場合，労働者が不当に拘束されるおそれがある。そこで制定当初の労基法は，長期にわたる人身拘束を防止するため，一定の事業の完了に必要な期間を定める場合を除き，契約期間の上限

を1年と規定した。

　その後，高齢者の雇用機会の拡大や雇用ニーズの多様化等に対応するために規制が段階的に緩和され，平成10年の労基法改正では一定の者について上限を3年とする特例が設けられ，平成15年の改正では，契約期間の上限が原則として3年，特例の上限が5年にまで延長された。

　現在，有期労働契約を締結する場合，3年を超える期間を設定することは原則としてできない（1年経過後の辞職の自由については→第16章3(2)）。ただし，①一定の事業の完了に必要な期間を定める場合にはその期間，②厚生労働大臣が定める基準（平15・10・22厚労告356号）に該当する高度の専門的知識等を有する労働者（博士の学位を有する者，公認会計士，システムアナリスト等）が当該専門的知識等を必要とする業務に就く場合，または，満60歳以上の労働者については，5年以内の期間を定めることができる（労基法14条1項）。

　これらの制限を超える契約期間が設定された場合，労基法の強行的直律的効力によって，契約期間は労基法に定める年数（一般では3年）となる（平15・10・23基発1022001号）。

　なお，短期の期間雇用を反復して継続的な雇用を維持することは，労働者の雇用の安定の面からは少なからず問題があることにかんがみ，労働契約法17条2項において，使用者は，期間の定めのある労働契約について，その労働契約により労働者を使用する目的に照らして，必要以上に短い期間を定めることにより，その労働契約を反復して更新することのないよう配慮しなければならない旨規定された。ただし，この規定は，これに違反する労働契約の期間を修正するような効果はもたないと解されている。

2-3　期間雇用の終了（雇止め）

(1) 原　則

　有期労働契約は，契約期間の満了によって当然に（特に理由を必要とせず）終了するのが原則であり，その更新は，新たな契約の締結であるので，これを行うか否かは当事者の自由に委ねられている。ただし，期間経過後も労働関係が事実上継続された場合には，当該労働契約は黙示の更新がなされたこととなる（→第16章4-1）。このような黙示の更新を回避し，契約期間の満了とともに契約を終了させるには，実際上，使用者は労働者に対して雇止め（更新拒否）の通知をする必要がある。

(2) 雇止め制限法理

　前述したように，労働需要が続く間，短期の有期労働契約の更新が繰り返され，結果的に長期雇用化することがある。そのような場合に，労働者の抱く雇用継続への期待に対して，民法の原則に従って使用者が自由に雇止めすることができるのかが問題とされた。

　この問題について，判例は，労働関係の実態に着目し，解雇権濫用法理を類推適用することで，雇止めを制限する法理を構築した。すなわち，一定の場合には，解雇権濫用法理を類推し，雇止めには「客観的で合理的な理由」が必要であるという判断枠組みを築き上げた。雇止めに関して解雇権濫用法理が類推されるのは，①有期労働契約が反復更新されて，期間の定めのない契約と実質的に異ならない状態となった場合（東芝柳町工場事件・最一小判昭49・7・22民集28巻5号927頁等），②期間の定めのない契約と実質的に異ならない状態とまではいえないが，雇用継続に対する労働者の期待に合理性がある場合（日立メディコ事件・最一小判昭61・12・4労判486号6頁等）である。

　①や②のような状態にあると認められるかどうかは，業務内容，業務の臨時性，更新回数，雇用の継続年数，更新手続の厳格さ，雇用継続に関する説明・認識，雇止めに関する従来の取扱い等の諸事情を総合考慮して判断されることになる。特に，②の類型に関しては，契約更新が1度もなされたことがない事案（最初の期間満了時点での雇止め）でも，解雇権濫用法理の類推適用を認めた裁判例がある（龍神タクシー事件・大阪高判平3・1・16労判581号36頁等）。他方で，契約期間の満了毎に明確に更新手続が行われ，その度に業務量等によっては期間満了によって契約が終了する可能性が説明される等，雇用継続への期待が認められない態様で契約が更新されていたような場合には，解雇権濫用法理の類推による保護は及ばないとされる（丸島アクアシステム事件・大阪高決平9・12・16労判729号18頁等）。

　また，最近では，（従来は曖昧に反復更新してきた契約を）次回は更新しないことを明らかにした上で最後の更新をし，その期間満了によって契約を終了（更新を拒否）した場合が問題となっている。裁判例には，次回の更新がないことが明確に合意されている場合，雇用継続への合理的な期待は認められないとして，解雇権濫用法理の類推適用を否定したものがある（近畿コカコーラ・ボトリング事件・大阪地判平17・1・13労判893号150頁）。

　解雇権濫用法理が類推適用され，雇止めが許されない場合には，契約が更新されたのと同様の法律関係が生じると解されている（日立メディコ事件・東京高

判昭55・12・16労民集31巻6号1224頁等。なお，理論的には，有期労働契約は期間満了によって当然に終了するものであり，雇止めの通知は観念の通知にすぎない（無効とすべき法律行為がない）ので，権利濫用で無効という構成には難点があるため，「類推適用」の意味のとらえ方が議論されている）。

現在では，有期労働契約の締結時・終了時の紛争防止を目的として，厚生労働大臣は雇止めの通知その他必要な事項についての基準を定めることができ（労基法14条2項），行政官庁は，この基準に従って助言・指導を行うことができるようになっている（同条3項）。この規定に基づき定められた基準（平15・10・22厚労告357号，平20・1・23厚労告12号）では，契約締結時における契約更新の有無やその判断基準の明示，3回以上契約が更新された場合や1年を超えて継続勤務している場合には，30日前までに雇止めの予告をすべきこと等が定められている。

> **illustration 1** Aは，期間を6か月とする労働契約を10回更新したところで，B社から1か月後の契約期間の満了をもって契約を終了すると通知された。これまでB社では自分から辞めるというまで契約が更新され，入社時にも好きなだけ働き続けられると説明されていた。この場合，Aの雇止めには解雇権濫用法理（労契法16条）が類推され，客観的で合理的な理由が必要となる。

(3) 雇止めの制限と整理解雇

期間の定めのない労働契約を締結している労働者（いわゆる正社員）の整理解雇の効力を判断する際，使用者が解雇回避努力を尽くしたかどうかが考慮されるが，期間雇用労働者の雇止めが解雇回避措置の1つとされることがある（→第17章1-4(2)②）。このことと，期間雇用労働者の雇止めの制限法理との関係が問題となる。すなわち，正社員の雇用を守るという理由が，雇止めを是認する客観的で合理的な理由となりうるかが問題となる。

この点について，裁判例は，雇止めが制限される場合でも，正社員の人員整理に先立って実施される期間雇用労働者の雇止めには合理性があるとして是認する傾向にある（学説では疑問とする見解もある）。たとえば，期間雇用労働者に対する雇止めに解雇権濫用法理が類推適用されるといっても，そもそも長期雇用を前提として期間の定めのない契約を締結している正社員に対する解雇の場合とでは，要求される合理性の程度に自ずから合理的な差異があるとして，正社員の希望退職者を募集することなくなされた雇止めも有効と判断されている（日立メディコ事件・最一小判昭61・12・4労判486号6頁）。

ただし，期間雇用の実態が正社員と同視できるような状態になっている場合では，雇止めについても希望退職者の募集をすべき等，整理解雇法理に準じた厳格な判断をする裁判例もある（三洋電機事件・大阪地判平3・10・22労判595号9頁，丸子警報器事件・東京高判平11・3・31労判758号7頁等）。

> illustration 2　A社には正社員80名，期間雇用であるパート50名がいた。A社は，経営悪化のため人員整理を行う必要に迫られている。A社は正社員の整理解雇を行う前に，契約期間が満了する20名のパートに対して雇止めを行った。これまでの裁判例によれば，この場合の雇止めは認められると考えられる。

● 3 ●　パートタイム労働

3-1　概　説

本来，パートタイム労働者（パートタイマー）とは，その企業で定められている正規の所定労働時間（フルタイム）よりも短い所定労働時間（パートタイム）で働く者をいう。日本では，このような短時間労働に従事している労働者は「パート」や「パートタイマー」と呼ばれるほか，「アルバイト」，「準社員」，「嘱託」等の名称で呼ばれることもある（「パート」とは区別して，特に学生向けに「アルバイト」という表現が多用されている）。他方で，「パート」や「パートタイマー」と呼ばれながら，フルタイムで働く労働者も存在している（「擬似パート」・「フルタイムパート」と称される）。

すなわち，パートタイム労働者という用語は，本来の意味で用いられる以外に，雇用管理区分上の名称として用いられることがあるなど，多義的なものである。以下では，パートタイム労働法に定める「短時間労働者」という本来的な意味でのパートタイム労働者に対する規制を中心に述べることとする。

3-2　労働関係法規の適用
(1)　原　則

パートタイム労働者も，「労働者」（→第2章2）である以上，労基法をはじめとする労働関係法規の適用を受けるのが原則である（ただし，労基法上の年次有給休暇日数の比例付与〔労基法39条3項〕のように特別の取扱いが規定されていることがある）。しかしながら，非正社員であるパートタイム労働者に対しては，労働条件の内容が必ずしも明確にされないなど雇用管理が行き届いておら

ず，権利保護が十分になされていない状態にあった。そこで，パートタイム労働者に対する適正な労働条件の確保をはじめとする雇用管理の改善等により，その能力の発揮や福祉の増進を図ることを目的として「短時間労働者の雇用管理の改善等に関する法律」(「パートタイム労働法」)が平成5年に制定された。同法は，平成19年に大改正され，パートタイム労働者に関する規制法として重要な役割を担っている（同法の内容については→本章3-3）。

(2) 社会保険制度における取扱い

パートタイム労働者は，雇用保険，健康保険および厚生年金保険の適用に関して，短時間労働者であることによる特別な取扱いを受けることがある。雇用保険では，所定労働時間が週20時間以上であり，6か月以上の継続雇用が見込まれる場合に被保険者とされるが，健康保険および厚生年金保険では，所定労働日数・労働時間が通常の労働者のおおむね4分の3以上，年収が一定額（現在130万円）以上の者を被保険者とする運用がなされている。このような社会保険制度の適用に関する取扱いは，税制上の措置とともに，パートタイム労働者の就労行動等に少なからず影響を与えるものである。

たとえば，正社員として勤める配偶者がいるパートタイム労働者の場合，現行制度上，当該パートタイム労働者の年収が130万円未満であれば，自ら保険料を負担することなく（配偶者の保険料負担のみで），配偶者の健康保険における被扶養者として保険給付を受けることができるとともに，国民（基礎）年金の第3号被保険者として老齢基礎年金を受給することが可能となる。また，そのパートタイム労働者の年収が103万円以下であれば，自己の所得税は課税されず，さらに，配偶者の所得税について配偶者控除を利用することができる（パートタイム労働者の年収が103万円を超える場合，141万円に至るまでは段階的に所得控除を行う配偶者特別控除を利用することができるが，配偶者控除への追加部分は廃止された）。

このような特別な取扱いがあることで，パートタイム労働者が年収を一定額以下に保つために就業を抑制したり，また，年収を一定額以下に保ちたいと考えるパートタイム労働者がいることで，結果的にパートタイム労働者の賃金水準が低く抑えられてしまっているといった批判がなされている。

3-3　パートタイム労働法による規制

(1) パートタイム労働者の定義

パートタイム労働法の適用対象である「短時間労働者」とは，1週間の所定

労働時間が同一の事業所に雇用される通常の労働者（フルタイム労働者）に比べて短い労働者と定義されている（パートタイム労働法2条）。このため，フルタイムで働く非正社員は同法の適用対象外となるが，同法に基づき定められている指針（平19・10・1厚労告326号）では，これらの労働者にも同法の趣旨が考慮されるべきである旨が規定されている。

制定当初のパートタイム労働法は，事業主の努力義務を定めたものに過ぎなかったため，実効性確保の点からは課題があり，また，パートタイム労働者が増大するにつれ，その賃金や待遇等に関する正社員との格差が社会で問題視されるようになった。そこで同法は，平成19年に，これまで努力義務規定であったものを禁止規定とするなどの大幅な改正がなされ，格差是正へ向けた規制の強化が図られている。

(2) 労働条件の明示

事業主は，パートタイム労働者を雇い入れるときには，速やかに，労基法15条1項に定める労働条件（→第5章3-1）に加えて，特定事項（昇給，退職手当，賞与の有無）についても文書の交付等により明示する義務を負う（パートタイム労働法6条1項）。さらに，それ以外の事項についても文書の交付等により明示するよう努力義務が規定されている（同条2項）。この労働条件明示義務に違反した場合，事業主には10万円以下の過料が課せられる（同法47条）。

また，事業主は，雇い入れのとき以外にも，パートタイム労働者からの請求があったときには，パートタイム労働法6条から12条1項により事業主が措置を講ずべきとされている事項に関する決定をするに当たって考慮した事項を説明しなければならない（同法13条）。

なお，労働条件の決定については就業規則が重要な役割を果たしているが，パートタイム労働者のための就業規則を作成・変更する場合には，事業主は，その事業所におけるパートタイム労働者の過半数を代表すると認められる者の意見を聴くように努めるものとされている（同法7条）。

(3) 通常の労働者と同視すべきパートタイム労働者に対する差別の禁止

事業主は，「通常の労働者と同視すべき短時間労働者」については，短時間労働者であることを理由として，賃金の決定，教育訓練の実施，福利厚生施設の利用その他の待遇について差別的取扱いをしてはならない（パートタイム労働法8条）。ここでいう「通常の労働者と同視すべき短時間労働者」とは，①当該事業所の通常の労働者と職務の内容（業務内容およびそれに伴う責任）が同一の短時間労働者であって，②期間の定めのない労働契約を締結しているもの

のうち，③雇用関係の全期間において，その職務の内容および配置が通常の労働者と同一の範囲で変更されると見込まれるものである。②の期間の定めのない労働契約には，反復更新により期間の定めのない労働契約と同視できる場合を含む（同条2項）。要するに，①職務の内容，②雇用期間，③長期的な人材活用の仕組みまで正社員と同視できるパートタイム労働者については，その待遇において正社員との差別的取扱いが禁止された。本条に違反する差別的取扱いがなされた場合，その法的効果については議論の余地があるが，少なくとも，不法行為（民法709条）として損害賠償責任を生じさせると解される。

(4) **均衡待遇の努力義務・措置義務・配慮義務**

パートタイム労働法では，「通常の労働者と同視すべき短時間労働者」とはいえないパートタイム労働者に関して，賃金の決定，教育訓練の実施，福利厚生の利用につき事業主の努力義務，措置義務，配慮義務が規定されている。

① 賃金決定に関する努力義務

事業主は，通常の労働者との均衡を考慮しつつ，その雇用するパートタイム労働者の職務の内容，職務の成果，意欲，能力または経験等を勘案し，その賃金を決定するように努めるものとされ（パートタイム労働法9条1項），通常の労働者と職務内容が同一であって，雇用期間のうち少なくとも一定期間において，その職務の内容および配置が通常の労働者と同一の範囲で変更されると見込まれる短時間労働者については，その期間は通常の労働者と同一の方法によって賃金を決定するように努めるものと規定されている（同条2項）。

これまでにも，パートタイム労働者の賃金に関しては，職務内容に加えて労働時間も正社員と同一であるフルタイムパートと正社員との賃金格差が違法となるかどうかをめぐって争われてきている。

裁判例では，期間雇用が反復更新されたことで長期間勤務し，職務内容，労働時間・日数が実際上正社員と同様であった臨時社員について，その賃金が正社員の賃金の8割以下となるときは公序（労基法3条・4条の根底にある均等待遇の理念）に違反する不法行為となるとしたものがある（丸子警報器事件・長野地上田支判平8・3・15労判690号32頁）。その一方で，正社員と非正社員との賃金格差は契約自由の範疇の問題であるとして，雇用形態の差に基づく賃金格差を違法とすることはできないとする裁判例もある（日本郵便逓送事件・大阪地判平14・5・22労判830号22頁）。

このような争いでは，まず，労基法3条（均等待遇の原則）の適用が問題となるが，パートタイム労働者であることは同条のいう「社会的身分」には当た

らないと解されている（→第4章2-2(1)）。次に，パートタイム労働者の多くが女性であることを背景に，労基法4条（男女同一賃金原則）違反の主張や，それをさらに進めた「同一（価値）労働同一賃金」の原則によって格差は許されないとする見解があるが，労基法4条はあくまで性別を理由とする差別の禁止規定（→第4章3-1）であることや，同一（価値）労働同一賃金原則は日本では未だ確立されたというには至ってないことから，パートタイム労働者に対する賃金格差を違法というための根拠とするには難しいといわざるを得ない状況にあった。平成19年のパートタイム労働法改正（8条等の規定）がこの問題にどのような影響を与えるか，今後の動向に注意が必要であろう。

② 教育訓練の実施に関する措置義務

事業主は，通常の労働者に対して実施する教育訓練であって，当該通常の労働者が従事する職務の遂行に必要な能力を付与するためのものについては，職務内容が同一であるパートタイム労働者に対しても，原則としてこれを実施しなければならない（パートタイム労働法10条1項）。また，事業主は，その他のパートタイム労働者に対しても，通常の労働者との均衡を考慮しつつ，教育訓練を実施するよう努めるものとされている（同条2項）。

③ 福利厚生施設の利用に関する配慮義務

事業主は，通常の労働者に対して利用の機会を与える福利厚生施設であって，健康の保持または業務の円滑な遂行に資するものとして厚生労働省令で定めるもの（給食施設，休憩室，更衣室）については，その雇用するパートタイム労働者に対しても，利用の機会を与えるように配慮しなければならない（パートタイム労働法11条，パート則5条）。

(5) 通常の労働者への転換に関する措置義務

パートタイム労働法では，均衡待遇に関する様々な義務と併せて，雇用するパートタイム労働者の通常の労働者（正社員）への転換を推進するため，次の措置のいずれかを講じることが事業主に義務づけられた（パートタイム労働法12条）。すなわち，事業主は，①通常の労働者の募集を行う場合に，募集に係る事項を周知すること，②通常の労働者の配置を新たに行う場合に，希望申出の機会を付与すること，③一定の資格を有するパートタイム労働者を対象とした，通常の労働者への転換のための試験制度を設けること，④その他の通常の労働者への転換を推進するための措置のうちいずれかを行わなければならない。

【パートタイム労働法により事業主が講ずる措置】

【パートタイム労働者の態様】通常の労働者と比較して，			賃　金		教育訓練		福利厚生	
職務の内容〔業務の内容及び責任〕	人材活用の仕組みや運用など〔人事異動の有無及び範囲〕	契約期間	職務関連賃金・基本給・賞与・役付手当等	左以外の賃金・退職手当・家族手当・通勤手当等	職務遂行に必要な能力を付与するもの	左以外のもの〔キャリアアップのための訓練など〕	・給食施設・休憩室・更衣室	左以外のもの〔慶弔休暇，社宅の貸与等〕
①通常の労働者と同視すべきパートタイム労働者									
同じ	全雇用期間を通じて同じ	無期 or 反復更新により無期と同じ	◎	◎	◎	◎	◎	◎
②通常の労働者と職務の内容と人材活用の仕組みや運用などが同じパートタイム労働者			□	—	○	△	○	—
同じ	一定期間は同じ	—						
③通常の労働者と職務の内容が同じパートタイム労働者			△	—	○	△	○	—
同じ	異なる	—						
④通常の労働者と職務の内容も異なるパートタイム労働者			△	—	△	△	○	—
異なる	—	—						

出典：厚生労働省

〔講じる措置〕
　　◎…パートタイム労働者であることによる差別的取扱いの禁止
　　○…実施義務・配慮義務
　　□…同一の方法で決定する努力義務
　　△…職務の内容，成果，意欲，能力，経験等を勘案する努力義務

(6)　紛争解決の援助

　パートタイム労働法の規制のうち，労働条件明示義務（6条1項），差別的取扱いの禁止（8条1項），教育訓練に関する措置義務（10条1項），福利厚生

施設に関する配慮義務（11条），通常労働者への転換に関する措置義務（12条1項），待遇の決定に関する説明義務（13条）については，その紛争解決のため，都道府県労働局長による助言・指導・勧告（21条1項），紛争調整委員会による調停（22条1項）が設けられている。

(7) 労働契約の終了

パートタイム労働者は期間雇用であることが多いが，期間の定めのない労働契約を締結していることもある。

① 期間の定めのある場合

期間満了による雇用の終了（雇止め）については，前述のとおり（→本章2-3），定められた期間の満了によって契約は終了するのが原則であるが，その契約が反復更新されて継続されているなど，雇用継続に対するパートタイム労働者の期待に合理性が認められる場合，解雇権濫用法理が類推される。また，期間途中の解雇についても前述したとおりである（→第17章1-1(1)）。

② 期間の定めのない労働契約の場合

期間の定めのない労働契約を締結している場合，パートタイム労働者についても解雇権濫用法理が適用される（ワキタ事件・大阪地判平12・12・1労判808号77頁等）。ただし，その判断においてはパートタイム労働であることの特質が考慮され，とりわけ人員整理の場合には，有期労働契約者と同様に，正社員に比べると企業との結びつきが弱いと判断される可能性がある。

● 4 ● 派遣労働

4-1 外部労働力の利用

(1) 総説

企業では，業務を遂行するために，他企業からその雇用する労働者の提供を受けることがある。

歴史的に見れば，このような自ら雇用していない労働者の利用は，強制労働や中間搾取，使用者の責任逃れなど，多くの問題を生じさせる危険性があることから，「労働者供給」として職業安定法44条によって禁止されるなどの制約がなされた。しかし，外部労働力へのニーズが社会的に高まる中で，昭和60年に労働者派遣法が制定され，一定の要件の下で労働者の派遣が許容されることになった。すなわち，労働者派遣法は，自己の雇用する労働者を，その雇用関係の下に，かつ，他人の指揮命令を受けて，その他人のために労働に従事さ

せること（ただし，その他人に対し労働者を雇用させることを約して労働させるものを含まない）を「労働者派遣」と定義し（派遣法2条1号），職業安定法の禁止する「労働者供給」から明文で除外した（→第26章2）。その後労働者派遣は，合法的な外部労働力の利用形態として広く普及するに至っている。

(2) **労働者派遣との区別**

外部労働力の利用は，労働者派遣のほかに，業務処理請負，出向という形態でもなされている。

① 業務処理請負

業務処理請負とは，ある企業（請負企業）が他企業（発注企業）に対して，一定業務の処理を請け負い，この請け負った業務を遂行するために，請負企業がその指揮命令の下で雇用する労働者を，発注企業の事業場において就労させることをいう。このとき，請負企業と発注企業との間では，民法の（業務処理）請負契約が締結される。

業務処理請負は，労働者の就業場所となる発注企業ではなく，その労働者を雇用する請負企業が指揮命令する点で，労働者派遣と異なる。このような業務処理請負と労働者派遣および労働者供給の区別については，職安法施行規則（4条）や告示（昭61・4・17労告37号等）によって基準が示されている（労働者派遣と労働者供給の区別については→第26章2(4)）。

なお，業務処理請負によって発注企業で働く請負労働者は，あくまでも請負企業に雇用される労働者であって，その就業に関する指揮命令も請負企業によってなされるため，労働契約上も，労基法をはじめとする労働関係法規上も，その使用者としての責任を負うのは請負企業のみになる。ただし，発注企業も就業場所を提供していること等から，その限りにおいて安全配慮義務（→第14章2-4）を負うことがありうる。

② 出　向

出向は，出向元が雇用する労働者を，出向先で就労させるものであり，その点で外部労働力の利用の一形態ということができる。労働者派遣の場合，派遣労働者と派遣先との間には指揮命令関係のみがあるのに対し，出向の場合には，労働契約上の権限を出向元と出向先とで分担する関係から，労働者は出向元との間だけでなく，就労場所となる出向先との間にも労働契約関係（二重の労働契約関係）が成立している点で区別される（→第8章2-1）。

【労働者派遣】

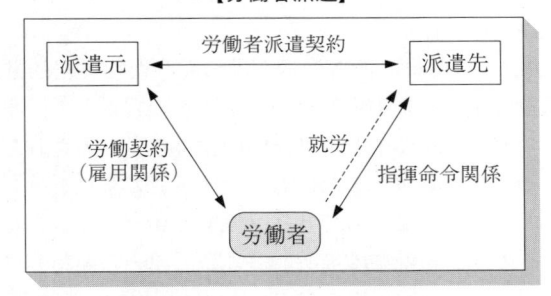

```
        労働者派遣契約
派遣元 ←――――――――→ 派遣先
  ↑\                    ↑
  ↓ \                   ¦
労働契約  就労        指揮命令関係
（雇用関係）  \          ¦
  ↓           ↘         ¦
        労働者
```

【業務処理請負】

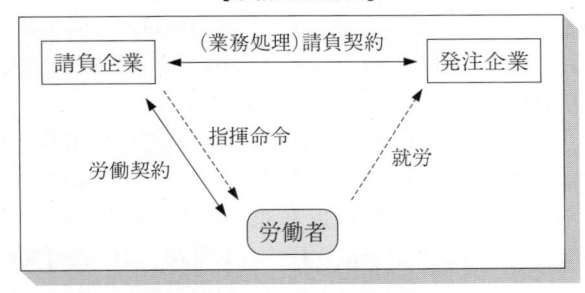

```
        （業務処理）請負契約
請負企業 ←――――――――→ 発注企業
  ↑\     指揮命令          ¦
  ↓ ←―――――――→          ¦
労働契約                  就労
  ↓                        ¦
        労働者
```

4-2　労働者派遣事業の規制

(1) 派遣対象業務と派遣可能期間

① 派遣対象業務

　制定当初の労働者派遣法は，専門性のある業務等に限定して労働者派遣事業を認めていた。しかし，そのような対象業務の限定については経済界から規制緩和が強く求められ，平成11年の法改正によって，特定の業務を除き，原則として労働者派遣が認められることとなった。つまり，労働者派遣を特定の業務のみに認めていたもの（ポジティブ・リスト方式）を，特定の業務のみ禁止する（ネガティブ・リスト方式）としたことで，それまでの原則と例外が逆転することとなった。その後平成15年には，派遣禁止業務の1つであった物の製造業務について労働者派遣が解禁され，派遣期間の制限を緩和する等の改正が実施された。

　現行法で派遣が禁止されているのは，①港湾運送業務，②建設業務，③警備業務，④その他政令で定める業務（医療業務など）である（派遣法4条1項，施

行令2条)。

② 派遣可能期間の制限

平成11年の法改正以降に労働者派遣が認められた，専門的業務以外の業務については，派遣労働者による正社員の代替防止の観点から，事業所その他派遣就業場所ごとの同一業務への派遣可能期間は1年以内とされている。ただし，派遣先事業所の過半数組織組合または過半数代表者の意見を聴いて1年を超えて3年以内の期間を定めることもできる（派遣法40条の2第1項～4項）。ここでいう「事業所その他派遣就業の場所」および「同一の業務」については，厚生労働大臣の指針（平11・11・17労告138号）に具体的な判断基準が定められている。そして「同一の業務」である限り，派遣労働者や派遣元が替わっても派遣期間は通算される。ただし，前の派遣と次の派遣との間が3か月を超える場合，それぞれの派遣は別のものとして取り扱われ，派遣期間は始めから計算されることになる（平11・11・17労告138号）。

平成11年の改正以前から労働者派遣が認められていた業務（26の専門的業務）については，派遣可能期間の制限はない（派遣法40条の2第1項1号，施行令4条）。この他に，①事業の開始・転換・拡大・縮小・廃止のためのもので一定期間内に完了することが予定されている業務，②1か月間の派遣業務の日数が派遣先事業所の通常の労働者より相当程度少なく，かつ，厚生労働大臣の定める日数（10日）以下の業務，③産前産後・育児・介護休業中の労働者の代替業務についても，派遣可能期間の制限はないものとされている（派遣法40条の2第1項2号～4号）。

(2) 許可・届出

労働者派遣を業として行うことを労働者派遣事業という（派遣法2条3号）。そのうち，その事業の派遣労働者が常時雇用される労働者のみであるものを「特定労働者派遣事業」といい，それ以外の，常時雇用以外の労働者についても派遣するものを「一般労働者派遣事業」という（同条4号，5号）。常用以外の労働者派遣の典型的なスタイルは，派遣希望者が派遣会社（派遣元）に登録をし，実際に派遣先が決まり就労することになったときに，派遣期間に応じて派遣会社とその派遣希望者が労働契約を締結するというものである。このような労働者派遣は「登録型派遣」と呼ばれる。それに対して，常用の労働者を派遣することは「常用型派遣」と呼ばれる。

特定労働者派遣事業を行おうとする者は，厚生労働大臣への届出で足りる（同法16条以下）が，雇用が不安定な登録型派遣も行う一般労働者派遣事業に

ついては，より厳しい規制が必要との観点から，厚生労働大臣の許可を得なければならない（同法5条以下）。

(3) 紹介予定派遣（ジョブ・サーチ型派遣）

紹介予定派遣とは，労働者派遣事業者が派遣就業の開始前または開始後に，派遣労働者と派遣先について，民間職業紹介事業の許可を受けて，または届出をして，職業紹介を行い，または行うことを予定してなされるものをいい，その職業紹介により，労働者派遣終了前に派遣労働者が派遣先に雇用されることが両者の間で約束されるものを含むとされる（派遣法2条6号）。つまり，労働者派遣が，求職者（派遣労働者）と企業（派遣先）との橋渡しを行うとともに，試用の機能を果たすことになる。

このような紹介予定派遣の場合には，派遣開始前に派遣労働者を特定する行為である派遣先による派遣労働者の事前面接等（→本章4-3(1)）が例外的に認められている（同法26条7項）。

4-3 労働者派遣契約と事業主の講ずべき措置

(1) 労働者派遣契約

労働者派遣を行う場合，派遣元と派遣先は「労働者派遣契約」を締結する。この労働者派遣契約では，派遣労働者の業務内容，就業場所，指揮命令者，派遣期間，就業日，就業時間，安全衛生，苦情処理に関する事項等を定めなければならない（派遣法26条1項）。派遣期間に関しては，前述した派遣可能期間の制限が存在しているが（→本章4-2(1)②），派遣可能期間の制限がないとされる専門的業務についても，派遣労働者による正社員の代替化を防止する観点から，労働者派遣契約において厚生労働大臣が定める最長期間（3年）を超える期間の定めをしてはならないとされている（同条2項，平15・12・25厚労告447号）。ただし，その更新は可能である。

このような労働者派遣契約の締結に際して，派遣先は，紹介予定派遣を除き，派遣労働者の特定を目的とする行為（事前面接，履歴書の提出等）をしないように努めなければならない（同条7項）。

また，派遣先は，派遣労働者の国籍，信条，性別，社会的身分，派遣労働者が労働組合の正当な行為をしたこと等を理由として，労働者派遣契約を解除してはならない（同法27条）。他方で，派遣元は，派遣先が労働者派遣法または派遣先に適用される労基法等の規定に違反した場合には，労働者派遣を停止し，または労働者派遣契約を解除することができる（同法28条）。

なお，労働者派遣契約の期間途中での解約が，派遣労働者の帰責事由以外による場合には，派遣先は派遣労働者の新たな就業機会の確保を図り，また，派遣先の帰責事由による場合には，少なくとも30日前の予告か，30日分の賃金相当額の損害賠償を行わなければならない（平11・11・17労告138号）。労働者派遣契約が期間途中で解除された場合，派遣元は当然に派遣労働者を解雇することができるわけではなく（→第17章1-1(1)），残りの期間について民法536条2項に基づく賃金支払義務または労基法26条に基づく休業手当の支払義務を負うこともある（派遣元の帰責事由の存否〔→第9章3-1(2)，5-2〕が検討されることになる。三都企画建設事件・大阪地判平18・1・6労判913号49頁は休業手当請求のみを認め，浜野マネキン紹介所事件・東京地判平20・9・9労経速2025号21頁は賃金請求を認めた）。

(2) 事業主の講ずべき措置
① 派遣元事業主の講ずべき措置

派遣元は，労働者派遣を実施する際に，派遣先での業務内容をはじめとする就業条件等について，あらかじめ派遣労働者に明示しなければならない（派遣法34条1項）。

派遣元は，派遣労働者の希望および能力に応じた就業機会および教育訓練機会の確保，労働条件の向上その他雇用の安定を図るために必要な措置を講ずることにより，その福祉の増進を図る努力義務を負う（同法30条）。また，派遣先が派遣就業に関する法令を守り，派遣就業が適正に行われるように必要な措置を講ずる等適切な配慮をしなければならない（同法31条）。さらに，派遣元は，派遣元責任者の選任義務（同法36条），派遣元管理台帳の作成・保存義務（同法37条），個人情報の適切な取扱い義務（同法24条の3）や業務上知り得た秘密を守る義務（同法24条の4）を負う。以上の点については，厚生労働大臣による指針（平11・11・17労告137号，最終改正平20・2・28厚労告37号）において，その具体的内容が定められている（同法47条の3）。

なお，派遣元は，正当な理由がない限り，派遣労働者との間で，雇用関係終了後に派遣先に雇用されることを禁止する契約を締結してはならず（同法33条1項），派遣先との間においても，正当な理由なく契約終了後に派遣労働者を雇用することを禁止する契約を締結してはならない（同条2項）。

② 派遣先事業主の講ずべき措置

派遣先は，労働者派遣契約の規定に反することのないように適切な措置を講じなければならない（派遣法39条）。就業中の派遣労働者から苦情の申出が

あったときには，派遣元にそのことを通知するとともに，派遣元と密接に連携しながら誠意をもって遅滞なく苦情の処理を図らなければならず（同法40条1項），派遣労働者の就業が適正かつ円滑に行われるように，適切な就業環境の維持，施設利用に関する便宜供与等必要な措置を講ずるように努めなければならない（同条2項）。

　また，派遣先は，派遣先責任者を選任し（同法41条），派遣先管理台帳を作成・保存しなければならない（同法42条）。さらに，派遣先は派遣労働者に対し，雇用機会均等法上のセクシュアル・ハラスメント防止のための措置義務や妊娠・出産等を理由とする不利益取扱いをしない義務等を負う（同法47条の2）。以上の点についても，厚生労働大臣による指針（平11・11・17労告138号，最終改正平19・9・14厚労告301号）において，その具体的内容が定められている（同法47条の3）。

　この他，派遣先は，派遣期間との関係で，派遣労働者に対する直接雇用の申し込みが義務づけられる場合がある。まず，前述した派遣可能期間に制限のある業務において，(i)1年以上であって，派遣可能期間以内の期間につき，継続して労働者派遣を受け，引き続き当該業務を行わせるために労働者を雇い入れようとする場合，派遣先は，当該業務に従事してきた派遣労働者を，その労働者の希望に応じて雇い入れる努力義務を負う（同法40条の3）。また，(ii)派遣元から派遣可能期間を超えて派遣を行わない旨の通知を受けた場合で，その通知を受けた派遣労働者を継続して使用しようとするときには，派遣先は，その労働者の希望に応じて，労働契約の申込みをしなければならない（同法40条の4）。さらに，(iii)派遣可能期間に制限のない業務については，3年を超えて同一労働者を同一業務に受け入れている場合で，3年が経過した日以降にその業務に労働者を雇い入れようとするときには，その労働者に労働契約の申込みをしなければならない（同法40条の5）。

　これらの規定に反して，派遣先が労働契約を申し込まない場合，厚生労働大臣は助言・指導を行うことができ（同法48条1項），(ii)，(iii)については，それに従わない場合には勧告をし（同法49条の2第1項），勧告にも従わないときにはその旨を公表することができる（同条3項）。なお，このような労働契約の申込義務に反する等，違法な労働者派遣が行われた場合でも，労働者派遣法上の規定を根拠にただちに派遣先と労働者との間に労働契約関係が認められると解することは難しい（松下プラズマディスプレイ（パスコ）事件・大阪地判平19・4・26労判941号5頁）。しかし，違法な派遣労働の実態から，派遣先と労

働者との間に黙示の労働契約が成立しているものとした裁判例がある（同事件控訴審・大阪高判平20・4・25労判960号5頁）。

> **illustration 3** A社は，B社からCを9か月間派遣してもらった。Cの派遣が終了してから1か月後，同一業務について今度はD社からEを3か月間派遣してもらった。派遣可能期間の1年はCの派遣開始から計算されるため，D社から，1年を超えて派遣を行わない旨の通知を受けた。それにもかかわらず，A社がその業務をEに引き続き担当させようとするときには，Eが直接雇用を希望する場合，A社はEに対して労働契約の申込みをしなければならない。

> **illustration 4** 派遣労働者Aは，B社の事務用機器の操作（専門的業務の1つ）を行うために派遣され，派遣期間の更新により既に5年間B社で働いている。B社はAが担当している業務について新規採用を計画している。この場合，B社はAに労働契約の申込みをしなければならない。

4-4 労働保護法規の適用

(1) 原則

派遣労働者は，派遣元との間に労働契約関係があるので，労基法等の労働保護法規は原則として派遣元事業主に適用され，労働契約関係にない派遣先事業主には適用されない。しかし，実際に指揮命令を行うのは派遣先であるため，労基法等の適用に関して労働者派遣法は特例を設け，派遣先にも一定の責任を負わせている。

(2) 派遣元・派遣先双方が責任を負う事項

労働者の基本的人権にかかわる均等待遇（労基法3条）や強制労働の禁止（同法5条）等の適用については，派遣元と派遣先双方が使用者としての責任を負う（派遣法44条1項）。

(3) 派遣先が責任を負う事項

派遣労働者の具体的就業に関する，公民権行使の保障（労基法7条），労働時間・休憩・休日（同法32条～32条の3，32条の4第1項～3項，33条～36条第1項，40条，41条），年少者の労働時間・休日・深夜業・危険有害業務の就業制限・坑内労働の禁止（同法60条～63条），女性の坑内労働の制限等（同法64条の2，64条の3，66条～68条）については，派遣先の使用者が労基法上の責任を負う（派遣法44条2項）。

他方で，労働時間の枠組みを設定する変形労働時間制，フレックスタイム制，

時間外・休日労働等に関する就業規則や労使協定の整備については，派遣元の使用者が責任を負う。

職場における安全衛生を確保するための規定は派遣先にも適用され（派遣法45条1項），派遣労働者に関する具体的な措置については派遣先が責任を負う（同条3項）。

> **illustration 5** 派遣先が派遣労働者に時間外労働を適法に行わせるためには，派遣元が当該労働者の所属する派遣元事業場における過半数代表との間で36協定を締結し，行政官庁に届け出ていなければならない。

CASES

【事例1】
AはB社との間に契約期間を6か月とする労働契約を締結し，特段の手続をすることなく5回にわたって契約の更新を行ってきたが，B社は不況による経営悪化を理由として，正社員について希望退職の募集を行うことなく，6回目の更新を拒否した。Aに対する雇止め（更新拒否）は有効か。

解説 期間の定めのある労働契約は，期間の満了により終了するのが原則であるが，①期間の定めのない契約と実質的に異ならない状態となった場合（前掲・東芝柳町工場事件等），②期間の定めのない契約と実質的に異ならない状態とまではいえないが，雇用継続に対する労働者の期待に合理性がある場合（日立メディコ事件・最一小判昭61・12・4労判486号6頁等）には，その雇止めについて解雇権濫用法理が類推される（→本章2-3）。

本事例では，形式的な契約更新を繰り返しており，Aの雇用継続に対する期待に合理性が認められる可能性が高く，その場合，雇止めには客観的で合理的な理由が必要となる。ただし，雇用調整時の雇止めに要求される合理性の程度は，正社員の場合よりも緩やかに解されている。そのため，人員整理の必要があるほどB社の経営が悪化しているような場合に，正社員の希望退職者募集に先立ってAの雇止めが行われたときには，その雇止めは有効と解されよう。

【事例2】
A工場では10名の正社員と30名のパートが同じ作業に従事している。1日の所定労働時間はパートの方が正社員より15分短いが，就業日数は

同じであり，パートも正社員と同じように必要に応じて時間外労働等も行っていた。パートで働くBは，有期契約を反復更新し既に10年間A工場に勤務しているが，その年収は，同じ勤続年数の正社員Cの半分でしかない。Bは使用者に対してCの賃金との差額に相当する損害の賠償を請求することができるか。

解説　本事例のBは，所定労働時間がフルタイムの正社員よりも短いパートタイム労働者であることから，パートタイム労働法の適用対象者である。そこで，Bに対する処遇が，同法8条が禁止する差別的取扱いに該当するかどうかが問題となる。同法8条では，①職務の内容，②雇用期間，③長期的な人材活用の仕組みまで正社員と同視できるパートに対する差別的取扱いを禁止しているため，Bがこの要件を満たしているか（正社員と同視できるか）を検討し，要件を満たしている場合には，Bに対する処遇は違法なものとして，損害賠償請求が認められる（本事例では③を満たす事実があるか否かにより結論が分かれよう）。

　また，パートタイム労働法8条違反とはいえなくても，同法9条や労契法3条2項を手掛かりに，合理的な理由のない著しく不均衡な賃金格差を公序良俗違反として，損害賠償請求を認めることも考えられる。本事例では，職務内容や労働時間についてほぼ同じであるにもかかわらず，年収が倍も違うことについて合理的な理由が立証されない限り，公序違反と判断することも可能であろう。ただし，損害賠償が認められる範囲は均衡を失する格差部分にとどまると考えられる（前掲・丸子警報器事件では8割以下の部分とされた）。

第19章　労使関係法総論
──労働基本権・労働組合──

● 1 ●　総　論

1-1　労使関係法の意義

　労使関係法（集団的労働関係法）は，使用者と労働組合との関係，および労働組合と労働者（ならびに他の労働組合）との関係をめぐる法的規律の全体についての理論的な名称である（具体的には労働組合法などの法令がある）。ここでは，使用者と個々の労働者との関係を取り扱う雇用関係法に比べて，労働組合という労働者の団体が当事者として登場する点で特色がある。

　近年，労働組合の組織率は低下を続け（平成20年では18.1％），労働関係における集団的労働関係の比重も低下しており，従業員代表制度など，労働組合以外の労働者の利益代表システムの導入が議論されている。しかし，近年でもプロ野球選手によるストライキが話題になったように，集団的労働関係の重要性はなお失われていない。法による規律の手法にも独自性があるため，労働法全体の内容を把握するうえでも，労使関係法の理解は重要である。

1-2　労働組合の役割

　集団的労働関係において新たに登場する当事者である労働組合は，いかなる役割を果たしているのか。労働組合の役割は多様であるが，最も大きな役割は，使用者に対する団体交渉の担い手となり，集団的に労働条件を決定することである。労働法の存在理由について述べたように，個々の労働者は使用者に比べて交渉力が弱いため，最低労働基準の設定など，交渉力のサポートのためのシステムを設けることが必要となるが，最低基準を超える労働条件の確保はやはり交渉によるほかはない。

　こうした交渉について，労働組合が労働者を組織して集団的な交渉を行えば，個人による交渉よりも交渉力は強化される。労働者個人が労働力の取引を拒否

しても使用者への影響は大きくないが，労働組合が労働者を組織し，その労働力をコントロール下において交渉を行い，交渉が進展しない場合に集団的に労働力の取引を拒否すれば，使用者への影響は大きいからである。ストライキを争議権により保障し，このような取引拒否を適法とすれば，影響力の大きさは法的にも確保されることになる（交渉で合意が成立した場合は，労働協約という，その結果を個々人の労働契約に還元する法的しくみも必要となる。下図参照）。

【労働関係と労働組合】

```
                    団体交渉  ──→  争議行為
                     労働協約
     使用者 ──────────────────── 労働組合
              債務的効力
       労
       働    規範的効力
       契
       約                  組合規約

     労働者
```

　もっとも，こうした交渉力の強化という機能の強さは，労働組合の組織形態によっても異なる。日本の労働組合は，企業別ないし事業所別に組織されていることが多いため，組合がコントロールできる労働力の範囲は小さく，産業別組合などと比べ，交渉力の強化には限界がある。しかし他方で，労働者間，および使用者と労働者間の利害の共通性が産業別組合などに比べて高いため，労使協議などを通じて使用者とコミュニケーションを図る役割などは強化されるといえる。

1-3　労使関係に関する法政策
(1)　歴　史

　労働組合が社会に登場した当初は，使用者と労働者個人の自由な取引を阻害するものとして，刑罰による弾圧を受け，また，ストライキに対する損害賠償

請求や差止めなど，民事訴訟を通じた抑制策がとられた。しかし，労働者保護の政策的要請や労働運動の高まりをうけて，労働組合の団結活動は容認されるようになる。国によっては，さらに進んで，団体交渉の担い手としての労働組合に対し，積極的な支援や特別の規律を行うに至る。労働組合を対象とした不当労働行為制度を設けているアメリカ合衆国はその例である。

(2) 現行法の基本枠組み

日本の労使関係法の基礎をなしているのは，労働者の団結権，団体交渉権および団体行動権を保障する憲法28条であり，同条の基本原理の上に，最も主要な法令である労働組合法（労組法）の他，労働関係調整法などが制定されている。こうした日本の労使関係法制は，第2次大戦後制定されたものであり，アメリカ合衆国の影響を受けて，労働者の団結等を容認するだけでなく，不当労働行為制度など，労働組合への支援システムをも備えたものとなっている。具体的には，労組法は，労働者や労働組合についての定義を含めた基本的法概念を設けた上で，以下に述べる民刑事免責，労働協約の効力，不当労働行為制度など，労使関係における基本枠組を設定している。他方，労働関係調整法は，労働争議の予防や解決のために，行政による争議の自主的解決への支援サービスのしくみを設けるとともに，争議行為に関する若干の規制等を行っている。

以上のうち，労組法の設定した基本的な法の枠組みの主要部分は次のとおりである。

① 民刑事免責（労組法1条2項，8条）

労働組合の行う団体行動は，刑法上の違法性を帯びることがありうるが（たとえば，ストライキやピケッティング等は業務妨害の構成要件に該当しうる），労組法1条2項は，正当な争議行為であれば，刑法35条により違法性が阻却されうることを定めている。また，争議行為は，組合や組合員の民事責任を生じさせる可能性もあるが，労組法8条は，正当な争議行為につき組合および組合員は損害賠償責任を負わないものとして，民事免責を定めている（解釈上は，正当な組合活動についても民事免責を認める見解が通説である→第22章1-2(1)）。

〔illustration 1〕　A社の従業員らは，B労働組合を結成し，労働条件につきA社と団体交渉を行った。しかし，合意が成立しないため，B組合はストライキを実施した。ストライキが正当であれば，A社は，これに参加した組合員に対して，労働契約上の労働義務違反として債務不履行責任を問うことはできず，また，B組合についても，労働義務に違反するように指令したとして不法行為責任を問うことはできない。

②　労働協約の効力（労組法 16 条）

　労働組合と使用者が団体交渉をして合意が成立したとしても，民法上は，その合意は組合と使用者の契約になるにとどまり，組合員にはその合意の効果は直接及ばないはずである。しかし，それでは，労働者の交渉力のサポートのために団体交渉というシステムを設けた意味が半減されてしまうため，労組法16 条は，労働協約における労働条件その他労働者の待遇に関する部分は，組合員の労働契約上の権利義務を規律し，しかも個別労働契約に優先して適用されるものとしている（規範的効力）。

③　不当労働行為制度（労組法 7 条，27 条以下）

　労働者の団結権等を保障しても，労働法上特別な制度がなければ，団結権等への侵害に対する救済は裁判所での訴訟等によらざるをえないが，労組法は，7 条において一定の行為を不当労働行為として禁止したうえで，その違反に対しては，裁判所とは別に労働委員会という特別の行政機関を設置し，行政上の特別な救済手続（27 条以下）を設けている（→第 25 章 2 - 3）。

● 2 ●　労働基本権（憲法 28 条）

2 - 1　概　要

　憲法 28 条は，勤労者の団結権，団体交渉権および団体行動権（争議権と組合活動権を合わせたもの）を保障する。すなわち，同条は，労働者の交渉力の向上を図るために，①労働組合という形で団結することを承認したうえ，②強化された交渉力による団体交渉を通じた自主的労働条件の決定（労使自治）を促進し，③争議行為などの団体行動により交渉力のバックアップを図るシステムを設けたのである。こうした権利の保障は，生存権を保障する憲法 25 条の趣旨を集団的労働関係において実現しようとするものであり，その点で労働基本権は，生存権的基本権とよばれることもある。

　これら 3 つの権利がいかなる関係にあるかについては議論があり，労働者の交渉力の強化という観点を重視して団体交渉権を中核的権利とみる見解と，3 権それぞれが独自の意義をもつと解する見解がある。この点の見解の差は，争議行為の概念や正当性などの議論に影響を与えうる（→第 22 章 1 - 1(1)）。

2-2　労働基本権の法的効果
(1)　政府（国家・地方公共団体等）に対する効果
① 自由権的効果

労働基本権は憲法上の人権であるので，それを侵害する立法やその他の政府の措置は憲法違反として無効となることがある。憲法違反の有無の問題はこれまで主として公務員に対する労働基本権の制約をめぐり争われてきており，最高裁の判例は，曲折を経たうえ，勤務条件法定主義や財政民主主義を理由に，公務員に対する争議行為の一律全面的な禁止を合憲とし（全農林警職法事件・最大判昭48・4・25刑集27巻4号547頁，全逓名古屋中郵事件・最大判昭52・5・4刑集31巻3号182頁など），労働協約締結権の否認（国家公務員法108条の5第2項）も合憲と判断している（国立新潟療養所事件・最三小判昭53・3・28民集32巻2号259頁）。ただし最近では，公務員制度改革の中で，立法により労働基本権の一部を付与する動きがある。

② 立法授権効果

憲法28条は，生存権的基本権としての性格をもち，国家に対して，単に人権侵害を行わないだけでなく，同条の理念を実現するための立法を要請・授権するという効果をもつ。労組法や労働関係調整法は，こうした同条の要請を受けた法律として位置づけられる。また，労組法は，使用者の営業の自由（憲法29条参照）など他の自由に制約を加える場合があるが，憲法28条の理念を実現する立法として位置づけられるため，そうした他の自由への制約を憲法上根拠づける意味ももつことがある。

③ 免責効果（刑事免責）

労組法1条2項および8条の刑事免責および民事免責のうち，刑事免責は国家の刑罰権を制約するものであるが，刑事罰による抑圧からの解放という歴史的経緯に照らして憲法28条自体により保障されると考えられている。

(2)　私人間効力

基本的人権は伝統的には国家への自由権的効果を中心にとらえられてきたが，私人間への適用の有無と要件が憲法上の議論となっている。憲法28条については私人間効力が認められる場合があるが，その内容は具体的に検討する必要がある。

① 免責効果（民事免責）

民事免責は，労働組合や組合員の損害賠償責任を否定するという意味をもつが，民事責任の追及による組合等への抑圧からの解放という歴史的経緯に照ら

して，憲法28条自体の私人間効力として認められている。
　②　公序設定効果
　労働者の組合結成を理由になされた解雇などの法律行為は無効となるが，その構成としては，労組法7条1号を私法上の効力規定と解して同条違反ゆえに無効とすること（→第23章2-1(2)）のほか，民法90条違反ゆえに無効とすること（憲法28条の間接適用といえる），憲法28条違反ゆえに無効とすることが考えられ，最後の見解は同条の私人間効力を直接認めることになる。また，労働者の団結への妨害や団交拒否は不法行為法上の違法性を帯びることが多いが（→第21章4-3，第24章2-1(2)），憲法28条から直接損害賠償責任が発生することはなく，民法709条等が根拠となるので，間接適用にならざるをえない。

> illustration 2　　A社の従業員Bは，C労働組合に加入したところ，合理的な理由もないのに解雇された。Bは，この解雇が無効であると主張して，裁判所においてA社に対する労働契約上の地位確認の訴えを提起できる。

　③　請求権的効果
　憲法28条により，裁判所において団結妨害に対する妨害排除や団交拒否に対する交渉応諾を請求しうるかは，同条を私人間における請求権の根拠として直接適用できるかという問題である。この点については，近年の下級審裁判例は，同条の文言は抽象的であり請求権の根拠として具体性を欠くなどとして否定説に立っている（新聞之新聞社事件・東京高決昭50・9・25労民集26巻5号723頁，住友重工・富田機器事件・津地四日市支決昭48・1・24労経速807号3頁など）。
　なお，労組法7条についても，不当労働行為の司法救済の問題として同様の議論があり，同条は使用者等に一定の作為・不作為を求めうる私法上の請求権を定めた規定ではないとする見解が多い。ただし，団交拒否に関し，使用者が団交に応ずべき地位にあることの確認請求を認めた最高裁判決があるが（国鉄事件・最三小判平3・4・23労判589号6頁），憲法28条を根拠としたのかどうかは明らかでない。

> illustration 3　　A社の従業員であるBらがC労働組合を結成したところ，A社は管理職に指示して組合員に対する脱退勧誘を行った。C組合はこれに対し，労働委員会に対して支配介入（労組法7条3号）を理由とする救済申立てをなしうるが，近年の裁判例からすれば，裁判所において，脱退勧誘の差止めなどの団結権妨害排除請求をすることはできない（不法行為に基づく損害賠償請求は可能である）。

● 3 ● 労使関係の当事者

3-1 労働者
(1) 労組法上の「労働者」の意義
　労組法は，「労働者」の定義規定を置いており（2条），労働組合の定義（3条）においても，「労働者が主体となって」という要件が含まれている。そこで，労働者への該当性は，労組法の規定の適用に当たり要件となることが多い（たとえば，労働者でない者が主体となって組織された団体は，労働組合としての保護を受けられない）。

　労組法3条における労働者の定義は，「職業の種類を問わず，賃金，給料その他これに準ずる収入によって生活する者」である。労基法9条のように，「使用される者」という要件がないため，失業者も労組法上の労働者に含まれうる。また，不当労働行為事件において労組法7条を適用する場面では，使用者と「労働者」との関係も問題になるが，ここでは，労基法9条のように「賃金を支払われる者」であることは要件とならず，「賃金…に準ずる収入」によって生活する者であれば要件はみたされるので，労働契約以外でも，それに準ずる契約関係に立つ者も含まれうる（労組法7条2号の「雇用する」という文言もこれと調和するように解釈される）。こうした解釈は，労組法が，労働条件の内容を規律するものではなく，経済的地位の向上のための団体交渉の促進を目的としているものであるという法の趣旨からも根拠づけられる。

(2) 判断基準と具体例
　労組法上の労働者該当性の一般的判断基準はまだ確立していないが，企業組織への組込み，業務従事への諾否の自由，業務遂行上の指揮監督，契約内容の一方的決定の有無，報酬の労務対価性などを総合考慮して，労働契約関係に準ずる労務供給関係にあるか否かを判断することになろう。

　具体的には，委託を受けて自宅で物品を製造する零細事業主（東京ヘップサンダル工事件・中労委決昭35・8・31労委年報15号31頁），他社出演も可能であるが原則として出演発注を拒否できない放送局の楽団員（CBC管弦楽団事件・最一小判昭51・5・6民集30巻4号437頁），業務委託契約の形式で住宅設備機器の出張修理等を行うカスタマーエンジニア（INAXメインテナンス事件・東京地判平21・4・23労判982号17頁）などにつき，労組法上の労働者性が認められた事例がある。一方，最近では，基本契約を結びつつ個々の演目については個別

契約を結んで出演するオペラの合唱団員につき，労働者性が否定された事例がある（新国立劇場事件・東京高判平 21・3・25 労判 981 号 13 頁）。

3-2　使 用 者

　労組法には，使用者についての定義規定はない。使用者への該当性が争われるのは，労組法 7 条の禁止する不当労働行為の主体となりうるか，また，同法 27 条の救済手続の被申立人となりうるかをめぐってであることが多いが，後述するように，そこでは，労働者の雇用主以外であっても労組法上の使用者に該当する場合がある（→第 23 章 1-3(2)）。

3-3　労 働 組 合
(1)　総　説

　昭和 24 年改正前の旧労組法は，労働組合の設立につき登録制をとっていたが，現行法は設立につき特に規制を置いていない（自由設立主義）。しかし，労組法上の保護を受けるためには，同法の定める要件をみたすことが必要である。その場合，原則としては，以下に述べる労組法 2 条の要件をみたせば足りるが，不当労働行為の救済手続（27 条以下）の利用や法人登記のための証明（11 条）など労組法上の特別の効果を受けるためには，加えて 5 条 2 項の要件（民主性要件と呼ばれる）をみたすことを要する（5 条 1 項）。

　なお，労組法がなくとも憲法 28 条により直接与えられる保護（→本章 2-2）を受けるためには，勤労者が主体となってその経済的地位の向上を主たる目的として結成された団体であれば足り，労組法の要件をすべてみたす必要はなく，2 条但書 1・2 号に該当しても差し支えないと解される。

(2)　労組法 2 条
① 概　要

　労組法 2 条は労働組合の定義を定めており，その本文からは，同法上の労働組合といえるためには，(i)労働者が主体となっていること（労働者主体性），(ii)労働条件の維持改善その他経済的地位の向上を図ることを主たる目的とすること（目的），(iii)自主的な組織であること（自主性），(iv)以上の要件のもとで労働者が組織する団体またはその連合団体であること（団体性），という 4 つの要件をみたす必要があることが導かれる。なお，同条但書は，1・2 号において，使用者の利益代表者の不加入や経費援助の排除など，自主性確保のための要件を付加しており，また，3・4 号において，福利事業や政治運動等との関係で

上記目的の要件を具体的に示している。

② 労働者主体性

労組法2条にいう労働者の定義は同法3条に定められている。労働者が主体となって構成されていれば、付随的に学生等が参加していても労働組合であることは妨げられない。

③ 目　的

労働条件の維持改善その他経済的地位の向上を図ることが主たる目的であることを要するが、それがみたされていれば、共済事業その他福利事業を行っていても差し支えなく（但書3号）、また、政治活動や社会運動が目的に加えられていても差し支えない（同4号）。

④ 自　主　性

自主性とは、団体の結成や運営に当たり、使用者の支配から独立していることをいう。使用者の支配下にある団体では、労働者の利益を代表して団体交渉を行う当事者として適切でないことから課される要件である。労組法2条本文の「自主的に」という要件は、使用者から制度的に独立していることをいい、たとえば役員が使用者に指名される制度になっている団体は、労組法上の労働組合とはいえない（憲法上の勤労者の団体ともいえないことになろう）。

他方、2条但書は、1号において、「役員、雇入解雇昇進又は異動に関して直接の権限を持つ監督的地位にある労働者、使用者の労働関係についての計画と方針とに関する機密の事項に接し、そのためにその職務上の義務と責任とが当該労働組合の組合員としての誠意と責任とに直接にてい触する監督的地位にある労働者その他使用者の利益を代表する者」の不参加を要件とし、2号において、「団体の運営のための経費の支出につき使用者の経理上の援助を受けるもの」を除外することとしている（労働時間内での有給の団体交渉など例外の定めがある）。これら2つの消極要件は、組合の独立性を確保するために、本文とは別に付加されたものとする理解が有力である（そう解すると、2条本文の要件はみたすが、但書に該当するため、労組法上の労働組合とはいえない団体（自主性不備組合）が存在しうることになる）。

この但書をめぐり最も問題となるのは、1号の利益代表者への該当性であり、使用者がいわゆる管理職組合との団体交渉を拒否した事例などで、①労組法上の労働組合でない組合は同法7条2号の「雇用する労働者の代表」に該当しないため、実体法上同号違反が成立しない、②労組法上の労働組合でない団体は、5条1項により、不当労働行為救済手続の申立人適格をもたないといった主張

がなされる（ただし，②については，使用者は取消訴訟段階では主張できない→(3)②）。

特に問題となるのは，「雇入解雇昇進又は異動に関して直接の権限を持つ監督的地位にある労働者」への該当性であるが，「直接の権限を持つ監督的地位にある」か否かは実質的に判断するものとされ，また，人事に関して原案の具申や推薦を行う権限をもつでは足りないと解されている（セメダイン事件・東京高判平12・2・29労判807号7頁では，従業員の異動につき実際上決裁権を有している人事部長のみがこれに該当するとされ，人事グループ課長等は労働関係についての機密事項に接する者として利益代表者に当たるとされた）。

⑤ 団体性

団体性の要件については，2人以上の構成員を擁する（いったん1人に減少してもその後増加の可能性があればよい）ことのほかに，「組織」といえるだけの「社団性」を備えることが必要である（民法上の「組合」とは異なる）。具体的には，組織運営のための規約を備え，組合員大会などの意思決定機関や役員などの執行機関をもち，組合費の定めなど財政上の基礎を有していることがあげられ，また，構成員への統制力を欠くものは除かれる。

なお，労働者が個人で加入する基本的組織である単位組合（日本では企業別組合が多い）の他，組合が構成員となる連合体などの上部団体や，単位組合の支部などの下部組織も，上記のような労働組合の要件を備えているのであれば，それ自体としても労働組合と位置づけることができる（下図参照）。

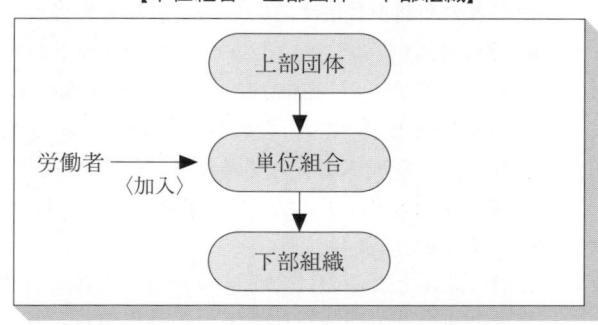

【単位組合・上部団体・下部組織】

```
           ┌─────────────┐
           │   上部団体   │
           └──────┬──────┘
                  ↓
労働者 ──→  ┌─────────────┐
  〈加入〉   │   単位組合   │
           └──────┬──────┘
                  ↓
           ┌─────────────┐
           │   下部組織   │
           └─────────────┘
```

(3) 労組法5条2項──民主性

① 内　容

労働組合は，労組法27条以下により不当労働行為の救済を受け，あるいは

同法11条により法人登記のための労働委員会の証明など労組法上の特別の手続を利用するためには，以上述べてきた同法2条の要件に加え，労働委員会に対して，5条2項の要件をみたすことを立証する必要がある（5条1項）。これらの要件のうち5条2項の要件は，民主性の要件と呼ばれ，その内容は，組合規約において，組合員の平等取扱い，役員やストライキ（同盟罷業）および規約改正の際の直接無記名投票による決定，会計の監査と公開など，組合運営の民主性確保のための定めが置かれていることが中心になっている。

② 資格審査

労組法5条により，労働組合の法適合性について労働委員会が行う審査を資格審査という。不当労働行為の救済手続において行われる例が多いが，実務上，まず資格審査をして不当労働行為の判断（審査）に入るわけではなく，両者が並行して審査されるのが通常である（また，5条2項は規約上の問題であるため，不備があっても補正で対応されることが多い）。

最高裁は，この資格審査について瑕疵があったとしても，そのことは不当労働行為の救済命令の取消理由にはならないと判断している（日通会津若松支店事件・最三小判昭32・12・24民集11巻14号2336頁など）。資格審査の目的は労働組合の法適合性の促進にあり，使用者の利益擁護ではないことが理由とされている（行政訴訟法10条1項参照）。

> illustration 04　A社では，課長ら数名によりB労働組合が結成されたが，A社は同組合との団交を拒否した。同組合は，労組法2条但書1号にいう利益代表者が加入している場合は，労組法上の労働組合とはいえず，労働委員会に団交拒否の救済を申立てることはできないが，裁判所において憲法を基礎とする救済を受ける可能性はある（→ *CASES* ［事例2］も参照）。

(4) 各種組合と法的保護

このように，労働組合には効果に応じて異なる要件があり，その充足状況に応じて保護の内容が異なることがある（次頁の図参照）。すなわち，①以上のすべての要件をみたした法適合組合はすべての法的保護を受けうるが，②5条2項の要件のみみたさない規約不備組合は，労組法の適用はあるため，7条違反は成立し（ただし労働委員会による救済は求めえない），16条により協約の規範的効力（→第21章5-3(1)）が生ずるが，不当労働行為の救済手続等には参加できない。また，③2条但書の要件をみたさない自主性不備組合（使用者の利益代表者を加入させている組合など→本章3-3(2)）は，労組法上の労働組合とは

いえないが，憲法28条にいう勤労者の団体といえる限りは，同条の直接・間接適用による保護（民刑事免責，不利益取扱いの無効，不法行為に基づく損害賠償請求など）は受けることができる。なお，④労組法2条本文の自主性要件もみたさない団体は，憲法上の勤労者の団体としての保護も受けないことが多いであろう。

【労働組合法の要件充足度と法的保護】

要件充足度	法適合組合	規約不備組合 （5条2項不充足）	自主性不備組合 （2条但書1・2号不充足）
保護の内容	すべての保護を受けうる	労組法上の手続参加は不可	労組法上の労働組合に不該当・しかし裁判所で憲法に基づく救済可

CASES

【事例1】

　A社の従業員であるBらは，C労働組合を結成し，他の従業員に対して組合加入を呼びかけるビラを就業時間後に会社敷地外で配布したところ，A社は配布の中止を命じ，配布を続ければ懲戒処分もありうると警告した。C組合はいかなる法的手段をとりうるか。

解説　本事例では，ビラ配布という組合活動（本件では正当性に問題はなさそうである→第22章3-3(4)）への妨害につきいかなる手段をとりうるかが問題となる。C組合は，まず，労働委員会に対しては労組法7条3号違反を理由に救済を申し立てることができる。他方，裁判所に対して，ビラ配布中止や懲戒処分の警告の差止めなどを内容とする妨害排除・予防請求ないし妨害排除・予防仮処分を求めうるかは，憲法28条の団結権により私法上の妨害排除・予防請求権を根拠づけられるかの問題であり，これを肯定した裁判例もあるが（大日通運事件・神戸地判昭51・4・7労判255号73頁），近年の裁判例の多くは否定しており，労組法7条からも私法上の請求権は発生しないと解する見解が有力である（→本章2-2(2)③）。ただし，C組合は，組合活動の妨害行為が，憲法28条の趣旨を読み込んだ私法上の公序に反する不法行為であるとして，無形損害の賠償を請求することは可能である（→本章2-2(2)②）。

【事例2】

　A社の従業員らはB労働組合を結成したが，組合員の中には，営業課と資材課における課長代理数名が含まれている。同社の人事にかかわる諸事項については，人事課長が原案を作成しており（各部署での人事考課は各部署の課長が第1次案を作成する），社内規則上，最終的決裁権限は人事担当取締役にあるものの，原則として人事部長に委譲されている。A社がB組合との団交を拒否した場合，同組合はいかなる機関において救済を受けることができるか。

解説　本事例では，営業課と資材課の課長代理が労組法2条但書1号の利益代表者に当たる場合には，同組合は労組法2条にいう労働組合とはいえないため，同法27条以下の不当労働行為救済を申立てることはできず（同法5条1項），また，実体法上，労組法7条2号違反は成立しない（B組合が労働組合に当たらないため，「雇用する労働者の代表」とはいえないとの見解（多数説）と，「雇用する労働者の代表」は労働組合である必要はないが，利益代表者を含む団体に対する団交拒否には正当理由があるとの見解〔セメダイン事件・東京高判平12・2・29労判807号7頁〕がある）。

　本件では，人事に関して「直接の権限」（同法2条但書1号）をもつのは，人事担当取締役の他，実際上決裁権をもつ人事部長と解され，また，人事課の課長や課長代理は，労働関係についての機密事項に接する利益代表者に当たると思われるが，営業課や資材課の課長代理は，特別な事情がない限り，利益代表者には当たらないものとみられる（上記セメダイン事件参照）ので，B組合は，労働委員会での救済を求めることができそうである。もし上記課長代理が利益代表者に当たる事情がある場合には，B組合は，裁判所において，団交拒否が不法行為に当たるとして損害賠償等を請求できるにとどまる。

第20章　労働組合の運営

● 1 ● 運営のルール

1-1　法的規律の原則

　労働組合の基本的性格は，私人である労働者が任意に結成する団体である。こうした団体としての組合は，労働委員会の資格審査（→第19章3-3(3)②）を経て主たる事務所所在地で登記をすることにより法人となることができる（労組法11条1項）。法人としての労働組合の運営については，労組法において代表者の設置やその権限，あるいは解散とその後の手続など（10条，12条以下）について規定があるほか，一般社団・財団法人法が準用される。実際には法人格をもたない労働組合が多いが，民法学でいう権利能力のない社団の場合と同様に，可能な範囲で法人である組合に準じて取り扱う必要が生じうる。

　それ以外の問題については，法令上は組合の運営に直接介入する規定は少なく，基本的には，次に述べる組合規約等に従った多数決原理による意思決定が尊重される（団結自治）。他方で，現行法のもとで労働組合は，法的に特別な保護等を受けていることから，単なる任意団体とは異なり，一定程度公的な性格をもつので，組合員の平等取扱いその他の基本的人権の尊重，あるいは手続の適正の確保のための法的な介入が必要とされ，多数決原理も一定の制約を免れない（いわゆる「組合民主主義」。具体的には→本章5-3）。ここでは，団結権と（憲法の間接適用による）組合員の人権との調整が問題となる。

1-2　組合規約

　組合規約は，組合の内部運営のルールを自主的に定めた法的規範であり，労働組合の団体性の要件（→第19章3-3(2)⑤）をみたすためにも必要となる。組合の結成に際しては規約の採択がなされ，その後の組合員は，規約に従うことを承認して組合に加入することになる。採択時の組合規約の法的性質はいわ

ゆる合同行為と解され，労働組合の活動自体を規律し，組合とその構成員たる組合員との権利義務関係の根拠にもなる（規約所定の方法によらない決議が無効とされた例として，名古屋ダイハツ労組事件・最一小判昭49・9・30判時760号97頁）。

　規約においては，組合大会などの意思決定機関や役員などの執行機関に関する定め，組合員の加入脱退の手続，組合費や会計報告などの財政上の規律，争議行為の実施の手続，組合員の権利義務（意思決定手続への参加権，組合役員の選挙権・被選挙権，指令遵守義務，組合費支払義務など），統制の手段や手続（→本章5-2），上部団体や下部組織との関係，規約改正の手続（労組法5条2項9号により，構成員等の直接無記名投票による過半数の議決を要する）などが定められている。なお，労組法5条2項は，同法上の保護等を受けるためには，規約に一定の事項を定めることを必要としている（→第19章3-3(3)）。

● 2 ●　組合員資格

2-1　加入と脱退
(1)　加　入
　労働組合への加入（組合員としての資格を得ること）の要件や手続は，組合規約で決められることが多い（社内のいかなる職位の者まで組合員資格をもちうるかなどは，使用者と組合が労働協約等により合意で定めることもある）。一定の職種の労働者で組織し，あるいは正社員のみを組織するなど，組織形態に応じた加入資格の制限は可能であるが，人種・性別などにより組合員資格を否定することは許されない（労組法5条2項4号参照）。そのような差別的規約は民法90条違反として無効になろうが，加入自体を強制することは困難であり，不法行為責任の追及をなしうるにとどまるであろう。

(2)　脱　退
　労働組合は任意団体であり，いったん組合員となった者も脱退する自由をもつ。この自由は（消極的）結社の自由の一環ということができ，労働者が組合を脱退しない旨の合意をしても公序良俗違反として無効となる（東芝小向労組・東芝事件・最二小判平19・2・2労判933号5頁）。ただし，一定期間前の脱退届提出などの手続の遵守を求めることは可能であり，また，次に述べるユニオン・ショップ協定により，事実上脱退が制約される場合がありうる。

2-2　ユニオン・ショップ協定
(1) 意　義
　ユニオン・ショップ協定（ユ・シ協定）とは，従業員となった者は一定期間内に労働組合に加入するものとし，加入しない者，組合から除名された者および脱退した者など組合員資格を失った者につき使用者は解雇する義務を負う旨の，使用者と組合間の合意である。わが国では，大企業と企業別組合との間でよくみられる。この協定は，組合に入らない従業員は解雇されることから，組合への所属を事実上強制する機能（組織強制機能）をもつ。

(2) 合法性と制約
　ユ・シ協定については，労働者の団結しない自由を侵害するものとして無効ではないかが問題となる。しかし，判例・通説は，ユ・シ協定は組合組織の強化に資すること（団結権の実現の促進）などを理由に，ユ・シ協定を有効と解している。

　ただし，特定の組合への加入を求めることは，組合を選択する自由（団結権の一側面である）を侵害することから許されないと解されており，たとえば，脱退した組合員が別の組合に加入した場合には，ユ・シ協定に基づく解雇は許されないことになる（三井倉庫港運事件・最一小判平元・12・14民集43巻12号2051頁など）。加えて，労組法7条1号但書が，事業場の過半数を組織する労働組合であれば，その事業場の労働者の雇用条件として組合加入を求める労働協約を適法としていることから，組織強制を認めるためには一定の組織力を備えていることが必要であるとして，事業場単位での過半数組合であることをユ・シ協定の効力要件と解する説が有力である。

> 　illustration 1　A社には各事業場で過半数の従業員を組織するB労働組合があり，両者の間にはユニオン・ショップ協定が結ばれている。B組合員であった従業員Cが同組合を脱退した場合，別組合に加入したり新たな組合を結成したりしていない限り，通説・判例によれば，A社はCを解雇することができる。

(3) 除名の無効とユ・シ協定に基づく解雇の効力
　有効なユ・シ協定に基づく解雇は基本的に合理的理由を備えたものとなり，解雇権濫用（労契法16条）とは評価されない。しかし，組合員の組合員資格喪失が除名（→本章5-2）によるものである場合，除名の効力が争われた結果無効と判断されることがあり，そのようなケースにおいても解雇が有効となるかという問題が生じる。この点については，使用者は組合のなした除名の効力を

詮索しにくいため（労組法7条3号の支配介入となるおそれが強い），解雇が無効になるリスクを負わせるのは不当であるとする有効説もあるが，判例は，除名が無効であれば協定による解雇義務も生じないため，解雇は合理的理由を欠き，解雇権濫用として無効になると判断している（日本食塩製造事件・最二小判昭50・4・25民集29巻4号456頁）。

●3● 便宜供与

3-1 総説

労働組合は，その運営に当たって必要な施設やサービスについての便宜を使用者から受けることがある。こうした便宜供与は，使用者との合意によって権利義務関係を構成するのが通常である。そこで，特に組合結成時点において，便宜供与が団体交渉の主要なテーマになることがしばしばみられる。

3-2 組合事務所・掲示板

日本の労働組合は企業別組合であることが多く，その運営に当たり，組合事務所や掲示板を企業施設内に求めることが少なくない。そこで，組合は，使用者との合意に基づき，事務所や掲示板を利用することになるが，使用者による明渡し請求をめぐり紛争が生じる場合がある。そのような場合，組合事務所等の利用をいかなる性格の契約に基づくものとみるかが問題になるが，裁判例では，事案に応じて，使用貸借とみるものや無名契約とみるものなどがある。しかし，いずれの見解によるにせよ，使用者は，正当な理由がある場合に契約を解除して明渡しを請求しうるとされることが多い（解約理由に関する黙示の合意を認定したものといえよう）。

なお，企業内に併存する組合の一方にのみ事務所や掲示板を貸与しないことや，組合弱体化意図に基づき貸与契約を解約することは，組合活動への支配介入として不当労働行為となりうる（労組法7条3号→第24章3-1）。

3-3 在籍専従・組合休暇

在籍専従とは，労働組合役員である従業員が，使用者との労働契約関係を維持したまま，使用者の業務ではなく組合の業務にもっぱら従事することをいう。団結権等からその権利が当然に発生するものではなく，使用者との労働協約等の合意によってなされるものである。また，同じく組合と使用者の合意により，

組合員が組合活動のために休暇（1日単位のものに限らず時間単位のものもある）を取得しうることが定められることがある。

専従役員に賃金を支払うことは原則として経費援助の不当労働行為となると考えられるが（労組法7条3号），それに至らない程度の有給の組合休暇の付与は，同号所定の例外である勤務時間中の有給の団体交渉などとの均衡上，経費援助には該当しないと解する説が有力である。なお，使用者が組合休暇を許可するしくみがとられている場合，不当労働行為意思に基づき不許可とすることは組合活動への支配介入となる（都城郵便局事件・最一小判昭51・6・3労判254号20頁）。

3-4　チェック・オフ
(1)　意　義
チェック・オフとは，使用者が労働組合との合意（チェック・オフ協定）に基づき，従業員である組合員の組合費を賃金から控除し，一括して組合に渡すことをいう。使用者による便宜供与の一種であり，これにより，組合は組合費徴収の時間的コストを省くことができ，滞納による除名等も防止できる。

(2)　法的性格・要件
チェック・オフについては，①使用者と組合員の関係，②使用者と組合の関係，および③組合員と組合との関係を考える必要があるが（次頁の図参照），最高裁は，①につき，組合員が使用者に組合費の支払を委任することにより行われるものと解し，組合員がチェック・オフの中止を求めた場合には使用者はこれに応じなければならないとしている（エッソ石油事件・最一小判平5・3・25労判650号6頁および民法651条参照。同判決は，チェック・オフが労働協約による場合も同様とし，規範的効力（労組法16条）を否定するが，反対説もある）。また，チェック・オフは賃金控除を伴うので（賃金請求権と委任費用の支払請求権の相殺といえよう），労基法24条1項但書による労使協定が必要であるとするのが判例である（済生会中央病院事件・最二小判平元・12・11民集43巻12号1786頁。合意相殺〔→第9章4-3(4)〕との関係は問題が残る）。

他方，②については，労働組合はチェック・オフ協定により使用者に組合費の取立てを委任し，使用者は委任契約の履行として組合費をその組合に支払う義務を負うと考えられる（組合が事実上分裂した場合に，使用者が新組合の組合員につきチェック・オフを続け，従前の所属組合に組合費を引き渡すことは支配介入の不当労働行為となりうる。ネスレ日本（東京・島田）事件・最一小判平7・2・23労

判686号15頁など)。他方，③の組合員と組合の関係では，チェック・オフによるかどうかを問わず，組合員が組合規約等により組合費の支払義務を負っていることはいうまでもない。逆に，組合を脱退した場合は，それ以降の組合費支払義務は消滅し，使用者はチェック・オフを行いえなくなる。

> **illustration 2** A社の従業員であるBは，同社の各事業場における従業員の過半数を組織するC労働組合に加入した。A社とC組合はチェック・オフ協定を結んでおり，また，BはA社に対して賃金からの組合費分の控除を認めている。A社は，Bの組合費相当額を賃金から差し引くことができ，また，それをC組合に引き渡さなければならないが，Bが中止を求めた場合や，C組合を脱退した場合はチェック・オフはなしえなくなる。

【チェック・オフの法律関係】

```
使用者 ──組合費取立委任──▶ 組合費引渡し義務  労働組合
         〈チェックオフ協定〉
組合費の      賃金請求権
支払委任                        組合費支払義務
   ▼        (合意)
委任費用請求権  相殺
              ▼
             組合員
```

● 4 ● 労働組合の財政

4-1 組合財産の所有形態

労働組合が法人格をもつ場合は，組合財産が法人に帰属することはいうまでもない。法人格をもたない組合の場合はどのような法律関係かが問題となるが，判例は，労働組合の権利能力なき社団としての特質から，組合財産は組合員の総有に属すると解し，総有の廃止その他の処分は構成員全員の同意を要するとともに，財産の持分権や分割請求権は規約に特別な定めがあるような場合を除き認められないとしている(品川白煉瓦事件・最一小判昭32・11・14民集11巻

12号1943頁。労働組合独自の「総有」概念を考えるべきとし、組合財産の処分については解散に準じて4分の3以上の多数決で可能とする見解が有力である）

4-2　組合費の納入義務

　労働組合の組合費については、規約で支払義務や金額・支払方法を定めるのが一般である。通常の組合費は目的を特定しないことが通常であるため、支払義務が争われることは少ないが、臨時に徴収する組合費については、目的が特定され、組合大会などにおいて多数決で決定されることが多いため、その目的での支出に反対する組合員が支払を拒否し、支払義務違反を理由とする統制処分（→本章5-1）の効力が争われることがある。

　この点についてはいくつかの最高裁判例があるが、判断枠組みとしては、まず、①組合の目的の範囲に含まれるかを判断し、次に、②目的の範囲内の行動であっても、組合員の政治的自由などの人権との調和を考慮する（→本章5-3(3)）というプロセスがとられる傾向にある。

　まず、①については、政治活動や社会活動など広範な活動が組合の目的の範囲に含まれるとされている（国労四国地本事件・最二小判昭50・12・1判時798号14頁では、水俣病患者支援活動が目的の範囲内であるとされ、国労広島地本事件・最二小判昭50・11・28民集29巻10号1634頁では、違法争議行為を理由に処分を受けた労働者への支援活動も目的の範囲内とされ、支払義務が認められた）。

　次に、②に関しては政治活動との関係が特に問題となるが、労働者の権利利益に直接関係する立法や行政措置の促進または反対のための活動（経済的政治活動）については、組合員の政治的自由に対する制約の程度は軽微であるとして支払義務が認められるとする一方で、いわゆる安保反対闘争や、特定の政党・議員の選挙運動のための組合費については、組合員の政治的自由を重視すべきであるとして、支払義務は認められないと判断されている（国労広島地本事件・最二小判昭50・11・28民集29巻10号98頁）。

5　労働組合の統制

5-1　統制権の意義と根拠

　統制とは、労働組合が、団結体として活動する上での秩序（団結秩序）を維持するための手段であり、具体的には、組合費支払義務違反やストライキ実施指令違反など、秩序違反への制裁としての統制処分として実施される。

労働組合は基本的に私人で構成される任意団体であるにもかかわらず，こうした統制処分を行いうるか，その根拠は何かが議論されている（懲戒権の問題と同様である→第 15 章 3 - 1）。組合が団体である以上秩序維持のために当然に統制権をもつとの固有権説や，憲法 28 条の団結権に由来するとする団結権説，加入の際に承認した組合規約を根拠とする説などがあるが（三井美唄労組事件・最大判昭 43・12・4 刑集 22 巻 13 号 1425 頁は固有権説によるとみられている），最近では，統制権自体は組合規約により発生し，憲法 28 条という特別規定により強化・規制を受けるとの見解が有力である。

5-2　統制手段・手続

　いかなる統制手段が用いられるかは規約の定めにより異なりうるが，一般には，けん責，罰金，権利停止（役員選挙権や被選挙権，役員としての権限，組合大会等での議決権などを停止すること），除名（組合員資格の強制的剥奪。ユ・シ協定（→本章 2 - 2）がある場合には解雇に結びつく）などがあげられる。

　懲戒処分と同様に，制裁手段である統制処分には手続的適正が要求される。具体的には組合規約所定の手続の遵守が基本となり，規約所定の無記名投票による決議や弁明の機会の付与が実施されなかったことから除名処分が無効とされた例がある（山梨貸切自動車事件・東京高判昭 56・1・29 労民集 32 巻 3 = 4 号 363 頁）。また，統制事由が存在する場合にいかなる統制手段をとるかは原則として組合の裁量が認められるが，統制権の濫用となる場合はありうる。

5-3　統制事由と統制権の限界

(1) 統制事由

　具体的な統制事由は，組合員の各種義務違反など，組合規約により定められたものであるが，「団結を乱した場合」のように包括的な事由が定められている場合も多い。いずれにせよ，懲戒処分の場合と同様，統制処分を行うには統制事由の存在が認められることが前提となる。

(2) 統制権行使と司法審査

　労働組合の任意団体としての性格からは，統制権の行使の適法性を判断する場合にも，多数決原理に基づく団結自治の尊重が要請される。他方で，労働組合は，国家法上種々の保護を受ける点で一定の公的性格をもつので，組合員の人権を尊重することも求められる（いわゆる組合民主主義）。そこで，司法審査に当たっては，両者の要請を適切に調和させることが必要となる（→本章 1 -

1)。なお，組合員の権利義務に影響を与えない戒告処分等については，司法審査が及ばないとして，無効確認の訴えの利益が否定されることがある。

(3) 表現の自由・政治的自由と統制権

組合員，特に少数派組合員の言論活動が「団結を乱した」などとして統制処分がなされることがあるが，その効力を考える場合には，上記のような労働組合の公的性格からすれば，組合員の表現の自由や政治的自由の尊重が必要となる。まず，言論として保護される範囲を超えた誹謗中傷や虚偽の事実を述べる発言等は，一般的に統制処分の対象となる。それに至らない言論については，言論の自由（間接適用される憲法21条）と団結権等の実現の要請とを適切に調整した判断が必要であるが，裁判例では，表現の内容や方法（団体交渉や争議行為を阻害する内容か），表現の時期や場所・対象者（多様な意見の交換が要請される場面か，形成された組合の方針の実現が重視される場面か）などを総合勘案して，事案ごとに統制事由該当性が判断される傾向にある（全日産自動車労組事件・横浜地判昭62・9・29労判505号36頁など）。

以上と同様に，労働組合として特定の政党を支持するのは自由であるが，それに従わない組合員に対し統制処分を行うことは許されない（中里鉱業所事件・最二小判昭44・5・2裁判集民事95号257頁）。

> **illustration 3** A労働組合は，近く行われる選挙においてB党を支持することを多数決で決定したが，組合員CはこれにしたがわずにD党の選挙運動に参加したため，A組合は規約所定の団結を乱すものという統制事由に当たるとしてCを除名した。判例によればこの除名処分は無効となる。

(4) 違法争議指令の拘束力

労働組合が規約等に沿って決定した労働争議に参加すべき指令に反した場合は，通常は統制事由に該当するが，その争議が違法である場合には，違法行為の強制を裁判所が容認することはできないので，指令違反を理由とする統制処分は無効となると解されている（大日本鋼業発盛労組事件・秋田地判昭35・9・29労民集11巻5号1081頁など）。

● 6 ● 労働組合の組織変動

6-1 変動の態様

労働組合の組織はさまざまな態様で変動することがありえ，組合財産の帰属

や組合員の所属などの面で影響をもたらしうる。

(1) 解 散

労組法は，法人である労働組合の解散について，規約所定の解散事由が発生したこと，または組合員もしくは構成団体の4分の3以上の決議（規約で緩和できるかは争いがある）があったことを要件としている（10条）。清算手続や残余財産の帰属についても労組法に定めが置かれている（13条以下）。法人でない労働組合の場合，組合財産は総有とされるが（→本章4-1），可能な限りで労組法を類推適用すべきであるとする見解が有力である。

(2) 改組・加入・離脱・合同

単位組合と連合体，および単位組合と下部組織の関係においては，改組・加入・離脱などの現象が生じることがあり，その可否や手続が問題となる。基本的には，組織形態の大幅な変更であれば解散に準じて構成員の4分の3以上の決議を要するが，それ以外は規約改正に準じて過半数の決議で足りると解すべきであろう。

比較的問題となりやすい事例を挙げると，企業別組合が所属する産業別組合から離脱するなど，単位組合が連合体から離脱する場合は，単位組合の総会での過半数の決議（および必要な規約改正）で足りるが，規約や役員等の団体性を備えた支部が企業別組合から離脱するケース（下の図の①）のように，労働組合としての独立性のある下部組織が単位組合から離脱して独立の単位組合に

【下部組織の離脱と下部組織における分裂】

● 6 ● 労働組合の組織変動

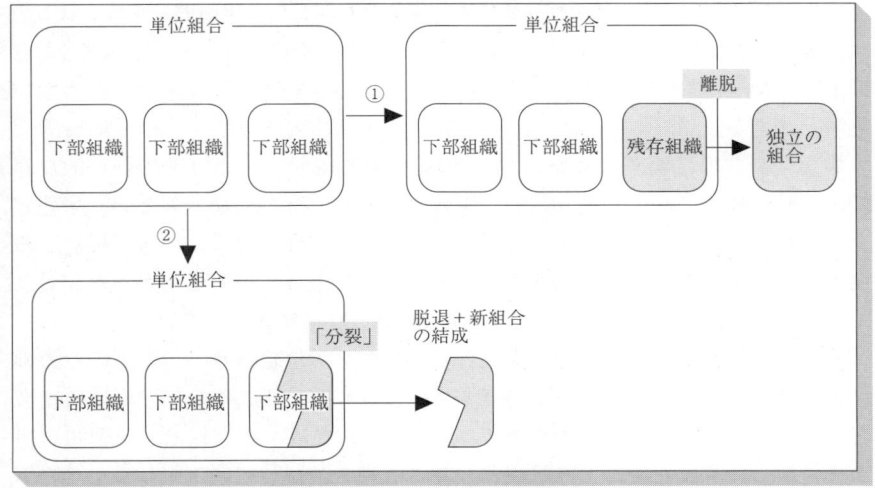

なる場合は，重大な組織形態の変更であるので，解散に準じて4分の3以上の決議を要すると解される（損害保険ジャパン労働組合事件・東京地判平16・3・24労判883号47頁など）。この場合，離脱に賛成した組合員は新たな単位組合の構成員となり，従前の下部組織の財産はその組合に承継されるが，反対した組合員までその組合に帰属させる効果（引きさらい効果）は発生せず，同組合員らは従前の下部組織の構成員として残存することとなろう（同事件）。

なお，複数の組合が合同して新たな組合となり，または一方の組合が他方を吸収する形で合同することも，関係組合が解散に準じた手続をとれば可能と解されている。

6-2 「分裂」

労働組合は，内部の路線対立などから，社会的にみて2つないしそれ以上に「分裂」することがある。そのような場合，主に組合財産の帰属をめぐって，法的にも分裂という権利義務関係の変動を認めるべきかが問題となる。分裂の概念を法的に認めない場合には，社会的にみて分裂と呼ばれる事態が発生したとしても，法的には多数の組合員が脱退して新たな組合を結成したにとどまるので，従来の組合は同一性を保って存続し，組合財産もその組合に（法人格がなくとも組合員の総有という形で）帰属し続けることになる。

この問題については，社会的実態を法律上も反映させるべきであるとして分裂概念を法的に肯定する見解と，要件・効果が明確でないため（特に，分裂が認められた場合に，組合財産は分裂により成立した組合に一定範囲で承継されるのか，その場合は人数割の承継になるのか，あるいは，その組合員が一定範囲の組合財産につき分割請求権をもつのかなど），明文の根拠を欠く分裂概念を認めない見解とがある。

最高裁の立場は明確ではないが，「旧組合の内部対立によりその統一的な存続・活動が極めて高度かつ永続的に困難とな」って社会的な分裂という事態が発生した場合に，はじめて組合分裂という特別の法理の導入につき「検討する余地が生じる」としており，非常に慎重な態度をとっていることがうかがわれる（名古屋ダイハツ労組事件・最一小判昭49・9・30判時760号97頁）。

他方，単位組合の下部組織の構成員の一部が，単位組合からの離脱のための手続（手続をとった場合は離脱の効果が生ずる→本章6-1(2)）をとらずに新組合として活動を始めた場合（前頁の図の②）については，最高裁は，残留組合員が単位組合に所属し続け下部組織としての活動を継続している限りは，その下

部組織が同一性を失わずに存続するとして、分裂概念の適用を否定している（国労大分地本事件・最一小判昭 49・9・30 民集 28 巻 6 号 1382 頁）。

CASES

【事例 1】

Aは、所属するB労働組合の組合員大会において、執行部の提案した賃上げ要求方針に反対する演説をしたところ、規約所定の「団結を乱したもの」という統制事由に当たるとして組合から除名され、同組合とAの勤務先会社がユニオン・ショップ協定を結んでいたため、会社からも解雇された。この解雇は有効か。

解説　合理的理由を欠く解雇は解雇権濫用として無効となるが（労契法 16 条）、ユニオン・ショップ協定は原則として有効と解されており、それに従って組合から除名された者を解雇することは解雇の合理的理由に当たる。しかし、除名が無効である場合には解雇も合理的理由を欠くものとして無効となるので（日本食塩製造事件・最二小判昭 50・4・25 民集 29 巻 4 号 456 頁）、除名の効力が問題となる。上記事例では、組合員大会での意見表明については言論の自由を尊重すべきであるから（→本章 5-3(3)）、Aの発言が執行部への誹謗中傷に当たるような場合を除けば、除名は無効と解すべきであり、解雇も無効となると考えられる。

【事例 2】

AはB社の従業員であり、もとC労働組合（B社各事業場の大部分の従業員を組織する）の組合員であったが、内部対立により、少数の組合員が同組合を脱退してD労働組合を結成し、Aもこれに加わった。B社とC組合はチェック・オフ協定を締結しており、AらD組合員はチェック・オフの中止を要求したが、B社は従前どおりAらの組合費を賃金から控除してC組合に引き渡した。Aはこの措置が不法行為にあたるとして控除分の賃金相当額の損害賠償をB社に請求しうるか。

解説　B社のチェック・オフによる賃金控除は組合員の支払委任により根拠づけられるものであり、委任者であるAはいつでも委任契約を中止させて賃金控除の中止を求めることができるので、B社の賃金控除の継続は根拠なくして行われたものとなり、不法行為を構成しうる（エッソ石油事件・最一小判平 5・3・25 労

判650号6頁。もっとも，Aは控除分の賃金債権を失わないとしてその分の未払賃金請求をなしうるとも考えられ，その場合は不法行為における損害発生の要件が否定される可能性があろう）。また，Aとしては，C組合脱退の事実をB社に通知したことから同社が賃金控除の権限を失ったと主張することもできよう。

【事例3】
　A社の従業員で組織されるA労働組合には各地に支部があり，規約や役員などを備えているが，東京支部では，組合員が，本部の方針に反対する多数派のB派と少数派のC派に分かれて争っていた。支部役員はC派から選出されているが，支部組合大会などは開催していなかった。そこでB派組合員は，規約所定の手続によらずに組合員集会を開き，東京支部の組合員の7割の賛成を得てA組合からの脱退決議を行い，規約や役員などを改めて定めたうえ，「東京A労働組合」と名乗ることにした。東京支部は法人格を持っていないが，現在5000万円余を預金口座に保有している。「東京A労働組合」は，この預金についていかなる法的手段をとりうるか。

解説　「東京A労働組合」の法的手段としては，通帳および印鑑の引渡請求や預金債権の帰属確認請求などが考えられるが，同組合は代表者の定めのある社団（民事訴訟法29条）として当事者能力をもち（東京支部も同様である），預金債権については組合員に総有的に帰属するとして訴えを提起できると考えられる。そして，「東京A労働組合」が構成員の4分の3以上の多数決により単位組合であるA組合から離脱していれば，同組合は，預金債権を含め東京支部の財産を同一性をもって（総有として）承継することになるが（B派の組合員は支部組合に残留する），上記事例ではそのような手続はとられていない。そこで，東京支部が分裂したといえるか，分裂により生じた「東京A労働組合」が財産の分割を請求しうるかが問題となるが，判例は単位組合の下部組織の一部集団が離脱する場合には分裂概念は認められないとしており（前掲・国労大分地本事件），それによればこの請求も認められないことになる（選挙による新役員の選出や組合大会の開催請求などを通じた対応を検討すべきことになろう）。

第21章　団体交渉・労働協約

● 1 ●　団 体 交 渉

1-1　団体交渉権
(1)　団体交渉の意義
　団体交渉は，個々人としては交渉力の弱い労働者が労働組合を結成して，組合員の労働力を一括して交渉の対象とし，労働条件を集団的に決定していくことにより，交渉力の強化を図る交渉方法である。後述するように，団体交渉の促進手段としての争議行為が権利として保障されることにより，交渉力強化の機能は法的にも確保されることになる。
　団体交渉については，以上のような労働条件の集団的設定という機能の他に，労使間で協力して企業等におけるルールを形成する機能（出向を実施する際に出向条件等につき労使が合意で定める例など）や，生産計画等につき労使で情報の共有・交換を行い，コミュニケーションの密接化を図る機能，あるいは，組合員の紛争等について合意による解決を図り，必要に応じて将来に向けての制度改善なども行っていく機能などがあげられる。
　以上の機能のうち，ルール形成機能やコミュニケーション機能については，実際には労使協議という手法が用いられることが多い。また，労働条件の設定の場合も，労使協議が団体交渉の前段階としての位置づけを与えられていることがある。

(2)　団体交渉権の概要
　憲法28条は，勤労者に団体交渉権を保障することにより，こうした交渉システムの基礎づけを行っており（団体交渉権と他の2つの権利との関係については→第19章2-1），同条を受けた具体的立法として，労組法7条2号は，使用者の正当な理由のない団体交渉の拒否を不当労働行為として禁止している。そこで，使用者は団体交渉義務を負うと表現されることが一般である（「義務」

違反に対する救済については→本章4-3)。

　使用者は，交渉において合意することを強制されるものではなく，合意内容についても法が介入することはないのが原則（労使自治）であるが，交渉の席に着くことだけではなく，交渉の過程で誠実に対応することが要求される（→本章4-2(1)）。また，労働条件変更等に当たっては，組合からの申入れがなされる前に使用者側から予め交渉申入れを行う必要はないが，複数組合間で取扱いを異にすることなどは，不当労働行為を成立させることがある（→第24章3-1）。

(3) 団体交渉権者

　いかなる者が団体交渉権をもつかについては，国によって異なる法政策がとられている。たとえば，アメリカ合衆国では，いわゆる排他的交渉代表制度がとられており，一定の交渉単位において従業員の選挙などにより過半数支持を得て選出された労働組合のみが交渉権をもつ（その反面，交渉代表組合は単位内の全従業員を公正に代表する義務を負う）。しかし，日本においては，いわゆる複数組合交渉主義がとられており，少数組合であっても使用者は交渉に応じる必要がある。それゆえ，一定の組合とのみ交渉に応ずる旨の唯一交渉団体条項を結んでも，他の組合との交渉を拒否することはできない。また，使用者は，いわゆる中立保持義務を負い，組合の路線等に基づき合理的な理由のない差別を行うことは不当労働行為となる（→第24章3-1）。

● 2 ● 団体交渉の当事者・担当者

2-1　当事者

(1) 労働者側当事者

　団体交渉の労働者側当事者の問題は，いかなる団体が自らの名において団体交渉の申入れを行うことができるのか，また，交渉の結果成立した合意につき労働協約の当事者となりうるのかという問題である。

　具体的には以下のような点が問題となるが，前提として，労組法上の保護を受けうるのは，同法2条の労働組合の要件をみたす法適合組合であり（救済申立て等には5条2項の要件も必要である），それがみたされない一時的争議団等は，憲法28条による保護を受けるに留まる。また，労組法7条2号は，「雇用する労働者の代表者」という用語を用いているが，これも同法2条の労働組合を指すという理解が一般的である（これに対し，セメダイン事件・東京高判平

12・2・9労判807号7頁は，自主的に結成された統一的な労働者の団体であれば足りるとして，同条但書の要件は不要とする)。なお，ここでの「雇用」は雇用(労働)契約関係とは必ずしも同一ではなく(→第19章3-1(1)，第23章1-3)，また，解雇された労働者がその撤回要求のため組合に加入したような場合(駆込み訴え)も含まれうる。

① 単 位 組 合

単位組合とは，労働者が個人で直接加入する組合であり(わが国では企業別組合であることが多い)，労働者を直接代表するものであるから，当然に団交当事者となりうる。

② 上 部 団 体

単位組合が企業別組合である場合の産業別組合その他の連合体などの上部団体(→第19章3-3(2)⑤)は，それ自体として労働組合の要件をみたし，かつ所属組合に統制力を及ぼしうるものであれば(規約上規定があることが多い)，団体交渉の当事者となる可能性がある。ただし，具体的に当事者として団交を申し入れることができるのは，まず，(i)当該上部団体に固有の事項，もしくは傘下の各組合に共通な事項についてであり，また，(ii)各組合の規約や慣行により，単位組合限りの事項について上部団体に交渉権が与えられていれば，かかる事項についても上部団体が交渉当事者となりうる。

以上のうち(ii)の場合は，上部団体が単位組合と競合的に交渉権を有することになり，両者が連名で共同交渉を申し入れている場合には，同一の交渉担当者が選任されるなど交渉を遂行する権限が統一されている限り，使用者は交渉を拒めない。他方，単位組合と上部団体が別々に，あるいは上部団体のみ交渉を申し入れた場合は，二重交渉として一方との交渉が無意味になるおそれがあるので，使用者は，交渉権限の調整・統一を求めることができ，それが可能となるまでは団交を拒否することができると考えられる。

なお，上部団体に当たらない組合との共同交渉(企業内の併存組合など)の場合も，交渉が無意味にならないように交渉権限(および交渉議題)の統一がなされることが必要となる(旭ダイヤモンド工業事件・最二小判昭60・12・13労判465号6頁)。

③ 下 部 組 織

単位組合の下部組織(企業別組合に事業所レベルでの支部がある場合など)も，労組法上の労働組合としての要件をみたしていれば，団交当事者となりうる。団交事項については，その下部組織限りの事項(当該事業所の設備の問題など)

であれば原則として交渉の対象となしうるが，規約などにより，団交をする場合には本部（単位組合）の承認を要するなどの制約が課せられている場合もある。また，本部から委任された事項も団交事項となりうる。

以上に対して，労組法上の労働組合としての要件をみたさない職場組織は，独自に団交の当事者となることはできず，本部から委任された場合に，委任された範囲内で交渉の担当者（労組法6条）となりうるにとどまると考えられる。

なお，労働組合に当たらない労働者の集団は，労組法上は団交の当事者となりえず，同法7条2号違反などによる救済は受けられないが，憲法上の勤労者の集団として団交権の保障は受けうるので，団交を拒否された場合には，裁判所において不法行為に基づく損害賠償請求（→本章4-3）をなしうる。

(2) 使用者側当事者

団体交渉の相手方として交渉義務を負い，合意が成立した場合に労働協約の当事者となるのは，個々の使用者または使用者団体である。ここで使用者とは，権利義務の主体となる事業主（法人または個人事業主）のことをいうと解される（他方，組織内のどのレベルの者が実際に交渉に応じるべきかは，次にみる担当者の問題である）。

使用者団体が団交の当事者となるには，定款等においてその旨が定められていることが必要である（ただし，労組法7条の文言上，使用者団体そのものは不当労働行為の救済手続において被申立人とはならない）。

2-2 担当者

(1) 労働者側担当者

団体交渉の担当者とは，現実に団交を遂行する権限をもつ者のことである。労働者側担当者につき，労組法6条は，組合代表者または組合の委任を受けた者が交渉をする権限をもつと定めている。したがって，使用者は，同条により組合の委任を受けた者の交渉申入れを拒否することはできない。委任を受けることができる者には労働組合も含まれるという裁判例があるが（姫路赤十字病院事件・大阪高判昭57・3・17労民集33巻2号321頁），反対の学説もある（ただし，組合の代表者への委任がなされたものと解しうる場合があるとする）。

なお，委任の対象となるのは，交渉そのものの権限の他に，交渉を妥結する権限や協約を締結する権限などがあり，これらが区別されて，妥結のためには改めて組合内の意思決定に基づく委任を要するとされることも少なくない。

(illustration1) A社の従業員がB労働組合を結成し，C労働組合を上部団体とした。B組合が自らの名前のみによりA社に交渉を申し入れ，交渉委員にC組合の役員Dを指名した場合は，労働組合側の交渉当事者はB組合であり，Dは交渉担当者である。B組合とC組合が連名で交渉を申し入れた場合は，両組合が共同交渉の当事者となる。

(2) **使用者側担当者**

使用者側の団交担当者は，個人事業主または法人の代表者がこれに当たることは当然であるが，企業組織内における団交担当者としての権限配分に応じて，労務担当役員や人事部長等が担当者になることもある。

この点が問題になるのは，組合が支社長を交渉の相手方として団交を求めたところ，支社長は担当者としての権限がないとしてこれを拒否したような場合であるが，担当権限の存否が明確でない場合には，団交を求めた事項に関する実質上の決定権限などを考慮要素として交渉担当権限を認定することになろう（出向制度そのものについては本社レベルに，出向先の決定など具体的運用については支社レベルに実質的権限があるとされた事例として，JR東日本事件・秋田地判平5・3・1労判644号52頁がある（ただし，団交事項の問題とする））。

なお，交渉申入れを受けた使用者側の管理職者が，交渉担当権限はあるが協約締結権限まではない場合，交渉を拒否するのではなく，交渉には応じた上で，合意が成立した時点で締結権限を有する者と協約成立の努力をすべきである（全逓都城郵便局事件・最一小判昭51・6・3労判254号20頁）。

● 3 ● 団体交渉事項

3-1 義務的団交事項

使用者が団体交渉を法律上義務づけられる事項を義務的団交事項という。それ以外でも使用者が任意に団交に応じることはさしつかえないが，義務的団交事項であることは，団交拒否が不当労働行為（労組法7条2号）にあたるための要件となる（義務的団交事項でなければ拒否に正当理由が認められる）。

一般に，義務的団交事項とは，①使用者が処分権限をもち，かつ，②労働条件その他労働者の待遇に関する事項，または，労使関係の運営に関する事項（たとえば組合事務所やチェック・オフ〔→第20章3-4〕など）をいうと解されている。①は労使自治の前提となる当然のことであり，②は，団体交渉が労働者の労働条件の向上等を目的としていること，そのために労使関係の運営につ

いても労使自治によりルールを設けることが必要となることに基づいている。

②の労働条件その他労働者の待遇には，組合員に関する集団的な労働条件のみならず，個々の組合員の労働条件や個別人事に関わる問題や苦情等も含むと解されている。組合員でない労働者の労働条件も，組合員の労働条件との関連性が強く，将来にわたり組合員の労働条件に及ぼす影響が大きい場合には，②の要件をみたしうるので，義務的団交事項に含まれうる（新規採用者の初任給につき，根岸病院事件・東京高判平19・7・31労判946号58頁）。

3-2　いわゆる経営生産事項

使用者が「経営生産事項」または「経営権事項」であると主張して団交を拒否することがあるが，これらの事項に関する特別の判断基準があるわけではなく，結局は上記の義務的団交事項の要件の該当性の問題，特に，労働条件その他労働者の待遇に関する事項といえるかの問題として判断される。職場の再編成や工場の移転は，組合員の担当業務や配転など労働条件等に影響をもたらすことが多いので，それらの決定自体は義務的団交事項には当たらないとしても，労働条件等への影響という面から義務的団交事項となりうる（栃木化成事件・東京高判昭34・12・23労民集10巻6号1056頁，エスエムシー事件・東京地判平8・3・28労判694号43頁。職場の再編成や工場の移転そのものを交渉事項に掲げて団交申入れがなされた場合でも，使用者は直ちに拒否できず，労働条件等への影響という面につき交渉に応ずる義務を負うことになると解される）。

> **illustration 2**　A社では，主力製品のうちの一つにつき，海外に工場を建設してそこで生産をする計画を発表した。これに伴い，現在この製品を生産している工場は閉鎖し，従業員は他県にある工場に配転する予定である。同社従業員を組織するB労働組合が，工場の海外移転に関して団交を申し入れた場合，同社は，配転など工場の海外移転による労働条件への影響につき団交に応じる義務がある。

● 4 ●　団体交渉の態様・義務違反の救済

4-1　日時・場所・出席者等

団体交渉の日時や場所，出席者等については，合理的な範囲で労使自治に委ねられる。そのため，一方当事者が自らの開催条件に固執して団交を拒否した場合は，開催条件の内容やその実現に固執することの合理性によって判断がな

される。すなわち，使用者側が自らの条件に固執することが不合理な場合には団交義務違反が成立し，労働側が自らの条件に固執することが不合理な場合，使用者の団交拒否は正当な理由があると評価されることになろう。

4-2　団体交渉の遂行
(1) 誠実交渉義務

労組法7条の文言には現れていないが，使用者は，団体交渉に形式的に応ずるだけではなく，誠実に交渉する義務を負うことが一般に承認されている。誠実交渉義務とは，団体交渉において，合意の達成の可能性を模索し，そのために誠実な対応を行う義務のことをいい，ここでの誠実な対応とは，自らの主張を具体的に説明したり，それを根拠づける事実や資料を示したり，組合の主張に対して根拠や資料を示して反論したりすることが典型的なものである（根拠を示すことが重視されるのは，それをめぐり議論することで合意の糸口が開かれるからである）。

以上のような対応を行わないことの他に，交渉の席に着いたものの抽象的な主張のみに終始したり，合意する意思がないことを当初から明言したり，あるいは不合理な条件に説明もなく固執を続けたりすることは，誠実交渉義務違反と評価されうる。合意が成立したにもかかわらず労働協約書の作成に応じないことも原則として同様と解されよう。

> illustration 3　A社の従業員が加入しているB労働組合は，夏季一時金につき団体交渉を申し入れ，A社はこれに応じたが，組合が前年並みの一時金額の支給を要求したのに対して，A社は，経営状況が良くないので前年より2割減額するとの結論を主張するのみで，経営状況についての資料を一切示さない。このような交渉態度は誠実交渉義務違反となるのが通例である。

(2) 交渉打切りが可能な場合

団体交渉義務は，合意の成立そのものを義務づけるものではないので，使用者が誠実に対応しても合意に達せず，交渉が行詰まりに達した場合には，使用者は交渉を打ち切ることができ，不当労働行為は成立しない（逆にいえば，交渉を十分に尽くさずに打ち切った場合には，そのことにつき団交義務違反が成立する）。ただし，いったん交渉を打ち切ることができた場合でも，その後の事情変更により交渉義務が改めて生ずる場合がある（不当労働行為審査においては，この事情変更の立証責任は原則として組合側が負う（寿建築研究所事件・東京高判

昭 52・6・29 労民集 28 巻 3 号 223 頁))。以上の他，暴行や脅迫など組合側の不相当な言動により交渉を続け難くなった場合も同様である。

4-3　団交義務違反の救済

　使用者の団体交渉義務違反は，労組法 7 条 2 号の不当労働行為となるので，労働組合は労働委員会に救済を申し立てることができ，労働委員会は，審査の結果不当労働行為の成立を認めた場合には，団交への応諾や交渉における誠実な対応などの是正措置を命ずることになる（同法 27 条以下）。

　これに対して，団交義務違反に対して裁判所での救済（司法救済）を求めることができるかについては，憲法 28 条や労組法 7 条 2 号の私法上の効力いかんという形で，従来から種々の議論がなされてきた。この点について，近年の裁判例は，憲法 28 条も労組法 7 条 2 号も，私法上の団交請求権を根拠づけるものではない（団交義務履行請求や団交応諾仮処分は認められない）と解している。憲法 28 条の規定の抽象性や労組法 7 条が公法上の不当労働行為救済の根拠規定であること，あるいは団交紛争が流動的で義務内容を特定しにくいことなどが理由として挙げられる。

　ただし，それとは異なる請求形態として，団体交渉に応ずべき地位の確認訴訟は認められるとされている（国鉄事件・最三小判平 3・4・23 労判 589 号 6 頁。労組法 7 条を根拠とする見解と同法 6 条・憲法 28 条による見解がある）。また，団交拒否が不法行為（民法 709 条）の各要件をみたす場合には，労働組合が使用者に対し無形損害等の賠償を請求することも可能である。

5　労働協約

5-1　意義と性格

　労働協約とは，労働組合と使用者または使用者団体が，組合員の労働条件やその他労使関係の運営等に関する事項についての合意を一定の方式の書面にしたものである。団体交渉は，労働組合が交渉力の弱い個々の労働者をサポートし労働条件を決定する機能を持つが，交渉の結果合意が成立した場合，それを個々の労働者の労働契約に結び付けるメカニズムが必要になる。そこで，労組法は，同法の定める方式に従い書面化された労使合意を労働協約と呼び，規範的効力という特別の効力を与えている。

　労働協約の法的性質については，(a)それ自体として法規範としての性質をも

つとの見解（法規範説）と，(b)基本的には契約であるが労組法により特別な効力が与えられるとの見解（契約説）がある（法規範説では，次にみる労組法所定の方式をみたさない労使合意にも規範的効力を認める余地がある）。わが国では企業別協約が一般的であり，協約それ自体を法規範とみることは難しいとして，最近では契約説をとる見解が有力である。

5-2　労働協約の成立

　労働協約は，労働組合と使用者または使用者団体との間における労働条件その他に関する合意を，書面に作成するとともに，両当事者が署名（自署のこと）し，または記名押印することによってその効力を生じる（労組法14条）。

　最高裁判決は，労組法が労働協約に特別な効力を付与していることから，協約の成立と内容を明確にして紛争を防止するという同法14条の趣旨にかんがみて，同条所定の方式をみたさない労使間の合意については，以下の規範的効力は生じないと判断している（都南自動車教習所事件・最三小判平13・3・13労判805号23頁）。ただし，下記の債務的効力まで生じないかどうかについては見解の対立があり，また，労使間の口頭の合意でも，それに従うことが労使慣行となっていた場合には，個々の組合員と使用者の契約としての効力が認められることがありうる。

　なお，労働協約の成立の前提として，団体交渉において交渉事項が複数ある場合，どの程度の意見の一致で合意が成立したかが問題になることがあるが，そのような場合は，交渉事項全体について確定的な合意が成立したことが必要であり，一部についての意見の一致のみを取り出して合意の成立と評価することはできない（文祥堂事件・最三小判平7・1・24労判675号6頁）。

5-3　労働協約の効力

(1)　規範的効力

① 規範的効力とは何か

　労組法16条は，労働協約における労働条件その他労働者の待遇にかかわる基準に違反する労働契約の部分を無効とし（強行的効力），無効となった部分はその基準の定めるところによる（直律的効力——契約に定めがない場合も同様となる）とする（次頁の図参照）。こうした効力を規範的効力という。この効力が生ずるのは，労働条件その他労働者の待遇にかかわる基準を定めた部分（規範的部分）であり，組合掲示板など労使関係の運営にかかわる部分には生じない

（解雇に際しての組合との協議など手続に関する規定は規範的部分ではないとの説もあるが，この説によっても規定違反の解雇は信義則違反等として無効とされる）。

【労働協約の規範的効力】

```
使用者 ——労働協約—— 労働組合
 │                      │
 │労働契約   規範的効力    │
 │      ↘              │組合所属
 │        ↘            │
 労働者 ←――――――――――――――
```

illustration 4　Aは，勤務先のB社との間で，今年の夏季一時金を30万円とする旨合意したが，Aの属するC労働組合は，B社との団体交渉により，今年の夏季一時金は組合員一律に40万円とする労働協約を締結した。AB間の労働契約における今年の夏季一時金額は40万円となる。

　この規範的効力の法的性質については，(a)協約の内容が労働契約に化体する（契約内容が協約どおりに修正される）とする化体説と，(b)協約は労働契約を外部から規律するにすぎない（契約内容は修正されない）とする外部規律説があり，最近では外部規律説が有力である（両説の差異については→本章5-5(2)）。

　②　労働協約と有利原則・労働条件の不利益変更

　労組法16条は，労働協約所定の基準に「違反する」労働契約の部分を無効とすると定め，労基法13条のように「達しない」という表現を用いていないため，規範的効力については，(a)有利原則を肯定するか——すなわち，労働協約よりも有利な労働条件を定めた個別合意を許容する（協約は最低基準となる）か，(b)あるいは否定する（協約は統一基準となる）かが問題となる。

　この点について最高裁判例はなく，下級審裁判例の動向も定かではないが，わが国の企業別協約の実態から，協約は原則として労働条件の統一水準を定めたものとみる説（有利原則否定説）が多数説である。ただしこの説でも，協約水準を上回る個別合意を許容する趣旨の協約は存在しうるとする。

> **illustration 5**　B社従業員であるAの属するC労働組合は，今年の夏季一時金は組合員一律に30万円とする労働協約をB社と締結した。その後AはB社との間で，今年の夏季一時金を40万円とする旨合意したが，有利原則否定説によれば，この合意は無効であり，Aの今年の夏季一時金は30万円となる。

　また，規範的効力については，労働協約により労働条件を不利益に変更することができるかが問題となる（この問題は有利原則と関連しているが，同原則を肯定しても，協約所定の条件を協約で引き下げる場合は，協約の性質につき外部規律説をとるならば，有利原則とは別の問題となる）。協約は交渉上のギブ・アンド・テイクの結果であるから一概に有利・不利を決められず，最高裁もその可能性を原則として認めているが，「特定のまたは一部の組合員を殊更に不利益に取り扱うことを目的として締結されたなど労働組合の目的を逸脱して締結された場合」には，例外的に規範的効力は否定されうるとする（朝日火災海上保険(石堂)事件・最一小判平9・3・27労判713号27頁）。

> **illustration 6**　A労働組合は，B社との団体交渉により，経営悪化への対応策として，各組合員の基本給を今後10％引き下げる旨の労働協約を締結した。「労働組合の目的を逸脱して締結された場合」に当たらない限り，組合員の基本給は10％引き下げられるのが原則である。

　団体交渉での組合の合意を経ての労働条件変更は，一般的には就業規則の改訂による場合に比べれば法的制約は少ないと考えられるが，「労働組合の目的を逸脱して締結された場合」といえるか否かについては，(a)労使自治を重視して，いかなる手続がとられたかを中心に判断すべしとする説と，(b)内容が不合理であるか否かも重視する説がある。下級審裁判例では，協約の締結に至る手続の他，不利益変更の必要性，不利益の程度なども考慮した判断を行うものが多いが，規約所定の手続違反を重視して不利益変更を無効とした裁判例もある（中根製作所事件・東京高判平12・7・26労判789号6頁）。

(2) **債務的効力**

　債務的効力とは，規範的効力とは異なり，協約の当事者である労働組合と使用者の間で生ずる，契約一般としての効力である（この効力は，労使関係の運営に関する債務的部分の他，上記の規範的部分にも生じる）。いったん協約で決めた問題については，当事者双方とも協約の有効期間中は争議行為を行わない「平和義務」もその一内容と考えられる（学説上は争いがある）。しかし，「平和義務」の具体的内容については不明確な部分も多い（同義務に違反した争議行為を

差し止めうるか，同義務違反の争議行為は正当性を失うかなど)。

> **illustration 7**　A労働組合は，B社との団体交渉により，組合事務所の貸与に関する労働協約を締結した。B社が組合事務所を貸与しない場合，A組合はB社に対して，労働協約の債務的効力に基づき，組合事務所貸与義務の履行を請求することができる。

5-4　労働協約の拡張適用
(1)　事業場単位の拡張適用

労働協約の効力は，協約を締結した組合の組合員にのみ及ぶのが原則である。しかし，①事業場単位で，②常時使用される同種の労働者の4分の3以上が，③1つの労働協約の適用を受けるに至った場合は，④その事業場における他の同種の労働者に対しても，その協約が適用される（労組法17条）。

こうした協約の効力を一般的拘束力といい，その制度の趣旨には争いがあるが，多数組合の合意した労働条件をその事業場の公正労働条件とみなすとの見解が有力になっている。なお，以上の他，地域単位の拡張適用の制度もあるが（労組法18条），実例は少ない。

(2)　拡張適用の要件・効果

労組法17条によれば，拡張適用の要件は上記の①から④であるが，「同種の労働者」に当たるか否かは，職種や勤務形態，処遇の決定方法などを考慮して判定される（管理職や臨時従業員が一般従業員とは「同種」でないとされた例がある）。また，「労働協約の適用を受けるに至った場合」とは，組合員として適用を受ける場合をいうと解されている。

拡張適用が認められる場合，その対象となるのは，規範的効力をもちうる規範的部分に限られ，組合事務所貸与条項などの債務的部分は対象とならない。

(3)　拡張適用の限界

この事業場単位の拡張適用に関しては，労働条件を不利に変更する協約でも非組合員に拡張適用されるかという問題がある。最高裁は，原則としてこれを肯定しつつ，非組合員は組合の意思決定に関与する立場にないことなどを考慮して，拡張適用をすることが著しく不合理な場合には例外を認めている（朝日火災海上保険(高田)事件・最一小判平8・3・26労判691号16頁）。

また，少数労働者が別組合を結成している場合も拡張適用は可能かという問題もある。最近では，拡張適用を肯定すると，別組合の団体交渉権を無視する

ことになり，あるいは，多数組合の交渉結果への「ただ乗り」を認めることになるとして，拡張適用を否定する裁判例が有力である（ネスレ日本事件・東京地判平12・12・20労判810号67頁など）。

> illustration 8　A労働組合は，B社の各事業場の9割以上の従業員を組織しているが，業績悪化への対応上，各組合員の基本給を今後10％引き下げる旨の労働協約を締結した。拡張適用が著しく不合理な場合でなければ，A組合員と同種の労働者に当たる非組合員の基本給も10％引き下げられるが，C組合を組織している従業員の基本給は影響を受けない。

5-5　労働協約の終了とその後の労働条件
(1) 労働協約の終了

労働協約に有効期間を定める場合，経済状況等に変動がありうる中で当事者を過度に拘束することを防ぐため，期間は3年が上限であり，3年を超える期間を定めた場合には3年に短縮される（労組法15条1項，2項）。また，期間の定めのない協約は，当事者のいずれも，署名しまたは記名押印した文書により，90日間の予告期間をおいた上で解約できる（同条3・4項）。したがって，労働協約は上記の期間満了または解約により終了することになる。

解約については，解雇（労契法16条）とは異なり，特に理由に制限は設けられていないが，法令に違反したり（組合弱体化意図に基づく解約は労組法7条3号違反となる），解約権濫用に及ぶものであってはならない。また，協約の一部のみを解約することは，協約所定事項全体について交渉して合意が成立した以上，原則としては認められないが，①協約の一部を独立して扱うことが可能で，②当事者もそれを予測していた場合などには，一部解約も可能であると解されている（ソニー事件・東京高決平6・10・24労判675号67頁）。

(2) 協約終了後の労働条件（余後効）

しかし，労働協約が終了しても労働関係は継続するのが通常であるから，協約終了後の労働条件はどうなるかが問題となる。この点については，(a)上記の化体説により，協約の内容は労働契約の内容に化体しているため，協約の労働条件は契約内容として存続するという見解と，(b)外部規律説により，労働契約が協約内容どおりに修正されることはないが，契約内容を補充する規範が特に見当たらない場合は，新たな条件が決まるまでは従来の労働条件を維持するという契約当事者の意思が推定されるという見解がある。

最近では(b)の立場をとる裁判例が有力であるが（鈴蘭交通事件・札幌地判平11・8・30労判779号69頁など），上記いずれの立場によっても，新たな協約の締結の他，就業規則の合理的変更などの方法によって，終了後の労働条件を変更する余地は認められる（大阪国際観光バス事件・大阪地決平13・12・26労経速1797号13頁参照）。

> illustration 9　A労働組合は，B社との労働協約により，組合員の退職金の基準につき定めていた。この協約は期間満了により終了したが，その後に退職した組合員は，他に特段の基準がない限り，従前の基準により退職金を請求できると考えられる。ただし，就業規則により退職金の基準を不利益に変更した場合は，変更の合理性等が認められれば新規則が適用される。

CASES

【事例1】
　A社の従業員がB労働組合を結成したが，B組合はその後C労働組合に加盟し，その傘下に入った。両組合の規約によれば，C組合はその構成組織の組合員の労働条件につき交渉権限を授権されている。C組合は，B組合と連名で，C組合役員を交渉委員として，B組合員の労働条件につきA社に団交を求めた。A社はこの交渉に応ずる義務があるか。

解説　本事例では，A社従業員が結成したB組合が単位組合であり，C組合はその上部団体となるので，両者が連名で（すなわち団交の当事者として）行った共同交渉の申入れをA社が拒否できるかが問題となる。単位組合たるB組合がその組合員の労働条件につき固有の団交権限をもつのは当然であるが，C組合も，規約に基づきこの問題につき団交権限を与えられているといえる。そして，A社がこの団交の申入れを拒否する正当な理由があるかどうかは，二重交渉を強いられるなど団交が無意味になるかどうかにより決せられるが，上記事例では，両者が共同で申入れを行い，しかも，交渉担当者をC組合役員としている点で交渉遂行権限は統一されているから，二重交渉のおそれはないということができる。したがって，A社は団交を拒否できないと考えられる。

【事例2】
　A社とB労働組合は，団体交渉の結果，賃上げ額を月額3000円とすることについては合意に達したが，労働協約書の記載をA社が主張する賃金

制度の変更を前提とするかどうかにつき交渉上意見が分かれたため，結局書面は作成されなかった。B組合員は，賃上げの合意につき規範的効力があるとして，従前の賃金額との差額を請求することができるか。

解説 本事例では，団体交渉の結果につき書面が作成されていないため，労組法14条の要件が満たされておらず，こうした合意に規範的効力が生ずるかが問題となる。前記のとおり（→本章5-2），最高裁判例（前掲・都南自動車教習所事件）はこれを否定しており，規範的効力が生じなければ，組合員が原告となって差額賃金を請求することはできないのが原則となる。

また，書面に作成されない労使合意でも，そこから個々の組合員と使用者の間で，同内容の個別合意を黙示的に認定できるかが問題となりうるが，本事例では，賃金制度の変更を前提とする協約条項にするかという交渉事項につき合意が成立しておらず，交渉事項全体について確定的な合意が成立したとはいえないので，個別合意に基づく請求も困難である。ただし，使用者が団体交渉を利用した不当労働行為（→第24章3-3）を行ったといえる場合には，不法行為を理由とする損害賠償請求の余地はありうる。

【事例3】

AはB社の従業員（55歳）であり，C労働組合に加入している。B社は経営不振に陥ったことから，人件費の圧縮を計画し，C組合と交渉した結果，53歳以上の組合員の賃金を30％引き下げる旨の合意に達し，労働協約を締結した。C組合の規約では，協約締結は組合大会の議決を要するとされていたが，これまでは組合大会を開かずに，代議員が職場での意見を聴いたうえ，代議員会での決定で協約を締結することが通例であり，本件でもそのような手続がとられ，賃金引下げが実施された。Aは賃金引下げに反対であるが，引下げ分の賃金を請求できるか。

解説 労働協約による組合員の賃金引下げについては，「特定のまたは一部の組合員を殊更に不利益に取り扱うことを目的として締結されたなど労働組合の目的を逸脱して締結された場合」（朝日火災海上保険事件・最一小判平9・3・27労判713号27頁）に当たるか否か，それをどう判断すべきかが問題となる。上記事例では，組合員の一部に大きな不利益を与える労働条件の変更であるにもかかわらず，規約所定の手続が遵守されずに協約が締結されており，手続の瑕疵ゆえに協約は無効と解すべきこととなる（上記事例は前掲・中根製作所事件をベースにしており，同判決は手続違反を重視した判断を示したが，「念のため」として，不

● 5 ● 労働協約

利益変更の必要性や不利益の程度など，実体的な合理性についても審査を行い，合理性を欠く協約であると判断した)。

第22章　団体行動

● 1 ●　団体行動の意義と法的保護

1-1　争議行為の意義と法的保護
(1)　争議行為の意義と概念
① 団体行動と争議行為

憲法28条は「団体行動権」を保障しているが，一般に団体行動は，争議行為と組合活動に分類される。争議行為には様々な形態があるが，典型的なものとしては，ストライキ（労務の集団的不提供）があげられる。争議行為がいかなる機能をもつかは，労働基本権をどのようにみるか（→第19章2-1）により異なる理解がなされうる。この点につき，労働組合の主たる役割を個人の交渉力を強化することに求め，団体交渉権を中心にとらえる立場によれば，争議行為は，団体交渉を促進するための手段として位置づけられる。

② 争議行為の概念

以上に関連して，労組法上の「争議行為」の定義が問題となる。この点については，(a)労働関係調整法7条を根拠に，労働関係の当事者が自らの主張を貫徹することを目的として行う，業務の正常な運営を阻害する一切の行為を指すとの見解が多数であったが，最近では，(b)労務の全部または一部の集団的不提供（ストライキ・怠業）を中心とし，それを維持・強化するためになされるピケッティング・ボイコット・職場占拠をも含める見解が有力になっている。

(b)説は，団体交渉権を中心にとらえる立場を前提に，団体交渉が労働力の集団的取引であることから，その促進手段は，取引プロセスの一環である取引拒否を基本とするという理解に立つものである。また，労組法上の「争議行為」は，以下にみる法的保護が与えられるか否かという観点から定義されるが，労働関係調整法上の定義は，争議行為の自主解決の支援など別の観点からのものであるから，同一の定義をする必要がないことが指摘される。

> illustration 1　A組合は，構成員の勤務先であるB社と団体交渉を行ったが決裂したので，争議行為を実施する旨を宣言して，同社を訪れた取引先に争議解決のため協力を呼びかけるピケッティングを行った。この行為は，上記(a)説によれば争議行為として労組法上の保護を受けうるが，(b)説によれば，ストライキの付随手段として行われたものでない限り，争議行為には当たらない。

(2) 争議行為の法的保護

正当な争議行為には，以下の法的保護が与えられる（→第19章1-3(2)）。

まず，正当な争議行為には刑法35条が適用され，違法性が阻却される（刑事免責）。労組法1条2項に規定があるが，憲法28条から直接この刑事免責の効果が発生するとの理解が一般である。具体的には，威力業務妨害罪（刑法234条）や強要罪（同法223条）などが問題になる。ただし，暴力の行使は正当性を認められない（労組法1条2項但書）。また，正当な争議行為を行った労働組合や労働者は，民事上も損害賠償責任を負わない（民事免責）。労組法8条に規定があるが，この効果も憲法28条から直接発生すると解されている。

さらに，使用者は，正当な争議行為を理由として，労働者に対し解雇やその他不利益な取扱いを行ってはならない（労組法7条1号）。これに違反した使用者に対しては，労働委員会に不当労働行為の救済を求めることができるほか（同法27条以下），裁判所において，当該取扱いが法律行為であれば，労働者はその無効を主張でき，また，民法709条等にもとづき損害賠償請求をなしうる（→第19章2-2(2)②）。

1-2　組合活動の意義と法的保護

(1) 組合活動の意義

組合活動とは，争議行為以外の労働組合の諸活動をいい，組合大会や役員選挙など団体としての内部運営活動，ビラ配布など外部に対する情報宣伝活動やその他の社会活動・政治活動，組合員相互の共済活動など様々なものがある。

(2) 組合活動の法的保護

組合活動も，労組法1条2項の刑事免責の対象となりえ，また，それを理由とする不利益取扱いから保護される。これに対し，労組法8条は民事免責につき争議行為のみに言及していることから，組合活動が民事免責の対象となるかどうかが問題となる。(a)同条の文言に照らして否定する見解もあるが，通説は，(b)民事免責は憲法28条によっても根拠づけられ，労組法8条により制限でき

ないことや，ビラ貼り（→本章3-3(3)）のように組合活動についても免責を問題にする実益があることなどを理由に，民事免責の可能性を認めている。

> illustration 2　　A労働組合は，組合員に団交決裂を知らせ，争議行為実施の当否を決する組合員大会の開催を呼びかけるため，組合員が就労しているB社の構内でビラ貼りを行った。これに対する不法行為責任（ビラをはがす費用相当額の賠償など）が問題となった場合，組合活動につき民事免責を認める説によると，正当性が認められれば，A組合は不法行為責任を負わない。

● 2 ●　争議行為の正当性

2-1　主体面での正当性

　争議行為が以上のような法的保護を受けるための中心的要件は，「正当性」である。「正当性」については，主体・目的・手続・態様という4つの面から判断がなされ，法的保護を受けるにはいずれの面でも正当性が肯定される必要がある。この正当性の判断については，労働基本権の位置づけにつき，団体交渉権を中核的なものとみる見解に立つかどうか（争議行為を団交の促進手段とみるか）（→第19章2-1）によって，異なる結論が導かれることがある（以下では基本的にこの見解に立って説明するが，判例の結論と同旨となることが多い）。

(1) 争 議 団

　労働組合が主体となって争議行為を行う場合は，一般に主体面での正当性は肯定される。これに対して，組織としての性格をもたない一時的団体などの争議団についてどう考えるかが問題になるが，争議団もその構成員が憲法28条の勤労者にあたる限り，団体行動権が保障されているので，労組法2条の労働組合の要件をみたさないとしても，憲法28条の直接適用により民事免責・刑事免責を受けることができる。また，構成員は不利益取扱いから保護されうるが，こうした集団は労組法上の労働組合とはいえないため，同法7条違反を理由とする労働委員会での救済は利用できず，裁判所を利用することになる。

(2) 山 猫 ス ト

　山猫ストとは，組合員の一部集団が組合の方針に反して行うストライキをいう。組合員が憲法上の勤労者に当たるとしても，所属する組合が存在すれば団交の主体は組合となり，その促進手段としての争議行為の主体となるのも組合であるので，その方針に反するストは原則として正当性を欠くと解されている

（組合の委任や承諾があれば別である）。組合が上部団体の承認を得ずに行う非公認ストについては，上部団体の統制に反しているか，上部団体の団交を阻害しないかなどを勘案して正当性が判断される。

> illustration 3　A組合では，B社との団交が決裂したためストライキ実施につき組合員大会に諮ったところ，反対多数で否決されたが，B社C工場の組合員はこうした組合の方針に不満なため独自にストライキを行った。こうした山猫ストは原則として正当性をもたないと考えられる。

2-2　目的面での正当性
(1)　政治スト
　政治問題（たとえば選挙制度の改正）の解決を目的にしたストライキその他の争議行為は，政治問題は使用者に処分権限がなく，義務的団交事項とはいえないことから，団交促進手段である争議行為としての正当性は認められないと考えられる（市民法上の表現の自由としての保護は別問題である）。判例も同旨であるが（三菱重工業事件・最二小判平4・9・25労判618号14頁など），学説では，労働者の経済的地位の向上にかかわる政治問題についてのスト（経済的政治スト——労働法規の改正要求など）であれば，正当性を認める見解も有力である。
(2)　同情スト
　同情スト，すなわち，他の労働組合の労働争議を支援することを目的とするストライキについても，ストライキを行う組合自身にとっての交渉の促進手段として位置づけられない限りは，正当性は認められないと考えられる。
(3)　経営生産事項を目的とする争議行為
　企業の経営・生産方針や経営者・管理職人事に関する要求の実現を目的とする争議行為については，団交事項について述べたのと同様に（→第21章3-1），当該要求事項に関連する労働条件の改善を目的とするものであれば，団交の促進手段として位置づけられるので，正当性を認めることができる（大浜炭鉱事件・最二小判昭24・4・23刑集3巻5号592頁では，事業所長の追放を掲げたストにつき，要求の主眼は労働者の地位の向上にあったとされた）。なお，要求の一部に義務的団交事項でないものが含まれていても，直ちに争議行為の正当性が否定されるわけではなく，要求全体を総合して判断すべきであろう。
(4)　平和義務違反の争議行為
　団体交渉の結果成立した合意を労働協約とした場合は，平和義務が発生し，

協約の有効期間中は、その合意事項について争議行為はできなくなる（→第21章5-3(2)）。こうした平和義務が認められる合意事項の改廃を目的とする争議行為の正当性については、労働協約の法的性質（→第21章5-1）とも関連して議論があり、法規範説に立って、自ら設定した法規範を否定する行為は正当性を欠くとする見解と、契約説に立ち、平和義務違反は契約違反にすぎないから正当性は失われないとする見解などがある。その他、契約説に立ちつつ、信義則に基づき民事免責のみ否定する見解や、協約の形態や平和義務の内容など諸般の事情により正当性を判断すべしとする見解もある。

最高裁は、平和義務違反の争議行為を理由とする懲戒解雇がなされた事案につき、平和義務違反の争議行為は単なる契約上の債務不履行であって、労働者がそれに参加したことのみを理由に懲戒処分をすることはできないと判示しているが（弘南バス事件・最三小判昭43・12・24民集22巻13号3194頁）、組合の債務不履行がただちに個別労働者の懲戒事由に当たらないことは確かだとしても、争議行為の正当性の問題をどう解するのかは明らかでない。

(illustration 4)　A労働組合はB社との間で、2％のベースアップを実施する旨の期間1年間の労働協約を締結したが、組合員の不満が強かったため、A組合は追加賃上げを求め、これが受け入れられなかったため、協約締結後3か月の時点でストライキを行った。平和義務違反の争議行為の正当性を否定する説によれば、このストは正当性をもたない。

2-3　手続面での正当性
(1)　団交を経ない争議行為

争議行為を交渉の促進手段と位置づける立場（→本章1-1(1)）によれば、団交を経ないでただちに、あるいは要求をしただけで回答を待たずに行う争議行為は、原則として正当性をもたないことになる（富士文化工業事件・浦和地判昭35・3・30労民集11巻2号280頁）。もっとも、こうした立場でも、不当労働行為への抗議などを目的として行う抗議ストの場合は、団交を経ることを要求しないことが多い。ただし、その後に是正要求等を行うこと、またはそれが予定されていることが必要とされることになろう。

(2)　予告を経ない争議行為（抜打ちスト）

団体交渉が開始されてはいるが、争議行為を行う旨の予告を経ていない争議行為については、争議行為を交渉の促進手段と位置づける立場によっても、予

告は不可欠とはいえないので，正当性はただちには否定されず，争議の予測可能性，組合の意図（ことさらに事業活動を混乱させる目的があったか），使用者の受けた被害などを総合考慮して正当性を決する見解が有力である。

2-4　態様面での正当性
(1)　ストライキ・怠業

ストライキ（同盟罷業）は，集団的な労働力取引である団体交渉の促進手段として，労務の集団的不提供（取引拒否）を行うものであり，歴史的にも認められてきた争議手段である。全部スト，部分スト，指名スト，時限ストなどさまざまな態様のものがあるが，労務の不提供にとどまるものであり，一般に正当性を認められている。一部の組合員を指名してストライキを実施させる指名ストは，配転命令を争うために配転対象者をスト要員として指名する場合，それにより争議の目的を達成してしまうのではないかという問題が生ずるが，配転命令の撤回等を求める交渉の促進手段として実施されているのであれば正当といえる（新興サービス事件・東京地判昭62・5・26労判498号13頁）。

また，労務の一部不提供ないし不完全提供である怠業（スローダウンと呼ばれ，業務の遂行速度や能率を落とすことをいう）も，労務の不提供にとどまる限り，同様に正当と解されている。ただし，それを超えて，設備や製品を破損するなど積極的に使用者の財産権を侵害する積極的サボタージュについては，正当性をもたないとする見解が多い。

(2)　ピケッティング

ピケッティングとは，ストライキを実施している組合員が，ストの維持・強化のために，ストの現場で見張りを行ったり，使用者や取引先あるいは他の労働者に対して，業務遂行の中止やストへの協力を働きかけたりする行為をいう。特に，業務遂行の中止やストへの協力を働きかける行為は，刑事免責については業務妨害罪などとの関係で正当性が問題になりうる。民事上も，業務妨害などを理由とする不法行為についての民事免責や，参加従業員への懲戒処分，あるいは業務妨害禁止仮処分などとの関係で正当性が問題になる。

民事事件における裁判例は，基本的には，ストライキに付随した，平和的な説得といえる働きかけ行為に限り正当性を認めているが，働きかけの相手方が，ストにより労働者が就労していない業務に就こうとする代替労働者や管理職である場合には，スクラムを組んだり組合歌を歌うなどして心理的圧迫を加えること（団結の誇示）についても正当性を認める場合がある。いずれにせよ，工

【ピケッティングのイメージ】

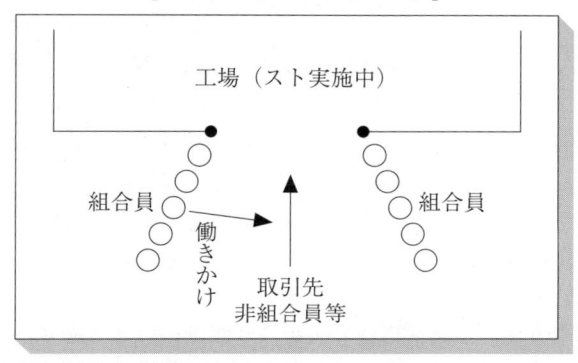

```
┌─────────────────────────┐
│    工場（スト実施中）      │
│ ●          ●            │
│ ○          ○            │
│ ○          ○            │
│組合員 ○  →   ○ 組合員    │
│   ○ 働  ↑  ○            │
│   ○ き    ○             │
│     か                   │
│     け  取引先           │
│        非組合員等         │
└─────────────────────────┘
```

場の入口全体に人垣を作って入構できなくするなど，自由意思を制圧する態様のピケッティングは正当性を欠くと解されている。

illustration 5　A社のB工場における従業員を組織するC労働組合は，ストライキを実施した際，A社が業務請負会社により業務を行わせようとしたため，組合員数名を工場の門の左右に並ばせ，出勤してきた業務請負会社の従業員に対し，平穏に経緯を説明してストへの協力を求めたが，工場内への出入りは認め，就労妨害等はしなかった。このピケッティングは正当性をもつと考えられる。

　刑事事件においても，平和的説得を超えた暴行・脅迫や威力を示すことなどにより，使用者や他の従業員による操業を妨害することは，一般に違法であるとされているが，事案の内容は様々であり，早い時期の最高裁判例には，妨害行為がごく短時間にとどまったことなど諸般の事情を考慮して正当性が認められた事案もある（三友炭坑事件・最三小判昭31・12・11刑集10巻12号1605頁など）。しかし，その後の最高裁判例は，問題となっている行為の具体的状況その他諸般の事情を考慮に入れ，それが「法秩序全体の見地から許容されるか」という判断枠組（国鉄久留米駅事件・最大判昭48・4・25刑集27巻3号418頁）により，総じて実力行使には厳しい態度をとっている。

　なお，顧客への不買呼びかけ（ボイコット）や，取引先に赴いての取引中止要請などについても，以上と同様の問題が生じうる。こうした行為は，①ストライキに付随してなされたものであって，かつ，②誹謗中傷や脅迫にわたらない内容のものであれば，争議行為として正当性が認められる（福井新聞社事件・福井地判昭43・5・15労民集19巻3号714頁など）。これらがストライキの付随手段としてなされていない場合には，組合活動として保護を受けるにとど

まるが，労働契約上の誠実義務（不当に使用者の業務を妨害しない義務）に違反するものとして，正当性は認められないことが多くなろう（国労高崎地本事件・最二小判平 11・6・11 労判 762 号 16 頁は，出向先の門前において出向反対を主張したビラ配布やシュプレヒコールを正当な組合活動ではないとした）。

　他方，産業別組合などが，労働争議を有利に解決するために，争議の相手方である使用者とは別の取引先の従業員である組合員に指令して，その取引先との関係でストライキを実施させることは，取引先との関係では団交を促進するための争議行為とはいえず，正当性はもたないと考えられる。

(3) 職場占拠

　わが国の労働組合は企業別組合であることが多いこともあり，ストライキを実施する際には，単に出勤しないにとどまらず，職場の全部または一部を占拠して集会を開くなどの対応を行うことがある。このような場合，刑事上は住居侵入罪や業務妨害罪の成否が，民事上は，施設管理権侵害や業務妨害を理由とする不法行為の成否ないしは懲戒処分の当否が問題となることが少なくない。

　この点については，多くの学説や裁判例は，ストライキに付随した行為であって，使用者の占有の排除や業務妨害などを伴わない部分的な職場占拠に限り正当性を認め，排他的職場占拠は正当性がないとする見解をとっている。なお，ピケッティングの一種ともいえるが，タクシー会社のストライキに際しての，スト不参加組合員らによるタクシーの出庫阻止（車両確保戦術）については，車両を排他的占有下に置いてしまうことから正当性を否定した最高裁判決がある（御國ハイヤー事件・最二小判平 4・10・2 労判 619 号 8 頁）。

● 3 ● 組合活動の正当性

3−1　主体面における正当性

(1) 争議団

　労組法上の労働組合としての性格（団体性）をもたない争議団も，その構成員が憲法上の勤労者にあたる限り，団体行動権が保障されているから，争議行為について述べたのと同様に（→本章 2−1(1)），その団結活動は，憲法 28 条の保護を受けることができる。ただし，労組法 7 条の保護を受けるには，同法上の労働組合の要件（2 条）を満たす必要がある。

(2) 自発的活動・組合内少数派の活動

　労組法 7 条の保護を受けるためには，組合員の活動が「組合の」行為といえ

る必要がある。この点についてまず問題になるのは，組合の指令や機関決定に基づかない自発的活動であるが（組合の方針ではないが自主的に勉強会を始めた場合など），組合執行部の（黙示の）承認があると評価できる行為であれば，正当性をもちうると考えられる。

しばしば争われるのは，執行部の方針と一致しないことが多い組合内少数派の活動である。この問題は，組合の統制処分に関して述べた問題（→第20章5-3(3)）とほぼ同様に考えることができる。すなわち，少数派の活動であっても，組合内の民主的意思形成に資する活動（組合大会での反対意見の表明など）は，原則として統制処分の対象とはなし得ず，また，組合活動としても正当性を認めることができよう（千代田化工建設事件・東京高判平7・6・22労判688号15頁など）。他方で，既に決定された方針に基づく統一的行動を阻害する活動は，正当性を認められない場合が多いであろう。

> illustration 6　A社にはB労働組合があるが，少数派である組合員Cらは，組合大会において，組合執行部の活動方針案につき会社に協力的すぎると批判した。この批判が誹謗中傷にわたるものでなければ，A社がそれを理由にCらの一時金につき不利な査定を行うことは労組法7条1号違反となる。

(3) 政党構成員としての活動

労働組合員が政党の構成員として活動する場合も少なくないため，それが組合活動として保護されるかという問題も生じうる。労働組合の政治活動も組合活動に含まれうるが，ここでは，組合の活動として法的保護を受けるかが問題となる（ビラ配布などの表現活動が多い）。

この点は事実認定の問題であり，活動に当たって政党名を用いたか，組合（内の集団）名を用いたかを中心に，活動の内容が労働条件や組合運営に関わるものかなどその他の事情も含めて認定を行うことになろう。

3-2　目的面における正当性

組合活動は，団交の促進手段である争議行為よりも広い位置づけをもつので，目的面における正当性も，争議行為より広いものとなる。すなわち，組合活動は，団交における要求事項を実現することを目的とするもののほか，組合大会の運営や役員選挙などの組合の組織運営のための活動，共済活動などについても，目的面での正当性が認められうる（これらを「組合員間の相互扶助・相互保護」を目的とする活動と表現する見解が有力である）。

労働組合として行う政治活動が保護されるかについては議論があるが，労働組合が付随的に政治活動を行うこと自体は法律上予定されており（労組法2条但書4号参照），また，労働者の権利利益に直接関連する立法や行政措置を求めたり反対したりする活動（経済的政治活動）は，労働者の相互保護・相互扶助活動の一種といえるので，正当性を認めてよいであろう（最高裁はこの種の活動に組合員の協力義務を認めている→第20章4-2）。これに対して，いわゆる純粋政治活動については，これに正当性を認めて免責効果を与えることは，労働組合に対し，一般の市民より政治活動の面で優越的な地位を与えることになるが，労組法や憲法はそうした事態を予定していないと思われる。

3-3　態様面における正当性
(1)　総　論
　争議行為については，歴史的にもストライキという労務の集団的不提供が典型的に想定されてきており，また，労働力の集団的取引としての団交を促進するためには，取引拒否という手段を正当化することが要請されることから，労働義務の不履行についても正当性が認められうる。これに対して組合活動は，そのような事情が妥当しないため，態様面においては，労働契約上の義務や施設管理権に基づく制約に服さざるをえない面がある。
　そのため，組合活動は，①就業時間外に，②職場外で行うのが原則となる。しかし，労働協約，就業規則，労働慣行や使用者の許諾により，就業時間内や職場内での組合活動が許されている場合はもちろん別であり，また，労働契約上の義務や施設管理権にも一定の制約がありえないかが問題となる。

(2)　就業時間中の組合活動——リボン闘争・バッジ着用
　就業時間中の組合活動は労働義務の違反をもたらすことが通常であるので，原則としては正当性をもたないと解されている。しかし，組合員が組合の指令に基づきリボンやバッジを着用する行動は，労務の提供自体とは両立しうることが多いので，その正当性が問題となる。
　この点については，かつては正当性を広く認める裁判例や学説が多く見られたが，最近の裁判例は，リボンやバッジの着用は職務専念義務に違反すること，それらを禁じた服装規定がある場合にはそれに違反することなどを理由に，原則として正当性を否定する傾向にある（大成観光事件・最三小判昭57・4・13民集36巻4号659頁は，一流ホテルにおける接客担当者を含む組合員のリボン闘争につき，正当な組合活動ではないとした。組合バッジ着用につき正当性を否定したも

のとして，JR 東海事件・東京高判平 9・10・30 労判 728 号 49 頁がある）。

　他方，学説の多くは，職務専念義務違反については，職務上の注意力のすべてを職務遂行に注ぐ義務と理解するのは妥当でないなどとして（→第 6 章 2(2)②），使用者の業種・労働義務の内容・リボン等の形態・着用の態様などの諸事情を総合判断し，業務遂行に支障を生じさせるおそれのないリボン等の着用行動については正当性を認めるべきであると主張している（服装規定違反については，その合理性や当該事案の内容に照らして判断することになろう）。

　なお，裁判例の中には，バッジ着用行動は職務専念義務に違反し，正当な組合活動とはいえないとしても，当該事件の労使関係の状況からみて，バッジ取外しの指示を拒否した組合員に対する懲戒処分は組合弱体化の意図を決定的動機として行われたものであるとして，労組法 7 条 3 号の支配介入が成立するとしたものもある（JR 東日本事件・東京高判平 11・2・24 労判 763 号 34 頁）。

(3)　施設管理権と組合活動——ビラ貼り

　わが国の労働組合は企業別組合が多いため，組合員集会などの活動を職場内で行うことが必要となる場合がある。また，組合員等に対する情報・宣伝活動などのため，企業施設にビラを貼ったりすることもある。そこで，使用者の施設管理権との関係で，こうした組合活動が正当性をもつかが議論される（こうした活動を理由とする組合員の懲戒処分が争われることが多いが，こうした活動への警告が労組法 7 条 3 号の支配介入に当たるかが争われることもある）。

　この点については，学説上，(a)企業別組合であるため企業施設利用の必要性があり，団結権に基づき使用者は組合の施設利用を受忍する義務があるとする受忍義務説と，(b)使用者の許諾を得ずにその施設を利用して行う組合活動は原則として正当性を認められないが，団結権と施設利用権の調整という見地から，組合活動の態様や施設の性質，組合が施設利用に至った経緯などを総合考慮して，組合活動の必要性が大きい反面，使用者の事業活動や施設管理への支障のおそれが小さい場合などには，施設利用につき違法性は阻却されるとする違法性阻却説がみられる。

　しかし，(c)最高裁判例は，より限定的な立場（許諾説）をとり，本来施設の利用は使用者の許諾を得て行うべきであり，許諾を得ない施設利用の組合活動は，許諾をしないことが使用者の権利の濫用であると認められる場合を除き，正当性をもたないと判断している（国鉄札幌運転区事件・最三小判昭 54・10・30 民集 33 巻 6 号 647 頁）。こうした判例を前提にすると，施設管理権の濫用に当たる場合をどう考えるかが重要な問題となる。並存組合の一方にのみ施設利用

を許諾しない場合はこれに当たると考えられるが，組合弱体化意図に基づき利用を拒否した場合なども問題になりえよう（→第24章2-4）。

> illustration 7　A社の従業員で組織するB労働組合の役員Cは，同社の許諾を得ずに，従業員控室にある更衣用ロッカー全てに組合の宣伝ビラを貼り付けた。判例によれば，原則としてこのビラ貼布には正当性がないものとなる。

なお，ビラ貼りについては，刑法260条の建造物損壊罪の成否に関して問題が生ずることもある。同罪については，構成要件該当性のレベルにおいて，建物の効用が減損されたことが必要とされるが，この点については，ビラの内容や枚数，貼られた場所，ビラ貼りによって生じた外観，業務への支障，原状回復の容易さなどを総合考慮して判断がなされている（金沢タクシー事件・最一小決昭43・1・18刑集22巻1号32頁では，会社の社長室や事務室の扉など多くの場所に数十枚のビラを糊で繰り返し貼り付けたことが同罪に当たるとされた）。建物の効用が減損されたと評価されるような場合は，使用者側の損害も著しいので，正当性があるとして違法性阻却を認めることは難しいであろう。

(4) ビラ配布

組合活動としてのビラ配布についても，施設管理権との関係で問題が生じるが，ビラを使用者の施設に直接貼付するビラ貼りに比べると，施設管理権を侵害する度合いが少ない点で特色がある。

休憩時間中に施設内で行われるビラ配布などの政治活動を就業規則などで禁止しうるかについては，最高裁判例は，休憩時間中の政治活動は一般に企業秩序を乱すおそれがあるため，禁止や許可制のもとに置くことができるが，企業秩序を乱す実質的危険がないと認められる特別の事情がある場合には，これに違反した活動は懲戒事由に当たらないとしている（→第15章3-2(1)③）。

組合活動としてのビラ配布についても，上記の判例をふまえて，ビラの内容や配布の経緯・態様などに照らし，企業秩序を乱す実質的危険がないと認められる特別の事情がある場合には，労働契約上懲戒処分が許されないのみならず，労組法7条1号の正当性も認められ，これを理由とする懲戒処分等は不当労働行為とされる（倉田学園事件・最三小判平6・12・20民集48巻8号1496頁）。なお，ビラ貼りにおけると同様に違法性阻却説に立つ見解も考えられるが，いかなる場合に企業秩序を乱す実質的危険があっても違法性が阻却されるのかは明らかではない。

● 4 ● 正当性のない争議行為と民事責任

4-1 組合員個人の損害賠償責任

正当性が認められない争議行為については，違法性が阻却されないため（その意味で「違法」争議行為と呼ばれる），民事上，組合員個人については債務不履行責任（使用者と雇用関係にある場合）や不法行為責任の問題が生じ，労働組合やその役員については不法行為責任の問題が生じる。

もっとも，組合員の個人責任については，争議行為はもっぱら組合の行為であって個人の行為とはいえないとしてこれを否定する説があるが，判例・通説は，ストライキは組合員個人の労働義務の不履行となり，ピケッティングなどは，それに参加した組合員の不法行為となりうるなどとして，個人が民法の規定に従い責任を負うことはありうると解している（組合の責任が第1次的なものだとする見解もある）。組合役員についても，違法争議の指令を発するなどの具体的行為につき，不法行為責任が成立しうることは否定しがたいであろう（前掲・御國ハイヤー事件では，正当性がない車両確保戦術につき，組合と組合役員の不法行為責任が認められた→本章 2-4(3)）。

4-2 団体の損害賠償責任

正当性のない争議行為を実施した労働組合自身が不法行為責任を負う場合があることは一般に認められているが，その際の適用条文については，労組法12条の8（法人でない組合の場合はその類推適用）により準用される一般法人法78条や，民法715条などによることになる。

> **illustration 8**　食品製造業を営むA社の従業員を組織するB労働組合は，同社に対してストライキを実施した際，工場入口に自動車を駐車させ，他の従業員や取引先の出入りを不可能にした結果，製品が消費期限切れで販売不能となり，同社は損害を被った。このピケッティングは正当性がなく，B組合およびこれに参加した組合員（個人責任肯定説による場合）は不法行為責任を負う。

4-3 懲戒処分と幹部責任

(1) 個 人 責 任

正当性のない争議行為が行われた場合，それに参加した組合員や従業員たる組合役員に対して，争議中の行動が就業規則上の懲戒事由に当たるなどとして

懲戒処分がなされることがある。

　これら組合員個人に対して懲戒処分をなしうるかについては，損害賠償責任の場合と同様に議論があり，争議行為はもっぱら組合の行為であって個人の行為とはいえないとして否定する説もあるが，判例や通説は懲戒処分の可能性を認めている（全通東北地本事件・最三小判昭 53・7・18 民集 32 巻 5 号 1030 頁）。

　なお，そもそも争議行為中に就業規則の懲戒規定を適用できるかという問題もあるが，就業規則の解釈として適用排除を認めるのは困難な場合が多いであろう（朝日新聞社小倉支店事件・最大判昭 27・10・22 民集 6 巻 9 号 857 頁）。

(2) **幹部責任**

　以上に対し，正当性のない争議行為を行った労働組合の役員について，一般の組合役員よりも重い懲戒処分をなしうるかという問題がある。

　この点については，組合役員がそのような争議行為の実施を決定し，指令した以上（あるいは指令を超えた違法行為を制止しえたのにしなかった以上），そのことの企業秩序違反性について一般組合員とは異なる評価をなしうるとして，これを肯定する見解が多い。ただし，こうした責任は組合役員としての地位から当然に生ずるものではなく，当該争議行為の実施の決定や指令に参加できなかった役員については，その決定や指令に基づく責任を問うことはできない（岩田屋事件・福岡高判昭 39・9・29 労民集 15 巻 5 号 1036 頁）。

● 5 ● 争議行為と賃金

(1) **争議行為参加者の賃金**

① **ストライキと賃金カットの範囲**

　争議行為の手段がストライキである場合は，労務の提供がない以上，民法 624 条により，賃金債権は発生しないのが原則であり（これをノーワーク・ノーペイの原則という），このことはストライキの正当性の有無とは関係がない。

　ただし，民法 624 条は任意規定であり，賃金を支払う旨を定めることは不可能ではない。そして，わが国の賃金には様々な種類があることから，ストライキ中でも支払うべき賃金があるか，いいかえれば，ストライキ中に賃金をカットできる範囲はどこまでかが争われることがある。

　この点については，賃金を具体的な労務の提供に対応する部分と従業員たる地位に対応する部分（家族手当など）に分け，後者は賃金カットの対象とならないとする賃金 2 分説が主張され，これに影響を受けたとみられる最高裁判決

も下された（明治生命事件・最二小判昭40・2・5民集19巻1号52頁）。

しかし現在では，この点は，賃金債権の発生に関する定めについての解釈問題であるから，個々の事案における労働協約，就業規則，あるいは労働契約の内容となる労働慣行の扱いによって，スト中も賃金を支払う旨が定められているといえるかにより決せられる問題であるとする見解が有力となっており，最高裁判決にも同旨のものが存在する（三菱重工業長崎造船所事件・最二小判昭56・9・18民集35巻6号1028頁——家族手当のカットにつき慣行があった事例）。

なお，一時金のように使用者の査定などの裁量が介在するものについては，組合弱体化意図に基づき減額等を行った場合には，不当労働行為が成立しうる（西日本重機事件・最一小判昭58・2・24労判408号50頁参照）。

② ストライキ以外の争議行為・組合活動と賃金請求権

ストライキ以外で労務の提供を伴う争議行為の場合には，その労務の提供が債務の本旨に従ったものであり，使用者の受領拒絶に民法536条2項の帰責事由があるか（あるいは使用者が異議をとどめず受領したか）により，賃金請求権の発生が決定される。

たとえば，使用者の出張や事業場外での就労の指示に応じずに事業場内での勤務を行う争議形態については，そのような勤務は債務の本旨に従ったものとはいえず，また，使用者から事業場内での勤務の受領を予め拒絶する意思表示がなされていたとされ，賃金請求が否定されている（水道機工事件・最一小判昭60・3・7労判449号49頁）。

なお，リボン闘争（→本章3-3(2)）などは，組合活動と評価されることが多いが，それらを理由に使用者が労務の受領を拒否した場合も，債務の本旨に従った労務提供がなされたといえるかがまず問題となり，その点は，事案に応じて，提供された労務の瑕疵の内容・程度，使用者の業務への影響などを総合して判断される（JR東海事件・東京地判平10・2・26労判737号51頁参照）。

次に，債務の本旨に従った労務提供がなされていれば，その拒否については使用者の帰責事由が認められるのが原則であるが，対立組合員との衝突のおそれなど特段の事情がある場合は，帰責事由が否定されることもありうる。ロックアウト（→本章6-2(3)）の正当性が認められる場合も同様である。

 illustration 9 　A社の従業員でB労働組合の組合員でもあるCは，AB間で団交が開始されるに際し，組合の指令により組合バッジを着用して就労しようとしたが，A社はCの就労を拒否した。Cのバッジ着用のうえでの就労が債務

の本旨に従った労務の提供といえる場合には，A社は特段の事情がない限り就労を拒否できず，賃金支払義務を免れない。

(2) 争議行為不参加者の賃金・休業手当

争議行為（ストライキが主として問題となる）に参加していない労働者は，その争議行為を実施した組合の組合員である場合（そのようなストライキを部分ストという）と，その組合員ではない場合（そのようなストライキを一部ストという）とがある。

① 賃金請求権

これら争議行為不参加者については，まず賃金請求権が発生するかが問題になる。この点につき判例は，使用者はストライキの実施や終了に介入できないことや，団交において譲歩の自由があることから，不当労働行為意思によりことさらストライキを実施させたなど特段の事情がある場合を除き，原則として民法536条2項の帰責事由は認められないとしており，部分ストの場合と一部ストの場合を区別しないようである（ノースウエスト航空事件・最二小判昭62・7・17民集41巻5号1283頁）。

なお，以上は，ストライキ等により客観的に労働義務の履行が不能となった事態を前提とすることはいうまでもない。

② 休業手当請求権

次に，労基法26条の休業手当については，その発生要件である帰責事由は民法536条2項の帰責事由よりも広く捉えられているが（→第9章5-2），部分ストに参加しなかった組合員に関しては，ストライキは所属組合側に起因するものであって使用者側に起因する事情ではないとして，休業手当請求権も発生しないとされている（前掲・ノースウエスト航空事件）。

他方，一部ストの場合は，スト実施組合のピケッティングにより就労しえなかった他組合員について，休業手当請求権を肯定した下級審裁判例がある（明星電気事件・前橋地判昭38・11・14労民集14巻6号1419頁）。この場合は，原材料が価格高騰により入手しえないための休業を使用者側に起因する事態とみること（→第9章5-2）と同様に考えることができよう。

> illustration 10　A社の工場で製造業務に従事する従業員を組織するB組合がストライキを行ったため，製品を運搬する従業員C（非B組合員）の仕事がなくなり，A社はCに休業を命じた。裁判例によれば，Cは，A社に対し原則として賃金の支払は請求できないが，休業手当の支払を請求できる。

● 6 ● 使用者の争議対抗行為

6-1 操業の自由

　労働組合が争議行為を行った場合でも，使用者はその事業活動を継続することができなくなるわけではない。すなわち，管理職や争議不参加の労働者などによって操業を継続することは，それだけで不当労働行為などの違法評価を受けるわけではなく，また，一定の法的保護を受けうる。たとえば，使用者がストライキに対抗して操業を継続した場合，これに対するピケッティングが正当性をもたないときに，業務妨害罪に該当したり，不法行為と評価されることがある（山陽電気軌道事件・最二小判昭53・11・15刑集32巻8号1855頁）。

6-2 ロックアウト
(1) ロックアウトの意義
　ロックアウトとは，使用者側による労働争議の解決手段としての労務受領の拒否ないし事業場閉鎖をいう。こうしたロックアウトについて主に問題となるのは，賃金支払義務の存否であり，具体的には，所定労働時間の一部のみを対象とする時限ストにおいて，スト実施時間以外の労務の受領を拒否した場合，スト不参加組合員の労務の受領を拒否した場合，スト解除後のスト参加組合員の労務の受領を拒否した場合などに問題が生じる（単純なストライキにおける労務不提供時間については，もともと賃金請求権が生じないのが原則である）。

(2) ロックアウト権の有無
　ロックアウトについては，これを使用者による争議権として認めるかという問題がある。すなわち，(a)労働者による労務の受領を拒否したことにつき使用者に帰責事由がなければ，賃金請求権は発生しないので，あえてロックアウト権という特別な権利を認める必要はないとの見解もあるが，他方で，(b)ロックアウト権を肯定し，正当性が認められる場合には，使用者は帰責事由の有無にかかわらず賃金支払義務を免れるという見解がある。
　最高裁は，労働者の争議権は究極的には衡平の原則に基づくものであるとしたうえ，労使の勢力の均衡が逆転し，使用者が著しく不利な圧力を受けるような場合には，衡平の原則に照らして，勢力の均衡を回復するための対抗防衛手段として相当性を認められる限度で，使用者側の争議行為も正当として是認されると判示しており（丸島水門事件・最三小判昭50・4・25民集29巻4号481頁），

基本的に(b)説を採用している。
　(3)　ロックアウトの正当性
　上記最高裁判例からすれば，ロックアウトの正当性の要件は，①労使の勢力の均衡が逆転し，使用者が著しく不利な圧力を受けていること（防御的性格），②使用者が自らの損害の拡大を阻止するために相当な範囲で行ったものであること（対抗手段としての相当性），と整理できる。以上の判断は，労使間の交渉経過，組合の争議行為の態様，それにより使用者が受ける損害などの諸事情を考慮して行われる（前掲・丸島水門事件）。
　上記①の観点からは，組合の争議行為に先行して行う先制的ロックアウトは正当性を認められず，また，②の観点からは，自己の要求を実現する手段としての攻撃的ロックアウトも正当性を認められない。正当性が認められた事例としては，怠業（賃金請求権が失われないもの）やピケッティングにより事業遂行が困難になり，会社に経営危機をもたらした事例（前掲・丸島水門事件）や，組合がスト解除後の業務を無意味にする時限ストを繰り返して会社を事実上の休業状態にさせ，資金繰りを著しく悪化させた事例（安威川生コンクリート事件・最三小判平 18・4・18 民集 60 巻 4 号 1548 頁）などがある。

> (illustration 11)　A社は経営が悪化したことから賃金切下げにつきB組合と交渉を行ったが，組合は反対の姿勢を崩さなかったので，A社はB組合に譲歩を求め，これに応じるまで組合員の就労する工場を閉鎖した。このロックアウトは正当性をもたず，同社は賃金支払義務を免れない。

CASES

【事例1】

　A社の従業員で組織されるB労働組合は，団交が行き詰ったためストライキを実施したものの，解決の見込みがつかないため，組合員であるCは，執行委員会の決定に基づき，A社の取引先に赴いて，ストライキの解決まで取引を中止してほしい旨の要請を行った。その際にCは，A社は数々の違法行為を行っており，同社と取引すると社会的評価を失う旨を述べたが，A社は特に違法行為を行っておらず，Cがそのように信ずべき理由も特に存在しなかった。A社はCに対し，同社の信用を毀損したとして，就業規則上の規定に基づき懲戒処分をなしうるか。

解説 本事例では，まず，組合員CがA社の取引先に取引中止を要請したことが正当な争議行為または組合活動と評価されるかが問題となる。この要請行動はピケッティングないしボイコットの一種であり，ストライキの付随手段として行われているので，争議行為には該当するが，内容が誹謗中傷を含んでおり，Cがそれを真実と信ずるに相当な理由がなければ，正当性はないと考えられる。また，C個人に対する懲戒責任を問いうるかが問題となるが，判例や学説の多数は個人責任の可能性を肯定しており，また，争議中であっても就業規則中の懲戒規定は適用を排除されないと考えられるので，懲戒処分は可能であろう。

【事例2】
　卸売業を営むA社の従業員で組織されるB労働組合は，賃上げ交渉に入るに先立ち，組合員の士気を向上させるため，組合バッジを着けて就労するように組合員に命じた。バッジに気づいた顧客はほとんどいなかったが，同社は服装規定違反を理由に，着用した組合員に対し減給処分を行った。A社には他にC組合があるが，同社は経営方針に協力的なC組合に好意的であり，管理職がB組合員に対し，B組合からの脱退とC組合への加入を働きかける事例が多く見られた。上記減給処分は適法か。

解説 本事例でのB組合員のバッジ着用行動は，争議行為とは評価されないと考えられ（大成観光事件・最三小判昭57・4・13民集36巻4号659頁参照），組合活動としての正当性が問題になる。その場合，職務専念義務違反や服装規定違反が問題になり，最近の裁判例は厳しい態度を示しているが，バッジの形状等によりこれらの違反が肯定され，労組法7条1号違反が成立しなかったとしても，減給処分が組合弱体化意図に基づいてなされたものと認められる場合には，同法7条3号の支配介入が成立し，処分が違法と評価される可能性がある（前掲・JR東日本事件参照）。

第 23 章　不当労働行為(1)
── 総論・不利益取扱い ──

● 1 ● 総　論

1-1　不当労働行為制度の意義・制度目的
(1)　不当労働行為制度の意義

　日本の労使関係法は，労働者が労働組合を結成する権利，労働組合を通じて使用者と集団的に労働条件等についての交渉を行う（団体交渉を行う）権利，団体交渉における交渉上の武器等としてストライキその他の団体行動を行う権利を認め（憲法 28 条），これらの行為で正当なものについては，刑事上・民事上の責任を免除している（労組法 1 条 2 項，8 条→第 19 章 1-3(2)）。

　しかしながら，日本の労使関係法は，上記のように労働者の団結する権利等を承認するだけにとどまらず，労働者の団結する権利等の実現に向けたより積極的な助成を行っている。この積極的な助成の代表例が「不当労働行為制度」である。すなわち，労組法 7 条は，「使用者は，次の各号に掲げる行為をしてはならない。」と定めて，使用者による，労働者が労働組合の組合員であること等を理由とする不利益取扱い，正当な理由のない団体交渉拒否，組合の結成ないし運営に対する支配介入等を「不当労働行為」として禁止するとともに，同法 27 条以下において，労使関係についての専門的な行政委員会である労働委員会による，不当労働行為の審査・救済制度を定めている。

　言い換えれば，日本の労使関係法の下では，労働者の団結権等の権利が保障されているのみならず，これに加えて，労働者の団結権等の権利の実現の妨げとなると考えられているため，使用者が「してはならない」ことが定められており，かつ，使用者がこのような行為を行った場合に，これを是正するための制度として，法的紛争についての一般的な救済機関である裁判所に加えて，専門の機関である労働委員会による救済制度が準備されているのである。

　不当労働行為制度は，このように，労働者の団結権等の権利の実現に向けて，

積極的に法が助成する制度である。

(2) **不当労働行為制度の目的**

この不当労働行為制度の目的については，3つの見解の対立がある。第1の見解は，不当労働行為制度は，憲法28条の団結権等の保障を具体的に実現することを目的とする制度であるというものである。第2の見解は，団結権等の保障を前提に，公正な労使関係秩序を実現するための制度であるというものである（団結権等の保障を前提としている点で，この見解は第1の見解に近い見解である）。第3の見解は，不当労働行為制度は，憲法28条に基礎を置きつつ，労組法が円滑な団体交渉の実現のために特別に政策的に設けた制度であるというものである。

不当労働行為の救済方法としては，行政委員会の一種である労働委員会を通じてなされる救済（これを不当労働行為の「行政救済」という）と，直接，裁判所によりなされる救済（これを不当労働行為の「司法救済」という）とがあるところ，上記各見解の対立は，不当労働行為の禁止を定める労組法7条が司法救済の根拠となるか否かの点，および，不当労働行為の成否についての判断方法の点で，特に違いを生じうる。

第1の見解によれば，労組法7条は，労働委員会による行政救済の根拠規定であるとともに，裁判所による司法救済を根拠づける規定でもあることになる（第2の見解でも，これと同じ結論を取るものが多い）。また，裁判所での救済を根拠づける規範である以上，基本的には，不当労働行為の成否については，労使間の権利・義務についての解釈に基づいて判断がなされるべきこととなる（ただし，この点については次の段落をも参照のこと）。

これに対して，第3の見解では，労組法7条は，労働委員会を通じた行政救済のための特別の根拠規定であることになり，司法救済の根拠規定とは認められないこととなる（この見解では，司法救済については，労組法7条に違反する使用者の行為が，公序（民法90条）に違反するか否か，あるいは，民法709条に定める不法行為に該当するか否か，という形で，民法90条ないし709条を根拠とするものであるとされる）。また，不当労働行為の成否についても，労使関係についての専門的行政機関である労働委員会による救済の根拠規定であることを前提として，個々の労使関係の特質を踏まえたより柔軟な解釈に基づいて判断がなされることとなる。このような判断方法を「労使関係的判断」という（なお，第1の見解に立ちつつ，不当労働行為の成否については，この労使関係的判断によるべきであるとする見解もある）。

判例は，不当労働行為制度の目的について，「不当労働行為禁止の規定は，憲法28条に由来し，労働者の団結権・団体行動権を保障するための規定である」（医療法人新光会事件・最三小判昭43・4・9民集22巻4号845頁）と判示しており，また，不当労働行為の司法救済の根拠を，法律行為の無効を導く局面では，労組法7条に直接求める（例えば前掲・医療法人新光会事件は，同条1号に違反する解雇は当然に無効であると判断している）とともに，不当労働行為救済制度を「正常な集団的労使関係秩序の迅速な回復，確保」のための制度であると判示しており（第二鳩タクシー事件・最大判昭52・2・23民集31巻1号93頁），第1・第2の見解を総合したような立場を取っている。

1-2　不当労働行為の救済システム概観

労組法は，使用者による不当労働行為についての救済システムとして，行政委員会の一種である労働委員会を通じた救済制度を設けている。

不当労働行為の救済手続（→第25章2-3）は，労働組合または労働者により，各都道府県に1つずつ存在する都道府県労働委員会（具体的には，各都道府県の名前を取って，例えば東京都であれば，東京都労働委員会，と呼ばれる）に救済申立てがなされることで開始する。申立てがなされた都道府県労働委員会は，調査・審問を行い，公益委員による合議を経て命令を発する。救済申立てに理由があると判断した場合，救済命令を，救済申立てに理由がないと判断した場合には，棄却命令を発する。なお，労働委員会は，審査手続の間，いつでも当事者に和解を勧告することができる（労組法27条の14。不当労働行為審査事件の多くは，実際，和解により終了している）。

都道府県労働委員会の命令に対して不服がある当事者は，下記のとおり行政訴訟を提起する他，中央労働委員会に対して，再審査を申立てることができる。中央労働委員会でも，都道府県労働委員会におけるのと同様に，調査・審問が行われ，公益委員の合議を経て，命令が下される。

都道府県労働委員会または中央労働委員会の命令に不服がある当事者は，その取消しを求めて訴訟（行政訴訟）を提起することができる。

この労働委員会を通じた救済とは別に，一定の限度で，不当労働行為について直接裁判所に救済を求めることも可能である（→本章2-1(2)，第21章4-3，第24章2-1(2)）。

以上の都道府県労働委員会，中央労働委員会，裁判所の手続の流れを図示すると，下記のようになる。

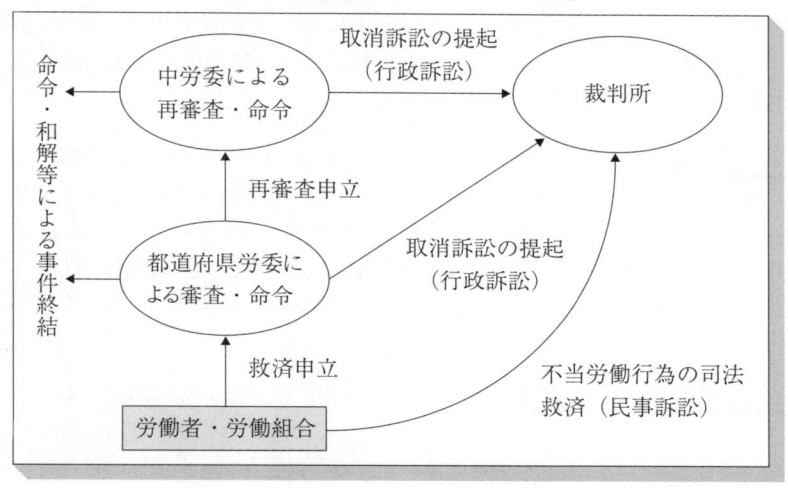

【不当労働行為救済システムの概要】

```
                    取消訴訟の提起
命        ┌─────────┐ （行政訴訟）    ┌─────┐
令  ←──  │中労委による│ ──────────→  │裁判所│
・        │再審査・命令│               └─────┘
和        └─────────┘                    ↑
解            ↑                           │
等            │ 再審査申立                │
に            │                           │
よ        ┌─────────┐  取消訴訟の提起    │
る  ←──  │都道府県労委に│ （行政訴訟）   │
事        │よる審査・命令│ ──────────→  │
件        └─────────┘                    │
終            ↑                           │
結            │ 救済申立    不当労働行為の司法
              │             救済（民事訴訟）
        ┌──────────┐
        │労働者・労働組合│
        └──────────┘
```

1-3　不当労働行為における使用者

(1)　総　論

　労組法7条は，「使用者」を名宛人として，一定の行為をしてはならないと規定している。この不当労働行為が禁止される「使用者」とは，いかなる主体を指すのであろうか。これが，「不当労働行為における使用者」の問題である。

　この点，労働契約の一方当事者である雇用主が，労組法7条にいう「使用者」に含まれることについては争いがない。しかしながら，判例・学説ともに，同条にいう「使用者」は労働契約の一方当事者としての雇用主には限定されず，一定の場合については，労働者と労働契約関係にない事業主についても，同条にいう「使用者」に該当し，当該労働者および当該労働者を組織する労働組合との関係で不当労働行為を禁止されるとしている。すなわち，「不当労働行為における使用者」は，原則として労働契約の一方当事者である雇用主を意味する（朝日放送事件・最三小判平7・2・28民集49巻2号559頁参照）が，一定の場合には，労働者と労働契約関係にない事業主も「使用者」に該当しうるのである。

(2)　「使用者」概念の拡張

　このように，不当労働行為との関係で，「使用者」概念が拡張される場合としては，以下の3つの場合がある。

第1に，現在の時点では労働者と労働契約関係にないが，労働契約に隣接する関係にある事業主，すなわち，近い過去において労働者と労働契約関係にあった事業主または近い将来において労働者と労働契約関係に入る事業主が，「使用者」として取り扱われることがある。

> **illustration 1** （近い過去において労働契約関係にあった場合の例）
> 　労働者AはこれまでB社に雇用されていたが，あるとき，解雇されてしまった。Aは，この解雇が不当だと考え，ほどなくしてC労働組合に加入し，C組合がAの解雇撤回を議題としてB社に団体交渉を申し込んだ。B社はAおよびその加入するC組合との関係で「使用者」に該当し，団体交渉を正当な理由なく拒否する場合，労組法7条2号違反となる。

> **illustration 2** （近い将来において労働契約関係に入る場合の例）
> 　A会社が，近くB会社を吸収合併することになり，A社がB社の労働者を引き継ぐこととなった。B社の労働者を組織する労働組合は，合併後の組合員の労働条件がどうなるのかについてA社に団体交渉を申し込んだ。A社はB社の労働者およびこれを組織する組合との関係で「使用者」に該当し，団体交渉を正当な理由なく拒否する場合，労組法7条2号違反となる。

　第2に，労働者と労働契約関係にはないが，それに近似する関係に立つ事業主が，「使用者」として取扱われることがある。これに該当しうる場合の例としては，①子会社の労働者および当該労働者を組織する労働組合に対する，親

【使用者に近似する場合の例】

①親子会社の類型
- 親会社
- 〈資本関係〉
- 子会社（雇用主）
- 〈労働契約関係〉
- 労働者　労働組合
- 資本関係等を通じた支配・決定
- 「使用者」としての不当労働行為責任の追及

②他企業労働力利用の類型
- 〈業務処理請負・労働者派遣関係〉
- 請負会社・派遣元（雇用主）
- 発注会社・派遣先
- 〈労働契約関係〉
- 労働者　労働組合
- 労働力利用を通じた支配・決定
- 「使用者」としての不当労働行為責任の追及

会社，②業務処理請負ないし労働者派遣の枠組みの下で，労働力を提供する企業に雇用されている労働者及び当該労働者を組織する労働組合に対する，労働力を受け入れている企業，が挙げられる。

判例は，これらの場合について，「一般に使用者とは労働契約上の雇用主をいうものである」としつつ，「雇用主以外の事業主であっても，雇用主から労働者の派遣を受けて自己の業務に従事させ，その労働者の基本的な労働条件等について，雇用主と部分的とはいえ同視できる程度に現実的かつ具体的に支配，決定することができる地位にある場合には，その限りにおいて，右事業主は同条〔労組法7条〕の『使用者』に当たるものと解するのが相当である」と判示しており（朝日放送事件・最三小判平7・2・28民集49巻2号559頁），労働者の基本的な労働条件等について，その部分についてみれば当該労働者の本来の雇用主と同視できるほどに現実的かつ具体的に支配，決定している場合，当該労働条件等に関する限り，本来の雇用主と同じく，「使用者」として取り扱われることを明らかにしている（朝日放送事件は上記②の場合について判断枠組みを示した判例であるが，①の場合も含めて，一般に，同事件が示した判断枠組みが適用されている。大阪証券取引所事件・東京地判平16・5・17労判876号5頁参照）。

> **illustration 3** （労働契約関係に近似する関係の例）
> A会社とB会社間の業務委託契約の下，A社作業場内での業務を請け負ったB社は，自己の雇用する労働者Cを，当該A社作業場での作業に従事させていた。Cの勤務時間の割振りをB社管理職ではなくA社管理職が決定している場合，A社は，当該事項に関する不当労働行為（例えば団体交渉拒否など）との関係でCの「使用者」に該当する。

第3に，ある法人が事業を廃止して解散する場合において，真実その事業を廃止する（このような場合を「真実解散」と呼ぶ）のではなく，労働組合との関係を断ち切る等の目的で一旦形式的に事業を廃止して解散するにすぎず，実際には，実質的に同一の事業が別法人により継続されている場合（このような場合の解散を「偽装解散」と呼ぶ），この別法人はもとの法人の労働者および当該労働者を組織する労働組合との関係で，「使用者」としての地位を引き継ぐことになる。

● 2 ● 不利益取扱い

2-1　総　説
(1)　趣　旨

　労組法7条1号は，使用者がしてはならない行為として，「労働者が労働組合の組合員であること，労働組合に加入し，若しくはこれを結成しようとしたこと若しくは労働組合の正当な行為をしたことの故をもって，その労働者を解雇し，その他これに対して不利益な取扱いをすること」を掲げており，労働組合の組合員であることまたは労働組合に関する活動をしたことを理由とする不利益取扱いを禁止している。

　労組法7条1号はまた，使用者が，「労働者が労働組合に加入せず，若しくは労働組合から脱退することを雇用条件とすること」を禁止している。これは「黄犬契約」（yellow-dog contractの訳）と呼ばれるもので，歴史的に労働組合運動を抑圧するための手段としてしばしば用いられたという経緯を踏まえ，特に明文で禁止されている。労働組合に加入して活動することで得られうる労働関係上の利益を得る可能性を閉ざしてしまうという点では，広い意味で不利益取扱いの一類型として捉えることが可能であるが，この契約に違反した場合についての不利益措置を定めていなくとも労組法7条1号違反が成立するとされており（リーダー機械事件・東京地判昭41・8・30労民集17巻4号1004頁参照），独自の不当労働行為類型としての性質を有している。

　なお，不利益取扱いの禁止としては労組法7条1号のほか，4号において，労働者が使用者に不当労働行為があったとして労働委員会に救済申立をする等の行為を行ったことを理由とする不利益取扱いが禁止されている。これは労働者の権利行使に対する報復的不利益取扱いを禁止するものである。

(2)　労組法7条1号違反の私法的効果（司法救済）

　労組法7条1号違反がどのような場合に成立するかについては次に論じるが，その前に，同条1号違反の私法的効果（司法救済）について触れておく。

　既に述べたとおり（→第23章1-1(2)），判例（前掲・医療法人新光会事件）によれば，不当労働行為について，労組法7条1号に違反する解雇等の法律行為は無効とされる。また，同条1号違反の不利益取扱いは権利または法律上保護される利益を侵害する（違法性を帯びる）ものであり（なぜ違法性を帯びるかについては，同条1号違反が直ちに違法性を基礎づけるとする説，同条1号違反の行

為は公序に違反するため違法性を帯びるとする説など、考え方が分かれている）、故意または過失など、他の要件も備わっている場合には、不法行為（民法709条）となるので、損害賠償請求の対象となる（バス会社において特定の組合の組合員であることを理由に新車を割り当てられなかったことが労組法7条1号（及び3号）に違反する不当労働行為であり、民法709条に基づき不法行為責任を負うと判断した裁判例として、サンデン交通事件・広島高判平6・3・29労判669号74頁参照。同事件上告審・最三小判平9・6・10労判718号15頁は、この判断を維持している）。このように、7条1号違反の行為は、私法上、法律行為であれば無効となり、また、法律行為・事実行為双方を通じて、不法行為に基づく損害賠償責任を生じさせうる。

　司法救済としては更に、不利益取扱い行為について、憲法28条や労組法7条1号に基づき、妨害排除・予防請求権が認められるか否かが問題となる。裁判例は、肯定説に立つもの（大日通運事件・神戸地判昭51・4・7労判255号73頁）と否定説に立つもの（住友重機・富田機器事件・津地四日市支決昭48・1・24労経速807号3頁）とに分かれるが、近年では否定説が有力である。学説も、肯定説・否定説に分かれている。

　なお、労働委員会による救済（行政救済）と裁判所による救済（司法救済）には様々な点で違いが存する。例えば、労組法7条1号違反の解雇については、私法上、就労請求権は原則として認められていないため（→第6章2-3）、裁判所は原職復帰を強制できず（労働委員会の救済命令では、原職復帰を命じることも裁量権限の範囲内とされうる）、救済としては、労働契約上の地位の確認と賃金支払を命じることにとどまる。また、解雇期間中他で就労しており中間収入がある場合、労働委員会における行政救済においては、未払い賃金から中間収入を控除しない救済命令も裁量権限の範囲内とされることがあるが（→第25章2-3(3)②(ii)）、裁判所による救済では、控除が行われる（控除の具体的方法については、→第9章5-3）。

2-2　労組法7条1号違反の成立要件

　使用者の行為が労組法7条1号違反となるのは、(1)労働組合の組合員であること、労働組合に加入またはこれを結成しようとすること、労働組合の正当な行為を行うこと、を対象として、(2)これらの行為を理由として（「故をもって」）、(3)不利益な取扱い、を行う場合である。以下、これら3つの要件について、順に論じる。

● 2 ●　不利益取扱い　　　307

(1) 不利益取扱いが禁止される事由
① 労働組合への所属・加入および結成
　労組法7条1号違反が認められるための第1の要件に関して、本号にいう「労働組合」は、労組法2条が定義する「労働組合」を指す。労働者の一時的な団結体である争議団も本号にいう「労働組合」に含まれる（それゆえ、争議団の一員であることを理由とする不利益取扱いも本号の保護の対象となる）か否かの点について、学説は、肯定説・否定説に分かれる。もっとも、肯定説によれば争議団の一員としての活動はもちろん本号の保護の対象となるが、否定説においても、争議団の一員としての活動は多くの場合、労働組合を結成しようとする活動として本号による保護の対象となるとされており、この点では、両説にほとんど違いはない。
　「労働組合の組合員であること」については、特定の組合の組合員であること（典型的には、複数組合併存下における少数組合の組合員であること）も含まれる（日本メール・オーダー事件・最三小判昭59・5・29民集38巻7号802頁参照。この場合、「組合間差別」として不利益取扱いが問題となることが多い）。また、例えば、組合の役員など、特定の立場の組合員であることも、労働組合の「組合員であること」に含まれる。同様に、組合内において意見を異にする一集団（典型的には、組合執行部批判派）に所属することも、「組合員であること」に含まれる（なお、組合執行部批判派による活動が「組合の行為」といえるか否かについては、②参照）。
　労組法7条1号違反は、労働組合に加入しようとすること、または、労働組合を結成しようとすることを理由とする不利益取扱いについても成立する。労働組合を通じた労働者の活動を保護するためには、組合が既に結成された後の保護だけではなく、組合結成のための、いわば準備行為についても保護の必要があるためである。
② 労働組合の正当な行為
　労組法7条1号違反は、更に、労働組合の正当な行為を行うことを理由とする不利益取扱いについても成立する。この点については、まず、組合員の行う行為が、保護の対象となる「組合の行為」か、あるいは、保護の対象とはならない個人的な行為にすぎないかが問題となる。労働組合の機関（組合大会など）の決定に基づく行為、組合の機関による明示または黙示の授権に基づく行為が「組合の行為」に含まれることはもちろんであるが、裁判例は、より広く、組合の機関による決定または授権に基づくものでないとしても、「労働者の生活

利益を守るための労働条件の維持改善その他の経済的地位の向上を目指して行うものであり，かつ，それが所属組合の自主的，民主的運営を志向する意思表明行為であると評価することができる」場合には，組合の行為に該当するとの立場を取っている（千代田化工建設事件・東京高判平 7・6・22 労判 688 号 15 頁。同事件上告審・最二小判平 8・1・26 労判 688 号 14 頁はこの判断を是認している）。学説上も，多数説は，裁判例と同様に，比較的広く組合の行為に含める考え方に立っている。活動内容についても，団体交渉に関する活動のみならず，組合が付随的に行いうる社会運動，政治運動を含めて，労働組合の活動の範囲内にあると考えられるものについては「組合の行為」となりうる。

具体的に組合の行為に該当するか否かがしばしば問題となるのは，組合内部少数派による活動，特に，執行部批判活動（下記 illustration 4 参照）であるが，裁判例はこのような活動についても「組合の行為」に該当することを認めている（北辰電機製作所事件・東京地判昭 56・10・22 労民集 32 巻 5 号 674 頁，前掲・千代田化工建設事件）。

> illustration 4　A 会社の従業員で組織されている B 労働組合内部では，会社と協調的な関係を築こうとする一派（P 派）が多数派として組合執行部を構成しているが，労使の利害対立を踏まえ会社と一定の距離を置いた関係を保とうとする少数派の一派（Q 派）も存在する。Q 派の組合員が執行部の方針を批判するビラを組合員に配布して方針の見直しを訴えることも，「組合の行為」に該当する。

また，「組合の行為」について不利益取扱いからの保護がなされるためには，それが「正当な」ものであることが必要である。この正当性の判断は，基本的に団体行動の正当性（組合活動の正当性・争議行為の正当性）に沿って判断される（→第 22 章 3-2）。ただし，労組法 7 条 1 号に違反するか否かの問題は不当労働行為の成否の問題であり，不当労働行為制度が将来に向かって労使関係を適切なものとすることを狙いとする（単に過去の行為について正当かどうかを吟味するのではない）点を踏まえて判断する必要があることが，学説上主張されている。

(2) 不当労働行為意思

労組法 7 条 1 号違反が認められるためには，第 2 の要件として，組合の正当な行為等の「故をもって」不利益な取扱いがなされることが必要であると一般に解されている（少数説として，組合の正当な行為等と次に述べる不利益取扱いと

の間に「因果関係」があればよいとする見解もある）。この要件は一般的に「不当労働行為意思」と呼ばれる。使用者が，労働者の正当な組合活動等の事実を認識し，その事実を理由に不利益な取扱いをしようと考え，それを実行に移したと評価できる場合に，使用者に，労組法7条1号についての不当労働行為意思があるとされる。この評価は日常における使用者の組合に対する態度，当該不利益取扱いを取り巻く状況等の事実に照らして総合的に考慮して行われる。

① 理由の競合

この要件については，不利益取扱いに関して，一方で，正当な組合活動等の事実を理由としていると考えられるとともに，他方で，当該不利益取扱いを行う正当な理由（業務上の必要性など）も存在している場合に，不当労働行為意思が認められるか否かが特に問題となる。このような場合は，「理由の競合」（または「動機の競合」）と呼ばれる。

> illustration 5　A会社が，4月の定期人事異動において，青森支店で人員が不足しているため，東京支店から適任と思われる労働者Bを青森支店に配転したが，会社が，同時に，Bが組合の役員であり日頃活発に組合活動を行っているため，同人を疎ましく思っていたという事情が認められる場合，「理由の競合」が生じていることになる。

理由の競合の場合においても，基本的には，労働者の正当な組合活動等の事実を認識し，その事実を理由に不利益な取り扱いをしようと考え，それを実行に移したと評価できるか否かを検討して，労組法7条1号違反の成否を判断することになる。具体的には，既に述べた日常における使用者の組合に対する態度のほか，問題となっている不利益取扱いに関して，使用者が通常いかなるルールに基づいてそのような取扱いを行っているか（上記の illustration 5 でいえば，通常いかなるルールに基づいて配転を行っているか，問題となっている取扱いが当該通常のルールと異なるものか否か）に照らして，判断が行われる。

② 第三者による強要

第2の要件に関しては，更に，使用者による不利益取扱いが第三者により強要されたものである場合に，「故をもって」なされたものといえるか否かが問題となる。

> illustration 6　A会社は，大口の取引先であるB会社に経営を依存する状況にあった。B社の社長が，A社との取引を継続する条件として，組合の役員で日頃活発に活動を行っている労働者Cを排除するよう迫ったため，A社として

はCを解雇したいとは考えていなかったが取引継続のためCを解雇した。

この場合，使用者自身は労働者の組合活動等を理由として不利益取扱いを行っているのではなく，経営上の必要性（取引継続の確保）を理由としてそのような行動にでたにすぎないと考えられなくもない。しかし，判例（山恵木材事件・最三小判昭46・6・15民集25巻4号516頁）は，このような第三者による強要の場合においても，第三者に労働者の正当な組合活動等を理由として不利益な取扱いを求める意図があり，使用者がそのような第三者の意図を知りつつその求めに応じたことにより，第三者のそのような意図は使用者の意思に直結することになるとして，使用者に不当労働行為意思が認められると判断している（学説もこれと同じ見解をとっている）。

(3) 不利益性

労組法7条1号違反の第3の要件は，使用者による取扱いが「不利益な」ものであることである。これには，様々な労働関係上の取扱いが該当しうる。

労組法7条1号で例示されている解雇をはじめ，退職強要，期間雇用労働者の更新拒絶（雇止め）など，雇用契約関係を終了させる取扱いは，不利益な取扱いに該当する。雇用終了の対極である雇用開始の場面において，労働契約を締結しないこと，すなわち採用拒否については，学説上は同条1号にいう不利益取扱いに該当するとの考え方が支配的である。これは，労組法が失業中の者も「労働者」に含めて保護の対象としていること，労組法は，企業内組合のみならず，地域別組合・産業別組合など，企業横断的な組合をも含めて，特別の助成を行う「労働組合」の対象としており，特定の企業に雇用される以前から企業横断的な組合に加入して組合活動を行っている者につき，企業がそのことのゆえに採用を拒否することは，それら組合の活動に深刻な打撃を与えるものであること等を理由としている。

しかしながら，判例（JR北海道・日本貨物鉄道事件・最一小判平15・12・22民集57巻11号2335頁）は，採用拒否について，「それが従前の雇用契約関係における不利益な取扱いにほかならないとして不当労働行為の成立を肯定することができる場合に当たるなどの特段の事情がない限り，労働組合法7条1号本文にいう不利益な取扱いに当たらない」と判示し，原則として採用拒否は労組法7条1号にいう不利益取扱いに含まれないとの立場を取っている。判例の下において採用拒否が同条1号にいう不利益取扱いとなるのは，事業譲渡の際の譲受会社による採用拒否などの場面に限定されると考えられる。

労働関係の開始・終了のほか，賃金面での差別（査定差別など），降格，種々の懲戒処分，昇進・昇格をさせないことなど，労働契約が展開している過程におけるさまざまな取扱いが不利益取扱いに該当する。配転・出向も，諸般の事情に照らして労働者に不利なものと判断される場合には不利益取扱いに該当しうる。組合活動上の不利益取扱いもこれに含まれるため，俗に「栄転」と呼ばれる，出世につながる配転であっても，組合活動を活発に行っていた労働者がそれによって組合活動を行うことが困難になる場合には，やはり不利益取扱いに該当する。特定の組合の組合員に対してのみ残業をさせない取扱いも，残業代が得られないという経済的不利益をもたらすものとして，不利益取扱いに該当するとされることがある（→ **CASES**［事例３］）。その他，いやがらせなどの精神的不利益取扱いも，不利益取扱いに該当しうる。

CASES

【事例１】

　Ａ会社とＢ会社間の業務委託契約の下，Ａ社作業場内での業務を請け負ったＢ社は，自己の雇用する労働者Ｃを，当該Ａ社の作業場での作業に従事させていた。Ｃを組織する労働組合Ｄが，Ａ社作業場での勤務時間割振り，空調などの作業環境の整備について，Ａ社に対して団体交渉を要求した。Ａ社がこれを拒否した場合，不当労働行為に該当するか。

解説　本件事例では，Ａ社とＣとの間には労働契約関係は存在しない（Ｃの雇用主はＢ社である）。したがって，Ａ社が，雇用主ではないにもかかわらず，Ｃ（およびＣを組織する労働組合Ｄ）との関係で，労組法７条にいう「使用者」に該当するか否かが問題となる。既に述べたとおり，判例（前掲・朝日放送事件）は，「労働者の基本的な労働条件等について，雇用主と部分的とはいえ同視できる程度に現実的かつ具体的に支配，決定することができる地位にある場合には，その限りにおいて，右事業主は同条の『使用者』に当たる」と判示している（→本章１-３(2)）。本件事例では，勤務時間割振り，空調などの作業環境の整備について，Ａ社が支配・決定している事実があれば，これらの事項について，Ａ社はＣ及びＤ組合との関係で「使用者」に該当することになる（本件のモデルである前掲・朝日放送事件は，このような事実があったと判断した事例である）。それゆえ，このような事実がある場合には，Ａの団体交渉拒否は，正当な理由がない限り，不当労働行為に該当する。

なお，上記判例が述べるとおり，「使用者」性は，現実的かつ具体的に支配，決定することができる限りにおいてのものである。したがって，A社が支配，決定していない他の事項については，A社はC及びD組合との関係では「使用者」に該当しない（前掲・朝日放送事件のその後の別事件である朝日放送事件・東京地判平20・1・28労判964号59頁参照）。

【事例2】
　A会社は事業をB会社に譲渡して清算することとした。その際，A会社に雇用されていた従業員については，A社が解雇し，B社が新規に採用することとされた。Bは採用に際しA社の元従業員で採用を希望する者は原則全員採用したが，労働組合の組合員であった労働者Cのみはそのことの故に採用しなかった。B社の採用拒否は，労組法7条1号違反にあたるか。

解説　本件事例では，労組法7条1号の成立要件について，B社は，労働者Cが(1)労働組合の組合員であることを認識しており，また，(2)不当労働行為意思も認められる。問題となるのは，(3)採用拒否が「不利益取扱い」に該当するか否かの点である。既に述べたとおり，学説の反対は強いが，判例は，原則として採用拒否は労組法7条1号にいう「不利益取扱い」に該当しないとの立場を取っている（前掲・JR北海道・日本貨物鉄道事件）。しかし，判例の下においても，「従前の雇用契約関係における不利益な取扱いにほかならない」特段の事情がある場合には，なお，不利益取扱いに該当する。本件事例では，他のA社元従業員の雇用が実質的に承継されており，B社によるCの採用拒否は，従前の雇用の終了をもたらすものとして，判例のいう特段の事情がある場合に該当すると考えられる（本件事例類似の事案において不利益取扱いに該当することを認め，労組法7条1号違反を認めた裁判例として，青山会事件・東京高判平14・2・27労判824号17頁参照）。

【事例3】
　A会社には，B労働組合とC労働組合が併存しているところ，会社はB組合の組合員には残業を命じているが，労働条件をめぐり対立しているC組合の組合員には残業を一切命じていない。この会社の取扱いについて，C組合の組合員は，裁判所にどのような救済を求めることができるか。

解説　本件事例は，労組法7条1号違反の不利益取扱いに関する司法救済の問題である。本件で問題となっている不利益取扱いは残業差別と呼ばれるものである。既に述べたとおり，残業させないことも経済的不利益をもたらすものとして

不利益取扱いに該当しうる。

　この不利益取扱いについての司法救済としては，当該不利益取扱いが不法行為を構成するとして損害賠償を請求することが可能である（妨害排除請求等は否定する裁判例が多い）。この場合，もちろん，不法行為の成立要件に即して判断がなされることになる。

　この点，労組法7条1号違反の行為については，法的構成については考え方が分かれるものの，権利または法律上保護される利益を侵害するものとして，違法性が認められる。また，問題となっている不利益取扱い（本件事例では，残業を命じないこと）については，通常，使用者に故意が認められると考えられる。そして，本件では，残業が命じられて服していたならば得られたであろう残業代相当額が損害に該当すると考えられ，本件のC組合の組合員は，これについて損害賠償を求めることができると考えられる。

第24章　不当労働行為(2)
──団交拒否・支配介入・併存組合と不当労働行為──

● 1 ● 団交拒否

　労組法7条2号は,「使用者が雇用する労働者の代表者と団体交渉をすることを正当な理由がなくて拒むこと」を不当労働行為として禁止している(「使用者」については→第23章1-3,「(雇用する)労働者」については→第19章3-1)。正当な理由のない団体交渉拒否は,団体交渉を通じた労働条件決定をまさに阻害するものであるため,不当労働行為とされているのである。この不当労働行為が成立するのは,団体交渉義務に違反した場合(そもそも正当な理由なく団体交渉に応じない,団体交渉そのものには応じるが誠実に交渉しない等の場合)である。その内容および救済方法(労働委員会による救済・裁判所による救済)については,既に第21章で論じた(→第21章3,4)。

● 2 ● 支配介入

2-1　総　説
(1)　趣　旨
　労組法7条3号は,「労働者が労働組合を結成し,若しくは運営することを支配し,若しくはこれに介入すること,又は労働組合の運営のための経費の支払につき経理上の援助を与えること」を不当労働行為として禁止する。同号で禁止されている不当労働行為は,「支配介入」(日本では支配と介入をまとめて,「支配介入」と一言で呼ばれることが一般的である)および「経費援助」と呼ばれる。経費援助は,支配介入の一態様である(→本章2-6)。
　労組法上,労働組合は労働条件の維持改善等のため自主的に組織される団体を指すところ(→第19章3-3(2)),使用者による支配介入が行われると,自主性が損なわれ,あるいは,組織が弱体化して,使用者に対して労働者の利益を

315

適切に代表して団体交渉等の活動を行いえなくなる。これを防止するため，使用者による支配介入ないし経費援助が禁止されているのである。

　支配介入に該当しうる行為は非常に様々である。組合の結成面での一例をあげれば，結成の中心人物の配転・解雇，労働者に組合加入を思いとどまらせるよう働きかける，組合結成に先回りして社員会などといった親睦団体を使用者が設立する，等の行為が挙げられる。組合の運営面では，組合の中心人物（組合役員）に対する配転・解雇等の不利益取扱い，組合役員の懐柔，組合役員選挙など組合内部事項への介入，組合員に対する脱退勧奨（いわゆる「切り崩し」），複数組合併存下における別組合の優遇などの行為が例として挙げられる。ここにあげた例にもあるとおり，労組法7条1号に違反する不利益取扱い，ないし，2号違反の団体交渉拒否も，労働組合の組織を弱体化するものと認められれば，同時に，3号違反の支配介入にも該当する。

　支配介入の禁止を定める労組法7条3号には，7条1号と異なり，「故をもって」との文言が存在せず，不当労働行為意思（支配介入の意思）の存在が支配介入の成立について必要か否かが争われている。この点，一方で，「故をもって」との文言は存在しないものの，他方で，例えば，ひそかに行われている組合結成準備の中心人物たる労働者について，使用者がそのような事情を全く知らずに遠隔地に配転したため，結果的に組合結成が妨げられた場合にまで，支配介入の成立を認めるのは妥当でない。

　学説上は，使用者の行為等の事実を客観的に評価して反組合的意図が認められる場合に，支配介入の成立を認める考え方が有力である。判例は，「客観的に組合活動に対する非難と組合活動を理由とする不利益取扱の暗示とを含むものと認められる発言により，組合の運営に対し影響を及ぼした事実がある以上，たとえ，発言者にこの点につき主観的認識乃至目的がなかったとしても，なお……組合の運営に対する介入があったものと解するのが相当」と判示しており（山岡内燃機関事件・最二小判昭29・5・28民集8巻5号990頁），この判旨の理解の仕方は学説上分かれているが，上記有力説と同趣旨をいうものと理解することも可能である。

(2) 労組法7条3号違反の私法的効果

　労組法7条3号違反の行為についても，1号・2号違反の場合と同じく，私法上，不法行為を構成しうる。したがって，支配介入を受けた労働組合は損害賠償請求をなしうる（公務員の事例について，支配介入の成立を認め国家賠償法1条1項の国家賠償責任を肯定した判例として，横浜税関事件・最一小判平13・10・

25労判814号34頁参照)。損害については，組合活動への支障が生じたことなどを無形損害として認めるものが多い（岩井金属工業事件・大阪地判平8・12・25労判717号64頁，前掲・横浜税関事件。なお，もちろん，損害が発生していないと判断された場合には損害賠償請求は棄却される（例えば，団交拒否の事例であるが，国鉄事件・東京地判昭61・2・27労判469号10頁参照)。

不利益取扱いと同様に，使用者の支配介入に該当する行為については，憲法28条や労組法7条3号に基づいて妨害排除請求権・予防請求権が認められるか否かも問題となる。不利益取扱いについて既に述べたのと同様に（→第23章2-1(2))，裁判例・学説ともに肯定説・否定説に分かれている。

2-2　使用者への帰責

不当労働行為を禁止される労組法7条の「使用者」は，既に述べたとおり，労働契約関係の一方当事者である事業主及びこれに隣接ないし近似する関係にある事業主を指す（→第23章1-3）。支配介入が禁止されるのもこの「使用者」であるが，既に述べたとおり，支配介入には様々な行為が含まれており，現実に支配介入に該当する行為を行う主体（不当労働行為の現実の行為者）は「使用者」と一致するとは限らない。この場合，現実の行為者の責任を「使用者」に帰責しうるか，あるいは，当該行為は現実の行為者の個人的な行為にすぎないかが問題となる。

この点，代表取締役等の代表者や労組法2条1号所定の利益代表者の行為は，原則として，使用者に帰責されると考えられる。また，使用者と現実の行為者との間に，例えば使用者から行為者に当該行為を行うよう指示・示唆がある等，意思の連絡がある場合も，行為者の責任を使用者に帰責できる。問題となるのは，使用者とこれら以外の行為者との間に，当該行為を行うことについての意思の連絡がない場合であるが（次頁 illustration 1 参照)，この場合，行為者が使用者の意向を受けて行ったとされる場合には，当該行為はやはり使用者に帰責されるとされている。

いかなる場合に，意思の連絡がないにもかかわらず使用者の意向を受けて行ったといえるかについて，判例（JR東海事件・最二小判平18・12・8労判929号5頁）は，「労働組合法2条1号所定の使用者の利益代表者に近接する職制上の地位にある者が使用者の意を体して労働組合に対する支配介入を行った場合には，使用者との間で具体的な意思の連絡がなくとも，当該支配介入をもって使用者の不当労働行為と評価することができる」との一般論を判示している。

● 2 ●　支配介入

同事件では，意見対立の結果併存することとなった2つの組合（A・B）のうち，一方(A)を会社が嫌悪していたという状況下で，管理職に次ぐ地位の非管理職従業員でA組合と対立する別組合(B)の組合員でもあった者が，会社による組合嫌悪の意向に沿ったと評価できる内容の脱退勧奨発言を行ったことについて，上記の一般論の場合（「意を体し」た場合）に該当するとの判断がなされている（別組合の組合員としての発言または個人的な関係に基づく発言であることが明らかであるなどの特段の事情がある場合には例外的に使用者に帰責されないが，同事件ではこのような事情は認められないと判断されている。同事件差戻審・東京高判平19・10・25労判949号5頁）。

> **illustration 1** 労働者Aは会社の管理職（利益代表者）の一歩手前の職位にある。Aが，使用者との具体的な意思の連絡はないものの，会社と対立している労働組合の組合員であるBを夕食に誘い，その席上「会社のことを考えて組合から脱退してくれ」と述べた。Aの行った脱退勧奨行為は，特段の事情がない限り，「使用者」に帰責される。

以上の点を含め，現実の行為者による支配介入行為とその使用者への帰責を図示すると，下図のようになる。

【支配介入行為と使用者への帰責】

```
          使用者
            ‖
          代表者
            │
         利益代表者       「意を体した」場合に
            │            使用者に帰責
      利益代表者に
      近接する職制
            │
      より下位の職制・
       一般社員
            │
          組合員          使用者との意思
                         連絡が必要
```

原則として使用者に帰責

2-3 言論の自由との関係

既に述べたとおり（→本章2-1(1)），支配介入には，使用者のさまざまな行

為が該当しうる。使用者の労働組合活動等についての発言もそのひとつであるが，これについては，言論の自由との関係で，いかなる場合に支配介入と判断すべきかが問題となる。

　日本の不当労働行為制度のモデルとなったアメリカの不当労働行為制度では，報復や強制の威嚇または利益の約束（プラス・ファクターとよばれる）を含まない限り，使用者の言論は表現の自由により保護されることが明文で規定されている。これを参考に，日本法の下でもプラス・ファクターを伴わない限り支配介入は成立しないとする学説も存在するが，多数説は，憲法が一方で表現の自由を保障するとともに，他方で労働者の団結権を保障していること，日本における主要な組合の組織形態である企業別組合は，使用者の影響を受けやすいことを踏まえて，プラス・ファクターの有無は，支配介入の成否を判断する重要な要素であるが，これらの有無のみで判断するのではなく，使用者の発言の内容，時期，場所，方法，対象等を総合的に考慮して支配介入の成否を判断すべきであるとの立場を取っている。判例も同様の立場に立つものと考えられる（プリマハム事件・最二小判昭57・9・10労経速1134号5頁，新宿郵便局事件・最三小判昭58・12・20判時1102号140頁）。不利益を示唆した発言がある場合（下記 illustration 2 参照）に支配介入の成立が認められることには争いはない（山岡内燃機関事件・最二小判昭29・5・28民集8巻5号990頁）。

> illustration 2　　ある会社の社長が，全従業員に対する演説において，組合の上部団体加入を非難するとともに，上部団体から脱退しなければ組合員に不利益がもたらされることを示唆し，このため組合が上部団体から脱退した。この使用者の発言は，支配介入に該当する。

2-4　施設管理権との関係

　既に述べたとおり（→第22章3-3(3)），判例は，使用者が企業施設について管理する権限（施設管理権）を有するとしている（国鉄札幌運転区事件・最三小判昭54・10・30民集33巻6号647頁）。施設管理権限の行使の具体的態様としては，例えば，組合活動等の活動のために会社の施設の一部である食堂を使用することについて，許可制をとることが挙げられる。不当労働行為との関係では，組合活動のための会社施設利用を許可しないことあるいは許可を得ないで行われた施設利用に対して施設からの退去を求めることなどが，支配介入に該当するか否かが問題となる。

　施設管理権と組合活動の正当性との関係については，学説上，(a)使用者は組

合の施設利用を受忍する義務があるとする受忍義務説と，(b)組合活動の必要性が大きい反面で，使用者の事業活動や施設管理への支障のおそれが小さい場合などには，施設利用につき違法性が阻却されるとする違法性阻却説などがみられるが，判例（前掲・国鉄札幌運転区事件）は，(c)使用者の許諾を得ないで行う企業施設を利用した組合活動は，当該施設利用を許さないことが使用者の施設管理権の濫用と認められる特段の事情がない限り，正当性を有しないとしている（「許諾説」と呼ばれる）。そして，支配介入の成否についても，施設管理権の「濫用であると認められるような特段の事情がある場合を除いては，使用者が利用を許諾しないからといって，直ちに団結権を侵害し，不当労働行為を構成するということはできない」として，特段の事情がある場合に限り支配介入が成立するとの判断を示している（オリエンタルモーター事件・最二小判平7・9・8労判679号11頁。この点については，更に，→ **CASES** ［事例3］）。

> illustration 3　　会社は，組合活動を目的とする食堂（会社施設）使用について，従来の届出制を改め，許可制をとることとしたが，組合は届出のみで利用を継続している。判例の立場によれば，使用者が，組合活動目的での食堂利用を拒否することは，特段の事情がない限り，支配介入に該当しない。

2-5　会社解散と不当労働行為

使用者が，組合活動に嫌気がさし，組合を壊滅させる目的で，事業を廃止・解散し，従業員を全員解雇することがある。組合壊滅を意図するものであっても，事業の廃止・解散それ自体は，使用者（事業主）の営業の自由の一環として私法上有効であると解する立場が一般的であり，労働委員会による行政救済上も，このような事業廃止・解散が組合員の解雇・組合壊滅をもたらす点で不利益取扱いないし支配介入に該当するとしても，事業の再開は命じえない（清算手続の期間中について原職復帰等を命じうるにすぎない）。

但し，既に述べたとおり，「偽装解散」の場合（→第23章1-3(2)）には，実質的に同一の事業を継続する別法人が，もとの法人の労働者及び当該労働者を組織する労働組合との関係で，「使用者」としての地位を引き継ぐことになる。この場合，もとの法人が組合壊滅を目的として事業をいったん形式的に廃止して組合員を含む従業員全員を解雇することにより，不利益取扱いないし組合に対する支配介入を行った場合には，労働委員会による行政救済上は，「使用者」たる別法人に対し，従業員として取り扱うこと・バックペイの支払いが命じら

れうる。

2-6　経費援助

　経費援助については，例えば，各種の会合参加など組合用務での出張について，（本来組合がその活動遂行のための費用として負担すべきにもかかわらず）会社が費用を負担することなどがこれに該当する。ただし，実質的に組合の団結権を侵害するおそれのないものについては，この経費援助の禁止の対象から除かれるとする見解が多い（より形式的に判断すべきであるとの見解もある）。労組法7条3号但書が掲げる「労働者が労働時間中に時間又は賃金を失うことなく使用者と協議し，又は交渉すること」，「厚生資金又は経済上の不幸若しくは災厄を防止し，若しくは救済するための支出に実際に用いられる福利その他の基金に対する使用者の寄附及び最小限の広さの事務所の供与」はそのようなおそれのないものの一例である。これら以外の使用者の行為でも実質的に団結権を侵害するおそれがなければ，同様に，禁止される経費援助には該当しない。

3　併存組合と不当労働行為

　日本の現行の労働法の下では，同一企業内に併存する複数の組合は，その組合員数の多少にかかわりなく，それぞれが，独自の団体交渉権を有するとされている（日産自動車事件・最三小判昭60・4・23民集39巻3号730頁参照。これは，複数組合交渉主義とも呼ばれる。→第21章1-1(3)）。そして，現実にも，同一企業内に複数の組合が併存する状況が一定程度存在している。このような組合併存の状況下では，使用者による各組合への対応に関連して複雑な不当労働行為の問題が発生する。以下，この問題について，使用者の中立保持義務，組合間での査定差別，団体交渉の場面における問題（各組合との団体交渉を操作することと不当労働行為の成否）の順に論ずる。

3-1　中立保持義務

　同一企業内に複数の組合が併存する場合，使用者はそれら複数の組合に対して，中立保持義務を負う。すなわち，「すべての場面で使用者は各組合に対し，中立的態度を保持し，その団結権を平等に承認，尊重すべきものであり，各組合の性格，傾向や従来の運動路線のいかんによって差別的な取扱いをすることは許されない」（前掲・日産自動車事件）。

使用者が中立保持義務に違反したか否かが争われる典型的な場面として，団体交渉の場面をあげることができる。ここでは，例えば，使用者が併存する2つの組合のうち一方の組合については団体交渉の相手として認めつつ，他方の組合については団体交渉の相手と認めない場合，中立保持義務違反が認められる。また，一方の組合に対して提示している労働条件を，合理的な理由もなく他方の組合には提示しないという場合にも，中立保持義務違反が認められる（団体交渉の場面におけるより複雑な問題については，→本章3-3）。

> illustration 4　使用者が，会社に併存する組合A・Bのうち，A組合に対しては一時金として賃金2か月分の支給を提案しているが，B組合に対しては合理的な理由もなく一時金として賃金0.5か月分の支給を提案するのみである場合，使用者のB組合に対する態度は，中立保持義務に違反する。

　団体交渉以外の場面でも，例えば，使用者による組合への便宜供与をめぐって，中立保持義務違反の有無が問題となる。使用者は組合への事務所貸与，組合掲示物のための掲示板の貸与を義務付けられているわけではなく，貸与は団体交渉を経て合意の上で行われるものであり，原則として，貸与するか否かは使用者の自由に委ねられている。しかし，このような使用者の自由にかかる便宜供与についても，判例は，中立保持義務に照らし，合理的な理由なく併存する一方の組合にはこれを行いながら他方の組合にはこれを行わないことは許されないとしている（日産自動車事件・最二小判昭62・5・8判時1247号131頁）。

3-2　査定差別

　複数の組合が併存する状況下では，賃上げ・一時金支給，昇格等のための査定で，一方の組合（少数組合）の組合員が他方の組合の組合員に比して集団的に差別されているか否かをめぐっての紛争がしばしば生じる。査定差別は，それが行われたと認められた場合，不利益取扱いないし支配介入の不当労働行為を構成することになる。原則的には，査定差別がなされたと主張する個々の労働者ごとに差別が行われたか否かが立証されなければならないが，査定は，それが使用者により様々な要素を考慮して行われる判定行為であり，また，査定の資料はそのほとんどが使用者の側に存することから，特定の組合員であること等を理由とする差別査定か否か（それ以外の合理的な理由で査定結果に差異がもたらされたにすぎないか）について，立証の点で困難な問題が生じるとともに，審査の長期化という問題も生じる。

このため，労働委員会の命令および判例により，集団的に差別がなされたとして救済が申立てられている事件について，「大量観察方式」と呼ばれる，集団的な査定差別立証のためのルールが形成されている（紅屋商事事件・最二小判昭61・1・24労判467号6頁）。

この大量観察方式の下では，まず，申立人が，①従業員集団間（学歴・入社時期・職種等を同じくする集団間）において格差が存在している（一方の集団（申立組合員）が他方の集団に比べて全体的に査定が低位である）こと，②使用者が査定差別されたと申立てている集団の組合活動を嫌悪していたこと（不当労働行為意思を基礎づける事実）の2点を立証する。格差の存在の有無は，従業員集団間の査定の平均値，分布状況の違いなどに照らして検討される。

以上の①・②の立証に申立人が成功した場合，当該格差は，不当労働行為によるものとの一応の推定がなされ，使用者の側で当該格差は組合活動嫌悪を理由とするものではなく，勤務成績等，合理的な理由に基づくものであることを立証することになる。この立証に使用者が成功しない場合，当該格差は不当労働行為によるものであると判断され，不利益取扱いないし支配介入が成立することになる。

> **illustration 5** ある会社で，それまで同等の査定がなされていた従業員が，2つの組合A・Bを別々に結成した。会社はA組合を嫌悪する発言を繰り返し，また，組合結成後の一時金査定ではA組合の組合員がB組合の組合員に比べ全体的に低位に評価された（下図参照）。会社が合理的理由を立証できない限り，A組合の組合員の低査定は，不当労働行為と判断される。

【一時金査定組合別分布図】

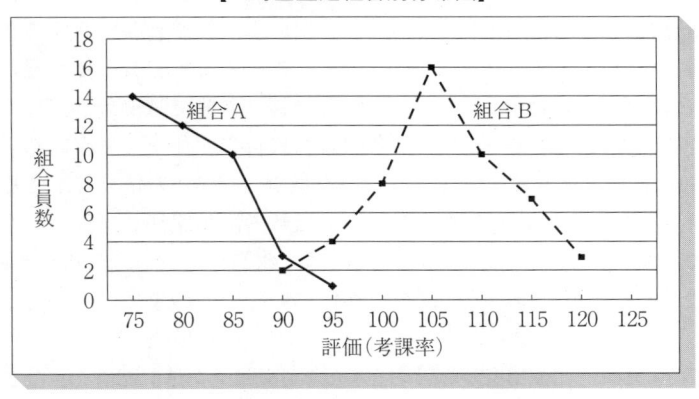

● 3 ● 併存組合と不当労働行為

なお，この大量観察方式において，上記①・②から格差が不当労働行為によるものとの推定が働くためには，比較される各グループが一定以上の規模であること（この点で大量観察方式の適用が否定された事例として，北辰電機製作所事件・東京地判昭56・10・22労民集32巻5号674頁参照），および，比較対象となる従業員集団が勤務成績等について均質であることが前提となる（前掲・紅屋商事事件では，前記 illustration 5 のように，別々の組合が結成される以前は査定で差異がなかったことなどに基づき，同質性が認められた）。

　この点につき，近年の裁判例は，従業員集団間で勤務成績が同等でない場合，上述の紅屋商事事件が示した大量観察方式をそのまま適用することはせず，労働者側に同質性の立証を求める立場を取るものがみられる。もっとも，そこでは，査定に関する証拠が偏在している（使用者の側に偏在している）ことを踏まえて，査定差別が行われたと主張する組合員が，「自己の把握し得る限りにおいて具体的事実を挙げて組合員以外の者と能力，勤務成績において劣らないことを立証」すればよいとされている。これと上記の①・②が立証された場合，使用者が当該組合員の能力，勤務成績が組合員以外の者より劣ることの具体的な反証に成功しない限り，低査定は組合活動等を嫌悪してなされたものと推定されることになる（オリエンタルモーター事件・東京高判平15・12・17労判868号20頁〔査定差別が認められる場合の救済方法をめぐる問題については，→第25章2-3(3)②(iii)参照。〕）。

3-3　団交を操作した不当労働行為

　既に述べたとおり（→本章3-1），企業内に複数の組合が併存する状況下においては，使用者は，各組合に対して中立保持義務を負う。この中立保持義務をめぐる難しい問題は，団体交渉の場面において，使用者が併存する各組合に対して同一条件を提示して交渉を行ったところ，一方の組合とは合意に至ったが，他方の組合とは合意に至らず，両組合の組合員間で労働条件等に違いが生じた場合に，これが現行法のもとで各組合に独自の団体交渉権が認められていることに由来する使用者と組合との自由な取引（交渉）の結果にすぎないのか，使用者が片方の組合に対する嫌悪を基に，複数の団体交渉を操作してもたらしたものであるか，という点である。例えば，次頁の illustration 6 にあるように，ある事項についての団体交渉において，他の事項についても併せて解決するよう使用者が要求する，言い換えれば，一括解決を妥結の条件とする場合（このようにして使用者が提示する事項を「差違え条件」という）などが問題

となる（特に，一方の組合にとっては問題がないが，他方の組合にとっては運動方針上同意しがたい条件が提示される場合が問題となる）。

> illustration 6　会社が，同社に併存する2つの組合A・Bとの一時金についての団体交渉において，組合活動のルールに関する事項を併せた一括解決を妥結条件とした。A組合は一括解決に同意したが，B組合は一括解決に同意せず，B組合の組合員は一時金を未だ支給されていない。このような事例が，差違え条件の問題が生じる典型例である。

判例（日産自動車事件・最三小判昭60・4・23民集39巻3号730頁）は，このように，一方の組合とは交渉が妥結し，他方の組合とは交渉が妥結せず労働条件に違いがもたらされる場合について，一般的には独自の団体交渉権に基づく自由な取引の結果にすぎないといえるとしつつ，この前提として，使用者が組合の団結力に不当な影響を及ぼす妨害行為を行っていないこと，各組合に対して誠実交渉義務を果たすこと，および，中立保持義務に違反しないことを要求している。これらに違反する使用者の行為が団体交渉および当該労使関係を取り巻く状況に照らして認められる場合，組合間に生じている労働条件の差異は不当労働行為として取り扱われることとなる。

もっとも，上記の各前提のうち，中立保持義務について，判例（前掲・日産自動車事件）は，企業内における労働条件の統一的決定の必要性を踏まえて，組合間で組織人員に圧倒的差異が存する場合，多数組合と妥結した内容で少数組合とも妥結を図ることは中立保持義務に違反しない（つまり，多数組合と妥結した内容以上には譲歩しないとしても，それが直ちに組合嫌悪の意図に基づくものと判断されてはならない）としている。そして，このような状況下では，特段の事情がある場合を除き不当労働行為は成立しないと判断している。この特段の事情は，交渉事項およびそれに付された妥結条件のほか，当該交渉事項をめぐる従前の労使関係の状況等に照らして総合的に判断がなされる。近年の最高裁判決はこの特段の事情を従来に比べて狭く判断する傾向にある（高知県観光事件・最二小判平7・4・14労判679号21頁参照）。

以上の判例のルールを要約すると，①使用者が併存組合の一方に対して他方の組合と同様の交渉条件を提示し，②それを受諾しなかったため当該組合ないしその組合員が不利益を被った場合，原則として不当労働行為は成立しないが，③使用者による交渉条件の提示が，当該組合に対する団結権の否認ないし嫌悪の意図が決定的動機となって行われたものと認められる特段の事情が存在する

● 3 ●　併存組合と不当労働行為

場合には，不当労働行為の成立が認められる，と表現することができる。

CASES

【事例１】

会社の営業所所長（利益代表者）に次ぐ立場の非管理職で，Ａ組合の組合員である労働者Ｂが，学生時代の後輩で会社と敵対的関係にある別組合Ｃの組合員Ｄに対し，夕食の席上，「会社のことを考えて今の組合から脱退してくれ」と述べた。会社（使用者）に不当労働行為責任は認められるか。Ｂの発言が「Ｃ組合は闘争至上主義だ」という場合はどうか。

解説　「会社のことを考えて今の組合から脱退してくれ」との発言は，組合からの脱退を促すもので不当労働行為（支配介入）に該当する。問題はＢの発言を使用者に帰責できるか否かの点である。Ｂが使用者との意思疎通の下で当該発言を行っている場合には，問題なく使用者への帰責が認められる。問題となるのは具体的な意思疎通が認められない場合であるが，この場合について，判例（ＪＲ東海事件・最二小判平18・12・8労判929号5頁）は，「労働組合法２条１号所定の使用者の利益代表者に近接する職制上の地位にある者が使用者の意を体して労働組合に対する支配介入を行った場合には，使用者との間で具体的な意思の連絡がなくとも，当該支配介入をもって使用者の不当労働行為と評価することができる」と判示している。本件では，Ｂは管理職に次ぐ立場にあり，「使用者の利益代表者に近接する職制上の地位」にあるといえる。したがって，使用者との間に具体的な意思疎通が認められなくとも，Ｂの上記発言については，所属するＡ組合員としての発言，個人の立場での発言であることが明らかであるなどの特段の事情がある場合を除き，使用者に帰責されることになる。

使用者の立場に立つ者の発言が不当労働行為を成立させるか否かは，団結権保障による制約がある一方，他方で使用者にも言論の自由が認められているため，当該事案の事実関係に照らした微妙な判断をしばしば必要とする。判例には，労使関係についての発言について，労使双方が「公正かつ妥当な形で自己の見解を表明すること」が必要としたうえで，既存の組合に対抗する組合の結成準備が進む状況下で，使用者の立場に立つ者が，自宅での宴席で労働者らを前に，本件事例のように，既存の組合は闘争至上主義だと発言したことについて，一般的に公正さは疑われるが，なお発言内容・事実関係に照らし不当労働行為にあたらないとしたものがある（新宿郵便局事件・最三小判昭58・12・20判時1102号140頁）。

【事例2】

　A会社は，同社に併存するB組合（圧倒的多数の組合）とC組合（ごく少数の組合）について，団交で深夜勤務と残業の双方に同意したB組合の組合員には残業を命じているが，深夜勤務に反対して団交が未妥結のC組合の組合員には残業を一切命じず，B・C各組合員間に残業代分の賃金額の差異が生じている。A会社のこの取扱いは不当労働行為にあたるか。

解説　本件では，組合併存下の団体交渉の場面における中立保持義務違反の有無が問題となる。判例（前掲・日産自動車事件）は，併存する2つの組合が，圧倒的多数の従業員を組織する多数組合と，ごく少数の従業員を組織するにすぎない少数組合とである場合について，使用者が多数組合と妥結した内容で少数組合にも妥結するよう求めることは，直ちには中立保持義務に違反する不当労働行為と判断しえないとしている。

　したがって，本件において，Bと妥結した内容でCにも妥結を求めることは，直ちには不当労働行為にはならない。もっとも，使用者が既になされた少数組合に対する団結権の否認等の行為を既成事実として維持するため形式的に団体交渉を行うものにすぎないと認められる特段の事情がある場合には不当労働行為が成立する。本件では，例えば，上記勤務形態につき，会社がC組合とはなんら協議をすることなく，B組合との合意のみに基づいて導入したという既成事実があり，その後のC組合との団体交渉においても，なぜ深夜勤務と残業に服することを一体として妥結を求めるのか，という点について，使用者が誠実に説明（交渉）しておらず，それゆえ妥結に至らない状態が生じている場合などには，この特段の事情が認められ，不当労働行為（C組合の弱体化を企図した支配介入など）が成立する可能性がある。

【事例3】

　A会社は，従来，組合活動を目的とする会社の食堂使用を，届出制としていたが，利用方法をめぐり労使間で紛争が生じたため，許可制に改めることとし，新たな食堂利用ルールを組合に提案したが，組合は同意できないとして届出のみで食堂の利用を継続している。使用者が食堂を封鎖して組合活動目的の利用を拒否した場合，支配介入に該当するか。

解説　本件事例は，使用者による施設管理権の行使と不当労働行為の成否に関する問題である。判例は，使用者の施設管理権を前提として，許諾を得ないままに企業施設を利用した組合活動については，利用を許さないことが使用者の施設

管理権の濫用と認められる特段の事情がない限り，正当性を有しないとしており（国鉄札幌運転区事件・最三小判昭 54・10・30 民集 33 巻 6 号 647 頁)，不当労働行為の成否についても，特段の事情がある場合を除いては，使用者が利用を許諾しないからといって，直ちに団結権を侵害し，不当労働行為を構成するとはいえないとしている（オリエンタルモーター事件・最二小判平 7・9・8 労判 679 号 11 頁)。もっとも，不当労働行為の成否との関係では，特段の事情の有無の判断において，当該事案における労使関係の具体的事情を踏まえた判断を行うべきとする見解が有力である。具体的には，組合側の施設利用の必要性，企業の施設利用に与えた支障の有無・程度，企業施設利用のルール策定等に向けた労使の態度などが検討されるべきとされている。

このような見解によれば，本件事例では，組合側の施設利用の必要性，企業側に生じる支障の有無・程度のほか，過去に生じた紛争を踏まえて使用者が組合活動目的の食堂利用についてのルールを提案したこと，その内容，組合が使用者の施設管理権を無視する形で利用を継続していると評価できること等が不当労働行為の成否において考慮される要素となり，これら要素に照らせば，不当労働行為には該当しないと考えられる（前掲・オリエンタルモーター事件では，使用者が組合活動目的の食堂利用についての合理的なルールを提案したが，組合が使用者の施設管理権を無視する態度を示したため合意が成立しなかった点を重視して上記特段の事情は認められないと判断している)。

第25章　労働関係紛争の解決

● 1 ● 労働関係紛争解決システムの全体像

　労働関係をめぐる紛争は，個々の労働者と使用者の間で生じる個別労働関係紛争と，労働組合と使用者との間で生じる集団的労働関係紛争とがある。これらの労働関係紛争については，通常，まず企業内において解決が図られる（企業内における労働関係紛争解決システムとしては，例えば，労使協議制，上司を通じたインフォーマルな意見・要望の吸い上げなどがある）。

　もっとも，常に企業内で労働関係紛争が解決されるとは限らず（特に，伝統的な企業内の労働関係紛争解決システムはいわゆる正社員を対象とするものであるため，非正社員は企業内のシステムで紛争を解決しえないことが少なくない），この場合，企業外部の労働関係紛争解決システムが利用されることとなる。

　この企業外部の労働関係紛争解決システムとしては，行政によるもの，司法によるものが挙げられる（このほかに，弁護士会などが紛争解決のためのサービスを提供している場合もある）。

　行政による労働関係紛争解決システムとしては，集団的労働関係紛争を対象としたものとして，労働委員会による争議調整制度・不当労働行為救済制度があり，また，個別労働関係紛争を対象としたものとして，個別労働関係紛争解決促進法に基づく都道府県労働局による紛争解決システム等がある（→本章2）。このほか，労働基準監督署など，労働関係法規の実施を監督する機関が，法令違反に関する紛争について，行政指導をつうじて事実上解決する場合がある。

　司法による労働紛争解決システムとしては，通常訴訟・保全訴訟に加え，現在，労働審判制度が存在している（→本章3）。

　以上の企業内における労働関係紛争処理制度・行政・司法およびその他による労働関係紛争解決制度の全体像を示すと，次頁の図のようになる。

【労働関係紛争解決制度の全体像】

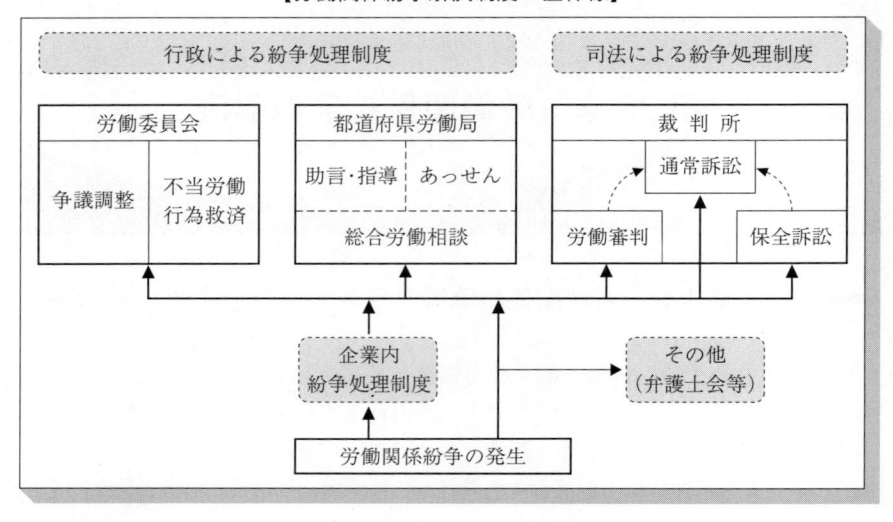

```
┌─────────────────────────────────────────────────────────────────┐
│   ┌──── 行政による紛争処理制度 ────┐    ┌── 司法による紛争処理制度 ──┐ │
│   ┌─────────────┐ ┌─────────────┐      ┌──────────────────┐      │
│   │  労働委員会  │ │都道府県労働局│      │     裁 判 所     │      │
│   │┌────┬────┐ │ │┌────┬────┐│      │    ┌ 通常訴訟 ┐    │      │
│   ││争議│不当 │ │ ││助言│あっ││      │    │         │    │      │
│   ││調整│労働 │ │ ││指導│せん││      │┌労働審判┐ ┌保全訴訟┐│      │
│   ││    │行為 │ │ │└────┴────┘│      │└────────┘ └────────┘│      │
│   ││    │救済 │ │ │総合労働相談 │      │                  │      │
│   │└────┴────┘ │ └─────────────┘      └──────────────────┘      │
│         ↑              ↑                        ↑                │
│                  ┌──────────┐   ┌──────────┐                    │
│                  │ 企業内   │→ │ その他   │                    │
│                  │紛争処理  │   │(弁護士会等)│                   │
│                  │ 制度     │   └──────────┘                    │
│                  └──────────┘                                   │
│                        ↑                                        │
│                  ┌──────────────┐                              │
│                  │労働関係紛争の発生│                            │
│                  └──────────────┘                              │
└─────────────────────────────────────────────────────────────────┘
```

● 2 ● 行政による紛争解決手続

2-1　個別紛争

(1) 個別労働関係紛争解決促進法による紛争解決手続

　個別労働関係紛争の増加を受けて平成13年に制定された個別労働関係紛争解決促進法（「個別労働関係紛争の解決の促進に関する法律」）は，行政による個別労働関係紛争解決のためのサービスについて定めている（なお，以下で述べるもののほか，同法20条1項の規定を踏まえて，平成19年度現在で44の道府県労働委員会が，個別労働関係紛争についての相談・助言ないしあっせんを行っている）。

　同法は，「個別労働関係紛争」（「労働条件その他労働関係に関する事項についての個々の労働者と事業主との間の紛争」。これには，労働者の募集および採用に関する事項についての個々の求職者と事業主の紛争も含まれる。同法1条）を対象として，下記①〜③の各サービスを提供している。

　① 総合労働相談コーナーにおける情報提供・相談等の活動

　個別労働関係紛争促進法3条に基づくもので，各都道府県労働局（都道府県労働局は厚生労働省の各都道府県における地方出先機関であり，国の機関である）がその管内の各所に「総合労働相談コーナー」を設けて，労働問題についてのさまざまな情報提供・相談活動を行っている。

② 都道府県労働局長による助言・指導

個別労働関係紛争促進法4条に基づくもので，当事者の双方または一方から個別労働関係紛争の解決の援助を求められた場合に，都道府県労働局長が助言・指導を行うことで紛争の自主的解決を促すものである。事業主は，労働者が紛争解決の援助を求めたことを理由として，解雇その他の不利益取扱いをしてはならない（4条3項）。男女雇用機会均等法，パートタイム労働法，育児・介護休業法の下での紛争については，各法律で助言・指導・勧告の制度が定められており，この助言・指導制度の対象とはならない。

③ 紛争調整委員会によるあっせん

個別労働関係紛争促進法5条以下に基づくもので，あっせん委員が当事者の間に入り調整を行い，当事者の話合いを促す非公開の手続である。労働者の募集および採用に関する事項についての紛争は，対象とはならない（5条1項）。

あっせん委員は，各都道府県労働局に置かれている紛争調整委員会の委員（学識経験者から選ばれる）のうちから，事件ごとに3名指名される。あっせん委員は双方の主張を聞き実情に即した事件の解決に努めるとともに，当事者等から意見を聴取するなどしたうえで，事件の解決に必要なあっせん案を委員全員の一致で作成して，当事者に提示する（当事者があっせん案を受諾して合意に達した場合，当該合意は一般的に民法上の和解契約として取り扱われる）。あっせんによる紛争解決の見込みがない場合，あっせん委員は，あっせんを打ち切ることができる。

助言・指導の場合と同様に，あっせんを申請したことを理由とする不利益取扱いが禁止されており（5条2項），また，男女雇用機会均等法，パートタイム労働法の下での紛争はこのあっせん制度の対象とはならない（各法律であっせん制度が定められている。平成22年4月1日からは，育児・介護休業法の下での紛争についても同様）。

(2) **個別労働紛争解決制度の施行状況**

厚生労働省が公表している「個別労働紛争解決制度施行状況」によると，平成20年度では，①の総合労働相談件数は約108万件，このうち労働基準法上の違反を伴わない解雇，労働条件の引下げ等（「民事上の個別労働紛争」）に関するものは約24万件であった（次頁の図参照）。この24万件の内訳（割合）の主たるものをあげると，解雇に関する相談が25％で最大の割合を占めており，労働条件の引き下げ（約13％），いじめ・嫌がらせ（12％），退職勧奨（約8％）がこれに続いている。

【総合労働相談件数の推移】

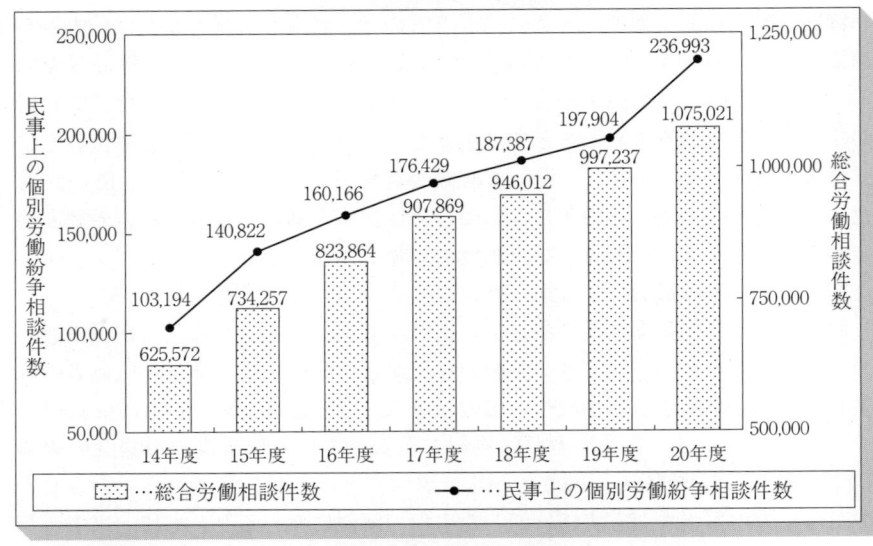

年度	総合労働相談件数	民事上の個別労働紛争相談件数
14年度	625,572	103,194
15年度	734,257	140,822
16年度	823,864	160,166
17年度	907,869	176,429
18年度	946,012	187,387
19年度	997,237	197,904
20年度	1,075,021	236,993

出典：厚生労働省HPの「平成20年度個別労働紛争解決制度施行状況」
(http://www.mhlw.go.jp/houdou/2009/05/h0522-4.html)

　②の助言・指導申出件数は約7600件，内訳の主たるものは，解雇（約25％），いじめ・嫌がらせ（約13％），労働条件の引き下げ（約11％），退職勧奨（約8％）などとなっており，相談の場合とほぼ同じである。

　③のあっせん受理件数は約8500件，内訳は，解雇に関するものが約40％で最も多く，いじめ・嫌がらせ（約15％），労働条件の引き下げ（約9％）がこれに続いている。平成20年度に手続が終了したあっせんで合意が成立したものの割合は約3分の1となっている。

　総合労働相談，助言・指導，あっせんのいずれも，年を経るごとに件数が増加する状況にある。

2-2　集団紛争——争議調整

　労働関係調整法は，「労働争議」，すなわち，「労働関係の当事者間において，労働関係に関する主張が一致しないで，そのために争議行為が発生している状態又は発生する虞がある状態」（労調法6条）について，労働関係の当事者による自主的解決を援助して争議行為の発生をできるだけ予防するため，労働委員会による調整制度を設けている。

労働委員会は，使用者委員（使用者団体の推薦に基づいて任命），労働者委員（労働組合の推薦に基づいて任命），及び，公益委員（使用者委員・労働者委員の同意を経た上で任命）各同数からなる，いわゆる「三者構成」を取っており，公・労・使それぞれの立場の労使関係についての専門家から構成されている点に特徴がある。労働争議の調整は，対象となる労働争議の件数がかつてに比べて大幅に減少しているという状況はあるが，不当労働行為の救済（→本章2-3）とならぶ労働委員会の主要な権限であり，集団的労働関係紛争解決のための重要な制度の一つである。

　労調法が定める調整制度は，あっせん，調停，仲裁の3つである。

　あっせんは，労働委員会会長により指名されるあっせん員が労使の間を取り持ち，双方の主張の要点を確かめ，事件が解決されるよう努力する手続である。当事者の一方による申請のみでも（両当事者の合意がなくとも）手続は開始されうるが，あっせん案が提示される場合であっても（提示されずに手続が終了する場合もある），当事者は受諾する義務はない。このように，あっせんは，当事者に対して拘束力を有しない紛争解決手続である。こんにち，調整手続のほとんどすべて（約99％）は，あっせんにより占められている。あっせんによる紛争の解決率（解決件数を，終結件数から取下げ等の件数を引いた数で割った割合）は約6割であるが，従来に比べて解決率は徐々に低下している。

　調停は，公労使三者（労使の委員は同数）からなる調停委員会が，当事者から意見を聴取し，調停案を作成してその受諾を勧告する手続である。原則として当事者双方による申請に基づき開始され，また，原則として調停案が作成される点はあっせんと異なるが，当事者に受諾義務がない点ではあっせんと同じである（このため調停の件数は争議調整手続全体の1％ほどにすぎない）。

　仲裁は，3名の委員からなる仲裁委員会が，労働協約と同一の効力を持つ仲裁裁定を下すことで紛争を解決する手続である。仲裁裁定が強制力をもつ点で，あっせん・調停と異なる。もっともそのため，ほとんど利用例がない。

2-3　集団紛争——不当労働行為の救済手続

(1) 救済手続の流れ

　労働委員会による不当労働行為救済手続は，争議調整とならぶ集団的労働関係紛争の重要な解決システムである。

　労働組合または労働者は，使用者が労組法7条で禁止されている不当労働行為を行ったと考える場合，労働委員会に救済を申し立てることができる（団体

交渉拒否の不当労働行為については，その性質上，労働組合のみが救済申立てを行いうる）。

申立てを受けた労働委員会は，調査・審問を行い，公益委員による合議を経て，救済命令または棄却命令を発する（また，審査手続中，適宜当事者に和解が勧告されることがある。労組法27条の14）。

調査は，審問における争点・取調べの対象となる証拠を整理し，また，審査の計画を立てるための手続である（審査計画の策定は，審査の迅速化等を目的にして平成16年の労組法改正で導入された）。

審問では証人尋問等が行われる。審問は，当事者の立ち会いの下，公開で（但し，公益委員会議が必要と認めた場合には非公開とすることが可能である），また，労働委員会会長にあらかじめ申し出た労使委員の参与の下，行われる。

審問の結果命令を発するに熟すると認められるときは，審問を終結したうえで，公益委員会議で合議を行い，発する命令の内容を決定する。公益委員会議では合議に先だって審問に参与した労使委員から意見を聴くこととされている。なお，救済命令は正常な労使関係秩序の回復を目的としており，過去になされた不当労働行為について既に是正がなされている場合（団交拒否について救済申立てがなされた後，使用者が団体交渉に応じた等の場合），労働委員会は救済の必要性（救済利益）がないとして，申立てを棄却することができる。ただし，将来に向けて正常な労使関係秩序の回復を図るために，ポスト・ノーティス（→後述(3)①）の掲示・交付などの点では，なお救済の必要性があるとされることはありうる（救済利益については，更に，→ **CASES** ［事例3］）。

以上の流れを経て，命令が発せられることとなる。

以下では，これら一連の救済手続のうち，申立てに関する問題である「継続する行為」の取扱い（査定差別との関係），救済命令をめぐる問題，および，命令の司法審査について取り上げる。

(2) 「継続する行為」と査定差別

不当労働行為救済の申立ては，「行為の日（継続する行為にあってはその終了した日）から一年」以内に行われなければならない（労組法27条2項。この期間を超えてなされた申立ては却下される）。この括弧書きにある「継続する行為」との関係で，長年にわたって昇給査定差別（低査定とそれに基づく低い賃金額の支払い）が行われてきている事案では，いつの時点にまでさかのぼって救済を申立てることができるかが問題となる。この問題は，①査定の行為と，毎月の賃金の支払いは，一体のものとして「継続する行為」に該当するか，②毎年度

査定差別が繰り返し行われている場合，各年度の査定差別（及びそれらに基づく賃金支払い）が，一体のものとして「継続する行為」に該当するか，の2つにわけることができる。

①の点について，判例（紅屋商事事件・最三小判平3・6・4民集45巻5号984頁）は，昇給査定が当該年度（1年間）の賃金額を決定していた事例において，差別的な低査定とこれに基づいて当該年度になされた毎月の賃金の支払いとが，一体として1個の不当労働行為をなしている（当該年度において賃金支払が続く限り不当労働行為が継続している）と判断した。したがって，上記低査定に基づく賃金の差別的取扱いについての救済申立ては，当該年度最後の賃金支払時点から1年以内に行われれば適法とされる（下記 illustration 1 参照）。

②の点については，未だ最高裁判例がなくその立場は明らかではない。これまでの労働委員会命令では，毎年度繰り返し行われてきた査定差別は，一貫した不当労働行為意思に基づく意図的な差別の積み重ねである限り，「継続する行為」に該当するとの立場が少なくないが，①の点で救済申立ての対象となりうる範囲について，それ以前からの差別の累積部分を含めて是正を命じる命令も増えてきている（→ **CASES** ［事例1］）。

illustration 1　会社は，平成20年4月に労働組合の組合員を差別した昇給査定を行い，これに基づき，平成20年度（平成20年4月—平成21年3月）の賃金を支払った。平成20年4月の査定差別とそれに基づく各月の賃金差別については，最後の賃金支払（平成21年3月）から1年以内（平成22年3月まで）に救済申立てをすれば，救済の対象となる。

(3) 救済命令の内容とその限界

① 救済命令の典型的内容

労働委員会は，救済申立内容の全部またはその一部に理由があると判断する場合，救済命令を発する（全部理由がないと判断する場合は，棄却命令を発する）。

不当労働行為の類型ごとの典型的な救済命令は，次のようなものである。

第1に，不利益取扱いについては，不利益取扱いが行われる以前の状態への復帰と，バックペイ（本来得られたはずの賃金額と現実に得られた賃金額との差額にあたる金額の事後的な支払を意味する）が命じられる。不利益取扱いの代表例である解雇でいえば，原職復帰と，解雇期間中の賃金相当額の支払いが命じられる（中間収入の控除の要否については，→後述②(ii)）。

第2に，団体交渉拒否については，特定の理由による団体交渉拒否をしては

ならない旨，あるいは，団体交渉に誠実に応じなければならない旨の命令がなされる。

第3に，支配介入については，具体的な支配介入行為をあげたうえで，当該行為を行ってはならない旨の命令がなされる。また，将来同種の行為を繰り返させないことを目的に，ポスト・ノーティスが命じられることも多い（なお，ポスト・ノーティスは支配介入に限らず，団体交渉拒否に対する救済等においても，命じられることがある）。ポスト・ノーティスは，下記 illustration 2 にあるような文書を工場など特定の場所に掲示するよう命じるものである（文書の掲示に代えて，当事者に文書を交付するよう命じる場合もある）。

> illustration 2　（典型的なポスト・ノーティスの例）「当社が貴組合の組合員A氏を懲戒解雇したことは，不当労働行為であると○○県労働委員会において認定されました。今後このような行為を繰り返さないよう留意します。」

ポスト・ノーティスについては，「……したことは，不当労働行為であると……認定されました。よって，当社は，深く反省するとともに，今後一切このような行為をしないことを誓約いたします」のように，「反省」，「誓約」といった文言を含む文書の掲示が命令されることもある。これらの文言は同種の行為を繰り返さない旨の約束を強調する趣旨のものであり，良心の自由（憲法19条）を侵害するものではないとされている（亮正会事件・最三小判平2・3・6判時1357号144頁）。

② 救済命令の内容についての裁量権と限界
(i) 一般論

救済命令の内容について，労働委員会には，労使関係についての専門的知見を有する機関として，救済申立てがなされた個々の事件の事案に応じた適切な是正措置を命じる裁量権が認められている（第二鳩タクシー事件・最大判昭52・2・23民集31巻1号93頁）。判例はこの救済命令の内容についての労働委員会の裁量権を広く認めている（取消訴訟において救済命令の内容を審査する裁判所は，この救済命令の内容についての労働委員会の裁量権を尊重する必要がある）が，同時に，不当労働行為救済制度の趣旨・目的に照らして，裁量権に限界があることも明らかにしている。すなわち，救済命令の内容についての労働委員会の裁量権は，専門的知見を有する機関に個々の事案に応じた適切な是正措置を命じることを委ねたとの上記趣旨および「正常な集団的労使関係秩序の迅速な回復，確保を図る」との目的に照らして行使されなければならず，また，「不当

労働行為による被害の救済としての性質をもつものでなければなら」ないとされている。

(ⅱ) バックペイと中間収入の控除

解雇が不当労働行為とされた場合，原職復帰と，バックペイ（解雇期間中の賃金相当額の支払）が命じられる。このバックペイを命じるにあたって，被解雇労働者が解雇期間中に他で就労して得た収入（中間収入）がある場合に，これをバックペイとして命じる金額から控除しなければならないか否かが，救済命令内容についての裁量権との関係で争われてきた（なお，民事事件における解雇無効の場合の中間収入の控除については→第9章5-3）。

判例（前掲・第二鳩タクシー事件）は，不当労働行為（不利益取扱い）に該当する解雇が，「被解雇者に対する侵害」と，「組合活動一般に対する侵害」との2つの側面を持つとした上で，双方の側面を総合的に考慮した上で判断がなされるべきであるとしている。具体的には，被解雇者個人への侵害の救済という点では，解雇により他で就労が可能となり得られた収入は被解雇者の経済的被害を償うものであり，中間収入を得た労務の性質や内容が従前よりも負担の重いものであるような場合を除き，原則的には控除すべきことになるが，組合活動一般に対する侵害の救済という点では，他で就労することの困難性，中間収入を得た労務の性質や内容，賃金額等に照らし，解雇が組合活動一般に対してもたらした侵害の程度に応じた，合理的に必要かつ適切な形で，中間収入の控除の要否を判断すべきであるとしている。

上記2つの側面のいずれかを考慮しない場合は裁量権の限界を超えるものとされる（当該事案では解雇による打撃が比較的軽微で，組合活動への制約効果も限られることを理由に，中間収入を控除せず全額バックペイを命じた救済命令は裁量の限界を超えると判断した事例として，あけぼのタクシー事件・最一小判昭62・4・2判時1243号126頁）が，2つの側面（特に後者の側面）を検討した結果中間収入を控除しないことが合理的に必要かつ適切であるとされれば，全額バックペイを命じることも裁量権の範囲内とされうる。

(ⅲ) 査定差別と救済命令

賃上げ・一時金支給に関する査定差別（査定差別における不当労働行為の成否の判断方法については→第24章3-2）においては，救済命令として，労働委員会が一定の方法に基づき，本来なされるべきであった（差別的でない）査定に基づく賃上げ額・一時金額を決定し，これとの差額を支払うよう命じることがある。

このような方法としては，例えば，査定の中位値（中位評価）に基づいて査定を行った場合との差額の支払を命じる方法がある。裁判例は，このような救済命令について，使用者が，同期同学歴の他の労働者と比較して，救済対象である労働者の能力・勤務成績等が相当程度劣っていることを示す等，査定内容についての具体的事情を疎明しない限り，裁量権の範囲内と判断している（朝日火災海上保険事件・東京高判平15・9・30労判862号41頁。類似の方法として，非組合員についての考課点の平均との差を査定で差別された組合員の考課点に加える方法を，裁量権の範囲内としたものとして，紅屋商事事件・最二小判昭61・1・24労判467号6頁）。
　もっとも，不当労働行為の審査対象とされている査定に，不当といえない（不当労働行為にあたるとはいえない）部分が含まれている場合には，一律に中位値に基づく査定を踏まえた差額の支払を命じることは許されず，個々の組合員ごとに適切な救済内容が検討されなければならないとする裁判例がある（オリエンタルモーター事件・東京高判平15・12・17労判868号20頁）。

(iv)　昇格・昇進差別と救済命令

　昇格・昇進差別にかかる不当労働行為事件では，使用者の昇格・昇進についての権限（人事権）との関係で，昇格・昇進を命じる救済命令が救済命令内容の裁量権の限界を超えるものでないか否かが問題となる。
　職能資格制度（同制度の内容については→第7章1-1）上の格付けの上昇（昇格）を命じる救済命令については，格付けの違いが基本的には賃金額の違いをもたらすにすぎない（すなわち，職能資格制度上の格付けと役職上の位置づけである職位とが直接的には結び付けられていない）場合には，裁量権の範囲内と考えられている。
　職位の上昇（昇進）を命じる救済命令については，対象となる職位の内容が管理職の補助的なものにとどまる場合は裁量権の範囲内とされるが，対象となる職位が管理職である場合は，使用者の昇格・昇進についての権限を著しく不当に制約するものとして，裁量権の限界を超えると判断されうる（裁量権の限界を超えると判断した裁判例として，朝日火災海上保険事件・東京高判平15・9・30労判862号41頁参照。同事件では，管理職としての職位に結び付けられている職能資格制度上の格付けへの昇格を命じた点についても，裁量権の限界を超えると判断されている）。

(v)　抽象的不作為命令

　抽象的不作為命令とは，不当労働行為を使用者が将来に繰り返すおそれがあ

ると判断される場合に，(illustration 3)にあるような内容で下される命令をいう。当該事件で不当労働行為と判断されたのと同種もしくは類似の行為を使用者が将来繰り返すおそれがあると判断された場合に，そのような行為を対象として特定して（すなわち，具体的な形で）不作為を命じることは，裁量権の範囲内とされている（栃木化成事件・最三小判昭37・10・9民集16巻10号2084頁）。このように，将来に向けて命令を発すること自体は許される。しかし，そのような命令で禁止される行為の内容が労組法の文言と同様の抽象的なものである場合，使用者によりなされた不当労働行為を是正して正常な集団的労使関係秩序の迅速な回復，確保を図るという救済命令制度の目的を超えて，将来にわたり罰則をもって不当労働行為を禁止する法規を設定するに等しいため（現行法の下では，確定した命令に違反した場合に初めて罰則の適用がある。労組法32条），違法と考えられている。

(illustration 3) （抽象的不作為命令の具体例）「被申立会社は，申立組合の運営に介入してはならない。」「被申立会社は，組合活動をしたことを理由にして，申立組合の組合員に対して不利益取扱いをしてはならない。」

(vi) 私法上の法律関係等との関係

救済命令は，行政機関たる労働委員会によりなされる是正措置（行政処分）であり，その適否を検討するにあたり，直接私法上の法律関係に照らして判断される必要はない。しかし，私法上の法律関係から著しくかけ離れる救済命令は裁量権の限界を超えるものとされ，また，強行法規の趣旨に違反する場合も，救済命令は違法となる（ネスレ日本（東京・島田）事件・最一小判平7・2・23民集49巻2号281頁。同事件では，もともと一つであった組合が，Ａ・Ｂ２つの組合に分かれたという事情の下，Ａ組合の組合員である労働者らが，使用者にチェック・オフの中止を申し入れたが，元の組合あるいはＢ組合とチェック・オフ協定を締結していたことを理由に，使用者が上記労働者らの賃金の一部の控除を継続し，かつ，Ｂ組合に支払っていたことが，Ａ組合に対する支配介入に該当するとされたが，労働委員会が救済方法として，控除した賃金相当額をＡ組合に支払うよう命じた点は，上記労働者らが使用者に対して組合費を賃金から控除して組合に支払う旨の委任をしておらず，また，使用者とＡ組合との間にチェック・オフ協定が締結されていないことに照らし，私法上の法律関係から著しくかけ離れており，また，労基法24条（全額払原則）の趣旨にも抵触するもので，違法であると判断された）。

(4) 取消訴訟
① 司法審査の範囲

都道府県労働委員会または中央労働委員会の命令に不服がある当事者は，その取消しを求めて訴訟を提起することができる。

労働委員会命令についての司法審査では，実質的証拠法則（行政機関の事実認定が実質的証拠に支えられたものである場合，裁判所は行政機関の事実認定に拘束されるというもの）は存在しない。したがって裁判所は，労働委員会の事実認定に拘束されず，自ら証拠を調べなおして事実認定を行う。なお，証拠については，平成16年の労組法改正において，労働委員会が審査において物件提出命令を発することができる制度が設けられ，この命令がなされたにもかかわらず正当な理由なく物件を提出しなかった場合，当該物件により認定すべき事実の証明のために，当該物件に係る証拠の申出をすることができないとの制限が加えられている（労組法27条の21）。

不当労働行為の成否の判断については，労働委員会に要件裁量（不当労働行為の成立要件が満たされているか否かについての判断の裁量）が認められていないため，裁判所の全面的な司法審査に服する。これに対して，救済内容の適法性については，既に述べたとおり（→本章2-3(3)②）労働委員会に広範な裁量権が認められているため，裁判所はそれを尊重して判断する必要がある。

② 緊急命令

救済命令は確定しない限り従わなくとも罰則の適用がなく，また，取消訴訟の進行中は，命令は確定しない。そのため，取消訴訟の進行中に救済命令の実効性を確保するため，緊急命令制度が設けられている（労組法27条の20）。これは，使用者により取消訴訟が提起された場合に，労働委員会の申立てに基づき，受訴裁判所が，使用者に対し判決確定まで救済命令の全部または一部に従うべき旨を命じることができるとするものである（緊急命令違反には過料の適用があり，命令が確定したのと同様の状態が生じる）。緊急命令を発するか否かは，緊急命令により即時救済を行う必要性の有無，および，救済命令の適法性に重大な疑義が存しないか否か，の2点に照らして判断される（吉野石膏事件・東京高決昭54・8・9労判324号20頁）。

● 3 ● 司法による紛争解決手続

(1) 総　説

　司法（裁判所）による民事の労働関係紛争の解決システムとしては、もちろん、訴訟手続（通常訴訟、仮処分等の保全手続など）があり、これまでも、訴訟手続を通じて、労働関係紛争の解決が図られてきた。しかし、1990年代後半以降、個別労働関係紛争の増加を受けて、行政のみならず、司法においても個別労働関係紛争解決手続の改革を行う必要性が認識されるようになり、平成16年に、労働関係の専門的知見を有する者が関与する迅速な紛争解決の手続として、労働審判制度が導入された（「労働審判法」の制定）。労働審判制度は、同18年4月より運用されている。

　労働審判制度は、運用開始後、利用件数を急速に伸ばしており（下図参照）、(2)・(3)で触れている解決の実績をも併せると、現在、通常の訴訟手続とならんで、司法による労働紛争の解決の重要な手続としての地位を占めるようになりつつある。

　以下では、この労働審判制度に焦点を絞って説明する。

【個別労働紛争に関する手続別新受件数（全国・1月～12月）】

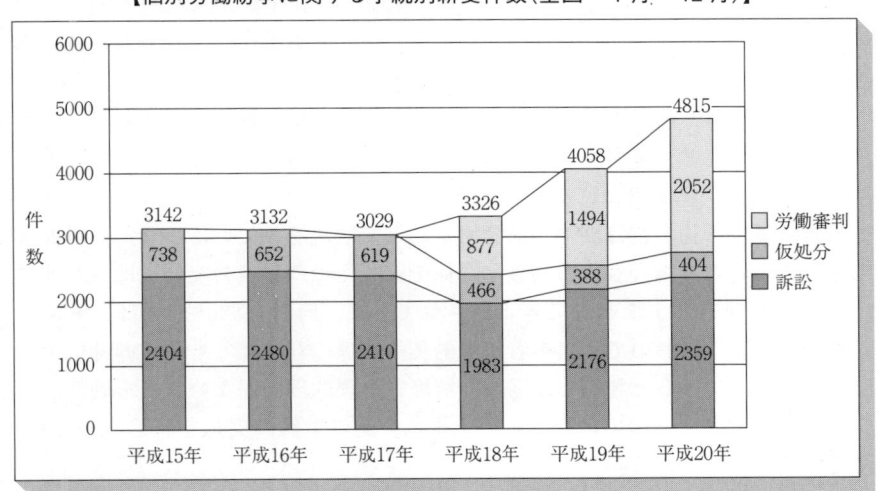

年	訴訟	仮処分	労働審判	合計
平成15年	2404	738	—	3142
平成16年	2480	652	—	3132
平成17年	2410	619	—	3029
平成18年	1983	466	877	3326
平成19年	2176	388	1494	4058
平成20年	2359	404	2052	4815

＊件数はいずれも最高裁判所事務総局行政局調べ
＊労働審判事件の平成18年の数値は労働審判法が施行された4月1日以降の数値

(2) 労働審判制度の特徴

　労働審判制度の第1の特徴は，労働関係紛争のうち，個々の労働者と事業主との間の個別労働関係紛争であって，民事に関する紛争（「個別労働関係民事紛争」）を対象とする非訟手続である点である。労働組合と使用者との間の集団紛争（労使関係紛争）は対象とされていない。

　第2の特徴は，労働関係についての専門的知見を有する者が審判に関与している点である。すなわち，労働審判を担う労働審判委員会は，職業裁判官1名（労働審判官）と，労働関係に関する専門的な知識経験を有する者2名（労働審判員。労・使それぞれの立場から1名ずつ任命。ただし，労使の利益代表ではなく，中立かつ公正な立場の者として手続に関与する）により構成される労働審判委員会により行われる（労審法7条〜9条）。これは，労働関係の制度・慣行についての専門的な知見を生かし，紛争の実情に即した，かつ，迅速・適切な解決を図るためである。

　第3の特徴は，迅速な解決が図られている点である。すなわち，労働審判は，原則として，3回以内の期日において，審理を終結しなければならないとされている（同法15条2項）。通常の訴訟手続では従来，審理の遅延が指摘され，これを改善する努力が積み重ねられてきているが，労働審判では，紛争解決の迅速性が労使双方にとって有する意義を踏まえ，より迅速な解決手段の提供が図られている。現実にも，ほぼ全て（約97％）の事件が3回以内の期日で終結しており，かつ，平均審理期間も約75日（通常訴訟では約12か月）と，迅速な解決が行われている。

　第4の特徴は，紛争の実情に即した適正かつ実効的な解決が図られている点である。このため，調停手続が制度に組み込まれており，「調停の成立による解決の見込みがある場合にはこれを試み」るとされている（同法1条）。実際，労働審判事件の約7割は調停が成立することで解決をみている。また，労働審判を下すにいたる場合も，権利義務関係を踏まえつつ事案の実情に即した解決に必要な審判を下すことができるとされている（同法1条）。例えば，解雇の効力を争う事件において，当事者が労働契約関係の存続よりも一定の補償金の支払いを望んでいると判明した場合，解雇に合理的理由がないことを確認しつつ，解雇無効とするのではなく，事業主に一定の金銭の支払を命じることも，可能と考えられている。

(3) 労働審判手続の流れの概要

　次頁の図に示すように，労働審判手続は，個別労働関係民事紛争の当事者

【労働審判制度の概要】

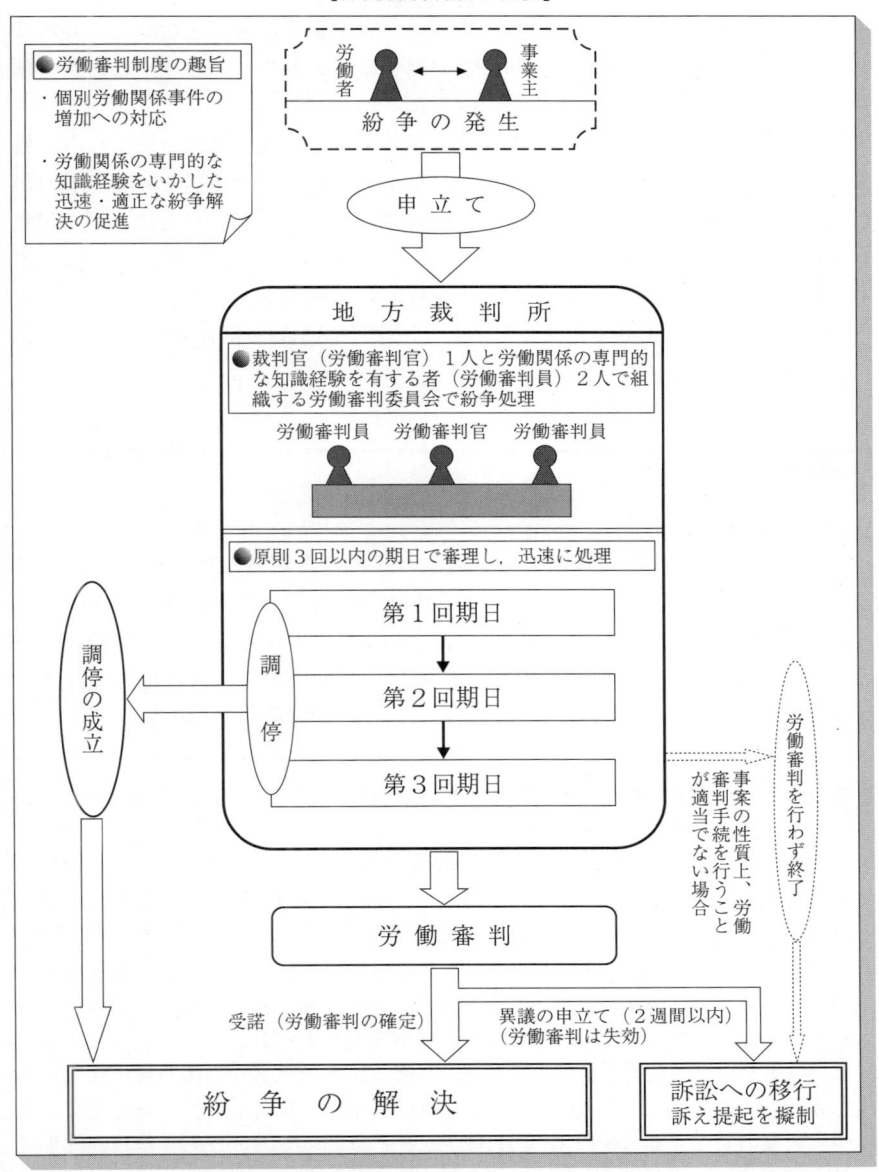

- ●労働審判制度の趣旨
  - ・個別労働関係事件の増加への対応
  - ・労働関係の専門的な知識経験をいかした迅速・適正な紛争解決の促進

紛争の発生（労働者 ↔ 事業主）

↓ 申立て

地方裁判所

●裁判官（労働審判官）1人と労働関係の専門的な知識経験を有する者（労働審判員）2人で組織する労働審判委員会で紛争処理

労働審判員　労働審判官　労働審判員

●原則3回以内の期日で審理し，迅速に処理

第1回期日 → 第2回期日 → 第3回期日

調停 → 調停の成立

↓ 労働審判

- 受諾（労働審判の確定）→ 紛争の解決
- 異議の申立て（2週間以内）（労働審判は失効）→ 訴訟への移行　訴え提起を擬制
- 事案の性質上、労働審判手続を行うことが適当でない場合 → 労働審判を行わず終了 → 訴訟への移行

[資料出所：司法制度改革推進本部HP「労働審判法の概要」付属の「労働審判法概要図」
(http://www.kantei.go.jp/jp/singi/sihou/hourei/roudousinpan_s-1.pdf)]

● 3 ●　司法による紛争解決手続

（労働者または事業主）が，地方裁判所に申立てを行うことにより開始される。

申立てを受けた地方裁判所は，(2)で述べた労働審判委員会を組織して審理にあたる。審理は原則3回以内の期日で終結することとされており，この間，解決の見込みがある場合には調停が試みられる。

調停による解決に至らない場合には，審判を行う。当事者が2週間以内に異議を申立てない場合，労働審判の効力は確定し，裁判上の和解と同一の効力が付与される。異議を申立てた場合，紛争は通常の訴訟手続へ移行される（労働審判申立時に訴えの提起があったとみなされることになる）。審判に至るのは，申立事件の約2割であり，そのうちの4割程度では異議申立てがなく紛争が解決している（調停による紛争解決と併せて，全体で約8割は労働審判制度の枠内で解決していると考えられている）。

CASES

【事例1】

A会社には多数派のB組合と少数派のC組合とがあるところ，平成19年3月の次年度昇給査定では，C組合の組合員がB組合の組合員らに比べて低く評価され，同年4月以降の賃金額に格差が生じた。査定差別について平成21年1月に救済を申立てた場合，C組合とその組合員らは救済を受けうるか。そのためにはいかなる点について証明が必要か。

解説 本件事例は，査定差別についての救済申立てにかかる時期的制限及び証明方法に関する問題である。

前者の点について，査定差別は平成19年3月に行われているが，これに対する救済申立ては当該査定から1年以上経過した平成21年1月に至って行われており，救済申立ての時期的制限を過ぎたものとして却下されないかが問題となる。救済申立ては対象の行為がなされた日から1年以内に行う必要があるが，「継続する行為」については，当該継続する行為が終了した日から1年以内であれば適法な申立てとして取り扱われる。判例は差別的な査定行為とそれに基づく毎月の賃金支払いは1個の「継続する行為」に該当するとしており（紅屋商事事件・最三小判平3・6・4民集45巻5号984頁），本件事例の場合，救済申立ては査定差別に基づく最後の賃金支払（平成19年度末である平成20年3月）から1年以内（平成21年3月まで）に申立てられているので，適法な救済申立てに該当する。

なお，平成19年3月より前にも同様の差別が継続的になされていた場合につい

ては，それも「継続する行為」とみて救済申立ての対象となりうるとする見解と，救済申立ての対象となりうるのは平成19年3月の査定差別以降の行為のみであるが，その範囲においては，過去の差別の累積部分（平成19年3月より前の査定差別により生じた差額部分）も含めて是正を命じうるとする見解とがある。

後者の査定差別の証明については，まず，いわゆる「大量観察方式」（→第24章3-2）を利用できるか否かが問題となる。これには，比較される各グループが一定以上の規模であること，比較対象となる従業員集団（本件では，B・C各組合の組合員）が勤務成績等について均質であることが前提となる。この前提が満たされる場合，「大量観察方式」により差別を証明することが可能となる。

「大量観察方式」の下では，C組合およびその組合員らが，B・C組合の組合員間で集団として格差が存在していること，使用者のC組合への嫌悪の意思（不当労働行為意思）の存在，の2点を立証すれば，格差は不当労働行為によるものであるとの一応の推定がなされる。この場合，使用者の側で格差が合理的な理由に基づくものであることを立証できなければ，不当労働行為の成立が認められる。

【事例2】

Aタクシー会社は，組合活動を理由に，労働者B（運転手）を懲戒解雇した。Bは懲戒解雇を不当労働行為であるとして労働委員会に救済を申し立てつつ，生計維持のため解雇後ほどなく他のタクシー会社で運転手として働き，A社での賃金額をやや上回る賃金を得ていた。労働委員会は救済命令を発する場合，内容についていかなる点に注意するべきか。

解説 本件事例で問題となるのは，救済命令の内容についての労働委員会の裁量権とその限界である。既にみたとおり（→本章2-3(3)②），判例は救済命令の内容についての労働委員会の裁量権を広範に認めているが，限界があることも明らかにしている。

そして，判例は，不利益取扱いに該当する解雇の救済としてのバックペイについて，それがもたらす「被解雇者に対する侵害」と「組合活動一般に対する侵害」との2つの側面の双方を考慮して，本事例のような中間収入を控除すべきか否かを判断すべきとしている。それゆえ，いずれか一方の側面を考慮しないまま救済内容を決定することは許されない。

本件の場合，前者の側面については，中間収入を得たことにより解雇による経済的不利益は回復された（労務の内容も従前と同じである）ということができ，また，後者の組合活動への制約の効果も，上記のことに加え，Bが解雇後ほどなく再就職しており，賃金額もA社での額を上回っていることからすると，限られているといいうる。このような場合，中間収入を控除することなくバックペイを

● 3 ● 司法による紛争解決手続

命じることは，救済内容についての裁量権の限界を超えるものとされる可能性が高い点に注意しなければならない。本件事例に類似するあけぼのタクシー事件・最一小判昭62・4・2判時1243号126頁では，中間収入を控除することなくバックペイを命じた救済命令を取消している。

【事例3】
　A会社が，B労働組合の組合員が行った1日のストライキについて，1日分ではなく1か月全部の賃金をカットしたため，B組合は，過剰にカットされた賃金の組合員らへの支払とポスト・ノーティスを求め救済を申し立てた。命令を下す時点でこれらの組合員が組合員でなくなっていた場合，労働委員会はどのような命令を下すべきか。

解説　本件で問題となるのは，組合が救済申立人となっている事案において，賃金カットを受けた組合員が救済命令の時点で，組合員でなくなっている（組合員資格を喪失している）場合，救済命令を発する必要性（救済利益）があるか否かという点である。

　不利益取扱いの場合，これを受けた本人が救済を求める意思を失った場合，当該本人の不利益を回復する救済の必要性は失われるとされており，組合員でなくなることは，救済を求める意思を失った場合の一つとされている。この点に関連して，判例は，組合が申立人となって組合員の雇用関係上の権利を回復する内容の救済を求めている（本件のように，過剰にカットされた部分の元組合員らへの支払いを求めている）場合，組合員が組合員でなくなったとしても組合固有の救済利益は失われておらず，本人が積極的に権利利益を放棄する意思表示をする等しない限り，労働組合はなお救済を求めうるとしている（旭ダイヤモンド工業事件・最三小判昭61・6・10民集40巻4号793頁）。

　本件では，元組合員らにより積極的に権利利益を放棄する意思表示がなされていなければ，申立てられている救済を命じうると考えられる（もっとも，組合員でなくなる事情にはさまざまなものがあり，学説上は，例えば，組合員が自ら脱退したような場合にまで，積極的に権利利益を放棄する意思表示を要するべきではないとする有力説がある）。また，ポスト・ノーティスについては，組合員が組合員でなくなったとしても，組合は救済を受ける利益を有し続ける（救済の必要性が存し続ける）ことになる（小南記念病院事件・最一小判平9・3・13労判722号30頁）。

第 26 章　労働市場法

● 1 ●　労働市場法の意義

　労働市場は，多義的な概念である。最も狭義には，使用者と労働者との間の求人と求職をマッチングする仕組み（労働力の需給調整システム）を意味し，最も広義には，企業および社会全体における賃金・労働条件の決定の仕組みと労働力の育成や調達，供給，調整の仕組みを総称するものとされる。
　労働市場がこのようなものだとすると，労働市場に関する法，つまり労働市場法は，極めて広い範囲を対象とする法ということになる。もっとも，労働市場法を勤労の権利（憲法 27 条 1 項）との関係で捉えれば，その中心は，雇用を促進・支援するための法，すなわち，雇用政策法ということになろう。勤労の権利は，すべての労働者が労働市場において適切な労働の機会を得られるようにすべき国政の基本方針を宣言したものとされている。労働市場法は，この勤労の権利の実現を主要な目的としているといえよう。
　勤労の権利が国に要求する政策上の義務は 2 つに分けられ，労働市場法もこれに対応した分類が可能である。その義務の第 1 は，労働者が自己の能力と適性を生かした労働の機会を得られるように，労働市場の体制を整える義務である。これに対応する立法としては，職業安定法，雇用対策法，職業能力開発促進法，高年齢者等の雇用の安定に関する法律（高年齢者雇用安定法），障害者の雇用の促進等に関する法律（障害者雇用促進法），労働者派遣事業の適正な運営の確保及び派遣労働者の就業条件等の整備等に関する法律（労働者派遣法）などがある。これらの立法は，対象者の点からさらに 2 つに分けることができる。つまり，労働者一般を対象にするものと，特定の者を対象にするものである。前記のうち，高年齢者雇用安定法や障害者雇用促進法は，後者に当たる。
　第 2 は，こうした労働の機会を得られない者に対して，その生活を保障する義務である。これに対応する立法としては，雇用保険法がある。もっとも，後

述のように，雇用保険法は，失業者の救済のみならず，総合的に雇用を促進・支援する法としての性格が強まっており，第1の義務に対応する立法としての性格もあわせもっている。

ここでは，以上の立法のうち，①職業安定法，②雇用保険法，③高年齢者雇用安定法および障害者雇用促進法をとりあげる。

なお，一般に，①は労働力の需給調整システム，②は失業の救済と予防，そして，③は特定のカテゴリーに対する雇用促進策と位置づけられているが，実際は，その役割や機能が重複することも多い。たとえば，労働力の適切な需給調整が失業の救済に資すること，雇用保険において特定の者に対する雇用継続や再就職を促進・支援すること，などである。このように，労働市場法に関する諸立法が複合的な性格をもつのは，雇用の促進・支援が，労働市場への参入から退出，そして再参入というサイクルにおける1つの局面だけを対象にしていたのでは不十分だからということが考えられる。逆にいえば，各法制度が有機的に連関し合うことによってこそ，雇用の促進・支援の実効性が高まるということになろう。

●2● 労働力需給調整システムの規律──職業安定法

(1) 職業紹介事業の国家独占

職業仲介事業の規制にかかわる法律の代表例が，職業安定法である（同法による募集の規制については→第5章1-2）。その前身である職業紹介法を強化する形で昭和22年に成立した職業安定法は，職業紹介サービスに対する民間事業の参入を基本的に禁止した。具体的には，①労働者供給事業の全面的禁止と，②有料職業紹介事業の原則禁止（特定の職業のみ許可制のもとで可能）である。この場合，「労働者供給」とは，供給契約に基づいて，労働者を他人の指揮命令を受けて労働に従事させることである（職安法4条6項）。また，「職業紹介」とは，求人および求職の申込みを受け，求人者（使用者）と求職者（労働者）との間における雇用関係の成立をあっせんすることである（同法4条1項）。このうち，職業紹介は，いかなる手数料・報酬も受けない無料職業紹介と，なんらかの手数料・報酬を受ける有料職業紹介とに分別される。

> illustration 1　大学生Aは，サークルの後輩たちをかつて自分が働いていたバイト先Bに行かせて，アルバイトをさせている。Bは，これに対してAに

謝礼を支払っている。事業として行うものといえる場合，この行為は，労働者供給として禁止される。

なぜ労働者供給や有料職業紹介を民間事業者に委ねることが禁止されたかといえば，いずれも，強制労働や中間搾取，人身売買などの弊害を伴いやすいためである。実際，日本では，明治時代の製糸・紡績業における女工等の就職に関して，こうした弊害が生じた例もある。そこで，成立当初の職業安定法では，労働者の就職や求職に介入して利益を上げる事業を原則として許すべきではなく，職業の紹介に関する国のサービス体制を整備して私的営利事業を禁止すべきとの考えがとられたのである。

(2) 職業紹介事業の自由化

しかしながら，こうした基本路線は徐々に変化する。その主たる原因は，オイルショック以降の急速な技術革新や産業構造の変化である。これにともなって，企業が求める労働者像が急激に変化したことなどもあり，労働力需給のミスマッチが拡大した。このミスマッチを公的な職業紹介サービスだけでは補えず，その間隙を民間の職業紹介事業や人材派遣事業が埋めたのである。こうした民間事業の多くは，職業安定法に抵触するおそれがあったが，労働力の需要側・供給側双方の要望もあり，これを厳しく規制するよりは，労働力需給調整システムの1つとして制度化し，適切な規制のもとに置くべきとの声が高まった。さらには，1990年代以降の規制緩和や構造改革の流れもこの追い風となった。とくに，経済界は，有料職業紹介事業および労働者供給の一類型である労働者派遣事業の規制緩和を強く求めたのである。

こうした状況のなか，まず，昭和60年に労働者派遣法が制定された（→第18章4-1，4-2）。労働者派遣は，自己の雇用する労働者を，他人の指揮命令下において，その他人に使用させるタイプの労働者供給であるため，労働者供給の弊害は，労働者派遣に関しても生じうる。こうした警戒感から，労働者派遣は，まずは列挙された13業務のみ，労働者供給の定義から除外されて解禁された（ポジティブ・リスト方式）。しかし，その後，前記のような社会状況の変化のなかで，徐々に対象が拡大され，平成11年の改正ではついに，列挙された業務のみ禁止（ネガティブ・リスト方式），つまり，原則的に自由化されるにいたった。さらに，平成15年改正では，それまで禁止されていた製造業務についても，労働者派遣が可能になったことで，建設・港湾運送など一部の例外を除き，ほとんどの業務が労働者派遣に解放されている（→第18章4）。

これと平行して，平成8年には職業安定法施行規則が改正され，一定の職業についてのみ例外的に許容（ポジティブ・リスト方式）されていた有料職業紹介事業が，原則として自由化される（ネガティブ・リスト方式）。その後，平成11年の職業安定法改正によって，同法の目的に，民間職業紹介事業による労働力需給調整の役割が明記されるにいたった。

(3) 職業紹介事業の規制内容

　このように，現在では，民間事業者の参入を禁止するよりは，その役割を正面から認めて，官民事業が共存して労働力需給調整機能を担う体制を樹立することが基本的な路線となっている。この結果，労働者供給事業に関しては，労働者派遣事業が除外されたほかは，民間事業者がこれを営むことが依然として禁止されているものの（職安法44条），職業紹介事業については，官民が競合するシステムとなった。

　この場合，職業紹介事業を営む公的な主体とは，国が所管する公共職業安定所（いわゆる「ハローワーク」）等である。一方，民間の職業紹介事業者については，有料職業紹介の場合，一部の例外を除いて（港湾運送や建設業務等），許可制のもとで事業としての職業紹介が認められる（職安法30条・32条の11）。無料職業紹介事業に関しては，その主体に応じて，より緩やかな規制がなされている（同法33条から33条の4）。

　この官民の主体に共通するルールとして，①職業選択の自由の尊重（職業紹介は，求職者に対して，ある職業に就くことを強制してはならない。同法2条），②差別的取扱いの禁止（職業紹介に関して，人種や国籍，信条，性別，社会的身分，門地，従前の職業，労働組合の組合員であること等によって差別してはならない。同法3条），③労働条件の明示（求人者は官民の職業紹介機関・事業者に対して，職業紹介機関・事業者は求職者に対して，労働条件を明示しなくてはならない。同法5条の3），④個人情報の保護（官民の職業紹介機関・事業者は，業務の目的達成に必要な範囲で，求職者の個人情報の収集，保管および利用を行わなくてはならない。同法5条の4），⑤求人求職受理の原則（官民の職業紹介機関・事業者は，申込みの法令違反などがない限り，求人および求職の申込みをすべて受理しなければならない。同法5条の5，5条の6），⑥適職紹介の原則（官民の職業紹介機関・事業者は，求職者に対してはその能力に適合する職業を紹介し，求人者に対してはその雇用条件に適合する求職者を紹介するように努めなければならない。同法5条の7），がある。

> **illustration 2** 求職者Aは，職業紹介事業者Bに求職活動のための登録を申し出たが，50歳と年齢が高いことを理由に無理だと断られた。Bの対応は，求人求職受理の原則に反する。

　これに加えて，民間事業者のみに課される規制として，⑦職業紹介事業を行う場合の厚生労働大臣の許可がある（同法30条以下。ただし，学校等が無料職業紹介事業を行う場合は，厚生労働大臣への届出でよい）。つまり，職業紹介事業が民間事業者に原則として解禁されたとはいっても，許可制によるとの原則は従前と変わらない。また，⑧手数料規制もある（同法32条の3第1項）。この場合の手数料とは，民間の事業者が求人者（使用者）に請求するものである。求職者（労働者）から手数料を徴収することは，そもそも一定の例外を除いて許

【労働者派遣】

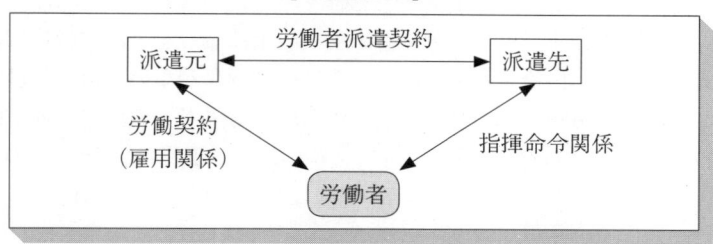

```
派遣元 ←―労働者派遣契約―→ 派遣先
  ↓                        ↓
労働契約                 指揮命令関係
（雇用関係）
       ↘   労働者   ↙
```

【労働者供給①】

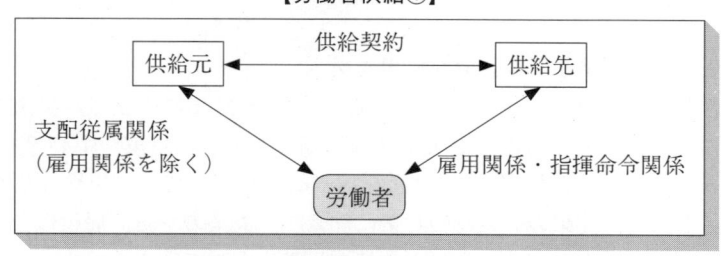

```
供給元 ←―供給契約―→ 供給先
  ↑                      ↓
支配従属関係         雇用関係・指揮命令関係
（雇用関係を除く）
       ↘  労働者  ↙
```

【労働者供給②】

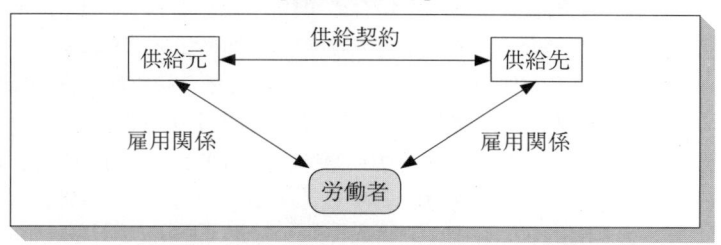

```
供給元 ←―供給契約―→ 供給先
  ↓                      ↓
雇用関係              雇用関係
       ↘  労働者  ↙
```

● 2 ● 労働力需給調整システムの規律――職業安定法　　351

されていない（同32条の3第2項）。

(4) 労働者供給事業の規制と労働者派遣事業

先に述べたとおり，労働者供給とは，供給契約に基づいて，労働者を他人の指揮命令を受けて労働に従事させることである（職安法4条6項）。また，職業安定法は，この労働者供給を事業として行うこと，および，労働者供給事業を行う者から供給される労働者を使用することを禁止している（同法44条）。

ただし，こうした労働者供給のうち，「自己の雇用する労働者を，当該雇用関係の下に，かつ，他人の指揮命令を受けて，当該他人のために労働に従事させること」は，労働者派遣として，労働者供給から除外とされている（労働者派遣法2条）。したがって，職業安定法によって禁止される労働者供給事業とは，「自己の支配下にある者を，他人の指揮命令を受けて，当該他人のために労働者を従事させること」を事業として行う場合に限られることになる。具体的には，供給契約に基づいて，労働者を他人の指揮命令を受けて労働に従事させる事業のうち，①供給元と労働者との間に雇用関係がないもの，②供給元と労働者との間に雇用関係があり，かつ，供給先と労働者との間にも雇用関係があるもの，の2つである（出向は②に該当しうるが，「事業」としてなされないのが通常である。なお，請負や派遣等の違いに関しては，→第18章4-1）。

● 3 ● 失業の救済と予防——雇用保険法

(1) 失業者の救済から総合的な雇用支援へ

雇用保険法の前身は，失業保険法である。昭和22年に成立した失業保険法は，その名のとおり，労働者が失業状態に陥った場合の対策が中心であった。しかし，昭和49年には，失業保険法を抜本的に改正して，雇用保険法が制定される。これは，従来の失業時の対策に加えて，失業の予防，雇用機会の増大，労働者の能力開発などの積極的雇用政策を目指すものである。つまり，現在の雇用保険制度は，失業状態に陥った場合の事後的な保障だけでなく，その予防や労働市場への参入・再参入までを対象とする総合的なシステムとなっている。

雇用保険法は，政府が保険者となって，こうした総合的な雇用支援策を展開している。雇用保険制度は，農林水産業の零細個人事業（常時5人以上の労働者を雇用していないもの）を除くすべての事業に適用され（雇用保険法5条1項），そこで雇用される労働者が被保険者となる（同法4条1項）。この場合の「労働者」とは，労働基準法上の労働者と同様に解される（所沢職安所長事件・東京高

判昭 59・2・29 労民集 35 巻 1 号 15 頁。→第 2 章 2）。ただし，65 歳に達した日以降に新たに雇い入れられる者，週の所定労働時間が 30 時間未満で雇用期間が 1 年未満となる見込みの者，日雇労働被保険者以外の日雇労働者，季節的事業に 4 か月以内の期間を予定して雇用される者等は，適用対象から除外されている（同法 6 条）。なお，週の所定労働時間が 20 時間未満の労働者は，雇用期間の長短を問わず適用対象外とする取扱いがなされている。

> illustration 3　労働者 A は，小さな個人経営の町工場 B で，アルバイトとして 3 年勤めている。1 日の労働時間は 4 時間だが，土日以外は毎日働いている。従業員は，A 以外にいない。この場合，A は雇用保険の被保険者である。

(2) 保険給付および事業

現在の雇用保険法は，①失業等給付と②雇用保険 2 事業の 2 本立てになっている。このうち①失業等給付は，被保険者に対する保険給付である。これは，(i)求職者給付，(ii)就職促進給付，(iii)教育訓練給付，(iv)雇用継続給付からなる（雇用保険法 10 条）。一方，②雇用保険 2 事業は，事業主の負担による特別な福祉事業である。これには，(i)雇用安定事業と，(ii)能力開発事業の 2 つがある（同法 62 条・63 条）。

まず，①失業等給付の(1)求職者給付は，失業している者に対して，失業中の生活保障と就職のための準備に必要な給付を行うものである。その中心は，基本手当である。基本手当を受給するには，失業した被保険者に関して，離職前 2 年間に被保険者期間が通算 12 か月以上必要である（同法 13 条）。

基本手当の支給要件とされる「失業」状態とは，被保険者が離職し，労働の意思と能力を有するにもかかわらず，職業に就くことができない状態のことである（同法 4 条 3 項）。この場合，「労働の意思」とは，自己の労働力を提供して就職しようとする積極的な意思をいう。たとえば，就職を諦めてしまった者や，特段の理由もなく未経験の職業や高い労働条件に固執している者などは，労働の意思がないと推定される。一方，「労働の能力」とは，労働に従事し，その対価を得て，自己の生活に資することのできる精神的，肉体的および環境上の能力をいう。たとえば，重い傷病等のために全く就業できない状態にある者は，労働の能力があるとはいえない。

> illustration 4　労働者 A は，妊娠を機に，育児に専念しようと会社を退職した。労働の意思がないことから，A は求職者給付を受給できない。

基本手当の日額は，離職前6か月間の賃金額に基づき計算される賃金日額の5割から8割である（賃金日額が低い場合ほど，給付率が高くなる。雇用保険法16条・17条）。給付日数は，年齢，被保険者期間の長さおよび離職理由によって異なる。とくに，倒産や解雇等による離職，つまり，自らの意思によらず，離職を余儀なくされた者については，給付日数がより長く設定されている。

【一般の離職者（定年退職，自己都合退職等）】

離職日における年齢	被保険者期間		
	10年	10年以上20年未満	20年以上
65歳未満	90日	120日	150日

【倒産・解雇等による離職者】

離職日における年齢	被保険者期間				
	1年未満	1年以上5年未満	5年以上10年未満	10年以上20年未満	20年以上
30歳未満	90日	90日	120日	180日	―
30歳以上35歳未満		90日	180日	210日	240日
35歳以上45歳未満		90日	180日	240日	270日
45歳以上60歳未満		180日	240日	270日	330日
60歳以上65歳未満		180日	180日	270日	240日

【就職が困難な者（障害者等）】

離職日における年齢	被保険者期間	
	1年未満	1年以上
45歳未満	150日	300日
45歳以上65歳未満	150日	360日

　このほかの失業等給付として，(ii)就職促進給付は，失業者が早期に再就職することを促すためのもの（雇用保険法56条の2以下），(iii)教育訓練給付は，職業

能力向上のためのもの（同法60条の2以下），そして，(iv)雇用継続給付は，高年齢者や育児・介護休業を取得する労働者のためのもの（同法61条以下），である。

一方，雇用保険のもう1つの柱である②雇用保険2事業は，事業主に対する各種助成金（雇用調整助成金など），雇用促進・能力開発のための特殊法人や自治体などへの補助，若年者に対する就職支援や仕事と家庭の両立支援等が主なものである。

このように，雇用保険2事業はもちろん，失業等給付のなかにも，広く雇用を促進・支援する性質の給付が含まれている。

雇用保険に要する費用は，被保険者と事業主が負担する保険料と国庫負担とで賄われる。保険料は，一般事業の場合，原則として賃金の総額の1.95％である（雇用保険徴収法12条4項）。そのうち，1.6％は失業等給付の費用にあてられ，労使で折半する。残りの0.35％は雇用保険2事業のためのものであり，事業主のみが負担する。

●4● 特定の対象者に対する雇用の促進

職業安定法や雇用保険法は，基本的には労働者（ないしは潜在的労働者）一般を対象とした制度である。しかしながら，労働市場のなかには，さまざまな事情により，雇用を巡ってとくに困難な状況に置かれる者がいる。このなかで，特別の対応を図るべきと考えられている者の代表例が，高齢者と障害者である。これらの者については，一般的な雇用政策では十分でなく，それぞれの特性に応じた個別の，より強力な雇用促進・支援策が必要と考えられている。

4-1　高年齢者雇用安定法
(1)　高年齢者の雇用促進と定年制

高齢者の雇用に関しては，高年齢者雇用安定法が制定されている。この法律は，55歳以上の者を「高年齢者」と呼び（高年法2条1項），各種の措置を通じて，その雇用の安定を図るとともに，より広く中高年層（45歳以上）の求職者や失業者についても，雇用促進のための諸施策を講じている。

高年齢者の雇用については，定年制が最大の問題となる。定年制とは，労働者が一定の年齢に達したときに労働契約が終了する制度をいう（→第16章4-2）。1970年代半ば以降，高年齢者の雇用確保のために焦点となったのが，こ

の定年（当時は55歳定年制が主流）の延長である。

定年制に関しては，一方で年功序列賃金制（高年齢者を雇用し続ければ，高コストとなる），他方で公的年金の支給開始年齢（年金支給開始年齢と定年年齢の格差が収入源を欠く期間を意味することから，年金支給開始年齢の引上げは，定年年齢の引上げに向けての圧力となる）との関連性が深い。こうしたことから，定年年齢引上げに関しては，これに対する抵抗と圧力との相克があったものの，とくに高齢化の進行による年金財政の逼迫等を背景に，定年年齢の引上げに向けての圧力が強まった。

(2) **60歳定年制の義務化および65歳までの雇用確保措置等**

こうしたなかで，平成8年には，年金法改正と併せて高年齢者雇用安定法が改正され，60歳定年制を強行的な基準とするにいたった。つまり，定年を定める場合には，60歳を下回ってはならないとされたのである（高年法8条）。

ただ，これでは，公的年金の支給開始年齢として段階的に実施されつつある65歳との間に空白期間が生じる。このため，平成16年の改正では，65歳未満の定年の定めをしている事業主に対して，65歳までの安定した雇用を確保するために，次のいずれかの措置を講ずる義務が課されることとなった（平成25年3月31日までは，公的年金の65歳支給開始の段階的実施にあわせた経過措置が置かれている）。具体的には，①当該定年の引上げ，②継続雇用制度の導入，③当該定年の廃止，である（高年法9条1項→第16章4-2(2)）。

一方，高年齢者の雇用確保に関しては，年齢がハードルになることが多い。雇用対策法は，労働者の募集や採用に関して，年齢に関わりなく均等な機会を与えなければならないとしているが（10条），依然として年齢制限を設定する求人が相当あるといわれる。そのため，高年齢者雇用安定法では，事業主がやむをえない理由により一定年齢（65歳以下の年齢設定に限る）を下回ることを条件として，労働者の募集や採用を行う場合には，求職者に対してその理由を示すことを義務づけた（高年法18条の2第1項→第5章2-2）。

4-2 障害者雇用促進法

障害者の雇用促進に関する主要な法律は，障害者雇用促進法である。その前身である身体障害者雇用促進法は，その名のとおり，身体障害者のみを対象とするものであり，雇用促進措置の内容もまた，必ずしも十分ではなかった。そのため，障害者雇用促進法は，障害者一般（身体障害者のほかに，精神障害者や知的障害者も含む）を対象とし（2条1号），その施策の充実を図ることで，障

害者全般の雇用の安定を目指している。

　障害者雇用促進法の定める主要な措置は，①障害者雇用対策基本方針の策定，②職業リハビリテーションの推進，そして，③身体障害者または知的障害者の雇用義務，である。

　このうち，①障害者雇用対策基本方針とは，障害者の雇用の促進やその職業の安定に関する施策の基本方針となるものである（障害者雇用促進法7条）。一方，②職業リハビリテーションとは，障害者に対して，職業指導や職業訓練，職業紹介などの措置を講じ，障害者の職業上の自立を図ることをいう（同法2条7号）。

　③の雇用義務に関しては，いわゆるクォータ制が採用されている（→第5章2-2）。つまり，雇用する労働者のうち，一定率を身体障害者または知的障害者とすることを義務づける仕組みである（同法38条）。この率は，「雇用率」と呼ばれる。雇用率は，事業主によって異なっており，国や地方公共団体は2.1％，一般事業主については1.8％である。

　ただし，雇用率については，障害者雇用納付金との関係に注意が必要である。障害者雇用納付金とは，障害者を雇い入れる事業主等に対する助成金のための費用として，一定規模以上の事業主から徴収されるものである（同法53条→第5章2-2）。この納付金の実際の納付額は，雇用する障害者の数に応じて減額され，雇用率を達成すればゼロとなる仕組みになっている（他方で，雇用率を超えて障害者を雇用した事業主には，「障害者雇用調整金」が支給される。同法49条・50条）。換言すれば，障害者雇用納付金を納めれば，雇用率を達成しないことも事実上許容される。このように，雇用率の達成義務は，障害者雇用納付金との関係で，さほど強力なものではない。

CASES

【事例1】

　銀行の支店長であったAは，不況のあおりを受けて銀行が倒産したことにより退職した。Aは，ハローワークで職業紹介を受けたにもかかわらず，前職と同じ水準の賃金でなければ受け入れられないといってこれを拒否した。Aは，求職者給付の基本手当を受給できるか。

解説　基本手当を受給するには，「失業」していることが重要な要件の1つで

● 4 ●　特定の対象者に対する雇用の促進

ある。その失業に関しては，できる限りの努力で職を探し求めているという「労働の意思」が必要である（雇用保険法4条3項）。公共職業安定所で職業紹介や職業指導が行われたにもかかわらず，特別な理由がないのに不当に高いと思われる労働条件に固執する者については，労働の意思がないと判定されることになる。ただし，固執しているのが不当に高い労働条件なのかどうかは，職業紹介や職業指導を拒否する理由が単なる主観的願望にすぎないものかどうか等を含めて慎重に判断されるべきだろう（本事例は，大阪高判昭57年8月9日労判392号速報カード11頁を参考にした）。

総合演習

第1問 製造業を営むA社のB工場では，周知ずみの就業規則において，(1)所定労働時間を，月曜日から金曜日までは午前9時から午後5時までの実働7時間（休憩1時間を除く），土曜日は午前9時から正午までの実働3時間とし，日曜日を休日としていた（週の起算点は月曜日とする旨も定められていた）。また，就業規則には，(2)「会社は，業務上の必要に応じ，休日を他の労働日に振り替えることができる」との規定，および(3)「会社は，業務上の必要に応じ，36協定に反しない範囲で，従業員に時間外労働または休日労働を命ずることができる」との規定も設けられていた。時間外・休日労働に関しては，A社は，社長などの役員を含めて全従業員が参加している親睦会の代表者（社長が指名した者）との間で36協定を締結している。なお，割増賃金については，就業規則上，法令に従って支払う旨の規定があるのみである。

平成21年10月20日（火），A社は，臨時の受注があったことから，B工場に勤務する従業員に対し，同月25日（日）につき，午前9時から午後7時まで（休憩1時間を除く）の出勤を命じたうえ，翌26日（月）に，同月30日（金）を代休日とする旨通知した。ところが，受注への対応に遅れが生じたため，A社は，同月28日（水）に，B工場の従業員に対し，同月30日についても所定労働時間どおりの出勤を命じるとともに，その代休日については翌週に追って指定する旨を改めて通知し，11月2日（月）に，同月6日（金）を代休日とする旨通知した。

これに対し，B工場の従業員であるCは，もともと10月25日は休日であるとして出勤を拒否する一方で，同月30日には出勤した。そこで，A会社はCに対し，25日の出勤拒否は業務命令違反であるとして，就業規則上の懲戒規定に基づきけん責処分を行った。他方，同じくB工場の従業員であるDは，会社の命令どおり，10月25日および30日とも出勤した。

問 以上の事実関係のもとで，CおよびDはA社に対していかなる法的手段をとりうるか。

解説 **1 Cのとりうる法的手段（けん責処分について）**
(1) 法的手段と検討の筋道

Cは，出勤を命じられた25日（以下，日付のみ記載してある場合は10月を指すものとする）に出勤を拒否したため，就業規則上の懲戒規定に基づきけん責処分を受けているので，A社に対し当該けん責処分の無効確認請求が可能か検討することとなる。

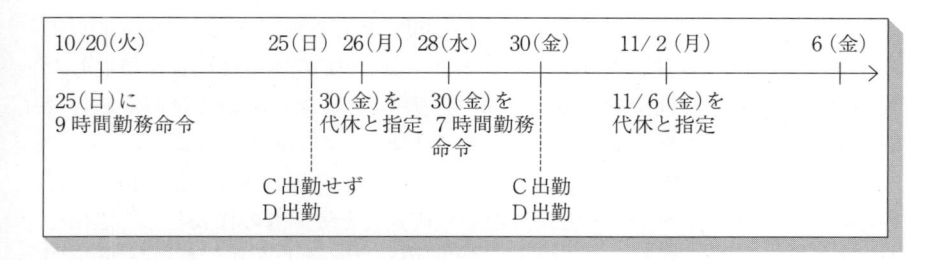

```
10/20(火)          25(日) 26(月) 28(水)   30(金)        11/2(月)           6(金)
 |──────────────────|────|──────|────────|─────────────|──────────────────|──→
25(日)に                  30(金)を  30(金)を            11/6(金)を
9時間勤務命令              代休と指定 7時間勤務            代休と指定
                                  命令
                         C出勤せず          C出勤
                         D出勤              D出勤
```

　けん責処分の無効を主張するためには，Cの25日の出勤拒否が違法でないこと，すなわちCには25日の労働義務がなかったことを主張する必要があるところ，そもそも25日は就業規則上定められた週1日の休日であるから法定休日であったと解される。そこで，まず，A社による休日振替が適法になされているか否かが問題となる。休日振替が適法になされていないのであれば，25日は休日のままであるから，つぎに休日労働を命じる根拠の有無（36協定の有効性）が問題となる。他方，休日振替が適法になされていた（すなわち25日に労働義務が発生していた）とすれば，2時間分の時間外労働命令の適法性は別途問題になりうるものの，Cが少なくとも7時間分の労働義務を履行していないこととなる以上，けん責処分の無効を主張することまでは困難であろう。

(2) **休日振替の適法性**

　使用者が一方的に休日振替を命じうる要件としては，①使用者が休日を他の労働日に振り替えうる旨の規定が存在すること，および②休日振替先の労働日を予め特定することがあげられ（昭23・4・19基収1397号，同63・3・14基発150号），かつ，振替後の状態が労基法35条に違反しないことも必要である。

　本問では，①就業規則に休日振替の規定は存在するものの，②25日の後の26日になって振替日が指定されているから，休日振替は要件を満たさず，25日は法定休日のままということになる。したがって20日になされたA社の25日勤務命令は，休日労働を命じたものと評価されることとなる。

(3) **休日労働命令の適法性**

　そこでつぎに，A社が休日労働を命じうる要件が問題となる。本問では，①休日労働を命じる旨の就業規則上の合理的規定など，労働契約上の根拠が存在すること，および②36協定が締結されていること（労基法36条1項）が適法な休日労働命令の要件となる（36協定は休日労働が適法となるための要件であり，個々の労働者に対して休日労働の義務を生じさせる根拠として①が必要である。日立製作所武蔵工場事件・最一小判平3・11・28民集45巻8号1270頁参照）。

本問では就業規則に休日労働を命じうる規定が存在しており（内容も特段不合理な点はない），36協定も存在しているが，A社の36協定は社長が指名した親睦会の代表者との間で締結されており，労基法36条1項および同法施行規則6条の2第1項の要件を満たさないのではないかが問題となる。

　A社の親睦会は労働組合とは認められないし，その代表者は社長が指名しているのであるから，過半数の労働者がその代表者を労働者の代表として選出したともいえない。したがってこのような36協定は無効であり，有効な36協定が存在していない以上，A社のCに対する25日の休日労働命令は適法といえず，Cには25日の休日労働義務が生じていないということになる（トーコロ事件・最二小判平13・6・22労判808号11頁）。

　結局，A社のCに対するけん責処分はその前提となる業務命令違反行為が存在しないこととなり，けん責処分は無効となろう。

2　Cのとりうる法的手段（30日の就労についての割増賃金請求）

　1で検討したとおり，25日の振替休日として30日を指定したA社の行為は適法な休日振替にはならないから，25日は休日労働となり，30日は代休と評価されることになる。すなわち30日は法定外休日となるところ，A社は法定外休日たる30日に勤務するよう命令を出している。そこで，法定外休日に労働した場合に割増賃金を請求できるか否かが問題となるが，法定外休日の場合は就業規則上規定がない限り，A社には通常の賃金以外に休日割増賃金を支払う義務はなく，26日からの1週間における労働時間も38時間であって週40時間を超えていないから時間外割増賃金支払義務も発生しない。

3　Dのとりうる法的手段（割増賃金請求）

(1)　25日の就労について

　1で検討したとおり，25日は法定休日となり，休日割増賃金が発生する。

　なお，25日の労働は有効な36協定によらない違法な休日労働になるが，割増賃金請求権は休日労働の適法性にかかわらず発生しうる。

　またDは25日に9時間の休日労働を行っているが，休日には時間外労働は観念できないため，35％の割増賃金を9時間分請求できることとなる。

(2)　30日の就労について

　2で検討したところと同様であり，労基法上の休日割増賃金請求権も時間外割増賃金請求権も発生しない。

第2問 　Aは，大学卒業と同時に，音響機器製造業を営むB社に正社員として期間の定めなく雇用され，研究開発等の職務を担当してきた。入社後10年目の時点で，Aは，長男を出産して育児の負担が生じたことから，それまでの週5日勤務から週3日勤務に勤務形態を変更してほしい旨B社に願い出た。B社はこの願い出に対し，同社の就業規則上，週3日という勤務形態は正社員については認めることはできず，期間の定めのある契約を締結している従業員についてはそのような勤務形態も認めているので，期間1年の契約に変更するのであれば週3日勤務を認める旨，また，その場合，賃金は勤務日の減少に対応して従来の5分の3とし，職務内容等については従前と原則として変わらないものとする旨返答した。Aはこれを承諾して，B社と期間1年の労働契約を締結して週3日勤務を開始した。1年後には，Aの契約は特段の手続を経ないまま更新されたが，その後8か月ほど経過した時点で，B社は，赤字にはなっていないものの経常利益が前年に比べ減少し，人件費の見直しなどによる業績改善策の実施を迫られるに至った。そこでB社は，時間外労働や中途採用の抑制などの措置に加えて，パートタイマーや有期労働契約を締結している従業員を対象に人員削減や労働条件の引下げを行うこととし，Aに対しては，賃金を現在に比べて25％引き下げるならば契約を更新するが，それに応じないのであれば更新を行わない旨を申し入れ，Aはその受入れを拒んだので，B社はAに対して，契約を更新しない旨を通知した。

問　以上の事実関係のもとで，AはB社に対していかなる法的手段をとりうるか。

解説　**1　考えられる法的手段**

　AはB社に対し，労働契約上の地位確認請求および賃金請求をすることが考えられるが，B社はAとの間の労働契約を更新しない旨の通知（雇止め）をしているので，Aはこの雇止めの有効性を争うこととなろう。

2　Aに対する雇止めの有効性

(1)　雇止めの有効性に関する判断の枠組み

　有期労働契約の場合，契約期間の満了により契約は当然に終了するのが原則である。

　しかし，有期労働契約が反復更新され，実質的には期間の定めのない契約と同様の状態になっている場合や，そうでなくとも労働者が雇用継続に対する合理的期待をもつに至った場合には，雇止めにつき解雇権濫用法理（労契法16

条）が類推適用され，合理的理由のない雇止めは許されない（その結果契約が更新されたのと同様の状態となる）こととなる（東芝柳町工場事件・最一小判昭49・7・22民集28巻5号927頁，日立メディコ事件・最一小判昭61・12・4労判486号6頁）。

(2) 雇用継続に対する合理的期待の有無

本件において，Aが有期労働契約を更新した回数は1回にすぎないが，①そもそもAはB社に期間の定めのない従業員として雇用されたものであり，出産を契機に有期契約に変更しただけであって，しかも②有期契約に変更したのは，Aが希望した週3日勤務を実現するためには会社の規則上有期契約にせざるを得ないとされたためであり，いわば形式上有期契約としただけであるともいいうること，③契約更新の際には特段の手続を経なかったことなどの事実に照らして，Aには「雇用継続に対する合理的期待」が生じていたといえよう。それゆえ，本件雇止めには解雇権濫用法理が類推適用されると考えられる。

(3) 雇止めの合理性の判断枠組み

つぎに，本件において，B社はAに対し，賃金を25％引き下げるなら契約を更新するが，応じなければ更新しないという申し入れをしているので，類推される解雇権濫用法理の内容として，いわゆる変更解約告知の法理を適用できるか，また，同法理を適用しない場合には整理解雇として有効か，という点を検討する必要がある。

この点については，(a)変更解約告知という独自の解雇の類型を認めた裁判例も存在する（スカンジナビア航空事件・東京地決平7・4・13労判675号13頁）が，(b)近年の裁判例はそうした独自の類型を認めず，整理解雇等の枠組みで要件充足性を検討する際に，労働条件変更の申し出をした事実を考慮する例が多いようである（大阪労働衛生センター第一病院事件・大阪地判平10・8・31労判751号38頁等参照）。以下では，(a)(b)双方の見解につき解説を加える。

(4) 変更解約告知の法理を認める場合

変更解約告知という独自の類型の解雇を認める場合，その要件としては，①労働条件変更の必要性の存在，②変更の必要性が労働者の不利益を上回り，労働条件の変更を伴う新契約の申込みに応じない労働者を解雇することがやむをえないこと，および③解雇回避努力が尽くされていることが考えられる（前掲・スカンジナビア航空事件）。

本件では，B社は経常利益が前年に比べて減少し，人件費見直し等による業績改善策の実施を迫られているものの，赤字には至っていないのであり，賃金

を引き下げる必要性が認められるとしても，25％という削減率は大幅であり，Aの不利益を上回る変更の必要性があるとはいえないであろう（解雇回避努力については整理解雇に関して後述する）。

　また，Aに対する変更解約告知は，パートタイマーや有期契約の従業員を対象にした労働条件引下げの一環として行われているが，そもそもAを他の有期契約従業員等と同様に扱うことが相当かという点も問題になる。一般的にいえば，有期契約従業員は，正社員よりは人員削減の際の保護の程度は弱いといえるが，Aについては，有期契約に変更した経緯に照らすと，保護の程度は必ずしも弱いとはいえず，他の有期契約従業員等と同様に，25％もの賃金削減を提案することは，これに応じない場合の解雇もやむを得ないとはいえないと思われる。

　したがって，Aに対するB社の変更解約告知による雇止めは，上記要件を満たさず，客観的に合理的な理由に基づくものとはいえないであろう。よってAの請求は認められることとなる。

(5) 変更解約告知の法理を認めない場合

　変更解約告知という解雇類型を認めない以上，本事案では，整理解雇法理を類推して人員削減の必要性・解雇回避努力・人選の合理性・手続の相当性の4要件（要素）が認められるかを検討することにより，雇止めの効力を判断することとなる。なお，有期契約従業員については，そもそも整理解雇の4要件という判断枠組みが適用されるかという問題もあるが，本件におけるAは，上記のとおり，一般の有期契約従業員よりは人員整理の際に強い保護を与えられうると考えられるので，整理解雇法理の類推は可能であろう。

　本件においてB社は，上記のように人件費見直し等による業績改善策の実施を迫られているので，人員削減の必要性については認められる余地がないとはいえないであろう。しかしながら，Aを他の非正規従業員と同列に扱うべきではないことから，Aを非正規従業員と同様に扱って雇止めの対象としたことは人選に疑問があること，25％の賃金削減による雇用維持を提案してはいるが，かかる削減率は大幅であり，解雇回避努力を尽くしたと評価するのは困難であることに照らし，Aに対する雇止めは合理的理由を欠くと判断されるであろう。

　したがって，やはりAに対する雇止めは許されず，Aの請求は認められると考えられる。

第3問 Aは，事業用の情報システムの管理を他社から請け負うことを業とするB社に雇用されていた従業員である。B社は，C社との間で，同社の社内情報システムの管理を内容とする期間1年の業務処理請負契約を締結し，1年後には契約を更新した（両社間には資本関係はなく，経営陣にも共通性はない）。この業務を遂行するため，B社は，C社との契約締結と同時に，雇用期間6か月と定めた契約書を交わしてAを採用し，C社内においてシステム管理業務に従事させることとした。この労働契約書には，当該契約は期間満了時に特段の意思表示がない限り更新されるものとする旨記載されており，実際にも，Aの契約は，業務遂行状況や健康状態等の審査を経たうえで2回更新され，そのつど契約書も作成された。

両社間の業務処理請負契約書においては，請負業務の内容の記載は簡潔なものであったため，実際には，両社の協議に基づき，C社の総務課長がAに対して業務内容の詳細や業務遂行の時間配分などについて指示を行っていた。他方，Aの賃金は，B社がC社から支払を受けた請負代金からB社の利益や費用を差し引いたものが原資になっていたが，C社としては，Aの賃金の決定方法や金額については把握していなかった。

その後，C社の人事異動で新たに赴任した総務課長がAに対して情報システムの管理以外の業務の遂行を求め，Aがこれに異議を唱えたことから，両名の間に反目が生じ，同総務課長はB社に対してAの業務遂行に不満がある旨を述べた。B社は，Aから事情を聴取したが，C社に善処を求めることはせずに，Aに対し，2回目の契約更新後2か月の時点で，就業規則上の「業務の都合により必要と認められる場合」という解雇事由に該当するとして，30日後に解雇する旨の予告をするとともに，予告期間中はAに自宅待機を命じ，その間，平均賃金の6割の休業手当のみを支払った。また，Aがこの解雇に抗議すると，B社は，仮に解雇が効力を生じないとしても，現在の契約期間の満了をもって雇止めとする旨の通知を行った。

問 以上の事実関係のもとで，Aはいかなる法的手段をとりうるか。

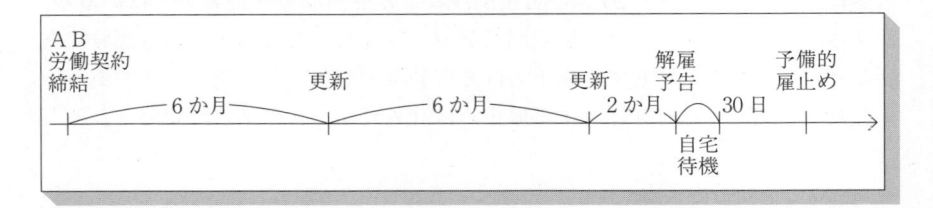

解説

1　B社に対する法的手段

　　Aは，B社に対して，労働契約上の地位確認請求および賃金請求をすることが考えられる。

(1) 地位確認請求

① 期間途中の解雇の効力

　Aは期間の定めのある労働契約を締結しているから，B社は，「やむをえない事由」がなければ期間途中の解雇はできない（民法628条，労契法17条1項）。ここで，「やむをえない事由」とは，期間満了をまたずに直ちに契約を終了せざるをえないほどの予想外かつやむをえない事由をいうと解される（安川電機事件・福岡高決平14・9・18労判840号52頁）。

　もっとも，本件就業規則には，「業務の都合により必要と認められる場合」という解雇事由が定められており，これに該当すれば「やむをえない事由」が存在しなくとも解雇ができるかという問題が生じうる。しかし，労働契約法17条1項は強行規定であり，同条項の要件を緩和することはできないと考えられる。

　本件では，Aの解雇は，C社の総務課長が本来の業務請負契約では認められない業務への従事を求めたことに端を発しており，Aに落ち度はないうえ，B社としては，C社に契約の趣旨の理解を求め，あるいは少なくとも，Aを他社のシステム管理業務に従事させることはできないか検討すべきであったといえるから，残り3か月の契約期間満了を待つこともできないほどの「やむを得ない事由」があったとはいえないであろう。

② 雇止めの効力

　以上によれば，Aに対する解雇は無効となるが，B社は，Aに対して，解雇後に予備的な雇止めの通知を行っているので，つぎに雇止めの効力が問題となる。

　有期労働契約は，期間満了により終了することが原則であるが，契約が反復継続されて，期間の定めのない契約と実質的に異ならない状態となった場合，また，それには至らなくとも，雇用関係の継続への合理的期待を認めうる場合には，解雇権濫用法理（労契法16条）が類推適用される（東芝柳町工場事件・最一小判昭49・7・22民集28巻5号927頁，日立メディコ事件・最一小判昭61・12・4労判486号6頁など）。

　本件においては，AB間の契約の更新回数は2回であり，その際には業務遂行状況や健康状態等の審査を経ており，契約書も作成されているから，期間の

定めのない雇用と実質的に異ならないとまではいいにくい。しかし，契約書では，期間満了時に特段の意思表示がない限り更新されるものとされていることから，本契約は原則として更新が予定されており，Aには雇用継続への合理的期待を認めることができると考えられる。

そうすると，本件雇止めには解雇権濫用法理が類推されるが，解雇について述べたように，Aに落ち度はないうえ，B社としては，少なくとも，Aを他社のシステム管理業務に従事させることはできないかの検討をすることが可能であったといえるから，雇止めに合理的理由があるとはいえない。その結果，Aの労働契約は更新されたのと同様の法律関係が生じ（前掲・日立メディコ事件），上記地位確認請求は認容されると考えられる。

(2) 賃金請求

① 解雇予告期間中の賃金請求権

B社は，解雇予告期間中にAに対し自宅待機を命じ，休業手当のみを支払っているが，この就労拒絶につきB社に民法536条2項の帰責事由が認められるのであれば，Aは本来の賃金額と休業手当額との差額を請求できることになる。

この点については，派遣先からの要求に基づき，派遣元が労働者の派遣就労を拒絶した事案において，労基法26条の帰責事由のみを認め，賃金請求を棄却した裁判例がある（三都企画建設事件・大阪地判平18・1・6労判913号49頁）。しかし，本件においてB社は，C社に対し契約の趣旨の理解を求めることが容易であるのにそれを怠り，また，Aを他社の業務に従事させることを検討せずに就労を拒絶したといえるから，B社はAを就労させなかったことにつき過失またはそれと同視すべき事情があるということができ，民法536条2項により賃金との差額請求は認容されると考えられる（賃金請求を認めた事例として，浜野マネキン紹介所事件・東京地判平20・9・9労経速2025号21頁）。

② 予告期間経過後の賃金請求権

解雇予告期間経過後については，解雇が無効である以上，Aの労働義務の履行不能はB社の帰責事由によるものと評価でき，雇止め以降についても，雇止めに合理的理由がない以上同様のことがいえる。したがって，予告期間経過後についても，Aは賃金を請求できる。

2　C社に対する法的手段

AはC社に対し，同社との間に労働契約が成立しており，B社の解雇は実質上C社による解雇として無効である旨を主張し，労働契約上の地位確認請求と

賃金請求をすることも検討しておく必要がある。
(1) 黙示の労働契約の判断基準
　本事例で，B社とC社の間には資本関係はなく，経営陣にも共通性はないので，法人格否認の法理が適用される事案ではない。そこで問題となるのは，AとC社の間に黙示の労働契約が成立したかどうかである。
　社外労働者と労務供給先会社との間で黙示の労働契約の成否が争われる場合，契約成立の有無は，①当該従業員が労務供給先の指揮命令のもとで労務を提供しているか，②労務供給先が当該従業員に対して採用や配置などの管理を行っているか，あるいは業務請負会社が形骸的な存在にすぎないか，③労務供給先が実質的に賃金を支払っているといえるかなどによって決定されると解される（大阪空港事業（関西航業）事件・大阪高判平15・1・30労判845号5頁など）。
(2) 本件への当てはめ
　C社はAに対し，就業時間の管理や業務内容についての指示を行っているから，AはC社の指揮命令のもとで労務提供をしていたといえる。しかし，C社はAの賃金の決定方法や金額さえ知らなかったのだから，C社がAに実質的に賃金を支払っていたとはいえず，また，C社は指揮命令以外の人事管理を行っていたともいえないので，両者間での黙示の労働契約の成立は認めがたい（ただし，松下プラズマディスプレイ事件・大阪高判平20・4・25労判960号5頁は，本件同様の事案で賃金支払の要件該当性を認めて黙示の労働契約の成立を肯定した）。
　以上によれば，C社に対する請求は認められないと考えられる。

第4問　A社では，かつて就業規則において，日曜日を休日とし，月曜日から金曜日までの所定労働時間を午前9時から午後5時20分まで（正午から午後1時まで休憩時間），土曜日は午前9時から正午までと定め，各事業場において周知させていた。その後，A社は，同社の従業員により組織されるB労働組合（各事業場において従業員の8割強を組織する）およびC労働組合（各事業場において従業員の1割弱を組織する）との間で，それぞれ期間の定めのない労働協約を締結し，いずれの協約書においても，日曜日を休日とし，所定労働時間につき，月曜日から金曜日までは午前9時から午後5時まで（正午から午後1時まで休憩時間），土曜日は午前9時から正午までと定めた（これを旧勤務時間制度という）。なお，これらの協約締結後も就業規則は従前のままであった。

　その後，従業員から週休2日制への希望が強まり，また，B組合からも要求があったことから，A社は，土曜日と日曜日を休日とし，一方で，それによる平日の業務量増大に対応するために，月曜日から金曜日までの所定労働時間を午前9時から午後5時30分まで（正午から午後1時まで休憩時間）とする方針を立てた。同社は，両組合と団体交渉を行い，B組合はこの提案に賛成したため，B組合との上記労働協約を改訂し，改訂後の協約において，上記方針どおりの休日および所定労働時間を定めた。他方，C組合は，家庭生活に影響が生じるなどの理由で平日の労働時間延長に反対し，終業時刻を午後5時のままにすべきであると主張して，交渉が行き詰ったため，A社は，記名押印した文書により，C組合との上記労働協約を解約する旨の予告をした。そして，A社は，90日の予告期間経過後に，B組合の同意を得たうえで就業規則を改訂して，上記方針およびB組合との改訂後の協約どおりに，土曜日と日曜日を休日とし，月曜日から金曜日までの所定労働時間を午前9時から午後5時30分まで（正午から午後1時まで休憩時間）と定め，各事業場で周知させたうえその運用を開始した（これを新勤務時間制度という）。これに対し，C組合の組合員は，新勤務時間制度に反対し，終業時刻は午後5時である旨の異議を留めつつ，新勤務時間制度に従って就労している。

問　以上の事実関係のもとで，C労働組合の組合員はいかなる法的手段をとりうるか。

	平日 始業・終業時刻	土曜 始業・終業時刻	週あたり労働時間	週あたり所定休日数
旧就業規則	午前9時から 午後5時20分	午前9時から 正午	39時間40分	1日
旧協約	午前9時から 午後5時	午前9時から 正午	38時間	1日
新協約	午前9時から 午後5時30分	なし	37時間30分	2日

解説

1　C組合員がとりうる法的手段

　　C組合の組合員は、A社に対し、新勤務時間制度に従って労働する義務の不存在確認請求をすることが考えられる。なお、時間外割増賃金請求は、新勤務時間制度に従って就労するだけでは法定労働時間を超えないので、労基法を上回る割増賃金の定めがない限り認められないであろう。

2　労働協約解約の効力

　C組合が締結した協約が有効に存在していれば、協約が就業規則に優先し（労契法13条）、就業規則の改訂後もC組合員には旧勤務時間制度が適用されるが、本件では、A社は協約を解約しているので、その効力が問題になる。労組法15条によれば、原則として、期限の定めのない協約の解約は自由であり、権利濫用または不当労働行為に当たる場合には解約は無効になりうるが、本件では特段それらを根拠づける事実は見当たらない。そこで、旧勤務時間制度を定めた協約は、予告期間の経過により終了することになる。

3　労働協約解約後の個別労働契約の内容（余後効）

　本件では、A社はC組合との協約を解約した後、就業規則を改定して勤務時間を変更しているが、就業規則変更の効力を判断するうえで、協約解約時点までのC組合員の労働契約の内容がどのようなものであったかが問題になる。

　一般に、協約の終了によりその規範的効力も消滅する。そして、協約終了後の労働契約の内容については、協約の規範的効力に関する化体説によれば、協約失効後もその内容は労働契約の内容として存続するので、本件では、旧協約の解約時点で、旧勤務時間制度が労働契約内容となっていたことになる。

　他方、外部規律説によれば、労働契約の内容について、従前の協約と同内容とするなどの当事者の意思が推定できればそれにより、それができない場合、

労基法上の規定などの補充規範があればそれにより補充がなされる。本件では，協約解約の効力発生後は，Ａ社に従前の労働時間制度を維持する意思はないことが明らかであるが，協約が適用されてから解約の効力発生時点までの当事者間の意思については，労働契約の内容は，協約と同じ内容（旧勤務時間制度）とする旨の合意があったものと推定できる（下記のとおり旧就業規則が復活しうるとしても，この合意はその水準を上回るものであり，旧就業規則に優先する）。

なお，以上のような推定を行わずに，協約失効により旧就業規則の効力が復活すると解し，労働契約の内容は旧規則により補充されるとの見解もありうる。この見解によれば，協約解約の効力発生時点での労働契約の内容は，旧就業規則上の勤務時間制度によることとなる。

4　Ｂ組合との協約の拡張適用

以上とは別に，本件では，Ｂ組合が各事業場の８割強の従業員を組織していることから，もしＡ社がＢ組合と締結した労働協約が労組法17条によりＣ組合員に拡張適用されるとすれば，当該協約の定める新勤務時間制度が適用される可能性が生じる。

そこで，労働協約の拡張適用は，少数労働者が別に組合を結成している場合にも及ぶかが問題となる。しかし，少数組合の団体交渉権を尊重する必要があることなどから，このような場合に拡張適用を認めることは妥当ではない（ネスレ日本事件・東京地判平12・12・20労判810号67頁など）。

5　改訂就業規則の拘束力

(1)　「労働条件変更」の内容

本件では，Ａ社は旧就業規則を改訂しており，労働条件である労働時間は，協約解約の効力発生時点での労働契約の内容をどうみるかにより差はあるが，終業時刻が10分または30分延長される一方で，土曜日が休日となり，週の労働時間は38時間または39時間40分から37時間30分に減少している。

(2)　不利益変更該当性

以上のような変更は，平日の勤務時間が長くなり家庭生活に影響を及ぼしうるため，不利益変更に該当し，労働契約法10条（不利益変更を前提とするものと解される）によって改訂就業規則の効力を判断することになる。

(3)　合理性の有無

そこで，本件就業規則改訂の合理性を判断すると，まず，①不利益の程度については，勤務時間の延長は30分（旧勤務時間制度との比較による場合）また

は10分（旧就業規則上の勤務時間制度と比較する場合）であり、さほど大きいものではない。他方、②週休2日制は多数組合であるB組合の希望によるもので、社会的にも週休2日制をとる企業が増えていることから、かかる変更を行う必要性は高く、また、③休日が増えること、週労働時間が減少すること（旧就業規則上の勤務時間制度との比較による場合は週労働時間は2時間10分短縮されているが、旧勤務時間制度と比較した場合は30分の短縮にとどまる）という関連する労働条件の改善がなされており、その内容も社会的にみて相当性があるといえる。さらに、④A社では、多数組合であるB組合と交渉し、その賛成を得ているが、このように多数組合の同意を得た就業規則の変更については、一定の利益調整を経た合理的なものと一応推測することができ、そうした評価を困難にする一部従業員に対する著しい不利益は見当たらない。

　以上を総合考慮すると、本件就業規則の変更は合理的であり、周知もなされているので、C組合員の労働契約は、新就業規則の定めるところによるというべきである（旧勤務時間制度との比較によっても、旧就業規則上の勤務時間制度との比較によっても、合理性は肯定される可能性が大きいであろう。羽後銀行事件・最三小判平12・9・12労判788号23頁参照）。それゆえ、同組合員らの上記請求は認められないと思われる。

第5問　Aは卸売業を営むB社の従業員であり、現在同社の福岡支店に営業担当の副支店長として勤務し、配偶者とともに福岡に住んでいる。B社は本店を東京に置き、日本各地の主要都市に支店を有しているが、従業員の転勤がしばしば実施されている。転勤はおおむね3年の任期でなされており、地方支店勤務の後の3年は本店勤務となることが多いが、他の支店で同等の経験者が必要な場合には本店勤務とならないことも一定程度みられた。

　B社は、同社従業員の大多数で組織するC労働組合との間で、本店課長代理以上および支店の副支店長以上の職位にある管理職は組合員資格を有しない旨の条項を含む労働協約を締結しているが、これら管理職につき年俸制の導入計画が発表されたことを契機として、本店営業部の課長代理数名により、D労働組合が結成され、Aは地方勤務の副支店長のうち1人だけこれに加入した。なお、B社では、人事異動や人事考課については、各部の部長や支店長の提案を受けて人事課長が会社全体での原案を作成し、人事部長が決裁するものとされていた。

　その後、D組合は、全国レベルで管理職組合を組織するE労働組合に加盟し、規約に従い団交権限をE組合に授権したうえ、E組合と連名で、交渉担当者にE組合の東京地方本部執行委員長を指名してA社に団体交渉を申し入れたところ、同社は、管理職が加入している組合は労働組合とは認められず、また、企業外のE組合は交渉を混乱させるとの理由で団交を拒否した。

　ところで、Aの福岡支店での任期は終わりに近づいているが、最近、東京に住んでいる高齢の父親が病気で倒れ、介護を要する状態となってしまった。Aは、次は本店勤務となるものと予測していたため、自ら介護に当たろうと考え、こうした事情を支店長にも告げたが、支店長はAに対して、「当支店の人事異動について推薦する立場にある者としては、君の希望はかなえてあげたい。ただ、管理職による組合活動はいかがなものか、本店でも困るだろう」と述べた。その後、B社は、Aに対し、総務担当の副支店長が退職して欠員が生じた仙台支店への転勤を命じた。

問　以上の事実関係のもとで、AおよびD・E組合はB社の配転（転勤）命令および団交拒否に対していかなる法的手段をとりうるか。

374　　　総合演習

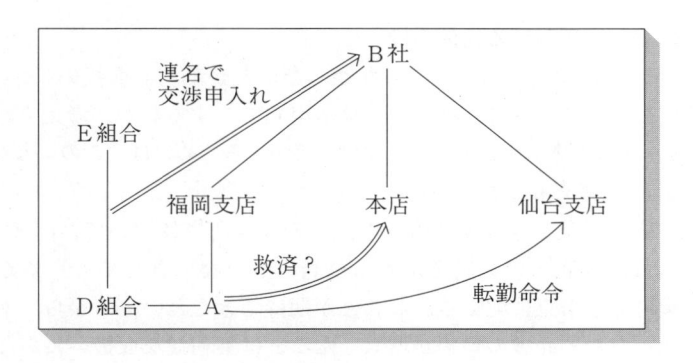

```
        連名で          B社
        交渉申入れ  ↗  ↑  ↖
     E組合 ║       │   ↖
        ║    福岡支店  本店   仙台支店
        ║              ↑        ↑
        ║         救済？│        │
     D組合 ──── A ────────転勤命令
```

解説　1　Aのとりうる法的手段

（1）裁判所における法的手段

① 配転命令の効力を争う方法

　Aは，B社に対し，仙台支店での就労義務の不存在確認を請求することが考えられる。なお，そもそも就労請求権は認められないうえ，本件では，地方支店勤務の後でも，本店勤務とならないことも一定程度みられたというのであるから，労働慣行が契約内容になったとして，福岡支店の勤務後に本店勤務を請求できる権利があったとまではいえないであろう。

② 仙台支店への配転命令の効力

　配転命令権の行使は，業務上の必要がない場合や，業務上の必要が客観的には存在する場合でも，不当な目的に基づくとき，また，配転による生活上の不利益が著しいときには，権利濫用が成立する（東亜ペイント事件・最二小判昭61・7・14労判477号6頁）。ここでの生活上の不利益には育児や介護への影響も含まれる（育児・介護休業法26条および帝国臓器事件・東京高判平8・5・29労判694号29頁参照）。

　本件では，介護ができない福岡支店から，同じく介護ができない仙台支店への配転がなされているが，法的な意味を持つ慣行とはいえないとしても，地方支店勤務後は本店勤務となることが期待できたにもかかわらず，仙台支店に配転されたことによる労働者の不利益は大きいこと，他方で，仙台支店で同等の営業担当の経験者が必要であったという事情は見当たらないことからすると，Aを仙台支店に配転する業務上の必要性は低いこと，さらに，下記のとおり，本件配転には，D組合員が多い本店への異動を回避するという不当な目的が推認されることからすると，本件配転命令は権利濫用にあたり無効であると考えられる。

(2) 労働委員会における法的手段

Aは，B社が同人を本店に配転しなかったことが不利益取扱い（労組法7条1号）であるとして，不当労働行為の救済申立てをすることが考えられる（後記のとおり，Aの本店での就労という救済を実現するためには，このような不作為を不当労働行為と考えることが有益である）。

まず，労組法7条1号の要件のうち，Aの組合所属については問題がない。つぎに，Aは，本店への転勤を求める権利はもたないとしても，多くの例に従って介護可能な東京に配転されることが期待できたといえるから，本店に配転されなかったため介護の負担が増大したことは不利益な取扱いにあたるといえる。

さらに，人事異動について提案権限を有する支店長の「管理職による組合活動はいかがなものか。本店でも困るだろう」という発言から，組合を嫌悪し，D組合員が多い本店へのAの異動を回避する意図が窺われ，他方で，従来の多くの例に反して仙台支店への転勤を命じる必要性を示す事情が見当たらないことなどから，本件配転についてはB社の不当労働行為意思が推認される。

なお，不当労働行為が成立した場合，労働委員会がいかなる救済を命じうるかが問題となる。救済の方法については労働委員会に裁量が認められているところ，本件では，介護可能な本店に配転されなかったというAの不利益を回復させる必要があり，また，不当労働行為意思がなければ多くの例に従い本店に配転されていたと推認できるので，本店に配転されたものとして取り扱うよう命ずる救済命令も適法と考えられる。

2　D・E組合のとりうる法的手段

(1) 労働委員会における法的手段

D・E組合は，B社がAを本店に転勤させなかったという不利益取扱い，および団交拒否について救済申立てをすることが考えられる。不利益取扱いについてはAのとりうる手段について述べたところと同じであるので，以下では団交拒否につき検討する。

① D組合は「労働組合」といえるか。

本件D組合はB社の管理職が結成したものであるため，このような組合は労組法2条の「労働組合」といえるか（否定された場合，同法5条1項により救済申立てができなくなる），また，7条2号の「労働者の代表者」（同法2条の要件をみたす労働組合をいうと一般に解されている）といえるかをまず検討する。

本件では，人事異動や人事考課については，人事課長が会社全体での原案を作成し，人事部長が決裁するのであるから，直接の人事権をもつ監督的労働者は人事部長であり，労働関係の機密事項に接する監督者は人事課長，各部の部長や支店長などであると考えられ，課長代理や副支店長はいずれにも当たらないとみられるので，D組合は労組法2条の労働組合であるといえる。

　なお，B社とC組合との間の労働協約における組合員資格の範囲を定める条項は，D組合の組合員資格には影響を及ぼさない（当該協約条項は，労組法17条による拡張適用の対象となる規範的部分とはいえず，また，少数組合が結成されている場合には拡張適用は及ばないと考えられる（ネスレ日本事件・東京地判平12・12・20労判810号67頁など））。

② B社の団交拒否には正当な理由があるか

　D組合は，上部団体であるE組合とともに共同交渉を申し入れているが，上部団体の団体交渉については，二重交渉のおそれがある場合には，使用者には団体交渉を拒否する正当な理由が認められる。

　本件では，年俸制の導入問題は単位組合であるD組合の固有の団交事項といえるが，上部団体であるE組合も，規約に従って，D組合からその固有の交渉事項について交渉権限を授権されており，また，交渉担当者としての権限はE組合地方本部執行委員長に集中しているので，二重交渉のおそれはないといえる。したがって，B社の団交拒否は正当な理由がなく，労働委員会は団交に応じるよう命令することができる。

(2) 裁判所における法的手段

　憲法28条の趣旨は私法上の公序をなすと考えられるので，これに反した行為は，不法行為（民法709条）となりうる。本件では，上記のとおり団交拒否は不当労働行為となるので，不法行為の成立が認められ，D・E組合はB社に対し損害賠償を請求しうるであろう。他方，憲法28条や労組法7条2号は，私法上の団交請求権を設定したわけではないから，両組合はB社に対して団交自体を請求することまではできないが，判例によれば，団交すべき地位の確認請求は可能と解される（国鉄事件・最三小判平3・4・23労判589号6頁）。

第6問　薬品および食品の製造業を営んでいるA社は，薬品の製造業務に特化するため，食品を製造しているB工場を，同種の食品を製造しているC社（資本や経営陣などにつき特段の関係はない）に譲渡することとし，A・C両社間で事業譲渡契約が締結された。譲渡契約書では，B工場で勤務しているA社従業員のうち，A・C間で協議して選定した者をC社に承継させるものとする旨が定められており，C社に承継されることとなったのは，B工場に勤務していた従業員のうち約8割であり，残りの約2割の者は，薬品を製造しているA社D工場で就労することとなった。

　Eは，B工場に勤務するA社の従業員で，同社従業員の約2割を組織するF労働組合の執行委員長として，これまで活発に組合活動を行ってきたが，本件事業譲渡において，承継対象者リストに含まれていない旨を上司から聞かされた。承継を希望していたEは上司に抗議したが，上司は，「A・C両社で，今後の事業の発展に貢献できるかどうかという観点から人選を行ったが，君はこれまで仕事以外で少し目立ちすぎたのではないか」と述べただけであった。他の組合役員でも承継の対象とされなかった者が多く，Eはこの説明に納得しなかったが，異議を留めてA社での就労を続けることにした。他方，同じくB工場に勤務してきたA社従業員G（非組合員）は，承継対象者リストに含まれる旨を知らされたものの，C社の将来に不安を感じていたことから，A社に残りたいとして承継を拒否し，同社に残留することとなった。

　ところが，事業譲渡後，A社は急に業績が悪化したため，人員整理を実施することを決定し，新規採用の停止や時間外労働の削減，および希望退職募集などの措置を採っても削減目標人員数が達成できなかったため，整理解雇に踏み切ることとした。そして，F労働組合との協議や全従業員への説明を経たうえで，過去の人事考課の結果が下位10％の従業員（EもGもこの基準には該当しない）の他，B工場の譲渡に際して承継対象者リストに含まれていなかった従業員，および承継を拒否した従業員は優先的に解雇対象とするとの基準が設定され，EおよびGは解雇された。

問　以上の事実関係のもとで，EおよびGはいかなる法的手段をとりうるか。

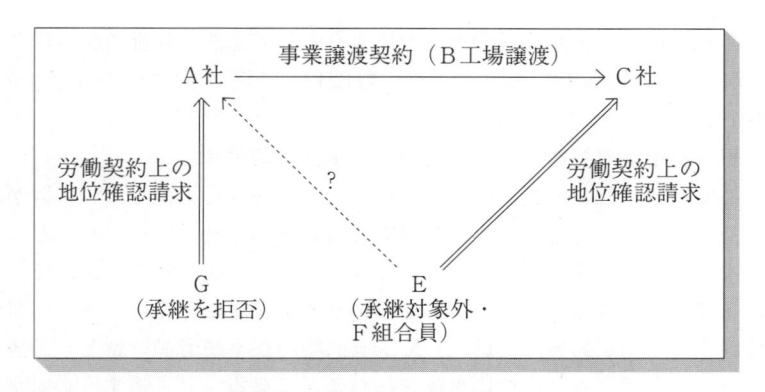

```
┌─────────────────────────────────────────────────────┐
│          事業譲渡契約（B工場譲渡）                      │
│      A社 ──────────────────────→ C社                │
│       ↑ ↖                        ↗                  │
│  労働契約上の  ＼              ／  労働契約上の        │
│  地位確認請求   ＼  ？        ／   地位確認請求        │
│                  ＼        ／                        │
│       G           ＼    ／        E                  │
│    （承継を拒否）              （承継対象外・          │
│                                 F組合員）            │
└─────────────────────────────────────────────────────┘
```

解説　**1　考えられる法的手段およびその相手方**

　まず，EおよびGはA社に対して労働契約上の地位確認請求および賃金請求をすることが考えられる。もっとも，Eは本件事業譲渡に際しC社への承継を希望しており，承継されていれば整理解雇の対象とはならなかったのであるから，C社に対する労働契約上の地位確認請求等が主たる法的手段となると考えられる（他方，GはC社への承継を拒否したのであるから，かかる請求は困難であろう。）。以上は裁判所における法的手段であるが，組合員であるEとしては，事業譲渡における承継排除が不当労働行為であるとして，C社を相手に労働委員会への救済申立てを行うことも考えられる。

2　EのC社に対する労働契約上の地位確認請求

(1)　**法律構成**

　EがC社に対し上記請求を行う法律構成としては，①A社・C社間に法人格否認の法理の適用を主張する構成（新関西通信システムズ事件・大阪地決平6・8・5労判668号48頁），②事業譲渡の際にA社とC社がFを承継対象に選択しなかったことが不当労働行為（労組法7条1号等）に当たり，当該措置が無効であると主張する構成，の2つが考えられる。しかし，①は，A社とC社に資本面や経営陣に特段の関係がないとの事実に照らして困難である。そこで②について検討することとなる。

(2)　**事業譲渡に際し承継従業員を選択することの可否**

　まず，そもそも，事業譲渡にあたって譲渡企業と譲受企業が承継従業員を任意に選択することが許されるのか，ということが問題になりうる。

　事業譲渡はあくまで特定承継であるから，従業員についても個別に承継の可否を決することができるのが原則である。しかし，組合員のみを承継しない措

置がなされた場合，当該措置が不当労働行為として違法と評価される場合がある（青山会事件・東京高判平 14・2・27 労判 824 号 17 頁（労委の救済命令が支持された事件））。

(3) **組合員を承継しない措置の違法性と承継の効果**

ところで，裁判所での救済においては，組合員のみを承継しない措置が不当労働行為と評価されたとしても，当該組合員を承継させる合意があったことにはならないという問題がある。そこでEとしては，「B工場の従業員でC社への承継を希望する者は全員承継する」という基本合意が存在し，さらに組合役員を排除する特約があったと構成して，当該特約が不当労働行為として無効であるから基本合意どおりC社に承継されたことになる，と主張する必要があろう（勝英自動車学校事件・東京高判平 17・5・31 労判 898 号 16 頁参照）。本件においても，(4)で述べるとおり，Eら組合員排除の口実として承継対象者リストが作成されたものと推認され，上記基本合意の存在は認定可能と考えられる。

(4) **Eを承継従業員に選択しなかった措置の不当労働行為該当性**

A社およびC社がEを承継従業員に選択しなかった措置が（労組法7条1号等）に該当するかについては，それがEの組合活動を理由とするものかという事実認定の問題が中心となる。

本件では，EがF組合の執行委員長として活発に活動を行ってきたこと，承継対象とされなかったことにつき抗議した際の上司の発言内容，他の組合役員の多くも承継対象とされなかったこと，および，譲渡契約書や上記上司の発言から，承継対象者の人選につきA社とC社が協議したとみられることに照らし，A社とC社は，Eらをその組合活動ゆえに承継対象から排除したものと推認することが可能である。

したがってEを承継対象から排除する特約は不当労働行為として無効となるから，基本合意により，事業譲渡の時点で，AE間の労働契約はCE間に移転したこととなる。そうすると，その後にA社が行ったEに対する整理解雇は，雇用関係にない者に対してなされたものとして無効となる。

3 EのC社に対する不当労働行為救済申立て

Eが労働委員会に救済を申し立てる場合は，不当労働行為救済手続は私法上の権利義務関係を判断するものではないので，上記のように，基本合意の存在を前提にEの排除特約を無効とする法的構成をとる必要はない。

一方，事業譲渡による労働者の承継は採用としての側面があるため，C社が

Eを承継しなかったことは不採用にすぎず，労組法7条1号の「不利益な取扱い」に当たるのかという問題が生ずる。最高裁判例は，不採用は原則として「不利益な取扱い」には当たらないとしているが（JR北海道・日本貨物鉄道事件・最一小判平15・12・22民集57巻11号2335頁），そこでは，従前の雇用関係における不利益取扱いにほかならないと評価される場合などの例外が認められており，事業譲渡における承継排除はそうした例外に当たると考えられる（前掲・青山会事件）。

なお，C社につき労組法7条1号違反の成否を検討する場合も，C社に不当労働行為意思があったか否かが中心的な問題となるが，この点については上記のとおりであり，救済申立ては認められると思われる。

4　GのA社に対する労働契約上の地位確認請求等

(1)　GのC社への承継拒否の可否

GはC社への承継を拒否しているが，事業譲渡に伴う労働契約の承継においては，民法625条により当該労働者の個別の合意が必要であるから，Gの承継拒否は当然に可能である。

(2)　A社による整理解雇の有効性

A社が実施した整理解雇において，人員削減の必要性や解雇回避努力，手続の相当性は認められるものと思われるが，人選の合理性（特に基準の合理性）が問題となる。

Gとしては，承継を拒否した従業員を優先的に解雇対象とする旨の基準の合理性を争うこととなるが，そもそも，承継を拒否するか否かは労働者に決定権があることに照らし，承継を拒否した従業員を優先的に解雇することに合理性があるとはいえない。

したがって，A社の整理解雇における人選基準の合理性は認められず，当該人選基準によって解雇対象とされたGに対する解雇は解雇権の濫用として無効となるので，地位確認請求等は認められよう。

資料.1

◆ 就業規則例 ◆

Ａ株式会社就業規則

第１章　総　則

第１条《目　的》
1．本規則は，当社従業員の労働条件および服務に関する事項を規定したものである。
2．従業員の労働条件および服務に関する事項は，本規則，労働条件通知書および関係諸規則に規定するほか，労働協約および労働基準法等の法令の定めるところによるものとする。

第２条《規則の遵守義務》
会社および従業員は，本規則を遵守し，相互の信頼と協力にもとづいて，社業の隆盛のため努力しなければならない。

第３条《従業員の定義》
1．本規則において従業員とは，第４条および第５条の定める手続により採用された者をいう。
2．嘱託社員，期間を定めて雇用する者およびパートタイマーの就業規則は別に定める。

第２章　人　事

第４条《採　用》
会社は，必要に応じて従業員を募集し，応募者について筆記・面接等による試験を行い，合格した者を従業員として採用する。

第５条《提出書類》
前条の採用試験に合格した者は，会社の指定する日までに，以下の書類等を提出しなければならない。
　(1)　履歴書
　(2)　住民票記載事項証明書
　(3)　健康診断書
　(4)　学業成績証明書
　(5)　卒業証明書（新卒者の場合は卒業見込証明書）

(6)　身元保証書（保証人の連署したもの）
　(7)　本人の写真

第6条《試用期間》

1．新たに採用された従業員は，採用日から3か月間の試用期間に服する。
2．試用期間中またはその終了時点において，当社従業員として不適格であると会社により判断された者については，本採用をしないことがある。
3．試用期間は勤続年数に通算するものとする。

第7条《出張・配転》

会社は，業務の必要に応じて，従業員に対し出張，配置転換または転勤を命ずることができる。

第8条《出　向》

1．会社は，業務の必要に応じて，従業員に対し関連会社等への出向を命ずることができる。
2．出向期間は勤続年数に通算する。出向者の身分および復帰条件等に関するその他の事項は別途出向規程により定める。

第9条《休　職》

1．従業員が以下の事由の一に該当した場合は休職とし，その期間は各号記載のとおりとする。
　(1)　業務外の傷病による欠勤が継続3か月を超えるとき　　6か月
　(2)　その他の事故による欠勤が継続1か月を超えるとき　　3か月
　(3)　刑事事件により起訴され就労できないとき　　　　　就労可能時まで
　(4)　公職に就任し，または留学するとき　　　　　　　　必要な期間
　(5)　労働組合の専従となったとき　　　　　　　　　　　任期満了まで
　(6)　社命により他社に出向するとき　　　　　　　　　　会社復帰まで
　(7)　その他会社が必要と認めるとき　　　　　　　　　　必要な期間
2．休職中の賃金は，前項第1・2号の場合は基本給の〇割を支給し，第6号の場合は出向規程の定めるところによる。その他の場合は賃金は支給しない。
3．休職期間満了までに休職事由が消滅した場合は，原則として原職に復帰させる。ただし，必要に応じて，原職と異なる職務に配置することがある。
4．第1項第1号・2号の休職者が，休職期間満了までに復職できないときは退職するものとする。ただし，特別の事情があれば休職期間を延長することができる。
5．休職者が復職したときは，休職期間を除き勤続年数を通算する。ただし，第1項第5号の場合は休職期間も勤続年数に含める。

第10条《解　雇》

1．従業員が以下の事由の一に該当する場合は解雇する。
　(1)　精神または身体の故障により業務に堪えられないと認める場合

(2)　勤務成績・態度が不良で改善の見込みのない場合
　(3)　経営上やむをえない都合により事業の縮小または廃止をする場合
　(4)　その他前各号に準ずるやむを得ない事由のある場合
 2．前項の解雇は，30日前に予告するか，または平均賃金の30日分を支給して行う。ただし，試用期間中で勤務が14日を超えない者については，即時解雇することができる。

第11条《定年・再雇用》
 1．従業員は，満60歳となった日の翌日をもって，定年により退職するものとする。
 2．会社は，労使協定の定める基準に従い，定年により退職した者を満65歳に達するまで嘱託として再雇用するものとする。

第12条《辞　職》
 1．従業員が自己都合により辞職しようとする場合は，退職予定日の少なくとも14日前までに，退職届を提出しなければならない。
 2．前項の規定により退職届を提出した場合は，会社の承認があったとき，または退職届提出後14日を経過したときに退職するものとする。従業員は，それまでの間従前の業務に服さなければならない。

第3章　服 務 規 律

第13条《服務の原則》
　従業員は，本規則およびその他の諸規則を遵守して，職場の秩序を維持するとともに，業務上の指示命令に従い，誠実に自己の職務に専念しなければならない。

第14条《服務事項》
　従業員は，次の事項を遵守しなければならない。
　(1)　作業を妨害したり，職場の規律および風紀を乱す行為をしないこと
　(2)　常に品位を保ち，服装を整えて就労すること
　(3)　勤務時間の内外を問わず，会社の名誉・信用を傷つける行為をしないこと
　(4)　職務に関連して，不当な金品およびサービス等の授受をしないこと
　(5)　会社の業務上の秘密を他に漏らさないこと
　(6)　職務以外の目的のために，許可なく会社の施設，設備，機械その他の物品を使用・領得しないこと
　(7)　勤務時間中，みだりに担当の職場を離れないこと
　(8)　会社の許可なくして在職中他に就職し，またはみずから事業を営まないこと
　(9)　会社構内において政治活動をしないこと
　(10)　性的な言動により他の従業員等の労働条件に不利益を与え，または就業環境を害さないこと

第4章　就業時間・休日・休暇

第15条《就業時間》
1. 1日の就業時間は実働7時間とし，始業および終業ならびに休憩の時刻は以下のとおりとする。ただし，やむをえない事由のある場合には，法令の範囲内で変更することがある。
    始業　午前9時
    終業　午後5時
    休憩　正午から午後1時まで
2. 従業員は，出社および退社の際には，各自タイムカードにその時刻を記録しなければならない。

第16条《事業場外労働》
従業員が出張その他により事業場外で就労する場合で，勤務時間を算定しがたいときには，前条の定める勤務時間につき労働したものとみなす。ただし，当該勤務を遂行するためには所定時間を超えて労働することが通常必要である場合は，その通常必要時間または労使協定で別途定める時間労働したものとみなすものとする。

第17条《休　日》
従業員の休日は以下のとおりとする。
　(1)　日曜日・土曜日
　(2)　国民の祝日・休日
　(3)　12月30日から1月3日まで
　(4)　創業記念日
　(5)　その他会社が特に定めた日

第18条《休日振替》
1. 会社は，業務上必要がある場合は，前条の休日を他に振り替えることができる。
2. 前項の振替えを行う場合は，振替休日を指定して前日までに該当従業員に通知するものとする。

第19条《時間外・休日労働》
1. 会社は，労使協定の定める業務上の必要がある場合は，協定および法令の定める限度で，所定時間外または第17条の定める休日に労働をさせることができる。
2. 前項の時間外労働または休日労働に対しては，第34条の定めるところに従い割増賃金を支払う。ただし，時間外労働が月に60時間を超過した場合，超過部分の割増賃金5割のうち2割5分に相当する部分について，労使協定の定めるところにより，従業員との合意にもとづき，1日または半日単位で有給の代償

休日として与えることを妨げない。

第20条《年次有給休暇》
1．年次有給休暇は，毎年4月1日を基準日として，前年度の所定労働日数の8割以上出勤した場合に，勤続年数に応じて以下のとおり与えるものとする（中途採用者については，当該年度の4月1日に採用されたものとみなす）。ただし，入社初年度の者の休暇日数は10日とする。

  1年 11日
  2年 12日
  3年 14日
  4年 16日
  5年 18日
  6年以上 20日

2．前項の基準日において出勤率の要件をみたさない場合でも，労働基準法39条の定めるところにより出勤率の要件をみたすときには，同法所定の年休を与えるものとする。
3．年次有給休暇を取得しようとする者は，前日までに申し出なければならない。
4．第1項の休暇については，労使協定を締結した場合で，従業員の申し出があったときには，会社は，各従業員の休暇日数のうち5日を限度として，協定の定めるところに従い，時間単位で与えることができる。
5．従業員が申し出た時季に休暇を取得すると事業の正常な運営が妨げられる場合には，会社は時季を変更することができる。
6．第3項および前項の規定にかかわらず，労使協定を締結した場合には，会社は，各従業員の休暇日数のうち5日を超える部分について，協定の定めるところに従って休暇日を特定することができる。
7．年次有給休暇を取得した日および時間については通常の賃金を支払うものとする。

第21条《産前・産後休暇》
1．女性従業員が出産する場合，産前には申し出により6週間（多胎妊娠の場合は14週間）の休暇を与え，産後には8週間の休暇を与える。ただし，産後6週間を経過し，女性従業員が申し出た場合は，医師において支障がないと認める業務に就かせることがある。
2．前項の休暇期間は無給とする。

第22条《生理日の休暇》
1．生理日の就業が著しく困難な女性従業員には，申し出により必要な期間の生理休暇を与える。
2．前項の休暇期間は無給とする。

第23条《育児時間》

生後1年に達しない幼児を育てる女性従業員が申し出た場合には，1日2回各30分の育児時間を与える。

第24条《育児休業・子の看護休暇》
1．従業員は，1歳6か月に達するまでの子を養育するため，あらかじめ申し出ることにより，育児休業をすることができる。育児休業をすることができない従業員は労使協定により定める。
2．育児休業期間中は無給とする。
3．育児休業終了後は原則として原職に復帰させるが，会社は，業務の都合または本人の希望により原職と異なる職務に就かせることがある。
4．3歳未満の子を養育する従業員（労使協定により定めた者を除く）については，その申し出により，勤務時間を1日6時間に短縮し，または，事業の正常な運営を妨げる場合を除き，所定労働時間を超える労働を免除するものとする。
5．小学校就学の始期に達するまでの子を養育する従業員は，その子の負傷・疾病につき看護をするため，あらかじめ申し出ることにより，1年度に5日（該当する子が2人以上ある場合は1年度に10日まで）までの休暇を取得することができる。

第25条《介護休業・介護休暇》
1．従業員は，要介護状態にある父母，子，配偶者の父母，ならびに同居の祖父母，兄弟姉妹および孫を介護するため，あらかじめ申し出ることにより対象家族1人につき最長93日まで介護休業をすることができる。介護休業をすることができない従業員は労使協定により定める。
2．介護休業期間中は無給とする。
3．介護休業終了後は原則として原職に復帰させるが，会社は，業務の都合または本人の希望により原職と異なる職務に就かせることがある。
4．要介護状態にある第1項所定の家族を介護する従業員で，介護休業を希望しない者については，その申し出により，勤務時間を短縮するものとする。
5．要介護状態にある第1項所定の家族を介護または世話する従業員は，その介護または世話を行うため，あらかじめ申し出ることにより，1年度に5日（該当する家族が2人以上ある場合は1年度に10日まで）までの休暇を取得することができる。

第26条《慶弔休暇・裁判員休暇》
1．従業員が以下の各号の一に該当するときは，申し出により所定の慶弔休暇を与える。
　(1)　本人が結婚するとき　　　　　　　　　　　　　　5日
　(2)　父母，配偶者または子が死亡したとき　　　　　　5日
　(3)　祖父母，配偶者の父母または兄弟が死亡したとき　3日
2．従業員が裁判員に選任されたときは，必要な期間休暇を与えるものとする。

3．前2項の休暇期間については通常の賃金を支払う。

第27条《遅刻・欠勤・早退》
1．従業員が遅刻，早退，欠勤する場合，または勤務時間中に私用外出する場合には，あらかじめ所属長の許可を受けなければならない。やむをえない理由で事前の許可を得られなかった場合には，事後速やかに許可を受けるものとする。
2．病気による欠勤が引き続き7日以上に及ぶ場合は，医師の診断書を提出するものとする。

第5章　賃　金

第28条《賃金の構成》
賃金は，以下のとおり構成されるものとする。
　基準内賃金
　　基本給　職務手当　家族手当　通勤手当　住宅手当
　基準外賃金
　　時間外手当　休日手当　深夜手当

第29条《基　本　給》
基本給は月給制とし，本人の能力，経験，職務内容，年齢，勤続年数等を勘案して各人ごとに決定する。

第30条《職務手当》
役付従業員に対しては，以下のとおり職務手当を支給する。
　　主任　　月額○○円
　　係長　　月額○○円
　　課長　　月額○○円
　　部長　　月額○○円

第31条《家族手当》
家族手当は，扶養家族を有する従業員に対して，以下のとおり支給する。
　　配偶者　　　　　　　　　　　　　　　　　　　月額○○円
　　満18歳未満の子1人につき（3人を限度とする）　月額○○円
　　満65歳以上の父母1人につき　　　　　　　　　　月額○○円

第32条《通勤手当》
通勤手当は，月額○○円を限度として，通勤に要する定期乗車券の代金を支給する。

第33条《住宅手当》
住宅手当は，賃貸住宅に居住している従業員に対し，月額○○円を支給する。

第34条《基準外賃金》
時間外手当，休日手当，深夜手当は，以下のとおり支給する。深夜労働と時間外

労働または休日労働が重複した場合は，両者を併給するものとする。
- 時間外手当（所定労働時間外の勤務を対象とする）

$$\frac{基本給＋職務手当＋住宅手当}{1か月平均所定労働時間数}×所定外労働時間数×1.25（法定時間外労働が月60時間を超えた場合は1.50）$$

- 休日手当（所定外休日の勤務を対象とする）

$$\frac{基本給＋職務手当＋住宅手当}{1か月平均所定労働時間数}×休日労働時間数×1.35$$

- 深夜手当（午後10時から午前5時までの勤務を対象とする）

$$\frac{基本給＋職務手当＋住宅手当}{1か月平均所定労働時間数}×深夜労働時間数×0.25$$

第35条《賃金の締切・支払》

1. 賃金は，毎月20日に締め切り，25日に支払うものとする。支払日が休日の場合はその前日に支払う。
2. 前項の計算期間の途中で入社し，または退社した従業員に対しては，当該期間の労働日数に従い日割計算して支給する。

第36条《賃金控除》

1. 遅刻，早退，欠勤等により欠務した時間については，賃金計算期間ごとに，その合計時間数に当該期間における1時間あたりの基本給および職務手当を乗じた額を差し引くものとする。
2. 前項の欠務時間の合計時間数のうち，30分未満は切り捨てるものとする。
3. 賃金の支払総額に1円未満の端数を生じた場合には，1円に切り上げて支給する。

第37条《賃金の支払方法》

1. 賃金は，その全額を，通貨により直接従業員に支払う。ただし，労使協定にもとづき，従業員の書面による申し出により，従業員の指定する金融機関の本人名義預貯金口座に振り込むことができる。
2. 前項の規定にかかわらず，以下のものについては，賃金から控除することができる。
   (1) 源泉所得税
   (2) 住民税
   (3) 社会保険料
   (4) 雇用保険料
   (5) 労使協定により賃金から控除できると定めたもの

第38条《昇　給》

1. 昇給は，基本給について，毎年4月1日に行う。ただし，会社の経営状況によっては，昇給を行わないことがある。
2. 昇給額は，会社の経営状況を勘案したうえ，各人の勤務成績，能力，勤務態

度の査定にもとづき個別的に決定する。

第39条《賞　与》
1. 会社は，毎年7月および12月の賃金支払日に，当日在籍する従業員に対して賞与を支給する。ただし，会社の経営状況によっては，賞与を支給しないことがある。
2. 賞与の支給額は，会社の経営状況を勘案したうえ，各人の勤務成績，能力，勤務態度の査定にもとづき個別的に決定する。査定期間は，7月賞与については前年10月1日から当年3月31日，12月賞与については当年4月1日から9月31日までとする。

第40条《祝い金等》
会社は，従業員の慶弔および罹災等に際しては，祝い金，見舞金または香典を支給することがある。

第6章　退職金

第41条《支払対象者》
従業員が退職し，または解雇された場合には，本章の定めるところにより退職金を支給する。ただし，勤続年数が3年未満の者，懲戒解雇された者および退職後支給日までに重大な非違行為が判明した者についてはこの限りではない。

第42条《退職金額》
退職金額は，退職時または解雇時の基本給額に，別表1（定年退職，会社都合退職，業務上の傷病による退職または死亡の場合）または別表2（自己都合その他の事由による退職の場合）所定の勤続年数に応じた支給率を乗じた金額とする。

第43条《勤続年数》
1. 勤続年数は，入社日から退職日までの期間とする。ただし，本規則または関連諸規則に別段の定めがある場合はこの限りではない。
2. 前項の年数につき，1年にみたない端数があるときには月割りにより計算する。1か月にみたない端数は1か月として計算する。

第44条《死亡退職金》
従業員が死亡した場合は，労働基準法施行規則42条ないし45条の規定する順位に従い，遺族に対して前条に準じて計算した死亡退職金を支払う。

第45条《支給期日》
退職金の支給は，支給事由が生じてから2か月以内に行うものとする。

第7章　表彰および懲戒

第46条《表　彰》
1. 従業員が以下の各号の一に該当する場合には，審査のうえ表彰を行う。

(1)　業務上特に有益な発明，提案または創意工夫をなしたとき
　(2)　災害の防止または災害時の対処につき特に貢献したとき
　(3)　20年以上無事故で継続して勤務したとき
　(4)　前各号に準ずる功労のあったとき
２．表彰は，賞状のほか，賞金または賞品を授与して行うものとする。

第47条《懲戒事由》

従業員が以下の各号の一に該当する場合は，第48条ないし第49条の定めるところに従い懲戒を行う。
　(1)　本規則その他会社の諸規則に違反したとき
　(2)　業務上の指示命令に違反したとき
　(3)　重要な経歴を偽るなど不正な手段により入社したとき
　(4)　しばしば欠勤，遅刻または早退し，業務に専念しないとき
　(5)　業務上の過失または監督不行届により事故を引き起こしたとき
　(6)　素行不良で，職場の秩序または風紀を乱したとき（性的な言動によるものも含む）
　(7)　故意に会社の業務を妨害し，または会社の財産を領得・費消した場合
　(8)　許可なく在籍のまま他に就職し，または事業を営んだとき
　(9)　不正な行為により会社の名誉・信用を傷つけたとき
　(10)　業務上の秘密を漏らし，または漏らそうとしたとき
　(11)　その他前各号に準ずる不都合があったとき

第48条《処分の種類》

懲戒は，情状に応じて，以下の区分に従って行う。
　(1)　譴責　始末書をとり将来を戒める，ただし，事案が軽微な場合，情状により始末書をとらず戒告にとどめることができる。
　(2)　減給　始末書をとり，1回の額が1日分の平均賃金の半額を超えず，総額が1賃金支払期の賃金総額の1割を超えない範囲で行う
　(3)　出勤停止　始末書をとったうえ，7日間を限度に出勤を停止し，その間の賃金を支払わない
　(4)　降職　始末書をとり，役職を引き下げる
　(5)　懲戒解雇　予告期間を置かずに解雇する

第49条《懲戒手続》

１．懲戒を行うにあたっては，本人に弁明の機会を与えるものとする。
２．懲戒の決定をするにあたり，必要な期間本人に自宅待機を命ずることがある。

第8章　安全衛生・災害補償

第50条《安全衛生》

１．会社は，従業員の安全衛生および健康保持に関し，法令に従って必要な措置

を講ずる。
2．従業員は，職場の安全衛生を確保するため，法令，会社の諸規則及び指示命令に従わなければならない。

第51条《健康診断》
1．会社は，従業員に対し，入社の際，および毎年1回定期的に健康診断を行う。その他の場合においても，会社は，業務上必要があるときには，従業員に健康診断の受診を命ずることがある。
2．健康診断の結果必要があると認める場合には，会社は，従業員に対して，一定期間の就業の禁止，配置転換その他の措置をとることができる。

第52条《災害補償》
1．従業員が業務上負傷し，疾病にかかり，または死亡した場合には，労働基準法等の規定に従って労災補償を行う。
2．前項の規定は，労災補償と同一の事由にもとづき労災保険法による保険給付がなされる場合には適用しない。

附　則
1．本規則は平成〇年〇月〇日から実施する。
2．本規則の改廃は，各事業場の従業員の過半数を組織する労働組合，かかる組合がない場合には過半数代表者の意見を聴いて行うものとする。

［別表…略］

＊以上の就業規則例は，山川隆一『雇用関係法（第4版）』（新世社，2008年）所収の例を基礎に，その後の法令改正等を踏まえて修正を加えたものである。

資料2

◆ 36協定例 ◆

○○社 時間外労働および休日労働に関する協定

○○社（以下「会社」という）と○○社××事業場の労働者の過半数を代表する者（以下「過半数代表者」という）は，労働基準法第36条第1項の規定に基づき，時間外労働および休日労働に関し，次の通り協定する。

第1条【時間外労働および休日労働を必要とする事由】
就業規則第○○条の定める労働時間を超える労働（以下「時間外労働」という），または，就業規則第○○条の定める休日の労働（以下「休日労働」という）を必要とする事由は，次のとおりとする。
(1) 納期のひっ迫または臨時的な受注の集中により，通常の労働時間内の労働では処理が困難なとき
(2) 機械類のトラブルへの対応のため，通常の労働時間内の労働では処理が困難なとき
(3) 予算または決算業務を実施するため，通常の労働時間内の労働では処理が困難なとき
(4) 顧客または取引先からのクレームへの対応のため，通常の労働時間内の労働では処理が困難なとき
(5) その他前各号に準ずる業務上の必要性があるとき

第2条【業務の種類および労働者数】
時間外労働および休日労働を必要とする業務の種類および労働者数は，次のとおりとする。
(1) 製造業務　　30人
(2) 事務業務　　6人
(3) 営業業務　　4人

第3条【延長することができる労働時間数】
この協定によって延長することができる労働時間数は，1日8時間または1週40時間を超えて延長する労働時間数とし，次のとおりとする。
(1) 1日につき6時間以内
(2) 1か月につき45時間以内（毎月1日を起算日とする）
(3) 1年につき360時間以内（4月1日を起算日とする）

第4条【勤務することができる休日数】

この協定によって労働させることができる休日は，就業規則○○条の定める休日とし，その日数は，1か月につき4日以内，1年につき30日以内とする。

第5条【休日労働の労働時間数の限度】

前条の規定により休日に労働させることができる時間数は，1日の休日につき8時間（午前9時から午後6時，うち正午から午後1時までは休憩）とする。

第6条【特別時間外労働】

1　次に掲げる特別の事情がある場合には，第3条の定める延長時間の限度を超えて，特別に時間外労働を延長することができる。
　(1)　通常の生産量を大幅に超える受注が集中し，第3条の定める延長時間の限度内の労働では処理が困難なとき
　(2)　機械類のトラブルへの対応のため，第3条の定める延長時間の限度内の労働では処理が困難なとき
　(3)　大規模なクレームへの対応のため，第3条の定める延長時間の限度内の労働では処理が困難なとき
2　前項により特別に延長することができる時間は，第3条の規定にかかわらず，次のとおりとする。
　(1)　1か月につき80時間以内（毎月1日を起算日とする）
　(2)　1年につき600時間以内（4月1日を起算日とする）
3　前項第1号により特別に時間外労働を延長する回数は，1年につき6回までとする。

第7条【特別時間外労働の割増賃金率】

前条第1項各号に該当し，前条第2項各号に規定する特別時間外労働に係る割増賃金の割増率は3割とする。

第8条【特別時間外労働の手続】

第6条第1項各号に該当し，前条第2項に規定する特別時間外労働を行わせるにあたっては，会社と過半数代表者との間で事前に協議を行うものとする。

第9条【時間外労働および休日労働に関する会社の責務等】

1　会社は，時間外労働および休日労働によって労働者の健康と福祉が損なわれることがないよう，時間外労働および休日労働を必要最小限に抑え，また，その必要量を減少させるよう，恒常的に努力しなければならない。
2　会社は，時間外労働および休日労働にかかる苦情について，調査・審議する苦情処理委員会を設けるものとし，当該委員会には過半数代表者が推薦する委員を含むものとする。
3　労働者は，会社が設置する相談窓口または前項の苦情処理委員会に，時間外労働または休日労働にかかわる苦情を申し立てることができる。
4　会社は，前項の苦情の申立てがあった場合，適当と認めるときは，苦情処理委員会を開催し，苦情内容について調査・審議して適正かつ必要な措置を講じ

るものとする。
第10条【有効期間】
この協定の有効期間は，2010年4月1日から1年間とする。ただし，有効期間中であっても当事者のいずれかの発議による協議により，本協定を変更することができる。

　2010年3月28日

　　　　　　○○社　代表取締役社長　　法令　守　〈印〉
　　　　　　○○社　××事業場労働者過半数代表者　　労働　勤　〈印〉

＊参考：水町勇一郎『労働法(第2版)』(有斐閣，2008年) 421-423頁

【事項索引】

あ

安全配慮義務……………………174

い

育児・介護休業法………………157
育児休業……………………………157
育児時間……………………………155
移　　籍……………………………97
委託募集……………………………58
一時金………………………………106
一部スト……………………………296
一般的拘束力………………………276
一般労働者派遣事業………………232
委任契約……………………………9
違法争議行為………………………293
違法争議指令………………………260
違約金………………………………39

う

請負契約……………………………9

え

営業譲渡……………………………197
営業秘密……………………………79

か

介護休業……………………………160
戒　　告……………………………179
外国人労働者………………………15
解雇権濫用法理……………………206
解雇事由……………………………205
解雇の自由…………………………202
解雇予告……………………………203
会社批判……………………………185
会社分割……………………………198
格差問題……………………………218
家事使用人…………………………13
合　　併……………………………197
過半数代表者………………………4, 128
下部組織……………………………248, 267
仮眠時間……………………………118
過労死………………………………168
間接差別……………………………48

幹部責任……………………………293
管理監督者…………………………134

き

企画業務型裁量労働制……………144
期間雇用……………………………218
期間途中での解雇…………………202
企業秩序……………………………178
企業秩序遵守義務…………………79, 178
帰郷旅費……………………………215
危険負担法理………………………105
偽装解散……………………………305, 320
起訴休職……………………………98
技能実習……………………………15
規範的効力…………………………273
基本給………………………………102
義務的団交事項……………………269
規約不備組合………………………249
客観的相当性………………………206
休業手当……………………………112, 296
休憩一斉付与の原則………………123
休憩時間……………………………122
　──中の政治活動………………123
休憩自由利用の原則………………123
救済命令……………………………335
　──における裁量権……………336
　──の取消訴訟…………………340
　昇格・昇進差別と──…………338
救済利益……………………………334
休　　日……………………………123
休日振替……………………………124
求人票………………………………61
休　　職……………………………98
競業避止義務………………………80
強行的効力…………………………4, 283
強制貯金……………………………40
共働原因説…………………………167
共同交渉……………………………267
業務起因性…………………………166
業務上………………………………166
業務処理請負………………………230
業務遂行性…………………………166
緊急命令……………………………340
均衡の考慮…………………………72

397

均等待遇	42	高年齢者雇用安定法	355
金品の返還	215	公民権行使	41
勤労の権利	347	高齢者雇用確保措置	196, 356
		コース別管理	48

く

		子の看護休暇	158, 159
組合員資格	253	個別労働紛争解決促進法	5, 330
組合員の表現の自由	260	雇用関係	2
組合活動の意義	282	雇用関係法	2
組合規約	252	雇用契約	9
組合休暇	255	雇用政策法	347
組合掲示板	255	雇用調整	207
組合事務所	255	雇用保険 2 事業	355
組合費	258	雇用保険法	352
組合民主主義	252, 259	雇用率	59, 357

け / さ

		災害性の傷病	168
経営生産事項	270, 284	災害補償	164
計画年休	151	在籍出向	94
傾向事業	43	在籍専従	255
継続勤務	147	最低賃金法	113
継続する行為	334	裁判員	41
経費援助	321	債務的効力	275
契約内容の理解促進	73	債務の本旨に従った履行	75
経歴詐称	183	採用拒否	311
結婚退職制	49	採用内定	61
月例賃金	102	採用の自由	59
減給	107, 179	裁量労働のみなし労働時間制	144
兼業	186	作業場	26
研修	15	差違え条件	325
研修・留学費用	39	査定	86
原職復帰	335	査定差別	322, 337
けん責	179, 259	36協定	127
限度基準	129	差別意図	43, 45
権利停止	259	サボタージュ	286
権利能力のない社団	252	産前産後休業	155
権利濫用禁止	73		

こ / し

コアタイム	141	資格審査	249
合意解約	192	時間外・休日労働義務	131
合意相殺	110	時季指定権	149
公益通報者保護法	188	時季変更権	149
降格	88, 179	指揮命令権	74
公共職業安定所	350	支給日在籍要件	106
黄犬契約	306	事業	13, 165
公序	49	事業者	163
更新拒否	220	事業場外労働のみなし労働時間制	143

事業譲渡	197
事業主	17
事故欠勤休職	98
仕事と生活の調和	72
事実たる慣習	27
自主性不備組合	247, 249
辞職	193
私生活上の非行	185
施設管理権	291
事前面接	233
失業等給付	353
実質的証拠法則	341
実労働時間	118
児童	152
支配介入	315
——と言論の自由	319
——の意義	316
施設管理権と——	319
自発的残業	121
社会的相当性	206
車両確保戦術	288
週休2日制	123
従業員代表制度	239
就業規則	
——と労働条件の変更	32
——の意義	23
——の最低基準効	25, 31
——の周知	26, 29
——の労働契約規律効	27
自由設立主義	246
就労請求権	76
就労の意思	105
出勤停止	179
出向	94, 230
出向休職	98
出向労働関係	95
準委任契約	9
障害者雇用促進法	59
障害者雇用納付金	59, 357
障害者差別	42
紹介予定派遣	233
昇格	87
試用期間	65
昇給	97
使用者	16
労基法上の——	17
労働契約上の——	16

使用従属関係	12
昇進	87
傷病休職	98
上部団体	248, 267
消滅時効	108
賞与	106
常用型派遣	232
職位の引下げ	88
職業安定法	348
職業紹介	348
職業性疾病	168
職業病	168
職能給	103
職能資格の引下げ	89
職能資格制度	84
職能資格等級	45
職場環境調整義務	52
職場規律維持義務	78
職場占拠	288
職務給	103
職務懈怠	182
職務上の非違行為	182
職務専念義務	76, 182, 291
職務等級制度	85
職務等級の引下げ	89
所持品検査	184
諸手当	102
所定外賃金	102
所定外労働の免除	159
所定内賃金	102
所定労働時間	119
除名	259
人格的利益	81
信義誠実	72
申告	5
人事考課	86
真実解散	305

す

ストックオプション	104
ストライキ	286
スローダウン	286

せ

成果主義人事	86
清算期間	142
政治活動禁止	182

政治スト……………………………284
誠実義務……………………………79
誠実交渉義務………………………271
誠実労働義務………………………75
生存権的基本権……………………242
整理解雇……………………………207
生理日の休暇………………………156
セクシュアル・ハラスメント………50, 235
全額払の原則………………………109
前借金………………………………40
専門業務型裁量労働制……………144

そ

争議行為
　——と賃金………………………294
　——の概念………………………281
　——の正当性……………………283
争議団………………………266, 283, 288
争議調整……………………………332
操業の自由…………………………297
総合労働相談コーナー……………330
相対的有力原因説…………………167
相当因果関係………………………166
総　有………………………………257
即時解雇……………………………204
属人給………………………………103
損害賠償額の予定…………………39
損害賠償責任の制限………………77

た

代替休暇……………………………132
代　休………………………………124
怠　業………………………………286
退職金………………………………106
退職金減額・不支給条項…………107
退職時等の証明……………………213
対等決定による合意………………71
タイムカード………………………122
大量観察方式………………………323
単位期間……………………………138
単位組合……………………………248, 267
団結自治……………………………252, 259
団交応諾仮処分……………………272
団交義務履行請求…………………272
短時間勤務制度……………………159
短時間労働者………………………223
男女雇用機会均等法………………46

男女差別定年制……………………49
男女同一賃金………………………44
団体交渉……………………………265
　——の行詰まり…………………271
　——の担当者……………………268
　——の当事者……………………266
団体行動……………………………281

ち

チェック・オフ……………………109, 256
治　癒………………………………99
中央労働委員会……………………302
中間搾取……………………………40
中間収入……………………………113
抽象的不作為命令…………………338
中立保持義務………………………321
懲戒解雇……………………………179
懲戒権
　——の法的根拠…………………180
　——の濫用………………………186
懲戒処分……………………………179
長期雇用システム…………………92
調査協力義務………………………184
調整的相殺…………………………110
直接払の原則………………………108
賃　金
　——の支払の確保等に関する法律……114
　——の立替払い…………………114
　労基法上の——…………………104
賃金債権
　——の譲渡………………………109
　——の相殺………………………110
　——の放棄………………………111

つ

通貨払の原則………………………108
通勤途上の災害……………………169
通常の労働者への転換……………227

て

定期昇給……………………………107
定年解雇制…………………………195
定年制………………………………195
定年退職制…………………………195
出来高給……………………………102
出来高払の保障給…………………111
手待時間……………………………120

転　勤……………………………92
電子メール………………………82
転　籍……………………………97

と

動機の競合………………………310
同居の親族………………………13
同情スト…………………………284
統制権……………………………258
登録型派遣………………………232
特定労働者派遣事業……………232
特別条項…………………………130
都道府県労働委員会……………302
取引中止要請……………………287

な

内定取消…………………………63
内々定……………………………63

に

二重就職…………………………186
妊産婦……………………………155

ね

ネガティブ・リスト方式………231
年休自由利用の原則……………149
年功賃金…………………………103
年次有給休暇……………………147
年少者……………………………152
　——の保護……………………152
年俸制……………………………103
年齢差別…………………………42

は

排他的交渉代表制度……………266
配置転換…………………………92
配　転……………………………92
配慮義務…………………………81
派遣可能期間の制限……………232
派遣労働者の直接雇用…………235
罰　金……………………………259
バックペイ………………………335
　——と中間収入の控除………337
バッジ着用………………………290
パートタイム労働者………42, 223, 224
　——に対する均衡待遇………226
　——に対する差別の禁止……225

　——に対する労働条件の明示……225
パパ・ママ育休プラス…………160
ハローワーク……………………350
パワー・ハラスメント…………82

ひ

引きさらい効果…………………262
ピケッティング…………………286
非常時払…………………………111
非正規従業員……………………218
非典型雇用………………………218
秘密保持義務……………………79
ビラ配布…………………………292
ビラ貼り…………………………291

ふ

複数組合交渉主義………………266
服務規律…………………………178
付随義務…………………………78
不正競争防止法…………………79
復　帰……………………………96
不当労働行為……………………300
　——における使用者…………303
　——の救済手続………………333
　——の行政救済………………301
　——の司法救済…………244, 301, 303
　——の使用者への帰責………317
　会社解散と——………………320
不当労働行為意思………………309
部分スト…………………………296
プライバシー……………………81
不利益取扱い……………………316
フレキシブルタイム……………142
フレックスタイム制……………142
紛争調整委員会…………………331
分　裂……………………………262

へ

平均賃金…………………………105
平和義務……………………275, 284
ベースアップ……………………107
変形休日制………………………123
変形労働時間制…………………138
変更解約告知……………………210

ほ

ボイコット………………………287

事項索引　　401

法人格否認の法理……………18, 198	リボン闘争………………………290
法定外休日………………………123	理由の競合………………………310
法定休日…………………………123	両罰規定…………………………18
法適合組合………………………249	
法的三段論法……………………6	**ろ**
法内超勤…………………………126	労災保険法………………………165
法の適用に関する通則法………16	労災保険料………………………165
ポジティブ・リスト方式………231	労災補償制度……………………164
補充的・直律的効力…………4, 283	労災民訴…………………………174
ポスト・ノーティス……………336	労使委員会………………………144
本採用拒否………………………66	労使関係…………………………2
	労使関係法……………………2, 239
ま	労使慣行…………………………72
毎月一回以上一定期日払の原則………111	労使協議…………………………265
	労使協定………………………4, 129
み	労働安全衛生法…………………163
未成年者…………………………152	労働委員会…………………302, 333
民刑事免責………………………241	労働関係紛争解決システム……329
	労働基準監督官…………………4
む	労働基準監督署…………………4
無許可兼職………………………186	労働基本権………………………243
	労働義務…………………………74
め	労働協約…………………………272
メリット制………………………166	──の拡張適用………………276
	──の法的性質………………272
も	労働組合…………………………246
黙示の更新………………………195	──からの脱退………………253
黙示の労働契約…………………20	──の解散……………………261
	──の自主性要件……………247
や	──の団体性要件……………248
雇止め……………………………220	──の民主性要件…………246, 249
山猫スト…………………………283	──への加入…………………253
	労働契約…………………………10
ゆ	──の締結……………………56
唯一交渉団体条項………………266	労働契約承継法…………………198
有期労働…………………………218	労働災害補償保険審査官………173
有利原則…………………………274	労働時間規制……………………117
諭旨解雇…………………………179	──の適用除外………………134
ユニオン・ショップ協定………254	労働時間
	──の概念……………………119
よ	──の通算……………………122
要介護状態………………………160	1週・1日の──……………118
余後効……………………………277	労働市場………………………2, 347
	労働市場法……………………2, 347
り	労働者………………………11, 165
利益代表者………………………247	労基法上の──………………11
リストラ…………………………207	労組法上の──………………245

労働契約上の―― …………………………… 14
労働者供給 …………………………… 229, 348, 352
労働者派遣 …………………………………… 230
労働者派遣契約 ……………………………… 233
労働条件 …………………………………… 30, 43
　――の決定 …………………………………… 5
労働条件明示 ………………………………… 60
労働審判制度 …………………………… 5, 342
労働争議 ……………………………………… 332
労働日 ………………………………………… 147

労働法の定義 ………………………………… 1
労働保険審査会 …………………………… 173
ロックアウト ……………………………… 297

わ

ワークシェアリング ……………………… 117
ワークライフバランス …………………… 157
割増賃金 …………………………………… 131
　――の算定基礎 ………………………… 133
　――の除外賃金 ………………………… 133

【判例等索引】

〔最高裁判所〕

最二小判昭 24・4・23 刑集 3 巻 5 号 592 頁
（大浜炭鉱事件）……………………284
最二小判昭 27・2・22 民集 6 巻 2 号 258 頁
（十勝女子商業学校事件）……………43
最大判昭 27・10・22 民集 6 巻 9 号 857 頁
（朝日新聞社小倉支店事件）…………294
最二小判昭 29・5・28 民集 8 巻 5 号 990 頁
（山岡内燃機関事件）………316, 319
最二小判昭 31・11・2 民集 10 巻 11 号
1413 頁（関西精機事件）……………110
最三小判昭 31・12・11 刑集 10 巻 12 号
1605 頁（三友炭坑事件）……………287
最一小判昭 32・11・14 民集 11 巻 12 号
1943 頁（品川白煉瓦事件）…………257
最三小判昭 32・12・24 民集 11 巻 14 号
2336 頁（日通会津若松支店事件）……249
最二小判昭 35・3・11 民集 14 巻 3 号 403 頁
（細谷服装事件）……………………204
最一小判昭 35・7・14 刑集 14 巻 9 号 1139 頁
（小島撚糸事件）……………………131
最二小判昭 37・2・20 民集 16 巻 8 号 1656 頁
（米軍山田部隊事件）…………………113
最三小判昭 37・10・9 民集 16 巻 10 号
2084 頁（栃木化成事件）……………339
最二小判昭 38・6・21 民集 17 巻 5 号 754 頁
（十和田観光電鉄事件）………………41
最二小判昭 40・2・5 民集 19 巻 1 号 52 頁
（明治生命事件）……………………295
最一小決昭 43・1・18 刑集 22 巻 1 号 32 頁
（金沢タクシー事件）…………………292
最三小判昭 43・3・12 民集 22 巻 3 号 562 頁
（電電公社小倉電話局事件）…………109
最三小判昭 43・4・9 民集 22 巻 4 号 845 頁
（医療法人新光会事件）………302, 306
最二小判昭 43・8・2 民集 22 巻 8 号 1603 頁
（西日本鉄道事件）……………………184
最大判昭 43・12・4 刑集 22 巻 13 号 1425 頁
（三井美唄労組事件）…………………259
最三小判昭 43・12・24 民集 22 巻 13 号
3050 頁（千代田丸事件）……………74
最三小判昭 43・12・24 民集 22 巻 13 号
3194 頁（弘南バス事件）……………285

最大判昭 43・12・25 民集 22 巻 13 号 3459 頁
（秋北バス事件）………………27, 33
最二小判昭 44・5・2 裁判集民事 95 号 257 頁
（中里鉱業所事件）……………………260
最大判昭 44・12・12 民集 27 巻 12 号 1536 頁
（三菱樹脂事件）………………………44
最一小判昭 44・12・18 民集 23 巻 12 号
2495 頁（福島県教組事件）…………110
最三小判昭 45・7・28 民集 24 巻 7 号 1220 頁
（横浜ゴム事件）……………………185
最三小判昭 46・6・15 民集 25 巻 4 号 516 頁
（山恵木材事件）……………………311
最二小判昭 48・1・19 民集 27 巻 1 号 27 頁
（シンガー・ソーイング・メシーン事件）
……………………………………111
最二小判昭 48・3・2 民集 27 巻 2 号 191 頁
（白石営林署事件）……………………148
最大判昭 48・4・25 刑集 27 巻 4 号 547 頁
（全農林警職法事件）…………………243
最大判昭 48・12・12 民集 27 巻 11 号 1536 頁
（三菱樹脂事件）……………58, 66, 67
最二小判昭 49・3・15 民集 28 巻 2 号 265 頁
（日本鋼管事件）……………………185
最一小判昭 49・7・22 民集 28 巻 5 号 927 頁
（東芝柳町工場事件）…221, 237, 364, 367
最一小判昭 49・9・30 民集 28 巻 6 号 1382 頁
（国労大分地本事件）………263, 264
最一小判昭 49・9・30 判時 760 号 97 頁
（名古屋ダイハツ労組事件）…253, 262
最三小判昭 50・2・25 民集 29 巻 2 号 143 頁
（陸上自衛隊八戸車両整備工場事件）…174
最三小判昭 50・4・25 民集 29 巻 4 号 456 頁
（日本食塩製造事件）……206, 255, 263
最三小判昭 50・4・25 民集 29 巻 4 号 481 頁
（丸島水門事件）……………………297
最二小判昭 50・11・28 民集 29 巻 10 号
98 頁（国労広島地本事件）…………258
最二小判昭 50・11・28 民集 29 巻 10 号
1634 頁（国労広島地本事件）………258
最二小判昭 50・12・1 判時 798 号 14 頁
（国労四国地本事件）…………………258
最一小判昭 51・5・6 民集 30 巻 4 号 437 頁
（CBC 管弦楽団事件）………………244
最一小判昭 51・6・3 労判 254 号 20 頁

(都城郵便局事件)……………… 256
最一小判昭51・6・3労判254号20頁
(全逓都城郵便局事件)………… 269
最一小判昭51・7・8民集30巻7号689頁
(茨城石炭商事事件)………………… 77
最二小判昭52・1・31労判268号17頁
(高知放送事件)……………… 207, 216
最大判昭52・2・23民集31巻1号93頁
(第二鳩タクシー事件)……… 302, 336, 337
最大判昭52・5・4刑集31巻3号182頁
(全逓名古屋中郵事件)…………… 243
最二小判昭52・8・9労経速958号25頁
(三晃社事件)……………………… 107
最二小判昭52・12・13民集31巻7号974頁
(目黒電報電話局事件)…… 76, 123, 125, 182
最三小判昭52・12・13民集31巻7号
1037頁(富士重工業事件)………… 184
最三小判昭53・3・28民集32巻2号259頁
(国立新潟療養所事件)…………… 243
最三小判昭53・7・18民集32巻5号1030頁
(全逓東北地本事件)……………… 294
最二小判昭53・11・15刑集32巻8号
1855頁(山陽電気軌道事件)……… 297
最二小判昭54・7・20民集33巻5号582頁
(大日本印刷事件)………… 62, 63, 68
最三小判昭54・10・30民集33巻6号647頁
(国鉄札幌運転区事件)…… 178, 291, 328
最二小判昭55・5・30民集34巻3号464頁
(電電公社近畿電通局事件)………… 63
最三小判昭56・3・24民集35巻2号300頁
(日産自動車事件)………………… 49
最二小判昭56・9・18民集35巻6号1028頁
(三菱重工業長崎造船所事件)……… 295
最三小判昭57・4・13民集36巻4号659頁
(大成観光事件)……………… 76, 299
最一小判昭57・10・7労判399号11頁
(大和銀行事件)…………………… 106
最一小判昭58・2・24労判408号50頁
(西日本重機事件)………………… 295
最一小判昭58・9・8労判415号29頁
(関西電力事件)………… 78, 180, 185
最二小判昭58・9・16判時1093号135頁
(ダイハツ工業事件)……………… 187
最一小判昭58・10・27労判427号63頁
(あさひ保育園事件)……………… 209
最三小判昭58・11・1労判417号21頁
(明治乳業事件)…………………… 182

最三小判昭58・12・20判時1102号140頁
(新宿郵便局事件)………………… 326
最判昭59・4・10民集38巻6号557頁
(川義事件)………………………… 174
最三小判昭59・5・29民集38巻7号802頁
(日本メール・オーダー事件)……… 308
最一小判昭60・3・7労判449号49頁
(水道機工事件)…………………… 295
最二小判昭60・3・11労判452号13頁
(新潟鉄道郵便局事件)…………… 150
最二小判昭60・4・5民集39巻3号675頁
(古河電気工業・原子燃料工業事件)… 96
最三小判昭60・4・23民集39巻3号730頁
(日産自動車事件)………… 321, 325, 327
最二小判昭60・12・13労判465号6頁
(旭ダイヤモンド工業事件)………… 267
最二小判昭61・1・24労判467号6頁
(紅屋商事事件)…………………… 338
最一小判昭61・3・13労判470号6頁
(電電公社帯広局事件)……………… 28
最三小判昭61・6・10民集40巻4号793頁
(旭ダイヤモンド工業事件)………… 346
最二小判昭61・7・14労判477号6頁
(東亜ペイント事件)…………… 93, 375
最一小判昭61・12・4労判486号6頁
(日立メディコ事件)…… 221, 222, 237,
364, 367, 368
最一小判昭62・4・2判時1243号126頁
(あけぼのタクシー事件)……… 337, 346
最一小判昭62・4・2労判506号20頁
(あけぼのタクシー事件)…………… 113
最二小判昭62・5・8判時1247号131頁
(日産自動車事件)………………… 322
最二小判昭62・7・10民集41巻5号1229頁
(弘前電報電話局事件)…………… 150
最二小判昭62・7・17民集41巻5号1283頁
(ノースウエスト航空事件)…… 112, 296
最三小判昭62・9・18労判504号6頁
(大隈鐵工所事件)………………… 192
最三小判昭63・2・16民集42巻2号60頁
(大曲市農協事件)…………………… 34
最一小判昭63・7・14労判523号6頁
(小里機材事件)…………………… 133
最三小判平元・10・17労判556号88頁
(日田労基署長事件)………………… 21
最二小判平元・12・11民集43巻12号
1786頁(済生会中央病院事件)…… 110, 256

判例等索引　405

最一小判平元・12・14 民集 43 巻 12 号
　1895 頁（日本シェーリング事件）……157
最一小判平元・12・14 民集 43 巻 12 号
　2051 頁（三井倉庫港運事件）…………254
最三小判平 2・3・6 判時 1357 号 144 頁
　（亮正会事件）……………………………336
最三小判平 2・6・5 民集 44 巻 4 号 668 頁
　（神戸弘陵学園事件）…………………67, 69
最二小判平 2・11・26 民集 44 巻 8 号 1085 頁
　（日新製鋼事件）…………………………110
最一小判平 3・4・11 労判 590 号 14 頁
　（三菱重工業神戸造船所事件）…………174
最三小判平 3・4・23 労判 589 号 6 頁
　（国鉄事件）……………………244, 272, 377
最三小判平 3・6・4 民集 45 巻 5 号 984 頁
　（紅屋商事事件）…………………………335
最一小判平 3・9・19 労判 615 号 16 頁
　（炭研精工事件）…………………………183
最一小判平 3・11・28 民集 45 巻 8 号 1270 頁
　（日立製作所武蔵工場事件）……29, 130,
　　　　　　　　　　　　　　　　136, 361
最三小判平 4・6・23 民集 46 巻 4 号 306 頁
　（時事通信社事件）………………………162
最二小判平 4・9・25 労判 618 号 14 頁
　（三菱重工業事件）………………………284
最二小判平 4・10・2 労判 619 号 8 頁
　（御國ハイヤー事件）……………………288
最一小判平 5・3・25 労判 650 号 6 頁
　（エッソ石油事件）…………………256, 263
最二小判平 5・6・11 労判 632 号 10 頁
　（国鉄鹿児島自動車営業所事件）……75, 83
最二小判平 5・6・25 民集 47 巻 6 号 4585 頁
　（沼津交通事件）…………………………152
最三小判平 6・12・20 民集 48 巻 8 号 1496 頁
　（倉田学園事件）…………………………292
最三小判平 7・1・24 労判 675 号 6 頁
　（文祥堂事件）……………………………273
最一小判平 7・2・23 労判 686 号 15 頁
　（ネスレ日本（東京・島田）事件）…256, 339
最三小判平 7・2・28 民集 49 巻 2 号 559 頁
　（朝日放送事件）……………303, 305, 312
最一小判平 7・3・9 労判 679 号 30 頁（商
　大八戸ノ里ドライビングスクール事件）
　…………………………………………………71
最二小判平 7・4・14 労判 679 号 21 頁
　（高知県観光事件）………………………325
最二小判平 7・9・8 労判 679 号 11 頁

　（オリエンタルモーター事件）……320, 328
最二小判平 8・1・26 労判 688 号 14 頁
　（千代田化工建設事件）…………………309
最二小判平 8・3・26 労判 691 号 16 頁
　（朝日火災海上保険（高田）事件）………276
最二小判平 8・9・26 労判 708 号 31 頁
　（山口観光事件）…………………………187
最一小判平 8・11・28 労判 714 号 14 頁
　（横浜南労基署長（旭紙業）事件）……12, 21
最三小判平 9・1・28 民集 51 巻 1 号 78 頁
　（改進社事件）………………………………16
最二小判平 9・2・28 民集 51 巻 2 号 705 頁
　（第四銀行事件）……………………………37
最一小判平 9・3・13 労判 722 号 30 頁
　（小南記念病院事件）……………………346
最一小判平 9・3・27 労判 713 号 27 頁
　（朝日火災海上保険（石堂）事件）…275, 279
最三小判平 9・6・10 労判 718 号 15 頁
　（サンデン交通事件）……………………307
最一小判平 10・4・9 労判 736 号 15 頁
　（片山組事件）………………………………75
最三小判平 10・9・8 労判 745 号 7 頁
　（安田病院事件）……………………………20
最二小判平 11・6・11 労判 762 号 16 頁
　（国労高崎地本事件）……………………288
最一小判平 12・3・9 民集 54 巻 3 号 801 頁
　（三菱重工業長崎造船所事件）……119, 120
最一小判平 12・7・17 労判 785 号 6 頁
　（横浜南労基署長（東京海上横浜支店）
　事件）………………………………………177
最一小判平 12・9・7 民集 54 巻 7 号 2075 頁
　（みちのく銀行事件）………………………37
最三小判平 12・9・12 労判 788 号 23 頁
　（羽後銀行事件）…………………………373
最三小判平 13・3・13 労判 805 号 23 頁
　（都南自動車教習所事件）……………273, 279
最三小判平 13・6・22 労判 808 号 11 頁
　（トーコロ事件）……………………129, 362
最三小判平 13・10・25 労判 814 号 34 頁
　（横浜税関事件）……………………316, 317
最一小判平 14・2・28 民集 56 巻 2 号 361 頁
　（大星ビル管理事件）………………121, 124
最二小判平 15・4・18 労判 847 号 14 頁
　（新日本製鐵（日鐵運輸第 2）事件）…95, 101
最二小判平 15・10・10 労判 861 号 5 頁
　（フジ興産事件）…………………28, 29, 36, 180
最一小判平 15・12・4 労判 862 号 14 頁

406　　判例等索引

（東朋学園事件）……………… 157, 162
最一小判平 15・12・18 労判 866 号 14 頁
　（北海道国際航空事件）……………… 111
最一小判平 15・12・22 民集 57 巻 11 号
　2335 頁（JR 北海道・日本貨物鉄道事件）……………………… 311, 313, 381
最二小判平 17・6・3 民集 59 巻 5 号 938 頁
　（関西医科大学研修医（未払賃金）事件）… 13
最三小判平 18・4・18 民集 60 巻 4 号 1548 頁
　（安威川生コンクリート事件）……… 298
最二小判平 18・10・6 労判 925 号 11 頁
　（ネスレ日本事件）…………… 180, 187, 190
最二小判平 18・12・8 労判 929 号 5 頁
　（JR 東海事件）………………… 317, 326
最二小判平 19・2・2 労判 933 号 5 頁
　（東芝小向労組・東芝事件）………… 253
最一小判平 19・6・28 労判 940 号 11 頁
　（藤沢労基署長（大工負傷）事件）…… 13
最二小判平 19・10・19 労判 946 号 31 頁
　（大林ファシリティーズ（オークビルサービス）事件）………………… 121
最三小判平 19・12・18 労判 951 号 5 頁
　（福岡雙葉学園事件）………………… 106

〔高等裁判所〕

東京高決昭 33・8・2 労民集 9 巻 5 号 831 頁
　（読売新聞社事件）……………………… 77
東京高判昭 34・12・23 労民集 10 巻 6 号
　1056 頁（栃木化成事件）…………… 270
福岡高判昭 39・9・29 労民集 15 巻 5 号
　1036 頁（岩田屋事件）……………… 294
大阪高判昭 45・7・10 労民集 21 巻 4 号
　1149 頁（大阪読売新聞社事件）……… 68
東京高決昭 50・9・25 労民集 26 巻 5 号
　723 頁（新聞之新聞社事件）………… 244
東京高判昭 52・6・29 労民集 28 巻 3 号
　223 頁（寿建築研究所事件）………… 271
大阪高判昭 53・10・27 労判 314 号 65 頁
　（福知山信用金庫事件）……………… 187
東京高決昭 54・8・9 労判 324 号 20 頁
　（吉野石膏事件）……………………… 340
東京高判昭 54・10・29 労民集 30 巻 5 号
　1002 頁（東洋酸素事件）…………… 208
東京高判昭 55・12・16 労民集 31 巻 6 号
　1224 頁（日立メディコ事件）……… 221
東京高判昭 56・1・29 労民集 32 巻 3＝4
　号 363 頁（山梨貸切自動車事件）…… 259

大阪高判昭 57・3・17 労民集 33 巻 2 号
　321 頁（姫路赤十字病院事件）……… 268
福岡高判昭 58・6・7 労判 410 号 29 頁
　（サガテレビ事件）……………………… 20
東京高判昭 58・12・19 労判 421 号 33 頁
　（八州事件）……………………………… 61
東京高判昭 59・2・29 労民集 35 巻 1 号
　15 頁（所沢職安所長事件）………… 352
大阪高判昭 59・3・30 労判 438 号 53 頁
　（布施自動車教習所・長尾商事事件）… 19
東京高判昭 59・3・30 労民集 35 巻 2 号
　140 頁（フォード自動車事件）……… 207
福岡高判昭 63・1・28 労判 512 号 53 頁
　（日田労基署長事件）………………… 21
大阪高判平 3・1・16 労判 581 号 36 頁
　（龍神タクシー事件）………………… 221
東京高判平 3・2・20 労判 592 号 77 頁
　（炭研精工事件）……………………… 183
仙台高秋田支判平 4・12・25 労判 690 号
　13 頁（JR 東日本（本荘保線区）事件）
　……………………………… 75, 82, 83
福岡高判平 6・3・24 労民集 45 巻 1・2
　号 123 頁（三菱重工業長崎造船所事件）
　……………………………………… 151
広島高判平 6・3・29 労判 669 号 74 頁
　（サンデン交通事件）………………… 307
東京高決平 6・10・24 労判 675 号 67 頁
　（ソニー事件）………………………… 277
東京高判平 7・6・22 労判 688 号 15 頁
　（千代田化工建設事件）………… 289, 309
東京高判平 8・5・29 労判 694 号 29 頁
　（帝国臓器事件）………………… 93, 375
名古屋高金沢支判平 8・10・30 労判 707
　号 37 頁（金沢セクハラ事件）……… 51
東京高判平 9・11・20 労判 728 号 12 頁
　（横浜セクハラ事件）………………… 53
大阪高判平 9・11・25 労判 729 号 39 頁
　（光洋精工事件）……………………… 86
大阪高決平 9・12・16 労判 729 号 18 頁
　（丸島アクアシステム事件）………… 221
大阪高判平 10・2・18 労判 744 号 63 頁
　（安田病院事件）……………………… 20
大阪高判平 10・7・22 労判 748 号 98 頁
　（騒々堂事件）………………………… 57
東京高判平 11・2・24 労判 763 号 34 頁
　（JR 東日本事件）……………… 291, 299
東京高判平 11・3・31 労判 758 号 7 頁

（丸子警報器事件）……………… 223
東京高判平 12・2・29 労判 807 号 7 頁
（セメダイン事件）………… 248, 251, 266
東京高判平 12・4・19 労判 787 号 35 頁
（日新火災海上保険事件）…………… 61
東京高判平 12・7・26 労判 789 号 6 頁
（中根製作所事件）…………… 275, 279
東京高判平 12・12・22 労判 796 号 5 頁
（芝信用金庫事件）……… 45, 46, 50, 54, 87
東京高判平 12・12・27 労判 809 号 82 頁
（更生会社三井埠頭事件）………… 108
東京高判平 13・3・29 労判 831 号 78 頁
（セイシン企業事件）……………… 177
広島高判平 13・5・23 労判 811 号 21 頁
（マナック事件）………………… 86
東京高判平 14・2・27 労判 824 号 17 頁
（青山会事件）………… 198, 313, 380
広島高判平 14・6・25 労判 835 号 43 頁
（JR 西日本事件）………… 140, 146
福岡高決平 14・9・18 労判 840 号 52 頁
（安川電機事件）………… 202, 367
東京高判平 14・11・26 労判 843 号 20 頁
（日本ヒルトンホテル(本訴)事件）…… 211
大阪高判平 15・1・30 労判 845 号 5 頁
（大阪空港事業(関西航業)事件）… 19, 369
東京高判平 15・9・30 労判 862 号 41 頁
（朝日火災海上保険事件）………… 338
東京高判平 15・12・17 労判 868 号 20 頁
（オリエンタルモーター事件）… 324, 338
東京高判平 17・5・31 労判 898 号 16 頁
（勝英自動車学校事件）……… 198, 380
東京高判平 17・7・13 労判 899 号 19 頁
（東京日新学園事件）……………… 197
大阪高判平 18・4・14 労判 915 号 60 頁
（ネスレ日本(配転本訴)事件）…… 100
東京高判平 18・6・22 労判 920 号 5 頁
（ノイズ研究所事件）……………… 38
東京高判平 19・2・22 労判 937 号 175 頁
（マッキャンエリクソン事件）…… 91
東京高判平 19・6・28 労判 946 号 76 頁
（昭和シェル石油事件）…………… 45
東京高判平 19・7・31 労判 946 号 58 頁
（根岸病院事件）………………… 270
東京高判平 19・10・25 労判 949 号 5 頁
（JR 東海事件）………………… 318
東京高判平 20・3・25 労判 959 号 61 頁
（東武スポーツ(宮の森カントリー倶楽

部・労働条件変更)事件）………… 73, 74
東京高判平 20・4・9 労判 959 号 6 頁
（日本システム開発研究所事件）… 103, 115
大阪高判平 20・4・25 労判 960 号 5 頁
（松下プラズマディスプレイ(パスコ)
事件）………………… 22, 235, 369
東京高判平 20・6・26 労判 963 号 16 頁
（日本アイ・ビー・エム事件）…… 199, 201
東京高判平 21・3・25 労判 981 号 13 頁
（新国立劇場事件）………………… 246

〔地方等裁判所〕

浦和地判昭 35・3・30 労民集 11 巻 2 号
280 頁（富士文化工業事件）……… 285
秋田地判昭 35・9・29 労民集 11 巻 5 号
1081 頁（大日本鉱業発盛労組事件）…… 260
前橋地判昭 38・11・14 労民集 14 巻 6 号
1419 頁（明星電気事件）………… 296
東京地判昭 41・3・31 判時 442 号 16 頁
（日立電子事件）………………… 95
東京地判昭 41・8・30 労民集 17 巻 4 号
1004 頁（リーダー機械事件）……… 306
東京地判昭 41・12・20 労民集 17 巻 6 号
1407 頁（住友セメント事件）……… 49
福井地判昭 43・5・15 労民集 19 巻 3 号
714 頁（福井新聞社事件）………… 287
東京地判昭 43・8・31 判時 539 号 15 頁
（日本電気事件）………………… 93
東京地判昭 44・7・1 労民集 20 巻 4 号
715 頁（東急機関工業事件）……… 49
大阪地判昭 44・12・26 労民集 20 巻 6 号
1806 頁（日中旅行社事件）……… 43
仙台地判昭 45・3・26 労民集 21 巻 2 号
330 頁（川岸工業事件）………… 19
名古屋地判昭 45・9・7 労判 110 号 42 頁
（レストラン・スイス事件）…… 77
奈良地判昭 45・10・23 判時 624 号 78 頁
（フォセコ・ジャパン・リミティッド事件）
………………………………… 80
津地四日市支決昭 48・1・24 労経速 807
号 3 頁（住友重工・富田機器事件）
………………………… 244, 307
徳島地判昭 50・7・23 判時 232 号 24 頁
（船井電機・徳島船井電機事件）…… 19
東京地決昭 50・9・12 判時 789 号 17 頁
（コバル事件）………………… 49
神戸地判昭 51・4・7 労判 255 号 73 頁

（大日通運事件）……………… 250, 307
大阪地決昭 51・7・20 労判 261 号 49 頁
（平野金属事件）……………………… 210
青森地判昭 53・2・14 労判 292 号 24 頁
（青森放送事件）………………………… 20
横浜地判昭 55・3・28 労判 339 号 20 頁
（三菱重工業横浜造船所事件）………… 124
東京地判昭 55・12・15 労判 354 号 46 頁
（イースタン・エアポートモータース事件）
　………………………………………… 78
千葉地判昭 56・5・25 労判 372 号 49 頁
（日立精機事件）………………………… 98
東京地判昭 56・10・22 労民集 32 巻 5 号
674 頁（北辰電機製作所事件）…… 309, 324
東京地決昭 57・11・19 労民集 33 巻 6 号
1028 頁（小川建設事件）……………… 186
東京地判昭 59・1・27 労判 423 号 23 頁
（エール・フランス事件）……………… 99
名古屋地判昭 59・3・23 労判 439 号 64 頁
（ブラザー工業事件）…………………… 68
東京地判昭 60・3・14 労判 451 号 27 頁
（安田信託銀行事件）…………………… 86
東京地判昭 61・2・27 労判 469 号 10 頁
（国鉄事件）…………………………… 317
新潟地高田支判昭 61・10・31 労時 1226
号 128 頁（日本ステンレス事件）……… 95
東京地判昭 61・12・4 労民集 37 巻 6 号
512 頁（日本鉄鋼連盟事件）…………… 50
東京地判昭 62・5・26 労判 498 号 13 頁
（新興サービス事件）………………… 286
横浜地判昭 62・9・29 労判 505 号 36 頁
（全日産自動車労組事件）…………… 260
東京地決昭 63・8・4 労判 522 号 11 頁
（エヴェレット汽船事件）…………… 210
東京地決平 2・4・27 労判 565 号 79 頁
（エクイタブル生命保険事件）………… 88
横浜地判平 2・5・29 労判 579 号 35 頁
（ダイエー事件）………………………… 86
東京地判平 2・7・4 労民集 41 巻 4 号 513 頁
（社会保険診療報酬支払基金事件）… 49, 87
神戸地判平 3・3・14 労判 584 号 61 頁
（星電社事件）…………………………… 88
大阪地判平 3・10・22 労判 595 号 9 頁
（三洋電機事件）……………………… 223
福岡地判平 4・4・16 労判 607 号 6 頁
（福岡セクハラ事件）………… 51, 55, 83
東京地判平 4・8・27 労判 611 号 10 頁

（日ソ図書事件）………………………… 46
秋田地判平 5・3・1 労判 644 号 52 頁（JR
東日本事件）………………………… 269
前橋地判平 5・8・24 労判 635・22（東京
電力（群馬）事件）…………………… 44
千葉地判平 6・5・23 労判 661・22（東京
電力（千葉）事件）…………………… 44
東京地判平 6・6・16 労判 651 号 15 頁
（三陽物産事件）……………………… 45, 46
大阪地決平 6・8・5 労判 668 号 48 頁
（新関西通信システムズ事件）…… 198, 379
大阪地決平 6・8・10 労判 658 号 56 頁
（JR 東海事件）………………………… 95
東京地判平 7・3・30 労判 667 号 14 頁
（HIV 感染者解雇事件）………………… 82
東京地決平 7・3・31 労判 680 号 75 頁
（マリンクロットメディカル事件）…… 93
東京地決平 7・4・13 労判 675 号 13 頁
（スカンジナビア航空事件）……… 212, 364
東京地決平 7・10・16 労判 690 号 75 頁
（東京リーガルマインド事件）………… 80
東京地判平 7・12・4 労判 685 号 17 頁
（バンク・オブ・アメリカ・イリノイ事件）
　……………………………………… 82, 90
長野地上田支判平 8・3・15 労判 690 号
32 頁（丸子警報器事件）………… 226, 238
東京地判平 8・3・28 労判 694 号 43 頁
（エスエムシー事件）………………… 270
東京地決平 8・7・31 労判 712 号 85 頁
（ロイヤル・インシュアランス・パブ
リック・リミテッド・カンパニー事件）
　……………………………………… 208
東京地判平 8・11・27 労判 704 号 21 頁
（芝信用金庫事件）……………………… 87
大阪地判平 8・12・25 労判 717 号 64 頁
（岩井金属工業事件）………………… 317
東京地判平 9・3・25 労判 718 号 44 頁
（野本商店事件）………………………… 31
佐賀地武雄支判平 9・3・28 労判 719 号
38 頁（センエイ事件）……………… 20, 22
京都地判平 9・4・17 労判 716 号 49 頁
（京都セクハラ事件）…………………… 82
東京地判平 9・5・26 労判 717 号 14 頁
（長谷工コーポレーション事件）……… 40
札幌地決平 9・7・23 労判 723 号 62 頁
（北海道コカ・コーラボトリング事件）… 93
東京地判平 9・8・26 労判 734 号 75 頁

判例等索引　　409

（ペンション経営研究所事件）……… 105
津地判平 9・11・5 労判 729 号 54 頁
　（三重セクハラ事件）……………… 52
東京地判平 10・2・26 労判 737 号 51 頁
　（JR 東海事件）…………………… 295
東京地判平 10・3・17 労判 734 号 15 頁
　（富士重工業事件）………………… 40
大阪地判平 10・8・31 労判 751 号 38 頁
　（大阪労働衛生センター第一病院事件）
　……………………… 211, 212, 364
大阪地判平 11・7・28 労判 770 号 81 頁
　（塩野義製薬事件）………………… 55
札幌地判平 11・8・30 労判 779 号 69 頁
　（鈴蘭交通事件）…………………… 278
大阪地判平 11・10・4 労判 771 号 25 頁
　（JR 東海事件）…………………… 99
東京地判平 11・10・29 労判 774 号 12 頁
　（上州屋事件）……………………… 88
東京地決平 12・1・21 労判 782 号 23 頁
　（ナショナル・ウエストミンスター銀行
　（第 3 次仮処分）事件）…………… 208
東京地判平 12・1・31 労判 785 号 45 頁
　（アーク証券（本訴）事件）……… 89
大阪地判平 12・2・23 労判 783 号 71 頁
　（シャープエレクトロニクスマーケティ
　ング事件）………………………… 45
大阪地判平 12・4・17 労判 790 号 44 頁
　（三和銀行事件）…………………… 191
大阪地判平 12・6・30 労判 793 号 49 頁
　（わいわいランド事件）…………… 213
大阪地判平 12・8・28 労判 793 号 13 頁
　（フジシール事件）………………… 93
大阪地判平 12・12・1 労判 808 号 77 頁
　（ワキタ事件）……………………… 229
東京地判平 12・12・20 労判 810 号 67 頁
　（ネスレ日本事件）……… 277, 372, 377
盛岡地判平 13・2・2 労判 803 号 26 頁
　（龍澤学館事件）…………………… 67
大阪地判平 13・6・27 労判 809 号 5 頁
　（住友生命事件）…………………… 86
東京地決平 13・8・19 労判 820 号 74 頁
　（エース損害保険事件）…………… 207
東京地判平 13・12・3 労判 826 号 76 頁
　（F 社Z事業部事件）…………… 82, 83
東京地判平 13・12・19 労判 817 号 5 頁
　（ヴァリグ日本支社事件）………… 210
大阪地決平 13・12・26 労経速 1797 号 13 頁

（大阪国際観光バス事件）………… 278
東京地判平 14・3・11 労判 825 号 13 頁
　（日本ヒルトンホテル（本訴）事件）…… 211
大阪地判平 14・5・22 労判 830 号 22 頁
　（日本郵便逓送事件）……………… 226
東京地判平 14・8・30 労判 838 号 32 頁
　（ダイオーズサービシーズ事件）…… 80
東京地判平 14・10・22 労判 838 号 15 頁
　（ヒロセ電機事件）………………… 207
東京地判平 14・12・17 労判 846 号 49 頁
　（労働大学事件）…………………… 210
大阪地決平 15・4・16 労判 849 号 35 頁
　（大建工業事件）…………………… 99
大阪地判平 15・4・25 労判 850 号 27 頁
　（愛徳姉妹会（本採用拒否）事件）…… 66
東京地判平 15・5・28 労判 852 号 11 頁
　（東京都（警察学校・警察病院 HIV 検
　査）事件）………………………… 81
大阪地堺支判平 15・6・18 労判 855 号 22 頁
　（大阪いずみ市民生活協同組合事件）…… 186
大阪地判平 15・7・4 労判 856 号 36 頁
　（幸福銀行（退職出向者退職金）事件）…… 98
東京地判平 15・8・27 労判 865 号 47 頁
　（ゼネラル・セミコンダクター・ジャパ
　ン事件）…………………………… 208
東京地判平 15・12・19 労判 873 号 73 頁
　（タイカン事件）…………………… 195
東京地判平 16・3・31 労判 873 号 33 頁
　（エーシーニールセン・コーポレーショ
　ン事件）…………………………… 91
東京地判平 16・5・17 労判 876 号 5 頁
　（大阪証券取引所事件）…………… 305
大阪地判平 17・1・13 労判 893 号 150 頁
　（近畿コカコーラ・ボトリング事件）…… 221
東京地判平 17・1・25 労判 890 号 42 頁
　（S 社（派遣添乗員）事件）……… 212
富山地判平 17・2・23 労判 891 号 12 頁
　（トナミ運輸事件）………………… 186
名古屋地判平 17・2・23 労判 892 号 42 頁
　（山田紡績事件）…………………… 216
東京地判平 17・10・19 労判 905 号 5 頁
　（モルガン・スタンレー・ジャパン（超
　過勤務手当）事件）……………… 133
大阪地判平 18・1・6 労判 913 号 49 頁
　（三都企画建設事件）………… 225, 368
東京地決平 18・1・13 判時 1935 号 168 頁
　（コマキ事件）……………………… 208

410　　　判例等索引

東京地決平 18・5・17 労判 916 号 12 頁
　（丸林運輸事件）……………………… 190
東京地判平 19・3・26 労判 943 号 41 頁
　（中山書店事件）……………… 103, 115
大阪地判平 19・4・26 労判 941 号 5 頁
　（松下プラズマディスプレイ（パスコ）
　事件）………………………………… 235
東京地判平 20・1・28 労判 953 号 10 頁
　（日本マクドナルド事件）…………… 135
東京地判平 20・1・28 労判 964 号 59 頁
　（朝日放送事件）……………………… 313
東京地判平 20・9・9 労経速 2025 号 21 頁
　（浜野マネキン紹介所事件）……… 225, 368
東京地判平 21・4・23 労判 982 号 17 頁
　（INAX メインテナンス事件）………… 245

〔労働委員会〕
中労委決昭 35・8・31 労委年報 15 号 31 頁
　（東京ヘップサンダル工事件）………… 245

● 執筆者紹介 ●　（執筆順）

山川隆一（やまかわ・りゅういち）　＊編者──〈第1章，第4章［2, 3］，第19章，第20章，第21章，第22章，総合演習［事例］〉
　1982年東京大学法学部卒業，同助手（〜1985年）。現在，慶應義塾大学大学院法務研究科教授。
　〈主要著作〉『国際労働関係の法理』（1999年，信山社），『労働契約法入門』（2008年，日本経済新聞出版社），『雇用関係法〔第4版〕』（2008年，新世社）

皆川宏之（みながわ・ひろゆき）──〈第2章，第5章，第6章〉
　2002年京都大学大学院法学研究科博士後期課程単位取得退学。現在，千葉大学法経学部准教授。
　〈主要著作〉荒木尚志・山川隆一編『諸外国の労働契約法制』第1章第1節，第2節1〜7（労働政策研究・研修機構，2006年），「労働契約法制の適用範囲」民商法雑誌第135巻1号（2006年），「ドイツにおける目標合意制度の諸問題」千葉大学法学論集第22巻1号（2007年）

櫻庭涼子（さくらば・りょうこ）──〈第3章，第4章［1］，第15章〉
　2004年東京大学大学院法学政治学研究科博士課程修了。現在，神戸大学大学院法学研究科准教授。
　〈主要著作〉『年齢差別禁止の法理』（信山社，2008年），「雇用差別禁止法制の現状と課題」日本労働研究雑誌574号（2008年）

桑村裕美子（くわむら・ゆみこ）──〈第7章，第8章，第9章〉
　2004年東京大学法学部卒業，東京大学大学院法学政治学研究科助手（〜2007年）。現在，東北大学大学院法学研究科准教授。
　〈主要著作〉「労働条件決定における国家と労使の役割（一）〜（六・完）──労使合意に基づく労働条件規制柔軟化の可能性と限界」法学協会雑誌第125巻5号〜10号（2008年），水町勇一郎編著『事例演習労働法』（共著）（有斐閣，2009年），野川忍・山川隆一編『労働契約の理論と実務』第1部第2章3〜5（中央経済社，2009年）

原　昌登（はら・まさと）──〈第10章，第11章，第12章〉
　1999年東北大学法学部卒業，東北大学大学院法学研究科・法学部助手（〜2004年）。現在，成蹊大学法学部准教授。
　〈主要著作〉水町勇一郎編著『事例演習労働法』（共著）（有斐閣，2009年），野川忍・山川隆一編『労働契約の理論と実務』第1部第4章，第3部第1・2・5章，第10章（中央経済社，2009年），「ワーク・ライフ・バランスと労働時間」ジュリスト1383号（2009年）

中益陽子（なかます・ようこ）──〈第13章，第14章，第26章〉
　2007年東京大学大学院法学政治学研究科博士課程単位取得退学。現在，都留文科大学文学部講師。
　〈主要著作〉「拡大するイタリアの民間年金制度──2004年年金改革における退職手当と補足的保障制度」日本労働研究雑誌552号（2006年），「イタリアの医療保障・保健制度──職種・業種別制度から普遍主義的制度への転換」菅野和夫・中嶋士元也・渡辺章編『友愛と法──山口浩一郎先生古稀記念論集』（信山社，2008年），小島晴洋ほか著『現代イタリアの社会保障──ユニバーサリズムを越えて』（共編著）（旬報社，2009年）

渡邊絹子（わたなべ・きぬこ）──〈第16章，第17章，第18章〉
　2004年東京大学大学院法学政治学研究科博士課程単位取得退学。現在，東海大学法学部准教授。
　〈主要著作〉「ドイツ企業年金改革の行方──公私の役割分担をめぐって」日本労働研究雑誌504号（2002年），「企業倒産における企業年金受給権保護に関する一考察──ドイツ支払不能保険を手掛かりにして」季刊労働法203号（2003年），「ドイツにおける自営業者に対する老齢時の所得保障制度」東海法学40号（2008年）

竹内（奥野）寿（たけうち（おくの）・ひさし）──〈第23章，第24章，第25章〉
　1999年東京大学法学部卒業，東京大学大学院法学政治学研究科助手・専任講師（〜2004年）。現在，立教大学法学部准教授。
　〈主要著作〉「米国労使関係法における『単一使用者』・『共同使用者』法理」立教法学73号（2007年），"Captive Audience Speeches in Japan──Freedom of Speech of Employers v. Workers' Right and Freedom" 29 Comparative Labor Law & Policy Journal（2008年），「少数組合の団体交渉権について」日本労働研究雑誌573号（2008年）

野口彩子（のぐち・あやこ）──〈総合演習［第1・2・6問解説］〉
　1999年東京大学法学部卒業。経営コンサルティング会社，人材紹介会社勤務を経て，2006年慶應義塾大学大学院法務研究科（法科大学院）修了。2007年弁護士登録（第2東京弁護士会）。現在，シグマ法律会計事務所所属。
　〈主要著作〉『退職金切り下げの理論と実務──つまずかない労務管理』労務・社会保険法研究会編（信山社，2010年1月刊行予定）

石井悦子（いしい・えつこ）──〈総合演習［第3・4・5問解説］〉
　1990年青山学院大学法学部卒業。呉服法律事務所勤務を経て，2006年慶應義塾大学大学院法務研究科（法科大学院）修了。2007年弁護士登録（東京弁護士会）。現在，オエノンホールディングス株式会社戦略法務室マネージャー。
　〈主要著作〉『こんなときどうする？女性のための法律相談ガイド〔新版〕』東京弁護士会・両性の平等に関する委員会編（ぎょうせい，2009年）

〈編著者〉

山川　隆一　慶應義塾大学大学院法務研究科教授

〈著　者〉（執筆順）

皆川　宏之　千葉大学法経学部准教授
櫻庭　涼子　神戸大学大学院法学研究科准教授
桑村裕美子　東北大学大学院法学研究科准教授
原　　昌登　成蹊大学法学部准教授
中益　陽子　都留文科大学文学部講師
渡邊　絹子　東海大学法学部准教授
竹内(奥野)寿　立教大学法学部准教授
野口　彩子　弁護士
石井　悦子　弁護士

プラクティス労働法

2009（平成21）年11月30日　第1版第1刷発行

編者　山川　隆一
発行者　今井　　貴
　　　　渡辺　左近
発行所　信山社出版株式会社
〒113-0033　東京都文京区本郷6-2-9-102
　　　　電　話　03(3818)1019
　　　　ＦＡＸ　03(3818)0344

Printed in Japan

©山川隆一，2009　印刷・製本／松澤印刷・大三製本

ISBN978-4-7972-2405-4
0101-013-015-005-005

民法改正と世界の民法典

民法改正研究会（代表 加藤雅信）

第I部 日本民法典の改正
 第1章 「日本民法改正試案」の基本枠組／加藤雅信
 第2章 民法改正の国際的動向
  第1節 ドイツ債務法［岡 孝］／第2節 ドイツ物権法：BGB806条1項2文・3文における私法と公法との調和をめぐって〔秋山靖浩〕／第3節 フランス法〔野澤正充〕
 第3章 債権変動法制のありかた〔松岡久和〕
 第4章 新しい土地利用権体系の構想：用益物権・賃貸借・特別法の再編成をめざして〔山野目章夫〕
 第5章 差止と損害賠償：不法行為法改正試案について〔大塚 直〕

第II部 世界に見る民法改正の諸問題
 第6章 日本民法典の改正にあたって
 第1節 日本民法改正試案提示の準備のために〔加藤雅信〕／第2節 日本民法改正試案の基本方向─民法財産法・冒頭と末尾（第1章通則「不存在」の検討）〔加藤雅信〕
 第7章 民法・商法の統合法としての民法と商法〔加藤雅信〕
  第1節 民事・商事統合法としての民法〔加藤雅信〕／第2節 民法と消費者法─商法の統合についての視点：カタラ論文に寄せて〔鎌村 保〕
 第8章 消費者法制〔ピエール・カタラ／野澤正充訳〕
  第1節 消費者法〔ピエール・カタラ／野澤正充訳〕／第2節 消費者の撤回権・考：井真秀論文に寄せて〔河上正二〕
 第9章 中国の物権法制─韓国法との共通点から〔井真秀・金祥洙訳〕
 第10章 物権変動法制と物権変動立法制立法のあり方：渠濤論文と日本法〔横山美夏〕
 原理「リーゼンフーバー論文と日本法」〔渡辺達徳〕
 第1節 債務不履行による損害賠償と通失原理「カール・リーゼンフーバー／渡辺達徳訳」
 第11章 債権譲渡論〔池田真朗〕
 第12章 契約解除法制─比較的検討〔鹿野菜穂子〕
 第13章 日本民法の編纂と西洋法の導入〔加藤雅信〕
 第14章 ドイツ民法典、その背景と発展および今後の展望〔カール・リーゼンフーバー／宮下 修一訳〕
 第15章 フランス民法典、債務法改正草案への動き〔ピエール・カタラ／野澤正充訳〕
 第16章 オランダ民法典の公布〔アーサー・S・ハートカンプ／平林美紀訳〕
 第17章 中国民法典の制定〔渠慧星／第1節〕
 第18章 台湾における民法典の改正〔詹森林／宮下修一訳〕
 第19章 韓国における民法典の改正─第2次世界大戦後の動き〔尹眞秀／金祥洙訳〕／第2節 韓国における民法典の改正・急展開を迎えた2009年〔中野邦保〕
 第20章 世界における民法典の動向─ユニサイドローションを目指して〔廣瀨久和〕
 第21章 ヨーロッパ民法典への動向〔アーサー・S・ハートカンプ／廣瀨久和訳〕
 第22章 ヨーロッパ民法典への動向〔マーヤー・S・ハートカンプ／廣瀨久和訳〕
 第23章 ヨーロッパ民法典が語るもの─ハートカンプ論文に寄り〔廣瀨久和〕
 第24章 ヨーロッパ連合における民法典議論─統一性と多様性の相克と調和〔北居 功〕

第IV部 資料編
 日本民法改正試案
 ①平成20年日本私法学会提出案─資料1 日本民法改正試案〔民法改正研究会・仮案（平成20年10月13日案）〕
 ②平成21年新試案─資料2 日本民法改正試案〔平成20年10月13日仮提出〕第1分冊〔総則・物権〕／資料3 日本民法改正試案〔民法改正研究会・仮案（平成21年1月1日案）〕第2分冊〔債権法〕

信山社

広中俊雄 編著

日本民法典資料集成

第一巻 民法典編纂の新方針

【目 次】
『日本民法典資料集成』(全一五巻)への序
日本民法典編纂史年表
全巻凡例
全巻総目次
第一巻目次(第一部細目次)

第一部 「民法典編纂の新方針」総説
 法典調査会の作業方針の基礎
 新方針(=民法修正)の基礎
 Ⅰ 民法目次案とその審議
 Ⅱ 甲号議案審議前に提出された乙号議案とその審議
 Ⅲ 甲号議案審議
 Ⅷ 甲号議案審議以後に提出された乙号議案
 Ⅳ
 Ⅴ
 第一部あとがき〈研究ノート〉

来栖三郎著作集Ⅰ〜Ⅲ

各一二,〇〇〇円(税別)

《解説》 安達三季生・池田恒男・岩城謙二・清水誠・須永醇・瀬川信久・田島裕・利谷信義・唄孝一・久留都茂子・三藤邦彦・山田卓生

I 法律家・法の解釈・財産法 1 法律家 2 法の解釈 財産法判例評釈(1〕総則・物権)A 法律家・法の解釈・慣習ーフィクション論につらなるもの 3 法の解釈適用上の遵守 4 法の解釈における制定法の箇疇 5 法の解釈における慣習について 6 法における擬制について 7 いわゆる事実たる慣習と法たる慣習 B 民法・財産法全般(契約法を除く) 8 学界展望・民法 9 民法における財産法と身分法 10 立木取引における明認方法について 11 債権の準占有と免責証券 12 損害賠償の範囲および方法に関する日独両法の比較研究 財産法判例評釈(2〔債権・その他〕C 契約法 13 契約と不当利得(契約法) 14 財産法判例評釈(1〔総則・物権〕) 15 契約法判例評釈(2〔債権・その他〕) 16 日本の贈与法 17 第三者のためにする契約 18 日本につらなるもの 19 民法上の組合の訴訟当事者能力 * 財産法判例評釈(2〔債権〕その他)
Ⅱ家族法 家族法判例評釈〔親族・相続〕D 親族法に関するもの 21 内縁関係に関する学説の発展 22 婚姻の無効と戸籍の訂正 23 穂積陳重先生の自由離婚論と種種離婚制度の研究〔講演〕24 養子制度に関する二・三の問題について 25 日本の養子法 26 中川善之助「日本の親族法」〔紹介〕 E 相続法に関するもの 27 F その他・家族法に関する論文 33 戸籍法と親族相続法 28 相続順位 29 相続税と相続制度 30 遺言の取消 31 遺言の解釈 32 lower について F その他・家族法に関する論文 33 戸籍法と親族相続法 34 中川善之助「身分法の総則的課題ー身分権及び身分行為」〔新刊紹介〕 * 家族法判例評釈(親族・相続) 付・略歴・業績目録

信山社

労働法講義〈上〉―総論・雇用関係法 I
渡辺章 著　　　　　　　　　　　　本体価格 6,300 円(税別)

◆信山社　日本立法資料全集

労働基準法〔昭和 22 年〕(1)
渡辺章 編集代表　土田道夫・中窪裕也・野川忍・野田進
　　　　　　　　　　　　　　　　　本体価格 43,689 円(税別)

労働基準法〔昭和 22 年〕(2)
渡辺章 編集代表　土田道夫・中窪裕也・野川忍・野田進
　　　　　　　　　　　　　　　　　本体価格 55,000 円(税別)

労働基準法〔昭和 22 年〕(3) 上
渡辺章 編集代表　土田道夫・中窪裕也・野川忍・野田進
　　　　　　　　　　　　　　　　　本体価格 35,000 円(税別)

労働基準法〔昭和 22 年〕(3) 下
渡辺章 編集代表　土田道夫・中窪裕也・野川忍・野田進
　　　　　　　　　　　　　　　　　本体価格 34,000 円(税別)

――――――信山社――――――

労働関係法の国際的潮流
山口浩一郎・渡辺章・菅野和夫・中嶋士元也 編
山川隆一・香川孝三・小畑史子・荒木尚志・ブランパン・
ワイス,トレウ,ビジア,ファールベック,ソン,ロジョ,ヘプル

労働時間の法理と実務
渡辺章・山川隆一 編・筑波大学労働判例研究会 著

労働関係法の現代的展開
土田道夫・荒木尚志・小畑史子 編集代表　和田肇・
大内伸哉・渡辺章・野田進・森戸英幸・中嶋士元也・
岩出誠・奥山明良・野川忍・山川隆一・中窪裕也・岩村正彦

現代企業法学の研究
井原宏・庄司良男・渡辺章 編集代表　斉藤博・奈良次郎・平出慶道・三井哲夫・
吉年田勲・井上由里子・大野正道・春日偉知郎・古積健三郎・佐藤一雄・品川
芳宣・田島裕・平井宜雄・平嶋竜太・前田重行・元永和彦・弥永真生・山川隆一

友愛と法
菅野和夫・中嶋士元也・渡辺章 編集代表　荒木尚志・岩村正彦・
大内伸哉・大橋將・小畑史子・香川孝三・小島晴洋・小西國友・
小西康之・中益陽子・野田進・濱田冨士郎・堀勝洋

信山社

国際労働関係の法理
山川隆一 著

不当労働行為争訟法の研究
山川隆一 著

年齢差別禁止の法理
櫻庭涼子 著

◆労働法判例総合解説シリーズ〈監修:毛塚勝利・諏訪康雄・盛誠吾〉

12 競業避止義務・秘密保持義務
石橋 洋 著　　　　　　　¥2,500(税別)

20 休憩・休日・変形労働時間制
柳屋孝安 著　　　　　　　¥2,600(税別)

37 団体交渉・労使協議制
野川 忍 著　　　　　　　¥2,900(税別)

39 不当労働行為の成立要件
道幸哲也 著　　　　　　　¥2,900(税別)

信山社

● 法律学の森シリーズ ●

新　正幸　憲法訴訟論
潮見佳男　債権総論［第2版］I
潮見佳男　債権総論［第2版］II
潮見佳男　債権総論［第3版］
潮見佳男　契約各論 I
潮見佳男　契約各論 II（続刊）
潮見佳男　不法行為法 I［第2版］
潮見佳男　不法行為法 II［第2版］（近刊）
潮見佳男　不法行為法 III［第2版］（近刊）
藤原正則　不当利得法
青竹正一　新会社法［第2版］
泉田栄一　会社法論
小宮文人　イギリス労働法
高　翔龍　韓国法

信山社

潮見佳男 著　　好評発売中!!
プラクティス債権総論(第3版)

木村 琢麿 著
プラクティス行政法　(続刊)

柳原正治・森川幸一・兼原敦子 編
プラクティス国際法講義　(続刊)

石川明・池田真朗・宮島司・安冨潔・三上威彦・大森正仁・三木浩一・小山剛 編集代表
法学六法'10　¥1,000　超薄型「法学」講義用入門六法　約500頁
標準六法'10　¥1,280　薄型専門課程用スタンダード六法　約1000頁

◆平野裕之著　民法総合シリーズ◆
民法総則 (続刊)
物 権 法 (続刊)
担保物権法 (第2版) ¥3,800
債権総論 (近刊)
契 約 法 ¥4,800
不法行為法 (第2版) ¥4,000

信山社